哲学与社会发展文丛

周前程　著

马克思主义中国化与中国特色社会主义现代化

Sinicization of Marxism and
the Modernization of Socialism with
Chinese Chatacteristics

社会科学文献出版社
SOCIAL SCIENCES ACADEMIC PRESS (CHINA)

总　序

　　在美丽的榕城白马河畔，有一个由中青年哲学学者组成的学术团队，他们以理性的激情，把哲学反思的视野投向当代社会发展，试图以"哲学与社会发展文丛"为题陆续推出他们的研究成果。在与他们作深入交谈中，我深深地被他们的哲学学养和睿识以及他们对哲学与时代的那份眷注、担当的情怀所打动，欣然应邀为该文丛作序。

　　改革开放三十多年造就了中国社会实践的辉煌，也极大地推动了哲学研究的发展。从历史反思到实践观念，从体系创新到问题意识，从经典诠释到话语建构，哲学在把握时代的同时也被时代所涵养化育，呈现多样化的研究面相。中国社会在由传统社会向现代社会的变革转型过程中，哲学发展面临着机遇和挑战。哲学不应该以思辨的精神贵族自期自许，而应该回归生活世界。诚如维特根斯坦所言的"贴在地面行走，而不在云端跳舞"，哲学应当"接地气"——在时代变革与发展的实践中获得鲜活厚实的"地气"。社会发展是我们这个时代的一个主题，哲学必须也能够以其理性的力量在反思、把握社会发展的规律、特点、趋势中获得自身发展的生机活力，拓展出新的问题域。

　　当代中国社会正面临着一个全面而又深刻的变革、转型和发展的历史进程，改革与发展给中国社会带来巨大进步的同时，也日益显现、暴露出发展中存在的问题和矛盾。发展的现代性问题在当代中国并非一个遥远的"他者"，而是有了其出场的语境。诸如：社会阶层的分化，利益结构的重组，经济社会结构的转型，公平正义问题，社会失范问题，发展可持续性问题，以及资源、环境、生态问题等，社会发展以问题集呈现在世人面前。问题表明发展对理论需求的迫切性。当代社会发展的整体性、复杂性、长期性、风险性需要克服单线性的进化论发展观，对社会发展的把握也不能停留在具体的经验实证的认识层面上，全新的社会发展需要全新的发展理念来烛引，对发展的具体的经验的把握必须上升到哲学的总体性的层面上来。因为，在对社会发展的不同学科、不同视角、不同维度、不同层次的研究中，哲学的视角具有总体性、根本性、基础性、前提性、方向性的特点，它是以理性的反思和后思的方式对社会发展的前提、根据、本质、价值、动力、过程、规律、趋势、模式和方法等作出整体性的观照。这种反思使我们能够超越和突破对社会发展的经验的、狭隘的眼界，在总体性、规律性、价值性和方向性意义上获得对当代社会发展的理性的自觉性和预见性。在这个意义上，唯有哲学，才能够对当代社会发展既在后思的意义上充当黄昏后才起飞的"密纳发的猫头鹰"，又在前引的意义上充当报晓的"高卢雄鸡"。

福建省委党校、福建行政学院哲学部的中青年哲学学者正是在上述的意义上试图以哲学的多视角的反思性方式介入对当代社会发展问题的研究，在社会发展的元理论研究与问题研究、反思性研究与规范性研究，社会发展的一般规律与特殊规律、本质与价值、方法与模式、历史与逻辑、比较与反思以及社会发展的世界经验与中国经验等方面拓辟哲学观照当代社会发展的问题域。他们有着共同的学术愿景：立足于当代中国社会发展的实践，在理论与实践、思想与学术之间形成互动的张力，对时代实践的要求作出哲学的回应，从中寻找哲学自身的生长点，造就一个哲学研究的学术团队，形成自己的研究方向和特点。

在一个急功近利、浮躁虚华的年代，他们以一种哲学的淡定和从容来反思时代，充当哲学"麦田的守望者"。我祝愿他们，并相信通过他们的努力有更多的哲学学术成果问世。就像白马河畔那根深叶茂的榕树一样，有他们哲学思考的一片榕荫绿地。

李景源，
2014.5.6

目 录
Contents

绪论　马克思主义中国化与中国特色社会主义现代化的关系考辨 ········ 1

第一章　现代化与中国化：近现代以来中国社会发展的经纬线 ········ 19

第一节　鸦片战争以来的西化思潮与中国现代化探索 ············· 19

第二节　三民主义与中国现代化目标的调整 ·············· 34

第三节　五四运动前后马克思主义的传播及其对中国现代化的
　　　　影响 ······················· 45

第四节　西学中国化思潮与马克思主义、中国现代化的互动 ······ 60

**第二章　新民主主义革命时期马克思主义中国化与中国特色
　　　　社会主义现代化的探索** ·················· 70

第一节　五四运动后马克思主义的传播与中国现代化转向 ······· 71

第二节　中国共产党的革命领导权与社会主义现代化目标的
　　　　确立 ······················· 78

第三节　中国革命分"两步走"与现代化的两阶段发展战略 ······· 88

第四节　新民主主义革命时期马克思主义中国化与中国特色
　　　　社会主义现代化的开启 ·············· 102

**第三章　社会主义革命和建设时期的马克思主义中国化与中国特色
　　　　社会主义现代化** ·············· 116

第一节　马克思、恩格斯、列宁的社会主义革命理论与中国
　　　　共产党在社会主义过渡时期的理论及实践 ······ 117

第二节　社会主义过渡时期的经济建设和中国现代化规划 ······ 132

第三节　社会主义过渡时期的马克思主义中国化与中国特色
　　　　社会主义现代化的推进 ·············· 145

1

　　第四节　社会主义建设时期马克思主义中国化的新任务与中国

　　　　　　现代化实践主题的转化 ……………………………………… 154

　　第五节　社会主义四个现代化的实践生成及意义 ………………… 169

第四章　改革开放和社会主义现代化建设新时期的马克思主义

　　　　　中国化与中国特色社会主义现代化 ……………………… 180

　　第一节　邓小平理论与中国特色社会主义现代化新道路的

　　　　　　实践生成 ………………………………………………… 181

　　第二节　"三个代表"重要思想与中国特色社会主义现代化

　　　　　　新发展 …………………………………………………… 192

　　第三节　科学发展观及其对中国特色社会主义现代化的推进 …… 203

　　第四节　改革开放和社会主义现代化建设新时期马克思主义

　　　　　　中国化与中国特色社会主义现代化的创新发展 ……… 214

第五章　中国特色社会主义新时代的马克思主义中国化与中国式

　　　　　现代化 ………………………………………………………… 227

　　第一节　中国特色社会主义新时代马克思主义中国化的创新发展

　　　　　　 ………………………………………………………… 228

　　第二节　新时代中国特色社会主义现代化发展蓝图与实践推进 … 242

　　第三节　在全面建设社会主义现代化国家新征程中推进马克思主义

　　　　　　中国化时代化与中国式现代化互动发展 ……………… 251

第六章　在马克思主义中国化与中国特色社会主义现代化的

　　　　　历史生成与逻辑统一中推进民族复兴 ………………… 266

　　第一节　马克思主义中国化在中国现代化进程中的生成 ………… 267

　　第二节　中国特色社会主义现代化在马克思主义发展中的变迁 … 278

　　第三节　中国特色社会主义现代化与马克思主义中国化的历史

　　　　　　生成与逻辑统一 ………………………………………… 291

　　第四节　马克思主义中国化与中国特色社会主义现代化的

　　　　　　互动发展对民族复兴的推进 ………………………… 305

参考文献 ………………………………………………………………… 321

绪论 马克思主义中国化与中国特色社会主义现代化的关系考辨

对马克思主义中国化与中国特色社会主义现代化两者关系进行考察，一是为近代以来中国社会发展寻找逻辑线索，进而科学理解和认识这一历史过程；二是为中国特色社会主义现代化建设寻找历史、理论根基及意义解释，树立对中国特色社会主义现代化的道路自信、理论自信、制度自信和文化自信。一般而言，近代以来的中国社会是以现代化为主题、以中西方关系的处理为主线不断演化发展而来的，中国特色社会主义和马克思主义中国化就是这种演化的最伟大成就。从逻辑结构上说，西方某种理论与中国具体实际相结合是处理中西方关系的基本框架。对西方认识的不同，造成了不同的西方理论在中国的传播，对中国社会认识的差异，也造成了两者结合的内容与形式的差异；另一个就是以谁为基础实现融合中西的问题。所以，以中国的某种理论还是以西方的某种理论为中心，实现中国的某种理论与西方的某种理论的结合，构成了近代以来中国社会发展的基本逻辑。对这些理论内容的不同取舍，带来了中国未来发展方向的差异，形成了不同的发展道路，造成了不同的发展结果。

一 研究的价值和意义

近代以来，现代化一直是中国社会发展的主题。但是，实现什么样的现代化、怎样实现现代化，中国长期没有找到这些问题的答案，致使中国社会的发展越来越远离世界现代化进程。直到马克思主义传入中国，中国共产党成立，中国的现代化目标和实现路径才越来越清晰。只有理解了马克思主义何以传入中国并能快速传播，我们才能理解中国近代以来的现代化何以变成了社会主义现代化，直至演变为中国特色社会主义现代化；也只有在中国的现代化演变成中国特色社会主义现代化的过程中，我们才能理解马克思主义何以能够中国化并实现不断发展。从这个意义上说，马克思主义在现代化建设实践中被不断赋予中国特色，马克思主义中国化与中国现代化的生成和演化过程共同绘制了近代以来中国社会发展的历史图景，构成了理解中国社会发展的逻辑主线。

从马克思主义中国化与中国现代化相互关系中，研究近代以来中国社会发展进程，在理论上的意义有两个。一是从中国现代化角度说明马克思主义中国化是何以可能并如何发展的；中国现代化的领导力量、基本制度、经济基础是什么，完整的国民经济体系、基本模式是如何不断得到建构的，以此论证二者的内在统一性。二是运用唯物主义历史观审视近代以来的中国历史，厘清历史事件和历史人物与其所处的历史阶段及历史发展的整体性和规律性的关系。从现实而言的意义也有两个：一是巩固马克思主义在中国意识形态领域的指导地位；二是从马克思主义中国化、中国现代化的不断相互生成中，阐释中国特色社会主义理论体系何以是毛泽东思想的继承、发展，进而阐释新中国成立前后的历史之间并没有断裂，本质上是中国社会各种因素相互作用下自然的发展过程。有鉴于此，我们从社会主义现代化的本质出发，阐释马克思主义中国化与中国现代化在实践中的相互生成，以及二者在解决"中国向何处去"这一问题中的基础性地位和决定性作用，说明二者不仅是近代以来中国社会发展的必然，还是人民历经艰辛探索后作出的历史抉择。这样，我们就能更透彻地理解近代中国现代化进程内部的复杂运作与演变，更清晰地描绘出中华民族伟大复兴的历史经纬。

另外，本书通过对近代以来尤其是新中国成立以来的历史进行考察，以马克思主义立场、观点和方法对中国现代化的发展进程和逻辑演变进行研究，找出马克思主义中国化和中国特色社会主义现代化之间的相互关系，并对它们各自在中国历史中的生成过程作出自己的思考和解答。在绪论中，笔者将学界对这一领域的研究成果进行梳理和回顾，对研究的思路及方法进行简要介绍和说明，以期对人们了解马克思主义中国化和中国特色社会主义现代化的关系有所助益。

二　国内外研究现状

（一）国外研究现状

国外研究中国现代化的学者较多，但主要以西方的现代化理论为分析框架来看待中国的现代化建设。他们关于中国模式和"北京共识"的阐述，虽然蕴含着许多重要的思想，但仍然没有脱离西方现代化的话语体系。

西方较早对中国寻求现代化的历史进行研究的是马士的《中华帝国的对外关系史》，该书是"西方人研究中国的一部奠基之作"，虽然是作为"中国与西方世界之间外交和军事冲突的副产品而出现的"，①但毕竟开了西方学者研究中国近代社会的先河。其后研究中国近代化的学者是费正清，他更多地从思想和制度层面探讨中国近代社会。他认为，中国之所以迟迟没有进入现代社会，"根本缺点是思想和制度方面的，也就是对外国的现实一贯无知，并且存心不去考虑这一现实"②。吉尔伯特·罗兹曼在《中国的现代化》中，比较客观地阐述了中国共产党推进中国现代化的历史贡献，但仍然是从西方现代化模式出发来审视中国的现代化进程的。因为按照他的说法，亚洲所有国家的现代化进程都必须"按照少数西方国家首先采用的技术模式和制度模式对自身进行修改和调整"③，如此自然不会凸显马克思主义在其中所起的决定性和基础性作用等，也就从根本上忽视了中国现代化的道路选择与马克思主义中国化之间的相互促进关系。

（二）国内研究现状

如果说马克思主义中国化与中国特色社会主义现代化的理论创新与实践探索，深刻改变和绘制了中国社会发展的历史图景，那么二者的关系则是理解和编织这一图景的主线。把握这一主线是正确理解中国近代以来社

---

① 参见〔美〕吉尔伯特·罗兹曼主编《中国的现代化》，国家社会科学基金"比较现代化"课题组译，江苏人民出版社，2010，第17页。
② 参见〔美〕吉尔伯特·罗兹曼主编《中国的现代化》，国家社会科学基金"比较现代化"课题组译，江苏人民出版社，2010，第18页。
③ 〔美〕吉尔伯特·罗兹曼主编《中国的现代化》，国家社会科学基金"比较现代化"课题组译，江苏人民出版社，2010，第17页。

会发展的核心和关键。但这一重要问题被学界长期忽视了：与改革开放以来单纯对马克思主义中国化或中国特色社会主义现代化进行的大量研究相比，国内学界从2003年才开始注重对马克思主义中国化与中国现代化的关系进行研究，且到目前为止，取得的成果仍显单薄。①

从这些研究成果的内容来看，国内学界把中国特色社会主义现代化道路的形成看成现代化在中国发展的产物，从马克思主义、中国具体国情、现代化三个问题域去界定马克思主义中国化与中国特色社会主义现代化的关系。其中，尤其注重中国具体国情在二者关系中的纽带和桥梁作用，并把它与全球化的背景结合起来，开阔和拓展了研究的视野和领域。从这一视角出发，中国近代以来的历史，既是中国特色社会主义现代化道路的探索、产生、形成、发展的历程，也是马克思主义不断结合中国具体实际，解决中国现代化面临的各种具体问题的历史。通过马克思主义、中国具体国情、现代化三个问题域的不断融合，中国共产党领导中国人民实现了马克思主义在中国的新发展，开创了中国特色社会主义现代化的新道路，勾勒了中华民族伟大复兴的历史经纬。

由此构成理解近代以来中国历史发展进程最重要的逻辑线索：马克思主义因不断解决中国现代化面临的具体问题、形成中国式现代化道路而实现其中国化，中国现代化因始终遵循马克思主义的基本原则、基本价值和基本精神而成为中国特色社会主义现代化。二者在实践中相互塑造、相互生成，推动了中国社会的发展。国内学界对马克思主义中国化和中国特色社会主义现代化的关系的研究所取得的成果，与二者在中国社会发展中所起的作用明显不相称，所作出的近代以来中国社会发展历史的解释也不能

---

① 截至2024年8月，在知网以"马克思主义中国化与中国现代化"为主题进行搜索，1992年以来发表的期刊论文为594篇，2014年以来发表的期刊论文只有290篇，其中2014年20篇、2015年27篇、2016年26篇、2017年19篇、2018年24篇、2019年23篇、2020年27篇、2021年23篇、2022年35篇、2023年53篇、2024年13篇；如果以"马克思主义中国化与中国式现代化"为主题进行搜索，全部期刊论文为870篇，其中2014年以来发表的期刊论文为802篇；以"马克思主义中国化与中国特色社会主义现代化"为主题进行搜索，全部期刊论文为515篇，2014年以来发表的期刊论文则只有462篇。从统计数字看，虽然党的二十大胜利召开以来有关"马克思主义中国化与中国现代化"的年度发文量呈增长态势，但这与分别研究"马克思主义中国化"或"中国特色社会主义现代化"的庞大论文量相比是极不相称的，与马克思主义中国化、中国特色社会主义现代化相互关系对中国社会发展的巨大影响也极不相称，实有加强研究的必要。

令人信服，实有加强研究的必要。以下从五个方面对这些成果进行归类介绍并予以简要评价，以期对这一领域的进一步研究有所助益。

第一种观点认为，马克思主义中国化与中国特色社会主义现代化是相互促进的关系。解莉等学者是这一观点的主要代表。他们认为，鸦片战争后，现代化不可避免地成了中国社会发展的主旋律，但其进程的真正开启是在马克思主义的指导下进行的。马克思主义通过中国共产党实现中国化，指导中国的实践，实现了中国现代化建设的成功和飞跃，改变了长期以来中国积贫积弱的局面，使中国实现了国家的独立和富强；同时，中国现代化建设的成就反过来又有力地推动了马克思主义的发展及其中国化进程。没有马克思主义中国化这一指导思想，就没有中国现代化，反之亦然。"为实现现代化而展开的实践努力与为推进马克思主义中国化而进行的理论创新"的良性互动既是 20 世纪中国现代化进程的鲜明特点，也是今后推进马克思主义进一步中国化，实现中国现代化必须坚持的基本原则。[①] 郭瑞、刘永萍也从近代以来中国现代化的探索历程中得出"马克思主义中国化时代化与中国式现代化相互关联、互为促进"这一结论。[②] 马克思主义中国化与中国现代化在 20 世纪中国社会的发展中确实是一种相互促进的关系，这样理解有其合理之处，但仅仅从理论和实践的互动这一角度去理解，显然是把二者及其关系简单化了，因为理论创新和实践创新是贯穿于它们的全过程的。

刘春丽以中国国情和现实条件为视角，认为马克思主义中国化是中国现代化的内在要求和持续而顺利发展的根本保障、基本原则；现代化是马克思主义中国化的立足点、动力源和不断向前发展的推动力。这种内在统一性决定了马克思主义中国化与中国特色社会主义现代化只有在实践中相互促进、理论上相互印证，才能促进各自的健康发展。[③] 江茂森、张国镛也认为：马克思主义不断中国化的发展进程促使中国最终寻找到适合自己国情的现代化道路；而马克思主义能否在 21 世纪获得活力并实现自己的大发展，

---

① 解莉：《20 世纪前叶现代化视阈下的马克思主义中国化》，《马克思主义与现实》2011 年第 6 期。

② 郭瑞、刘永萍：《马克思主义中国化时代化与中国式现代化关系辨析》，《马克思主义哲学》2023 年第 6 期。

③ 刘春丽：《论马克思主义中国化与中国现代化的互动关系》，《西南科技大学学报》（哲学社会科学版）2008 年第 4 期。

在某种程度上将取决于社会主义现代化实践的前途和命运，二者之间是互相促进的关系。他们认为，只有坚持马克思主义中国化，才能顺利推进中国现代化，反之亦然。因此，要实现中国现代化与马克思主义中国化的良性互动，就必须把马克思主义基本原理同中国基本国情与社会现实相结合。①

总体而言，这种从历史发展过程本身论证中国现代化与马克思主义中国化的思路在一定程度上反映了历史的原貌。但马克思主义中国化的发展和中国现代化的探索并不是两个相互独立的历史进程，二者在实践中是相互交织并互为条件和结果的：中国现代化是马克思主义中国化的主题，马克思主义中国化是中国现代化的实现路径。二者本质上是同一历史过程，其差别仅在于是侧重于从马克思主义的视域出发还是侧重于从中国现代化实践出发对近代以来的中国社会发展历史进行解释。因此，不能因视角的不同而否认历史过程的同一性，进而把简化的历史等同于其本身。

第二种观点认为，马克思主义中国化与中国特色社会主义现代化是同实异名的关系。持这种观点的主要有王增智等学者。王增智认为，由于中国近代特殊的历史语境及其造成的发展路径依赖，中国的革命、建设都是中国共产党领导人民进行的，是在马克思主义中国化理论成果的指导下进行的。这决定了中国特色社会主义的发展逻辑：中国共产党领导人民进行现代化国家建设。这不论是在理论上还是在实践上都是一个马克思主义中国化的过程。他认为，无论是从面临的根本任务上说还是从需要解决的主要矛盾上说，推进马克思主义中国化的过程就是现时代展开的中国现代化过程，二者在实质上是同一个历史过程。在他看来，二者名称不同，实质一样。② 如果仅仅从中国共产党领导的角度就推导出马克思主义中国化与中国现代化是同一历史过程的结论，显然很难有说服力。因为马克思主义中国化是 20 世纪以后的事情，而中国社会的现代化追求在中国共产党成立前很久，即自鸦片战争后就开始了，并在此后的很长时期内都是以资本主义现代化为目的的，这是历史事实。对这一矛盾，郭根山从马克思主义现代化理论的角度作出了自己的解读。他把马克思主义主要理解为一种现代化理论，

---

① 江茂森、张国镛：《论中国现代化与马克思主义中国化的良性互动》，《思想理论教育》2009 年第 15 期。

② 王增智：《中国现代化语境中的马克思主义中国化——兼与常绍舜、王锐生二位教授商榷》，《湖南师范大学社会科学学报》2008 年第 5 期。

认为中国共产党运用这种现代化理论解决中国现代化面临的各种问题，最后形成了中国独特的现代化道路。这一过程既是马克思主义现代化理论与中国现代化实际相结合，实现其中国化的过程，也是不断形成、创新和发展中国特色社会主义现代化道路的过程。因此，二者在一定程度上是同一历史过程。①

刘永佶从中国近代历史发展的必然性角度出发得出同样的结论。他认为，从马克思主义的传入和其中国化过程来看，马克思主义在中国的传播及中国化与中国现代化发展过程无论是在历史上还是在逻辑上都是同一的。这种同一表现在四个方面：第一，二者在实践上是同一的；第二，二者的发展进程是同一的；第三，二者在发展进程中是相互影响和相互制约的；第四，中国不断推进的现代化要以发展了的马克思主义中国化原则为指导。② 这意味着它们在中国社会发展的历史进程中是同时产生、共同发展、一起走向成熟的，自然是同一历史过程。赵士发从历史的视角提出了同样的观点。他认为，尽管现代化是近代以来世界发展的潮流，但中国现代化面临的问题是独特的，正是这些问题及其解决构成了马克思主义中国化的历史和逻辑，这是我们正确理解它的关键。他指出，在不同的历史时期，中国共产党通过马克思主义及其中国化解决了中国现代化进程中的一系列问题，如中国现代化的思想启蒙问题、从外源到内生的根本转化问题、现代化过程中的普遍性与特殊性的关系问题、新时期中国现代化的主体和动力问题、中国现代化过程中历史与价值的矛盾问题，形成和发展了中国特色社会主义现代化的理论、道路和制度，找到了实现中国现代化的有效途径和发展路径。③

王浩斌则从中国现代化前进的根本方向这一维度得出中国现代化实质上就是中国特色社会主义现代化的结论，并认为这一目标显然是在中国化的马克思主义指导下实现的。从这个意义上说，中国现代化的历史过程就实质而言是马克思主义在当代中国的发展和实践创新过程，即马克思主义中国化过程。他认为，就事实来判断，二者也是同一历史过程，人的发展

---

① 郭根山：《马克思恩格斯的现代化理论及其对中国现代化运动的启示》，《河南师范大学学报》（哲学社会科学版）2003 年第 6 期。

② 刘永佶：《中国现代化与马克思主义中国化》，《河北大学学报》（哲学社会科学版）1994年第 3 期。

③ 赵士发：《中国问题与时代精神——马克思主义中国化的历史与逻辑反思》，《江汉论坛》2008 年第 12 期。

问题则是它们共同的逻辑起点和归宿。① 李强、张国镛则把马克思主义主要理解为一种现代化理论，这样，它的中国化自然就是现代化理论的中国化，进而把中国特色社会主义现代化归结为这一过程的产物和结果，由此得出二者实质是一个东西的结论。② 张静等则通过对近代以来中国现代化历史进程的梳理，把在马克思主义指导下形成的中国特色社会主义现代化理解为一种不同于以往的新的现代化道路，通过对其与马克思主义中国化产生、发展、成熟的历史的内在关联的揭示得出它们实质上是同一的这一结论。③ 王先俊认为，中国现代化以马克思主义为本质规定，马克思主义则以解决中国现代化的问题为目标，二者的这种本质联系使马克思主义中国化时代化与中国式现代化实际上是对同一个东西的不同表达，是"互动发展"的"同一过程"。④ 李武装则从马克思世界历史理论来理解和阐释中国现代化，得出了"马克思主义中国化时代化与中国式现代化""在新时代中国特色社会主义这一'世界历史性'事业中得到'绝对同一'并最终证成"的结论。⑤

这些学者把马克思主义中国化与中国特色社会主义现代化的关系归结为同实异名的关系，看到了二者在实践中的同一性，接近于二者关系的本质，似乎也能找到历史事实的支持。但二者何以实质相同，马克思主义是不是一种现代化理论？没有马克思主义中国化时，中国有没有现代化的历史？对于这些问题，学者们还没有给出明确的答案，因而还有进一步阐明和研究的必要。

第三种观点认为，马克思主义中国化与中国特色社会主义现代化是理论与实践的关系。持这种观点的代表人物有徐成芳、庞元正等。徐成芳、高燕宁认为，中国特色社会主义现代化因其价值与目标的崇高性和特殊性

---

① 王浩斌：《中国现代化与马克思主义当代发展的逻辑理路》，《陕西行政学院学报》2009年第4期。

② 李强、张国镛：《马克思主义现代化理论与中国现代化建设》，《马克思主义与现实》2007年第2期。

③ 张静等：《现代化新路——马克思主义中国化与中国特色社会主义现代化》，南开大学出版社，2009，第1~8页。

④ 王先俊：《正确认识"中国式现代化"的几个问题》，《华东理工大学学报》（社会科学版）2023年第6期。

⑤ 李武装：《马克思世界历史理论视域中的中国式现代化》，《西南大学学报》（社会科学版）2023年第5期。

的路径依赖，决定了它必须以中国化的马克思主义理论为指导。后者即理论创新，前者是实践创新。由此他们推论出二者是理论与实践或理论指导实践的关系。① 然而问题是，马克思主义中国化的理论成果不等于马克思主义中国化本身，马克思主义经典作家也更多地把科学社会主义理解为一种改造现实社会的现实的运动，因而把马克思主义中国化单纯理解成一种理论显然是缺乏说服力的。况且从马克思主义在中国的发展实际来说，其中国化的过程从根本上说是与中国实际相结合的过程，既是不断改造中国实际的实践过程，也是改造中国社会的现实的运动过程，而不仅仅是一个理论思维和理论创造的过程。

庞元正则主要通过对新中国成立以来历史进程的梳理，从中总结出贯穿于新中国发展过程的两条主线，即实践上的社会主义现代化和理论上的马克思主义中国化。他认为，从起点上而言，中国社会主义现代化进程始于毛泽东，其是马克思主义中国化的首倡者。新中国成立以来，通过以毛泽东、邓小平、江泽民和胡锦涛同志为主要代表的中国共产党人的努力，马克思主义与中国现代化建设实践相结合，取得了中国社会主义现代化建设事业的新跨越，同时推进了马克思主义中国化的新发展，发展了毛泽东思想，形成了中国特色社会主义理论体系等理论创新成果。二者共同谱写了中华人民共和国辉煌的历史篇章。在他看来，马克思主义中国化与中国社会主义现代化是理论与实践的关系。② 纪亚光、张静也从马克思主义中国化和中国现代化这两条逻辑线索出发去解读中国近代以来的历史发展进程，认为只有不断根据中国现代化的建设实际推进马克思主义中国化，并从二者的相互关系中寻找到中国现代化得以成功的答案，才能破解中国的发展之谜，才能看到中国特色社会主义现代化道路的实践价值，从而更好地推进中国特色社会主义现代化建设。③ 田克勤在《马克思主义中国化与中国社会的现代化——兼论党的三代领导核心对马克思主义的理论

---

① 徐成芳、高燕宁：《论马克思主义中国化与中国现代化的关系》，《马克思主义与现实》2010 年第 2 期。

② 庞元正：《论社会主义现代化与马克思主义中国化》，《中国特色社会主义研究》2009 年第 6 期。

③ 纪亚光、张静：《马克思主义中国化与中国现代化的互动发展》，《河北大学学报》（哲学社会科学版）2010 年第 3 期。

贡献》一文中也表达了类似的观点。①

罗燕明则从文化的角度讨论马克思主义中国化与中国现代化的关系。在他看来，马克思主义中国化在一定意义上就是其取得的理论成果——中国化的马克思主义，由此得出了它与中国现代化是理论与实践的关系的结论。他把中国化的马克思主义看成中国文化的新形态，认为这是中国人为救亡图存在坚持不懈学习西方优秀文明成果的过程中取得的最为成功的案例。在他看来，马克思主义中国化形成的中国化的马克思主义这一理论集中体现了中华民族的根本要求和现实发展需要，最大限度地动员和凝结了人民群众的力量与全民族精英的智慧，有效地指导了中国现代化建设事业。②张神根则从现代化发展历史的角度得出这一结论。他认为，从理论看，"中国共产党不断推进马克思主义中国化时代化并用于指导实践"，从实践看，"中国式现代化是中国共产党带领中国人民同中国具体实际和时代特征相结合，不断推进实现人民幸福和民族复兴的历史过程"，③因而二者是理论与实践的关系。

从这些研究成果来看，学者们对马克思主义中国化和中国特色社会主义现代化进行了适当的区分，有一定的深刻性。但如果就此得出它们是理论和实践的关系这一结论，则需要更进一步的说明或限定。在马克思主义指导下不断解决现代化实践中面临的具体问题，既是马克思主义中国化的实质，也是中国特色社会主义现代化的主题，其中既有理论创造，也离不开实践创新。二者本质上是对同一历史进程从不同角度进行理解的产物，而不是理论与实践的区别。把它们的关系归入理论和实践的不同范畴，容易把复杂的历史过程简单化。更何况这种理解忽视了马克思主义中国化产生以前的中国现代化历史，尤其是把马克思主义中国化这一丰富的、不断发展的历史过程理解成中国化的马克思主义的理论创新过程，显然有片面化之嫌。

第四种观点认为，马克思主义中国化与中国特色社会主义现代化是手

① 田克勤：《马克思主义中国化与中国社会的现代化——兼论党的三代领导核心对马克思主义的理论贡献》，《理论学刊》2003 年第 1 期。
② 罗燕明：《中国马克思主义与中国现代化问题》，《马克思主义与现实》1997 年第 4 期。
③ 张神根：《马克思主义中国化时代化与中国式现代化》，《当代世界与社会主义》2023 年第 1 期。

段与目的的关系。这一观点的代表人物有平飞、俞思念等。平飞认为，马克思主义中国化成功的关键在于怎样创造中国特色，而这一问题又深深植根于现代化、全球化与中国化的实践运动。他认为，在当代中国，马克思主义中国化是以现代化为奋斗目标的，而中国特色社会主义现代化就是以中国的"现代化"为基线和主线，以"世界文明"中国化和"中国文明"全球化为内外两翼，形成中国独特的理论、模式、个性、面貌和文明的过程。因此，马克思主义中国化只能是实现现代化的中国化，而中国现代化则是以马克思主义为指导的具有中国自身特点的社会主义现代化，其基本内容包含经济现代化、政治现代化、文化现代化和人的现代化，要实现这些目标，需要在"学习借鉴一切成果实现中国化和主动参与国际合作和竞争加入全球化的过程中创造出来"①。俞思念、李彦辉指出，实现社会主义现代化的历史任务，就是新的历史条件下马克思主义中国化的主题的集中体现；反过来，只有深入推进马克思主义中国化的发展，才能与时俱进地形成中国社会主义现代化建设的新做法、新经验，走出一条适合中国实际情况的发展道路。② 因此，在他们看来，马克思主义中国化是迈向中国特色社会主义现代化的唯一正确道路。由此，李海青认为，中国共产党推进马克思主义中国化，"强调马克思主义的发展和创新，就是要让发展和创新的马克思主义更为有效地指导中国的现代化建设"，其价值实质就是"实现中国特色社会主义现代化"，③ 即马克思主义中国化时代化始终是以实现中国现代化为目的的。

李安增指出，中国人民通过比较和鉴别，最终选择了社会主义，并认为这是实现中国社会的现代化的唯一正确道路。这一选择奠定了马克思主义中国化和中国现代化道路的思想基础，在历经两次马克思主义中国化的飞跃与艰苦的斗争和探索之后，基本确立了中国特色社会主义理论这一科学理论在中国社会中的指导地位。马克思主义中国化成为中国人民通向现代化的现实途径，一方面，它"从根本上规定了中国现代化的性质和发展

---

① 平飞：《现代化与全球化视野中的马克思主义中国化》，《湖北社会科学》2007 年第 6 期。

② 俞思念、李彦辉：《马克思主义现代化理论在中国的发展》，《马克思主义研究》2006 年第 4 期。

③ 李海青：《马克思主义"三化"的价值实质：实现中国特色社会主义现代化》，《中共中央党校学报》2013 年第 1 期。

方向，能够为现代化的发展提供正确的价值导向和强有力的制度保证"；另一方面，马克思主义必须中国化，即马克思主义只有结合中国特殊国情和发展的阶段性特点，不断形成具有新的创造性的现代化理论才能指导中国的现代化实践，并使之达到理想的胜景。① 美国学者吉尔伯特·罗兹曼的《中国的现代化》也持这种观点，该书通过对近代以来中国现代化探索的历史进行考察，基本客观公正地叙述了中国共产党在现代化建设历史进程中的功绩，但其仍把马克思主义中国化作为中国实现现代化的手段，而把中国社会主义现代化作为目的。②

从实践和社会主义的本质出发理解马克思主义中国化与中国特色社会主义现代化的关系有其合理性，但二者之间不只是手段与目的的关系，而是互为目的、互为手段的。因为中国现代化的任务决定了需要什么样的马克思主义及其如何中国化等根本内容与路径；同样，马克思主义的本性也决定了在其指导下的中国现代化必然在目标、内容、表现形式、实现路径等方面都与以往或其他的现代化具有本质的不同。因此，把二者的关系归结为目的与手段的说法，显然忽略了马克思主义与中国现代化各自的根本特征及二者关系的本质特点。

第五种观点认为，马克思主义中国化与中国特色社会主义现代化是整体与部分的关系。这一观点的代表人物主要有谢永宽、方世南等。谢永宽、范铁中通过审视中国现代化的发展历史，认为中国是通过马克思主义中国化才真正打开现代化之门的，近代以来相当长的历史时期内，中国人民都是在黑暗中摸索。通过坚持不懈地推进马克思主义中国化，中国共产党人先后创造了毛泽东思想、邓小平理论、"三个代表"重要思想和科学发展观等指导中国现代化建设的理论成果，带领中国人民找到了实现国家现代化的现实模式——中国特色社会主义现代化。在他们看来，这是在马克思主义指导下，从中国具体实际中形成的、体现现代化发展规律和社会主义本质的、具有中国特色的现代化模式，"是马克思主义中国化的重要

---

① 李安增：《中国共产党现代化理论形成之历史考察》，《当代中国史研究》2004 年第 5 期。
② 〔美〕吉尔伯特·罗兹曼主编《中国的现代化》，国家社会科学基金"比较现代化"课题组译，江苏人民出版社，2010。

组成部分"①。

王兰、赵营营认为,马克思主义中国化蕴含于中国现代化的实践中,既是其重要条件又是其重要成果。马克思主义与中国现代化的具体实际相结合,产生了中国化的马克思主义,指导并推动中国现代化不断向前发展,中国的现代化实践便与中国化的马克思主义形成了实践与科学理论的关系。这种关系决定了在中国共产党领导中国现代化的过程中必然要把中国化的马克思主义融入其中,并以此为指导思想来推动现代化建设。由此他们得出结论:马克思主义中国化作为中国现代化的重要成果,不过是中国社会现代化过程中不可分割的部分,而不是全部,二者是整体与部分的关系。②

方世南则从马克思主义社会发展的辩证逻辑出发探讨了中国现代化问题。他认为,"按照马克思主义关于社会全面生产和社会发展整体性的理论来审视当代中国的现代化事业",可以把它看作传统社会向现代社会整体变迁的过程。这一过程需要把马克思主义社会发展理论中国化,并用以指导中国的现代化实践,"现代化的触角要延伸到和渗透于社会生活的各个领域和各个方面,从现象到本质,从局部到整体,从物质到精神文化等等"。因为按照马克思主义的理论,现代化本质上就是社会整体的发展和变迁过程,③ 即在他看来,就社会发展的逻辑和方法而言,中国的现代化仅仅是马克思主义社会发展理论的中国化过程。但马克思主义中国化的内容除了包括其社会发展理论的中国化外,还有人学理论的中国化等其他思想的中国化过程。因此,中国现代化是马克思主义中国化的一个组成部分。严书翰也认为,从大历史观的角度出发,马克思主义揭示的不仅是现代社会的发展规律,还是人类社会发展的一般规律,就此而论,"中国式现代化是马克思恩格斯现代化理论中国化时代化的重大成果",而"马克思恩格斯现代化理论"虽是"博大精深的马克思主义理论体系"的"瑰宝",但非全部,马克思主义中国化具有远比马克思恩格斯现代化理论中

① 谢永宽、范铁中:《论中国现代化理论与实践模式的变迁——马克思主义中国化视角》,《重庆大学学报》(社会科学版) 2011 年第 4 期。

② 王兰、赵营营:《马克思主义中国化与中国现代化的关系》,《改革与开放》2010 年第 6 期。

③ 方世南:《马克思主义社会发展辩证逻辑与中国整体现代化建设》,《社会科学战线》2002 年第 2 期。

国化时代化更为丰富的内容和领域，由此自然可以推论出：马克思主义中国化时代化与中国式现代化之间显然是整体与部分的关系。①

这种理解存在的问题是，如果马克思主义中国化只是中国现代化过程中的一部分，那么中国社会的发展难道还有其他的指导思想吗？如果中国现代化只是马克思主义中国化的一个组成部分，那么中国现代化又怎么成为社会整体的变迁过程？这些都是要进一步作出澄清和阐释的问题。

从这些对马克思主义中国化与中国特色社会主义现代化的关系的研究取得的成果来看，国内学界大多把二者看成两个相互独立的领域，较少涉及二者的本质联系；国外学者主要以西方的现代化理论为分析框架来看待中国的现代化建设，其关于中国模式和"北京共识"的阐述，虽然蕴含着许多重要的思想，但仍然没有脱离西方现代化的话语体系，忽视了马克思主义所起的决定性和基础性作用等。这些缺陷除了学科本身及理解的差异等原因外，也与西方现代化的话语霸权有关。这种话语把中国的现代化看成对西方现代化的模仿，把马克思主义中国化看成实现中国现代化的一种途径或手段，从而把马克思主义中国化和中国特色社会主义现代化理解成一种政治话语，而不是中国社会发展的必然逻辑使然。如此一来，马克思主义中国化不过是实现中国现代化的权宜之计，二者并无必然联系。

需要注意的是，这种理解把马克思主义中国化与中国特色社会主义现代化作为一种纯学术进行探讨，把中国的社会主义现代化建设实际看成证明其理论的一种注脚，忽略了西方现代化与中国现代化的根本区别。这种理解逻辑使学界很难对现代化建设实践中出现的诸多困惑作出令人信服的解释。因为马克思主义中国化与中国特色社会主义现代化是马克思主义的理论逻辑与现代化的逻辑在中国特殊环境下结合的产物，是马克思主义、现代化与中国具体国情三个问题域不断融合的产物，二者的内容是不断变化和生成的。通过推进马克思主义中国化不断生成中国特色社会主义现代化，通过现代化建设的成就不断推进马克思主义中国化，二者都是以现代化为目标的。前者强调现代化建设的社会主义性质，后者则主要强调现代化建设的中国特色。二者这种双螺旋结构共同织造出中国近代以来社会发

---

① 参见《中国式现代化是马克思恩格斯现代化理论中国化时代化的重大成果——访马克思主义理论研究和建设工程课题组首席专家严书翰教授》，《马克思主义研究》2022 年第12 期。

展的历史图景，描绘出中华民族伟大复兴的历史经纬。

因此，总体而论，学界对马克思主义中国化与中国特色社会主义现代化关系的讨论，对推进马克思主义中国化与中国特色社会主义现代化及其关系的深入研究是有益的。但这些研究过多地受西方现代化话语体系的影响，主要着眼于资本主义现代化与社会主义现代化的共性这一视角，忽视了社会主义现代化的本质特征，对马克思主义对中国现代化的引领和现代化发展对马克思主义在中国的发展注意不够。而这恰恰从根本上规定了马克思主义、中国具体国情、现代化相互结合的内容、形式和结果，决定了马克思主义中国化与中国特色社会主义现代化是如何发生和如何可能的，是理解二者关系的重心所在。

正是这种本质区别决定了社会主义现代化是比资本主义现代化更高一级的现代化形态，使中国特色社会主义现代化能在不断吸收资本主义现代化优秀成果的同时，克服其存在的弊端，不断超越其历史局限。如果忽视了中国现代化的社会主义本质，对中国特色社会主义现代化的道路自信、理论自信、制度自信和文化自信必然沦为空谈，也容易导致中国特色社会主义现代化建设实践中的失误：对资本主义现代化要么全盘否定，要么全盘肯定。其结果最终都是把西方现代化作为标准，认为只有能在西方找到根源的东西才是正确的，沦为西方话语体系在中国推行霸权的工具和奴隶。因此，立足中国基本国情，坚持社会主义的本质特征和基本精神，体现现代化发展的基本规律，以此来考察中国特色社会主义现代化与马克思主义中国化的相互生成关系，无论是在理论上还是在实践上都是很有必要的。

三　本书的主要内容

本书的主要内容安排如下。

第一，阐释现代化与中国化是近现代以来中国社会发展的经纬线。探讨中国现代化初始背景和条件的影响，从社会思想之变化阐明中国化共识的形成对现代化进程的影响，进而阐释马克思主义与中国现代化"结盟"的条件及对中国社会发展的影响。

第二，阐明新中国成立前中国共产党推动和实现马克思主义中国化与中国现代化的初步结合实际上是确立中国现代化道路的基本规则。马克思主义的传播从根本上改变了中国现代化的内容、形式和结果。中国共产党从成立伊始就以社会主义现代化为自己的奋斗目标，并通过革命的胜利使之成为全民族追求的目标。通过对历史过程的分析，着重研究马克思主义对中国现代化条件、目标的塑造和引导及中国共产党是如何成为现代化的领导核心的。

第三，从历史发展中阐明中国共产党通过马克思主义社会主义过渡理论的中国化与新中国成立初期的政治经济现代化的互动为中国现代化道路奠定基础。中国共产党领导人民把马克思主义社会主义过渡理论中国化建立了中华人民共和国，由此取得了两个重要的成果：一是马克思主义及其在中国的发展成果成为中国现代化建设的指导思想；二是以国家制度的形式确立了社会主义现代化的目标。这两个成果极大地促进了中国现代化建设事业的发展和马克思主义的中国化进程。

第四，指出四个现代化是中国共产党推进马克思主义社会建设理论的中国化与社会主义现代化模式的相互建构取得的伟大成果。探讨中国在社会主义改造完成后如何创造性地运用马克思主义，巩固生产资料公有制及其对中国现代化的影响。进而研究在其指导下建立了社会主义现代化的基本框架，基本上解决了社会主义在中国"从无到有"的问题，却没能解决实现社会主义现代化的具体道路问题的深层原因。

第五，强调中国共产党立足中国特色来推动马克思主义现代化理论的中国化与中国特色社会主义现代化道路的互动形成。邓小平立足中国国情，以追问"什么是马克思主义，什么是社会主义"为突破口，把社会主义的普遍性与中国社会主义的特殊性进行了区分，创造性地将马克思主义的现代化建设理论运用于中国具体实际，提出了建设"有中国特色的社会主义"的设想，系统地总结并提出了中国现代化建设的基本方略，经过几代中国共产党人领导人民不懈努力，形成了"五位一体"总体布局和"四个全面"战略布局，使中国的现代化建设和马克思主义中国化都达到了新的高度。

第六，以民族复兴为主题阐明马克思主义中国化与中国特色社会主义现代化在中国社会发展历史进程中的互动生成与形塑。就历史而论，马克思主义中国化、中国特色社会主义现代化及二者的关系是一个不断发展和逐渐成熟的过程，二者在实践中相互生成并绘制了彼此在中国社会发展的历史图景，二者的统一和相互生成共同编织了中国近代以来的历史进程，描绘了中华民族伟大复兴的历史经纬。着重分析中国特色社会主义现代化、马克思主义中国化的相互生成及其互动关系对中国近代以来社会发展的影响。

本书的基本观点包括四个方面。一是从逻辑来看，中国独特的现代化道路的形成历经现代化—社会主义现代化—中国特色社会主义现代化的发展过程，其间的每一阶段都是在与马克思主义中国化的互动中形成的。中国近代现代化探索的起点就是中国特色社会主义现代化道路探索的起点，其领导力量、基本制度、经济基础、历史起点与道路、理论、制度的形成和发展都是在马克思主义中国化过程中不断生成的。通过指导和推动现代化的不断发展，马克思主义也不断获得在中国存在、发展的基础和动力，不断实现自己的中国化。二是马克思主义与中国实际的结合实质上是与中国的现代化实际相结合，形成中国化的马克思主义。中国特色社会主义现代化就是在马克思主义指导下认清中国的国情，解决前进中的问题，形成中国式现代化新道路，实现中华民族的复兴。二者在实践中的相互生成构成了中国近代尤其是新中国成立以来历史发展的主线。三是马克思主义中国化和中国特色社会主义现代化都是马克思主义、现代化、中国具体国情三个问题域融合的产物。马克思主义因不断解决中国现代化面临的具体问题，形成中国自己的现代化道路而成为中国化的马克思主义；中国现代化因始终遵循马克思主义的基本原则、基本价值和基本精神，才成为中国特色社会主义现代化。四是中国现代化因马克思主义的介入和指引而在充分吸收资本主义现代化优秀成果的同时不断超越其历史局限，形成自己独特的现代化之路，并不断实现马克思主义在中国语境中的具体化——中国化的马克思主义。因此，中国特色社会主义现代化无论是从逻辑上还是从内容上都是现代化普遍规律、社会主义现代化一般规律与中国社会主义现代化的独特规律的有机统一。

本书的研究思路和方法。就研究思路而言，本书的研究将以中国近代以来的现代化追求为背景，着眼于社会主义与资本主义的本质区别，探讨马克思主义中国化与中国特色社会主义现代化在历史发展的过程中是如何生成的，并以此为基础阐释二者的关系及其在不同历史阶段的变迁和特点，从中国社会发展的整体进程中归纳、总结现代化以来中国历史的总体变迁及其脉络，特别注意其间的话语变更对社会实践的影响，及其前期与中后期的纵向比较。本书采用的研究方法主要有四种。一是比较法。对不同历史阶段马克思主义中国化及中国特色社会主义现代化进行对比分析，从中找出二者的本质关系或联系；对社会主义阶段和资本主义阶段的现代化本质进行对比，以探讨它们在不同历史阶段的特点和主题。二是文献法。主要是对大量历史文献的梳理和研究。三是归纳和综合分析法。主要是对中国特色社会主义现代化及马克思主义中国化不同发展阶段研究资料的整理和分析。四是历史演绎法。主要是对马克思主义中国化和中国特色社会主义现代化的历史发展脉络的梳理等。

本书的创新之处集中在三个方面：一是把中国特色社会主义现代化探索的起点上溯至中国共产党的成立，并以此阐明其与马克思主义中国化在中国社会发展中的相互生成关系；二是从实践发展的角度探讨马克思主义、中国具体国情、现代化如何在历史发展中相互融合及创造中国现代化的新道路和马克思主义的新形态；三是从现代化视角解读马克思主义，把它看成一种不同于资本主义现代化的模式。

第一章 现代化与中国化：近现代以来
中国社会发展的经纬线

中国早期的现代化探索是在近代以来"西学东渐"这一大背景下开始的。鸦片战争后西方科学与哲学的逐步"东渐"既是近代中国历史上一个重要的文化事件，也是促使中国社会由传统向现代转型的重要思想因素和条件。这一事件尽管内容不断变化，但过程一直在持续进行之中。因此，要探讨中国现代化的初始背景和条件，首先需要从社会思想的变化中阐明西方思想中国化对中国社会现代化进程的影响，进而阐释马克思主义与中国化、现代化"结盟"的条件及对中国社会发展的影响，只有这样才能窥见这一历史过程的全貌并理清其基本逻辑。

第一节 鸦片战争以来的西化思潮
与中国现代化探索

1840 年的鸦片战争是中国历史上的一个重大事件，是中国开启现代化进程的重要标志。"中国现代的革命，首先和最主要的目标是反对帝国主义的侵略，故可以上溯到反鸦片战争的林则徐及广州的'平英团'。"① 而反对帝国主义又是开启中国现代化进程的先决条件之一。因此，对中国现代化问题的研究自然要追溯到鸦片战争。正是自第一次鸦片战争起，中国

---

① 《毛泽东年谱（一九四九——一九七六）》第 1 卷，中央文献出版社，2013，第 562 页。

社会被迫卷入世界现代化潮流中。这种被迫体现在两个方面：其一，中国不跟上西方的现代化运动，就有亡国灭种的危险，这迫使中国人必须从中华文明存续的角度来思考和解决如何跟上西方现代化步伐的问题；其二，中国不具备建立现代社会及其生产方式的基本条件，甚至没有产生变传统中国为现代中国的意识，建立现代生产方式的需要是由西方侵略者强加的。这意味着当时中国的先进知识分子只能根据他们对西方的认知去想象和建构中国的现代化，并在潜意识中把西方"当作世界文明本身"①。由此得出的逻辑结论自然是：现代化就是西方化，要现代化就必须学习西方。但中国人头脑中根深蒂固的"防夷变夏"意识，使他们从学习西方之始就不自觉地立足于自己的历史文化来审视和选择西方文化的价值和模式，以中国文化统摄、融合西方文化，因而在学习西方的过程中带有明显的"去西方"色彩，即后来被称为中国化的立场，这显然不是"一个简单地向欧美国家的认同过程"②。也就是说，鸦片战争的失败使中国先进知识分子开始意识到传统之路走不通，需要学习西方先进知识——科学和技术，走新的发展道路。至于这条道路到底是什么，通向何方，则并不清楚。中国近代史和现代化进程，就是在这种普遍的迷茫和困惑中起步的。

一 魏源的"师夷长技以制夷"与近代思想启蒙

鸦片战争以后的一段时间，中国社会的基本性质没有变化，仍然是封建地主统治下的封建制国家。但在"资本-帝国主义列强的入侵"过程中，"产生了资本主义生产关系"③并缓慢地自沿海向内地传播，其所到之处都极大地冲击了中国社会传统的自然经济，使依靠传统技艺生存的手工业者的生活受到极大影响。"外国用机器，故工致而价廉，而成功亦易。中国用人工，故工笨而价费，且成功亦难，华民生计皆为所夺矣。"④这些变化动摇了封建社会的根基，给中国造成了严重的社会政治危机。另外，中国

---

① 〔美〕费正清编《剑桥中华民国史（1912—1949年）》上卷，杨品泉等译，中国社会科学出版社，1994，第316页。

② 许纪霖、陈达凯主编《中国现代化史》第1卷，上海三联书店，1995，第2页。

③ 当代中国研究所：《中华人民共和国史稿》序卷，人民出版社、当代中国出版社，2012，第45页。

④ 夏东元编《郑观应集》上册，上海人民出版社，1982，第715页。

人在传统文化中又找不到解决这种危机的办法，因而学习西方就成了当时国人唯一的选择。正是在这一背景下，西学经由《南京条约》规定的五处通商口岸快速扩展"并渗入许多内陆城市"[1]，促使中国社会逐渐发生质变，开启了转向现代社会的艰难历程。由于西学在中国社会转型中具有特殊作用，构成了中国现代化社会建构的特殊背景，因而如何认识和对待西学并把它运用到中国具体的环境中，就成为中国现代化探索中必须始终面对的重大课题。

最早试图把西方现代文明融入中国固有文化的，是当时地主阶级改革派的代表人物林则徐和魏源。他们在目睹了第一次鸦片战争中西方武器的威力后，认为要抵御西方的侵略就必须学习西方的军事技术。林则徐曾指出："窃谓剿夷而不谋船炮水军，是自取败也。"[2] 魏源则更为明确地提出了"师夷长技以制夷"的主张，并称夷人的长技不外有三："一战舰，二火器，三养兵、练兵之法。"[3] 在他看来，通过学习西方军事技术，不用变革中国就能达到抵抗夷人侵略的目的。"尽得西洋之长技为中国之长技"，则中国水师"可以战洋夷于海中"。[4] 这一思路只是沿袭"以其人之道还治其人之身"的传统思维模式，并没有产生"用夷变夏"和改革"中学"的意识，本质上是把代表西方资本主义文化的先进技艺融入传统封建文化之中，实现其封建化，学习西方的着眼点也仅限于谋求军事现代化。然而这一有限的学习西方的观点也遭到士大夫阶层的打压。因为当时的士大夫阶层固守传统的"防夷变夏"的思维定式，"徒知侈张中华，未睹寰瀛之大"[5]，自然感觉不到与西方交往的必要。更重要的是，士大夫阶层担心人们对西方了解得越多，越会深入西方文化和价值观的层面，突破器物而至于本位，最终导致以西学之"用"易中学之"体"，这是当时深受传统文化影响的人很难接受的。因而他们对魏源的倡议没有作出正面回应，而是极力打压，以致时人对魏源的观点和主张"举世讳言之，一魏默深独能著

① 张灏：《危机中的中国知识分子：寻求秩序与意义》，新星出版社，2006，第11页。
② 杨国桢编《林则徐书简》（增订本），福建人民出版社，1985，第193页。
③ 《魏源集》下册，中华书局，1976，第869页。
④ 《魏源集》下册，中华书局，1976，第870页。
⑤ （清）魏源：《圣武记》附录卷十二，中华书局，1984，第499页。

书详求其说，已犯诸公之忌"①。魏源的主张由于这些原因没有付诸实践，也没有在社会上产生太大的影响。

然而，尽管魏源提出的"师夷长技以制夷"主张因当时浓厚的保守氛围而影响有限，更没能付诸实施，但他对西方文明的认识毕竟在封建传统文化中打开了一个缺口，起了开风气之先的作用。由此促使先进知识分子去思考中国的现代化问题，从而为后来的洋务运动作了思想准备和舆论动员，是中国现代化史上对国人的一次重要的现代思想启蒙。他提出的化"西洋长技"为"中国长技"的思路——西方文化与中国传统文化相结合——已触及了"中国化"的逻辑结构和发展趋向，道出了向西方学习的一般意义，那就是学习西方之长以补中国之短。正是在这个意义上，鸦片战争成为近代中国历史的开端，魏源则成为中国近代历史上把西方现代化理论中国化这一运动的肇始者和中国现代化之路的最初探索者。在这个意义上，王韬评价说："默深先生'师长'一说，实倡先声。"②左宗棠也明确指出，他推进洋务自强运动、"设局造船"就是受"魏子所谓师其长技以制之"思想的影响。③梁启超也认为，后世百年的思想都没有超出魏源"师夷长技以制夷"的范围，"其论实支配百年来之人心"④，可见后人对魏源"师夷长技以制夷"主张在推动中国社会变革和现代化探索方面的贡献评价之高。

二 洋务运动与中国早期现代化探索

第二次鸦片战争失败后，清政府被迫签订了《北京条约》，赔偿英法两国大量的白银；沙皇俄国又趁火打劫，强迫清政府割让东北、西北大片领土。空前严重的民族危机加上太平天国和捻军等农民起义武装进行轰轰烈烈的反清战争，使清政府的统治处于岌岌可危之境。在民族矛盾日益加

---

① 严云绶、施立业、江小角主编《桐城派名家文集6（姚莹集）》，安徽教育出版社，2014，第280页。
② （清）王韬：《扶桑游记》，中国旅游出版社、商务印书馆，2016，第26页。
③ （清）左宗棠：《海国图志序》，载杨书霖编《左文襄公文集》，朝华出版社，2018，第36、37页。
④ 梁启超：《中国近三百年学术史》，载《饮冰室·专集》第10册，北京日报出版社，2020，第269页。

深和阶级矛盾日益尖锐的情况下，统治阶级中的一部分开明分子改变了仇视西学的态度，试图重拾魏源通过学习西方"长技"以求"自强"的主张，以期达到挽狂澜于既倒的目的。洋务运动代表人物的思想和言行都表明他们继承了魏源对西方和西学的认知及所持的态度，尤其是那些直接办理夷务的官员，慑于西方的强大，更不敢对洋人存有丝毫小觑之心。于是，带有贬义色彩的"夷"逐渐被"洋"所取代，对"夷务"的称呼也逐渐改为"洋务"。"地方官自夷人入城以来，每讳言夷务，甚至文移公牍，称夷务为洋务，又称外国事件，不敢斥言夷字。"① 洋务思潮和洋务运动就此应运而生。

在一定意义上说，洋务派提出的"中体西用"论是中国第一个系统解决如何学习西学并把它与中学结合的理论，洋务运动则是在这一理论指导下的一场"变法自强"② 运动，是中国现代化的最初实践和把西方思想中国化的一个重要阶梯。"中体西用"论以传统的体用之分为基本解释框架，把中国文化与西方文化分别纳入"体"和"用"的范畴，然后以中国封建传统文化去统摄、结合西方文化，通过学习西方的科学技术，兴办西方机器工业，以期摆脱中国社会的发展困境。它的基本主张是"器则取诸西国，道则备当自躬"③，"中学其本也，西学其末也，主以中学，辅以西学"④，即在不改变中国传统的纲常名教和封建体制的前提下，引进西方先进的科学技术，通过军事和国防的现代化应对"数千年来未有之变局"，抵御"数千年来未有之强敌"，⑤ 以维护清政府的统治。为此，实现军事现代化就成为洋务运动的主要内容。洋务运动的重要代表人物李鸿章明确指出："中国欲自强，莫若学外国利器，欲学外国利器，则莫如觅制器之器。"⑥ 他还说："机器制造一事，为今日御侮之资，自强之本。"⑦ 洋务运

① （清）贾桢：《筹办夷务始末·咸丰朝》卷二十二，中华书局，1979，第812~813页。
② 转引自程美东主编《中国现代化思想史（1840—1949）》，高等教育出版社，2006，第138页。
③ （清）王韬：《杞忧生易言跋》，载《弢园文录外编》，汪北平、刘林整理，中华书局，1959，第321页。
④ 夏东元编《郑观应集》上册，上海人民出版社，1982，第76页。
⑤ 转引自程美东主编《中国现代化思想史（1840—1949）》，高等教育出版社，2006，第138页。
⑥ 《筹办夷务始末·同治朝》卷二十五，故宫博物院1930年影印本，第10页。
⑦ 中国史学会主编《洋务运动》（五），上海人民出版社，1961，第14页。

动的领袖人物奕訢也指出："查治国之道，在乎自强，而审时度势，则自强以练兵为要，练兵又以制器为先。"在他看来，"将外洋各种机利火器实力讲求，以期尽窥其中之秘，有事可以御侮，无事可以示威"。① 这些言论都明确表示了要努力发展近代军事工业的思想。洋务运动重要代表人物左宗棠强调了仿制西方的现代军事武器尤其是海军舰船对实现自强的重要性。他认识到，在数次战争中，西方的海船可以直接抵达天津，沿海要塞几成虚设，因此，"欲防海之害而收其利，非整理水师不可；欲整理水师，非设局监造轮船不可"②。作为洋务派重要思想家的薛福成也强调了学习西方军事技术的重要性。他说："西人所恃，其长有二：一则火器猛利也；一则轮船飞驶也……彼之所长，我皆夺而用之矣。"③ 中国近代最早的军事工业和机器大生产，就是在这些思想的指导下发展起来的。

除了发展军事工业以外，洋务派还主张发展民用工业，使之作为军事工业的补充和资金来源。冯桂芬在继承魏源思想的基础上，明确提出学习西方兴办工业、商业等"富强之术"以补中国"伦常名教"之不足，即"以中国之伦常名教为原本，辅以诸国富强之术"④。张之洞由于在兴办洋务的过程中认识到发展商业对支撑军事工业的重要性，提出了"工为体，商为用"⑤ 的主张。洋务运动的另一重要代表人物李鸿章也在兴办洋务的实践中发现学习西方的军事技术需要雄厚的财力支撑，为此他提出了兴办实业的主张，并把它看成国家富强的基础所在。他说："古今国势必先富而后能强，尤必富在民生，而国本乃可益固。"⑥ 因此他认为中国应借用洋人的办法和机器，大力发展民办企业，包括那些生产百姓日常之物的工业，使国家富强起来，并强调这"于富国强兵之计，殊有关系"⑦。他在1865年还指出，一旦把"洋机器"用于"民生日用"，则"数十年后，中国富农大贾必有仿照洋机器制作以自求利益者，官法无从

① 《筹办夷务始末·同治朝》卷二十五，故宫博物院1930年影印本，第1页。
② 转引自程美东主编《中国现代化思想史（1840—1949）》，高等教育出版社，2006，第133页。
③ 丁凤麟、王欣之编《薛福成选集》，上海人民出版社，1987，第23~24页。
④ 《采西学议——冯桂芬、马建忠集》，郑大华点校，辽宁人民出版社，1994，第84页。
⑤ （清）张之洞：《劝学篇·农工商学第九》，载《张文襄公全集》卷二百零三，中国书店，1990，第582页。
⑥ 程美东主编《中国现代化思想史（1840—1949）》，高等教育出版社，2006，第106页。
⑦ 程美东主编《中国现代化思想史（1840—1949）》，高等教育出版社，2006，第108页。

为之区处"①。对此，王韬更是提出了把"以农为本"的传统国策改变为"恃商为国本"②的政策主张。在他看来，从西方国家的情况看，只有发达的工商业才能使军队强大。"泰西诸国以通商为国本，商之所至，兵亦至焉。"③ 在他看来，以商为本不仅能发展经济、解决就业、抵御外国的经济侵略，实现富国强兵，还能在国际市场上获取各种自己所需的物资及其他财富使自己富起来，用以解决许多国内的问题。他说："工匠之娴于艺术者得以自食其力，游手好闲之徒得有所归，商富即国富，一旦有事，可以供输糈饷，此西国所以恃商为国本欤！"④ 因此，中国要富强，就必须效法西方发展工商业。薛福成也强调了发展工商业对实现国家富强的重要作用。他指出："外洋各国莫不以商务为富强之本。"⑤ 在他们看来，只要中国努力发展商业，维护民族经济的地位和利益，就能逐步实现国家富强，摆脱西方强国的侵略和欺辱。在这些思想的指导下，洋务派兴办了采矿、冶炼、电报、交通等与军事工业相关的民用工业，拓展了"师夷长技以制夷"的战略思想。尽管这些民用工业仍然是与军事密切相关的，是以抵御外侮为目的的，且最终以失败告终，但他们把学习西方的先进技术从军事领域延伸到民用领域，这在客观上是中国现代化进程中迈出的重要一步。

总的来说，洋务运动作为深受传统文化熏陶的先进知识分子为解决紧迫的现实问题而试图有限度地引进西方文化实现自强的一种尝试，主张在"中体西用"论指导下以兴办军事工业并围绕军事需求来发展民用工业，把经商、兴工等富强之术纳入治国方略，萌生了中国的现代化追求，这在当时有其合理性，⑥ 贡献巨大。但它根据军事需求来发展民用工业的思路和做法，既限制了民用工业的发展范围，也模糊了中国现代化探索的方

①　（清）李鸿章：《置办外国铁厂机器折》，载顾廷龙、戴逸主编《李鸿章全集02：奏议（二）》，安徽教育出版社，2007，第202页。

②　（清）王韬：《代上广州冯太守书》，载《弢园文录外编》卷十，汪北平、刘林整理，中华书局，1959，第300页。

③　（清）王韬：《遣使》，载《弢园文录外编》卷二，汪北平、刘林整理，中华书局，1959，第56页。

④　（清）王韬：《代上广州冯太守书》，载《弢园文录外编》卷十，汪北平、刘林整理，中华书局，1959，第299页。

⑤　转引自程美东主编《中国现代化思想史（1840—1949）》，高等教育出版社，2006，第98页。

⑥　陈旭麓：《近代中国社会的新陈代谢》，上海人民出版社，1992，第116页。

向，使中国的现代化探索长期处于无序状态，不能形成自己的现代化工业体系，无法真正超越学习西方现代器物技艺的局限，更不能发展成为一场遍及全国范围的经济政治变革运动。更重要的是，洋务派对帝国主义和封建专制都缺乏应有的认识和剖析，他们学习西方的目的是保持中国封建社会的"体"，引进西方"长技"是为弥补"中学"的些许不足，而不是用西学取代中学，即不以现代化为目标。这表明洋务派对西学的认识虽比林则徐、魏源更进了一步，并在客观上促进了中国现代化探索的深入，但还没有有意识地追问什么是现代化及如何实现现代化这一决定中国命运的根本问题。这决定了洋务派对西学的学习无论是在目标上还是在方法上都不可能取得预期的效果，他们想在中国传统文化与制度的地基上建构现代社会的尝试是注定要失败的。

三 维新变法及其影响

从历史来看，19 世纪 70 年代以后，"数十国觊觎，值四千年之变局"①，清政府的边境危机全面爆发；而洋务派"谋创水师不遗余力者，大半为制驭日本起见"②，最终却在甲午海战中全军覆没，以及由此而来的对日割地赔款，使中华民族走到亡国灭种的边缘。因此，甲午战争彻底击碎了"天朝大国"的迷梦，促进了国人的觉醒。梁启超对此指出："吾国四千余年大梦之唤醒，实自甲午战败割台湾偿二百兆以后始也。"③ 这表明：封建士大夫们再也不能以"中央帝国"来自欺欺人了，"中国的前途和命运将会怎么样，它的出路在哪里，这些问题冷酷地摆在中国人面前，要求人们重新加以考虑"④。甲午战争的惨败使中国的先进知识分子认识到，洋务派主张的军事现代化不可能取得成功，更不可能改变中国的被动挨打状况。为此，维新派在对洋务运动失败的原因进行深入思考的基础上，得出了只学西方军事技术、不变更社会政治制度不足以救国的结论。他们在中

---

① 汤志钧编《康有为政论集》（上），中华书局，1981，第 122 页。
② 张侠等编《清末海军史料》，海洋出版社，1982，第 24 页。
③ 梁启超：《戊戌政变记》，载《饮冰室合集·饮冰室专集之一》，中华书局，1989，第 1 页。
④ 金冲及：《二十世纪中国史纲》第 1 卷，社会科学文献出版社，2009，第 4 页。

国历史上第一次明确提出建立西方式的现代社会的目标及实现的途径，推动了维新运动的兴起。正是在这个意义上说，"中国维新之萌蘖，自中日战争生"①。

维新思想是近代中国思想发展史上的一个重要流派，其基本做法是依靠现有的政治权威逐渐地引进西方思想和文化，逐步改善中国的落后状况，最终走上西方式的现代化道路，实现国家富强和民族振兴。早在洋务运动时，郭嵩焘就根据自己出使西欧诸国的所见所闻，得出西方强大的根本原因在于西方的政治制度而不是实业和军事技术的结论。他说："西洋立国有本有末，其本在朝廷政教，其末在商贾、造船、制器，相辅以益其强。"② 因而洋务派把学习的重点放在军事技术和工商业而不是政教法制上，是一种本末倒置的做法，是不能成功的。康有为通过对香港的游历考察，也认为西人因"治国有法度"③ 而强大，看到上海在西人"治理"之下很繁盛，则"益知西人治术之有本"④。由此他萌生了用西方政治制度来改造中国以实现国家富强和民族独立的想法。甲午战败后中国社会面临的严重民族危机，更使康有为感到变法的必要性和紧迫性。他说："能变则全，不变则亡；全变则强，小变仍亡。"⑤ 康有为还指出，变法就是变政体，那些提倡兴办各种实业的主张，都是"变事而已，非变法也"，"故今欲变法，请皇上统筹全局，商定政体"。⑥ 梁启超也认为，政治制度是西法的根本，要变革社会就必须变法，法不变而求其他方面的改变，只是徒增弊端而已。他说："夫变法不变本原，而变枝叶，不变全体，而变一端，非彼无效，只增弊耳。"⑦ 把向西方学习的内容拓展到制度层面，是维新派对现代化的认识的进一步发展和深化。为了实现制度变革，迅速推进变法，康有为提出了效仿日本进行变法的主张："臣以为日本变法之学，确有成效，中华欲游学易成，必自日本始。"⑧ 而日本明治维新的主要内容就

---

① 梁启超：《论李鸿章》，载《饮冰室合集·饮冰室专集之四》，中华书局，1989，第42页。
② 中国史学会主编《洋务运动》（一），上海人民出版社，1961，第142页。
③ 中国史学会主编《戊戌变法》（四），上海人民出版社，1957，第115页。
④ 中国史学会主编《戊戌变法》（四），上海人民出版社，1957，第115~116页。
⑤ 中国史学会主编《戊戌变法》（四），上海人民出版社，1957，第140页。
⑥ 汤志钧编《康有为政论集》（上），中华书局，1981，第276页。
⑦ 梁启超：《饮冰室合集·文集之五》，中华书局，1989，第16页。
⑧ 汤志钧编《康有为政论集》（上），中华书局，1981，第250页。

是引入西方的君主立宪政体，这一政体介于君主专制政体与民主共和政体之间，容易取得平衡，最适合于中国采用。"君民共主者权得其平。"① 康有为也因此成为中国"首倡言公理，首倡言民权者"②。在他看来，通过引入民权来制衡君权，君、政、民各司其职，国家的富强就能很快实现。"立宪法以同受其治，有国会以会合其议，有司法以保护其民，有责任政府以推行其政故尔。"③ 因此，要富强就必须变法，而要变法就必须伸民权，这构成了维新派谋划变法图强的基本思路和行为逻辑。梁启超也认为，民权是君主立宪的基础，是国家富强的根本。他说："地者积人而成，国者积权而立，故全权之国强，缺权之国殃，无权之国亡。"④ 而变法又以变更政体为根本。在他看来，中国衰败的缘由，不在于经济和军事技术落后，而在于专制制度压制了民权的发展。"中国败弱之由，百弊丛积，皆由体制尊隔之故。"⑤ 由此他指出，所谓变法，无非就是伸民权而已，民权不伸，是中国衰落的根本原因，相反，民权大伸，则是西方强大的根本原因。因此，中国要想强大，唯一的办法就是伸民权，这是中国变法图强的根本之谋。"不以民为重，其一切法制皆务压制其民，故不肯注意于内治，盖因欲兴内治，不能不稍兴民权也。"⑥ 这样，经过维新派对民权思想的宣传和启蒙，限制君权、争取民权的意识"渐次成为中国人新的政治思想意识的聚焦点"⑦。因此在一定意义上说，维新变法实际上是维新派抑制君权、推崇民权的一个制度安排。建立君主立宪这一目标的提出使维新变法"有了比较明确的发展方向"，"从而使从洋务运动开始的改革运动进入政治层面，并具有了比较鲜明的资产阶级色彩"⑧。

维新派之所以认为西方以民权为基本的政治制度能使国家强盛，就是因为这种制度符合科学精神。"西国之政，尚未能悉准科学而出之也。使其能之，其政治且不止此。中国之政，所以日形其绌，不足争存者，亦坐

① 中国史学会主编《戊戌变法》（一），上海人民出版社，1957，第58页。
② 汤志钧编《康有为政论集》（下），中华书局，1981，第476页。
③ 中国史学会主编《戊戌变法》（二），上海人民出版社，1957，第237～238页。
④ 梁启超：《饮冰室合集·文集之一》，中华书局，1989，第99页。
⑤ 中国史学会主编《戊戌变法》（二），上海人民出版社，1957，第204页。
⑥ 梁启超：《饮冰室合集·文集之五》，中华书局，1989，第16页。
⑦ 刘善章、刘世忠主编《康有为研究论集》，青岛出版社，1998，第71页。
⑧ 房德邻：《论维新运动领袖康有为》，《清史研究》2002年第1期。

不本科学，而与通理公例违行故尔。"[1] 而西方的资本主义工业就是科学精
神的体现。因而维新派十分强调发展工业的重要性，希望在中国大力发展
机器生产，使中国成为工业国家。早在 1897 年，梁启超就提出了"以工
立国"的思想。他认为，大地蕴藏的财富是取之不尽用之不竭的，但只有
发达的工业生产力才能把这些财富开发出来。因此，一国财力的大小，是
由开发财富的生产力决定的，而这种生产力，主要表现在机器的生产和使
用上。他指出，一国财力的大小"当以力为界。凡欲加力使大莫如机器。
各种机器，农矿工之机器也"，"是以一亩所出，能养百人……一人作工，
能给百日食"。[2] 而要发展机器大工业，就需要有大资本家，因为如果中国
没有大资本家出现，"则将有他国之大资本家入而代之"。所以发展经济
"当以奖励资本家为第一义，而以保护劳动者为第二义"。[3] 在他看来，只
要采取低地租、低工资等措施确保资本家的利益，鼓励资本家发展实业，
中国的富强指日可待。"我国民于斯时也，苟能结合资本，假泰西文明利
器（机器），利用我固有之薄租薄庸以求赢，则国富可以骤进。十年以往，
天下莫御矣。"[4] 康有为 1898 年呈递光绪的《请厉工艺奖创新折》就提出
"定为工国"[5] 的主张，并在中国历史上第一次提出了实现资本主义工业化
和发展以工业、农业、矿业为中心的"实业"思想，成为"中国主张实现
国家工业化的第一人"[6]。在他看来，中国落后是由于科学的不发达，"不
知讲物质之学"[7]；而西方诸国之所以强于我国，是因为讲求实业和工业发
达，"讲求物质故"。他强调"夫今已入工业之世界矣"[8]，只有定为工国，
讲求物质利益，才能实现国家富强。由此康有为认为，在中国，"科学实
为救国之第一事，宁百事不办，此必不可缺者也"[9]。只要事事讲科学，等

① 王栻主编《严复集》，中华书局，1986，第 559 页。
② 梁启超：《饮冰室合集·文集之二》，中华书局，1989，第 39 页。
③ 梁启超：《再驳某报之土地国有论》，载《饮冰室文集点校》第 3 集，吴松等点校，云南
　教育出版社，2001，第 1557 页。
④ 梁启超：《杂答某报》，载《饮冰室文集点校》第 3 集，吴松等点校，云南教育出版社，
　2001，第 1497 页。
⑤ 中国史学会主编《戊戌变法》（二），上海人民出版社，1957，第 227 页。
⑥ 姚家华、孙引：《中国经济思想简史》，上海三联书店，1995，第 303 页。
⑦ 吴天任：《康有为年谱》，广东人民出版社，2018，第 384 页。
⑧ 康有为：《请厉工艺奖创新折》，载《戊戌奏稿》，文海出版社，1969，第 50、52~53 页。
⑨ 汤志钧编《康有为政论集》（上），中华书局，1981，第 576 页。

实业发展起来了，中国就能"蒸蒸日上，富强可驾万国"①。所以维新派所言的学习西方，是冀图从中找到一条救亡图存的道路，以变旧中国为新中国，变贫弱的中国为富强的中国。这决定了维新派对西学的学习必然以改造中国为目的。这必然要求彻底变更儒家传统的义利观，赋予谋利行为以价值合法性。他还说，由于时代的变化，西方凭借其先进的科学技术横行中国，而中国若要自强，就必须打开国门，学习西方，把变法作为根本之策，否则无法抵御外敌，实现振兴。"自尔之后，吾中国为列国竞争之世，而非一统闭关之时矣。"② 可见，维新派冀图通过建立君主立宪政体，兴民权以发展科学技术和参与国际竞争的理念，与传统封建文化的君权至上及天朝帝国的思想是格格不入的，加之其找不到实现自己理想的依靠力量和正确的方法，最终被顽固势力绞杀而失败，也是情理之中的。

总之，维新运动在近代中国历史上居于十分重要的地位。它实质是以建立西方式的政治制度为核心内容，同时学习西方的科技、文化、思想和教育制度，力图改变中国两千多年的封建专制制度，效法日俄等国建立资产阶级的君主立宪制国家，这在当时是十分进步的思想。他们倡言学习西学的主张，更是为西学在中国的流行打开了闸门，使西学以前所未有的速度广泛传播，以致"家家言时务，人人谈西学"③，促进了中国社会思想的现代化进程。尽管维新变法以失败告终，但维新派对西学的理解及实现途径的思考进一步促进了中国人对什么是现代化及如何实现现代化的认识，构成了中国现代化探索链条上不可缺少的一环。

四　清末新政与中国现代化

清末新政是近代中国政治转型中一个重大的历史事件，也是中国近代史上一次重要的改革运动。但由于它上接维新变法，下启辛亥革命，加之又以失败告终，其历史意义长期被人们忽略。事实上，清末新政作为"中

---

①　中国史学会主编《戊戌变法》（四），上海人民出版社，1957，第145页。
②　汤志钧编《康有为政论集》上卷，中华书局，1981，第301页。
③　中国史学会主编《戊戌变法》（三），上海人民出版社，1957，第156页。

国近代社会改良主义思潮发展的一个高潮"①，既是维新思想的进一步发展和实践，也是封建式现代化探索的最后一次尝试。它的失败证明了封建地主阶级主导的现代化道路行不通，以改良的方法改造中国社会是不可能的，从而为即将到来的革命作了思想舆论准备，奠定了社会心理基础。1900 年八国联军侵华期间，"慈禧太后率领文武百官逃亡西安还不忘讨好侵略者，表示要'量中华之物力，结与国之欢心'"②。这意味着中国封建统治者已完全丧失了与西方抗衡的勇气，向西方学习的政治障碍完全消除。同时，八国联军侵华之后的中国社会救亡图存的紧迫性和民族危机的严重性加强，封建统治阶级对此又束手无策，加上维新派对民权的宣扬，迫使部分先进知识分子开始关注人民大众对国家和社会发展的影响和作用。《国民报》指出："今日已二十世纪矣。我同胞当知一国之兴亡，其责任专在于国民。"③ 而经过洋务运动的实践，尤其是官办、官督商办等企业的发展，中国出现了一些亦官亦商的士人阶层，这不仅扩大了商人的队伍，还提升了商人的社会地位和政治地位。"到 1900 年，有那么多人亦官亦商。致使经商活动已经变成仕途以外另一个受人尊重的选择了。"而"这种有官商背景的人涌入商人行列，有助于在意识形态领域重新确立商人在中国社会中的地位"。④ 就连那些政治上的保守派士人也开始鼓吹发展资本主义商业的好处。旧式士人孙宝瑄就指出，商业是整个社会富强的中心，通过商业流通，工农才能各得其利，"是故，富之本虽在农与工，而其枢纽则在商"⑤。人心及社会舆论的变化，加上八国联军侵华带来的巨额赔款和外国商品进入中国带来的经济危机使清廷面临"民穷财尽之患"⑥，巨大的财政危机迫使顽固的清政府不得不改变自己的政策。在这种情况下，亲手扼杀了维新变法的慈禧太后不得不颁布诏书，倡言根本变法，声

① 程美东主编《中国现代化思想史（1840—1949）》，高等教育出版社，2006，第 66 页。

② 当代中国研究所：《中华人民共和国史稿》序卷，人民出版社、当代中国出版社，2012，第 41 页。

③ 转引自张枬、王忍之编《辛亥革命前十年间时论选集》第 1 卷，生活·读书·新知三联书店，1960，第 70 页。

④ 〔美〕费正清、刘广京编《剑桥中国晚清史》（下），中国社科院历史研究室编译室译，中国社会科学出版社，1985，第 469 页。

⑤ 孙宝瑄：《望山庐日记》上卷，上海古籍出版社，1983，第 799 页。

⑥ 转引自程美东主编《中国现代化思想史（1840—1949）》，高等教育出版社，2006，第 105 页。

称只学西方的"语言文字、制造器械"等"西艺之皮毛"无法实现中国的富强，强调"法令不改，锢口不破，欲求振作，当议更张"，① 因而提出了变法的主张。应该说，这时清廷的掌权者慈禧太后对新政是抱有期待的。"立宪一事，可使我满洲朝基础永久确固，而在外革命党，亦可因此消灭，候调查结束后，若果无妨碍，则必决意实行。"② 由是，"君主立宪"这一主张基本成了当时朝野内外的共识和救亡图存的不二药方。立宪运动开始后，清朝颁布的上谕也要求国人为立宪的顺利开展献计献策。"惟立宪之道，全在上下同心，内外一气，去私秉公，共图治理"，强调"此事既官民各有责任，即官民均应讲求，务使事事悉合宪法，以驯致富强，实有厚望"。③ 清政府对政制改革所持的貌似开放态度，鼓舞了许多主张变革的国人，赢得了不少支持者和同情者。不少因戊戌变法而逃亡或流亡海外的先进知识分子如康有为、梁启超等人拥护清廷变法。梁启超说："今夕见号外，知立宪明诏已颁，从此政治革命问题，可告一段落。此后所当研究者，即在此过渡时代之条理如何。"④ 清政府的大小官员也在竞相鼓吹立宪革新将拯救民族危难于水火。"数年以来，朝野上下，鉴于时局之险危，谓救亡之方只在立宪，上则奏牍之敷陈，下则报章之所论列，莫不以此为请。"⑤ 1904～1905 年在中国境内爆发的日俄战争更是被中国朝野看成"立宪、专政政体之战"，日本的最后战胜更促进了立宪思想的传播，它表明"专制昏乱之国家，不足容于二十祀清明之世界，于是立宪之议，主者渐多"⑥。加上当时孙中山领导的资产阶级革命派和康有为领导的立宪派两大势力的发展壮大，已经对清王朝构成了致命的威胁。在这种情况下，清廷为保存自己的专制统治，不得不推行政治体制改革，仿效日本等国行立宪君主政体。清末新政就是在这种背景下登上历史舞台的。

可见，清末新政是在多重压力下发生的，是清政府为应对自身统治危机不得已而采取的解决方法，加之改革是由缺乏改革动力的清政府自身主导的，这使新政的目的和作用十分有限。一是清廷发布的上谕仍然只是仿

---

① 国家档案馆明清档案部编《义和团档案史料》下册，中华书局，1979，第915页。
② 转引自陈旭麓主编《宋教仁集》上册，中华书局，1981，第16页。
③ 故宫博物院明清档案部编《清末筹备立宪档案史料》上册，中华书局，1979，第44页。
④ 孟祥才：《梁启超传》，北京出版社，1980，第108页。
⑤ 故宫博物院明清档案部编《清末筹备立宪档案史料》上册，中华书局，1979，第25页。
⑥ 转引自程美东主编《中国现代化思想史（1840—1949）》，高等教育出版社，2006，第67页。

行立宪，且规定了很长的预备期。"今日宣布立宪，不过明示宗旨，为立宪之预备，至于实现之期，原可宽立年限。日本于明治十四年宣布宪政，二十二年始开国会，已然之效，可仿而行也。"[①] 1908 年 8 月 27 日清政府颁布的《钦定宪法大纲》明确规定立宪预备期为 9 年。二是规定议院权力出自朝廷的原则："统治根本，在于朝廷，宜使议院由宪法而生，不宜使宪法由议院而出，中国国体，自必用钦定宪法。"三是明确君主是国家至高无上的统治权威。"君主立宪政体，君上有统治国家之大权，凡立法、行政、司法，皆归总揽，而以议院协赞立法，以政府辅弼行政，以法院遵律司法。"[②] 很明显，这些所谓的改革举措实际上是中国传统的"君为臣纲""民为邦本"政治思想的现代翻版，着眼的仍然是君权的至高无上，只有在君权得到实现和保障的前提下才逐渐开放民权，因而被时人讥讽为"以貌不以心新，以浮不以实新"[③] 的只关枝节的改革，这与现代民主政治的理念相去甚远，自然很难获得资产阶级革命派和立宪派的支持，改革的失败显然不可避免。

因此，尽管清末新政是清廷为顺应时势而进行的一次变革尝试，但也为当时的社会变革打开了缺口，促进了后来革命的发展。正是在这个意义上，梁启超说清末新政的失败表明走改良的道路以建设独立富强之中国已经不可能，剩下的就只有革命一途了。因为改良总希望四平八稳，不想冒风险，但形势的发展已经使这种想法越来越不符合实际。"譬如千年老屋，非更新之，不可复居。然欲更新之，不可不先权弃其旧者。"而要弃旧图新，则"必有大刀阔斧之力，乃能收筚路蓝缕之功。必有雷霆万钧之能，乃能造鸿鹄千里之势。若是者，舍冒险莫由"[④]。而清末新政的失败也说明：清廷既不能看清时代发展的大势，也没有具有此等魄力之人，只能任由历史的车轮推着向前走。要改变中国任人宰割的状况，必须有新的领导阶级和新的指导思想，资产阶级革命派就是在这种情况下登上历史舞台的。

①　转引自程美东主编《中国现代化思想史（1840—1949）》，高等教育出版社，2006，第 68 页。
②　转引自程美东主编《中国现代化思想史（1840—1949）》，高等教育出版社，2006，第 68 页。
③　杞忧子：《论维新宜求实践》，《汇报》第 475 号，1903 年 5 月 9 日。
④　梁启超：《饮冰室合集·文集之十一》，中华书局，1989，第 32 页。

第二节　三民主义与中国现代化目标的调整

　　孙中山的三民主义是近代中国探索现代化过程中提出的一种比较成功的现代化方案，其基本思路是通过推翻清政府的专制统治，仿照欧美资本主义国家建立现代民主政体以保护和发展工商业，最后实现民族的独立、自主和富强。在这一方案中，孙中山把西方自由民主学说与中国社会的特点在一定程度上结合了起来，带领人们推翻了封建君主专制政体，建立了中华民国这一现代政治体制，为现代化在各领域的发展奠定了基础。

一　三民主义概说

　　孙中山的三民主义包括民族主义、民权主义、民生主义，是他领导资产阶级民主革命的基本纲领。1905年10月，孙中山在中国同盟会机关刊物《民报》发刊词中把自己领导革命推翻清政府过程中的革命宗旨概括为民族、民权、民生三大主义。在孙中山看来，他提出的三民主义是在分析西方国家兴旺发展的历史后，把西方政治思想学说与中国国情相结合总结出来的。他说："余维欧美之进化，凡以三大主义：曰民族，曰民权，曰民生。"这既是历史进化的产物，也是世界发展的趋势使然。"是三大主义皆基本于民，递嬗变易，而欧美之人种胥冶化焉。"[1] 因而三民主义是符合世界历史潮流和中国国情的资产阶级革命纲领。这三大主义分别对应三大革命，它们的提出都是为了解决建立现代中国所面临的紧迫问题：民族革命的主要目的是推翻清朝政权，民权革命的目的是推翻君主专制，民生革命的目的是推翻少数人独享财富的专制。孙中山在《民报》创刊一周年庆祝大会上说："我们革命的目的，是为众生谋幸福，因不愿少数满洲人专利，故要民族革命；不愿君主一人专利，故要政治革命；不愿少数富人专利，故要社会革命。"[2] 三大革命一旦达成，中华民族的独立和富强指日可待。

---

　　① 《孙中山选集》上卷，人民出版社，2011，第79页。
　　② 《孙中山选集》上卷，人民出版社，2011，第92页。

为此，要推进中国社会的进步，首先要推翻清政府的专制统治。因为清政府集两千余年专制制度发展之顶峰，为了维护自己对人民的专制权力，对外割地赔款出卖国家，对内疯狂镇压人民的反抗，其与人民之间的对立已无法弥合。"满政府穷凶极恶，今已贯盈"①，"前清延数千年专制之秕政，变本加厉，抑又甚焉"②。只有革除这种专制制度，中国才能进步。其次要进行推翻专制统治的政治革命，建立民主共和制度。孙中山指出，中国的专制政体，自秦灭六国建立以来，就"视国家为一人之产业，制度立法，多在防范人民以保全私产，而民生庶务，与一姓之存亡无关者，政府置而不问，人民亦无监督政府之措施者"③。这样的政府与现代社会自由民主的新精神不符，是人民追求公利的阻碍和导致中国落后的政治上的原因，必须予以推翻，代之以欧美式的民主共和制国家。"余之民权主义，第一决定者为民主"④，因为当今时代政治发展的潮流就是民权的兴欣，这是"没有办法可以反抗"的，如果想"顺应世界的潮流"，则必须"主张民权"。⑤ 因此孙中山把民主共和作为中国政治的发展目标，并明确指出民主革命的目标是建立一个"四万万人一切平等，国民之权利义务无有贵贱之差、贫富之别，轻重厚薄，无稍不均。——是为国民平等之制"⑥。如果不建立这样的民主政体，"在国家里头无论什么问题都不能解决"⑦。因此，推翻封建专制政体必须依靠人民，这种共和制政体也必须依靠人民来建立和维持；只有充分建立在人民权利基础上的共和国才是可靠的、长久的，也只有依靠民权的兴起才能永远禁绝专制政体在中国复辟，使"敢有帝制自为者，天下共击之"⑧。最后是进行以现代社会建设为主要内容的民生革命。在现代社会建设方面，孙中山的民生主义的主要内容，也是它建构中国现代社会的主要原则，一是平均地权，二是节制资本。他明确指出，民生主义的主要原则"不外二者：一曰平均地权，二曰节制资本"⑨。这些原

---

①　《孙中山选集》上卷，人民出版社，2011，第82页。

②　中国科学院近代史研究所史料组编辑《辛亥革命资料》，中华书局，1961，第302页。

③　《孙中山全集》第1卷，中华书局，1981，第220页。

④　《孙中山全集》第7卷，中华书局，1985，第61页。

⑤　《孙中山全集》第9卷，中华书局，1986，第267页。

⑥　《孙中山全集》第1卷，中华书局，1981，第317~318页。

⑦　《孙中山全集》第9卷，中华书局，1986，第297页。

⑧　《孙中山全集》第1卷，中华书局，1981，第297页。

⑨　《孙中山选集》下卷，人民出版社，2011，第616页。

则既继承了以太平天国为代表的农民阶级的废除封建土地所有制和平均分配土地的平等主义的传统思想，又结合了"俄国之今日均产主义"①，同时还吸收了维新变法以来发展资本主义工商业以实现国家富强的主张，借鉴了西方经济学家关于土地国有的学说，把解决农民的土地问题和发展资本主义实现国家富强联系起来，符合当时世界发展潮流和中国社会的现实需要。因此，尽管孙中山的这一纲领由于经济社会条件及阶级立场的局限而不可能成为彻底的民主革命纲领，但它仍然是"中国近代史上最先进和最完整的发展资本主义的纲领，也是第一个把土地问题和发展资本主义联系起来的经济纲领"②。

因此，孙中山的三民主义是中西文化交融的产物。一方面，它立足中国传统文化这一思想基础之上，吸收了中国传统思想资源的积极因素。他说："余之民族主义，特就先民所遗留者，发挥而光大之；且改良其缺点。"③ 另一方面，它吸收了西方资本主义文明的优秀成果，借鉴了社会主义思想的一些元素。他说："余谋中国革命，其所持主义，有因袭吾国固有之思想者，有规抚欧洲之学说事迹者，有吾所独见而创获者。"④ 他提出的民主共和制就是"取欧美之民主以为模范，同时仍取数千年前旧有文化而融贯之"⑤ 的成果。孙中山提出实现中西文明的结合，实际上包含了对西方文化和中国文化的批判性思考和选择性吸收的思想。也正是这种批判性立场，使孙中山认为西方文化也有先进与落后之分，提出要吸收西方最先进文化的思想。他说："我们先前误以为中国四千年来的文明很好，不肯改革。于今也都晓得不能用，定要取法于人。若此时不取法他现世最文明的，还取法他那文明过渡时代以前的吗？"⑥ 更为重要的是，西方国家在现代国家和现代社会的建设中也出现了种种弊端，导致社会矛盾激化、阶级斗争激烈、贫富差距扩大等问题，尤其是第一次世界大战带来的巨大损害，使孙中山认识到资本主义不是一个完美的制度。为此他强调国民党要建立的民权制度与西方资本主义国家仅保障少数人享有民权不同，国民党

---

① 《孙中山全集》第6卷，中华书局，1985，第56页。
② 程美东主编《中国现代化思想史（1840—1949）》，高等教育出版社，2006，第81页。
③ 《孙中山全集》第7卷，中华书局，1985，第60页。
④ 《孙中山全集》第7卷，中华书局，1985，第60页。
⑤ 《孙中山全集》第1卷，中华书局，1981，第560页。
⑥ 魏新柏选编《孙中山著作选编》，中华书局，2011，第102页。

主张的民权是全体国民共有的。他明确指出，国民革命不是为了某一个阶级，而是为了人民，强调人民在国家和社会生活中的主体地位。"民国之国家，为全国国民所公有；民国之政治，为国民所共理；民国之权利，为国民所共享。"① 他还强调说："国家为人民之公产，凡人民之事，人民公理之。"② 基于这些认识，孙中山排除了在中国革命和现代化国家建设中照搬西方文化和制度的可能性。在他看来，中国人民在建立国家和实现现代化的过程中必须充分借鉴欧美国家的经验，努力向西方国家学习，但不能把欧美文明"全盘照搬过来"③。在他看来，照搬外国的东西，完全抛弃中国自己的传统，是不能建立起真正的共和的。他说："一般醉心新文化的人，便排斥旧道德，以为有了新文化，便可以不要旧道德。不知道我们固有的东西，如果是好的，当然是要保存，不好的才可以放弃。"④正是在这一意义上，孙中山认为自己的三民主义是融合了中西文化的一种新学说。

二 三民主义的现代化方案

孙中山的现代化方案主要体现在他的实业救国计划，即民生主义之中。这也是他的三民主义的主旨所在。在他看来，政治变革和民族革命都是为民生革命服务的，是以民生革命为目的的。他说："中国乃极贫之国，非振兴实业不能救贫。仆抱三民主义以民生为归宿，即是注重实业。"⑤ 也就是说，孙中山所理解的现代化，主要是经济现代化，实现国家的富强，民族主义和民权主义都是为民生主义创造条件的。他说，中国现代的问题是"民穷财尽"，"人民所受的痛苦是贫穷"，因而国民党提倡以振兴实业为目的的三民主义，"便是很像发财主义"。⑥ 因此中国能不能振兴，或者说中国的现代化能否实现，除了民族主义和民权主义的实现，最重要的是民生主义的实现，只有让人民能吃饱穿暖，那才是最好的政治和最大的民主权利。他认为，通过践行民生主义，振兴实业，实现中国的现代化，自

---

① 《孙中山全集》第 5 卷，中华书局，1985，第 632 页。
② 《孙中山全集》第 1 卷，中华书局，1981，第 318 页。
③ 《孙中山全集》第 1 卷，中华书局，1981，第 86 页。
④ 《孙中山选集》下卷，人民出版社，2011，第 706 页。
⑤ 《孙中山全集》第 2 卷，中华书局，1982，第 339 页。
⑥ 《孙中山选集》下卷，人民出版社，2011，第 740、744 页。

然就能实现中国的繁荣富强。而所谓民生主义"最要之原则不外二者：一曰平均地权；二曰节制资本"①。他接着解释说，民生主义的主要方法是通过国家税收调节收入差距，防止公共收益落入私人之手，同时把关系国计民生的事业掌握在政府手中，"举此二者，则民生主义之进行，可期得良好之基础"②。这就是说，振兴实业是孙中山的三民主义的主题，是他理解的民族复兴的主要内容。这就不难理解，为什么孙中山以及辛亥革命其他领袖人物会在辛亥革命后放弃政权投身于实业建设。

在孙中山之前，陈炽、张謇曾在义和团时期就提出了以发展实业实现救亡图存的建议，但并没有形成思想潮流。到20世纪初，随着西方思想的广泛传播和外国侵略及中国社会危机的加深，加之清政府在新政中实行鼓励资本主义发展的政策，兴办实业实现富国强兵的影响日渐加大，并逐渐成为一股"实业救国"的社会思潮。当时《东方杂志》的一篇文章就主张：实业不兴，国家的一切都无从谈起。该文章宣称，"今日救亡之术，固当以振兴实业为惟一之先务"③。武昌起义胜利后，孙中山在归国途中就确定把振兴实业作为自己奋斗的目标。他说："此后社会当以工商业为竞点，为新中国开一新局面。至于政权，皆以服务视之为要领。"④ 按照孙中山的这一构想，辛亥革命后南京临时政府成立实业部作为统筹实业发展的机构，要求各地把发展实业作为工作的重点。"饬实业司官关于农工商矿诸要政，凡已经创办者，或急需筹办者，或暂从缓办者，分别详细呈报本部，以便确定经济政策，统筹进行办法。国利民福，胥赖于此。"⑤ 孙中山指出，要通过制定各种有利于资本主义生产发展的法律和规则，为实业的发展提供便利条件。"吾人当更张法律，改订民、刑、商法及采矿规则；改良财政，蠲除工商各业种种之限制。"⑥ 他还认为："现在民国大局已定，亟当振兴实业，改良商货，方于国计民生，有所裨益。"⑦ 到民国时期，实业救国思想进一步发展，民国代表人物孙中山、黄兴乃至当时的立宪派都

---

① 《孙中山选集》下卷，人民出版社，2011，第616页。
② 魏新柏选编《孙中山著作选编》，中华书局，2011，第658页。
③ 胜因：《实业救国之悬谈》，《东方杂志》第7卷第6期，1910年6月，第192页。
④ 《孙中山全集》第1卷，中华书局，1981，第547页。
⑤ 中国科学院近代史研究所史料组编辑《辛亥革命资料》，中华书局，1961，第202页。
⑥ 《孙中山全集》第2卷，中华书局，1982，第10页。
⑦ 中国科学院近代史研究所史料组编辑《辛亥革命资料》，中华书局，1961，第217页。

提出实业救国的方案。孙中山说，只有振兴实业，中国才能富强起来，才能实现救亡图存的目标。为此他在辞去大总统一职后即到全国各地开展研究，号召大家投身实业建设，为国家的强盛创造物质基础。黄兴也指出："今者共和成立，欲苏民困，厚国力，舍实业莫由。"[①] 正是在振兴实业思想的指导和鼓舞下，"辛亥革命以后的 1913—1915 年这三年中，新创立的注册工厂比清政府奖励工商业时期的极盛时期还要多一倍"[②]。这说明以三民主义为指导的辛亥革命胜利后确实出现了一个近代以来少有的工商业大发展时期。

从内容上看，孙中山的实业救国方案主要包含两个方面。一是工业现代化。这主要是通过发展资本主义工商业来实现的。在孙中山的现代化方案中，实业振兴的重点则在交通、矿业和工业。在他看来，交通是实业振兴的基础和前提，没有发达的交通体系，就不会有其他实业的振兴。因此在他的实业计划中，修铁路、公路，疏河道、兴港口、建集市等都是发展实业的重要基础设施和先决条件，"非先有此种交通、运输、屯集之利器，则虽全其［具］发展实业之要素，而亦无由发展也"[③]。基于这一认识，他甚至得出了"今日修筑铁路"，事关"民国之生死存亡"[④] 的结论，足见孙中山对铁路等交通问题的重视。除了铁路等交通发展计划外，孙中山还对矿业、机械制造业等实现工业化提出了自己的设想。在这一宏大的现代化方案中，他把机器生产置于十分重要的地位。他指出，"今日所谓实业者，实机器毕生之事业而已"[⑤]，为此，要实现工业化，就必须在各个生产部门"废手工采机器"[⑥]，使机器大生产遍及国民经济的各个部门，实现国民经济的机器化生产和国家的工业化。而鉴于当时中国的落后，要发展的实业又相当广泛，所需财力非中国一己之力能够承担，由此孙中山提出借用外国资本发展中国实业的想法，建议"国际共同发展中国实业"[⑦]。二是农业现代化。在孙中山看来，现代化绝不仅仅是工业化，而是社会整体的

① 湖南省社会科学院编《黄兴集》，中华书局，1981，第 252 页。
② 丁日初：《辛亥革命与民族资本主义的发展》，《文汇报》1961 年第 14 期。
③ 《孙中山全集》第 5 卷，中华书局，1985，第 134 页。
④ 《孙中山全集》第 2 卷，中华书局，1982，第 433 页。
⑤ 《孙中山全集》第 5 卷，中华书局，1985，第 133 页。
⑥ 《孙中山选集》上卷，人民出版社，2011，第 224 页。
⑦ 《孙中山全集》第 6 卷，中华书局，1985，第 247 页。

现代化,农业现代化是其中的重要方面。为此,孙中山的现代化建设方案把农业也置于一个十分重要的地位。他说:"中国自古以来都是以农立国,所以农业就是生产粮食的一件大工业。"① 可见,在他看来,农业的现代化就是实现粮食生产的工业化,以为其他领域的工业化奠定基础,这就是现代以农立国的含义。而在发展农业上,孙中山最具特色的主张就是土地国有化。在他看来,欧美国家土地私有的做法是导致西方社会贫富差距扩大的重要原因。要克服私有化的弊端,不使财富过分集中导致贫富阶级尖锐对立和冲突,唯一的办法就是实现土地国有化。把"农田、水利……的事业概收归国营"②,不仅土地的所有权及其增值部分归国家所有,土地及其附属物如荒地、山林、沼泽、水利等都由"公家管理开发"③。这样就能克服西方社会私有化的弊端。

至于发展实业的途径,孙中山提出了国家资本主义思想,力图从私人企业和国有企业两个方面入手发展中国的经济。一是国家保护私人资本,鼓励发展私人企业。孙中山主张:"从来所行之自杀的税制应即废止,紊乱之货币立需改良,而各种官吏的障碍必当排去;尤须辅之以利便交通。"④ 由此必将使私人企业有一个大发展,从而提升国民福祉。二是国家经营。按照孙中山的现代化规划,"国家一切大实业,如铁道、电气、水道等事务皆归国有,不使一私人独享其利"⑤。可见,在孙中山的整个实业规划中,私人资本虽然受到鼓励,但不能操纵国计民生,是受到一定限制的,是应该受到节制的,因而他的现代化模式是国家主导型的,而不是自由资本主义的。这也是他的国家资本主义的核心要旨,即试图通过节制私人资本,克服欧美资本主义垄断国计民生和国家命运的弊端,缓解阶级矛盾和对立。

三 三民主义的现代化方案评说

总的来说,孙中山的三民主义是中国传统社会向现代社会过渡的一种

---

① 《孙中山全集》第 9 卷,中华书局,1986,第 399 页。
② 《孙中山全集》第 5 卷,中华书局,1985,第 561 页。
③ 《孙中山全集》第 5 卷,中华书局,1985,第 223 页。
④ 《孙中山选集》上卷,人民出版社,2011,第 227 页。
⑤ 《孙中山全集》第 2 卷,中华书局,1982,第 323 页。

思想理论形态，是当时中国人民摆脱传统走向现代的思想指南，曾对中国社会的发展和人民思想的解放产生过很大的影响和促进作用，也是中国近代思想史上把西方思想中国化的第一个取得了一定成功的案例。尤其是辛亥革命推翻了封建君主制度，使民主共和的观念深入人心，开启了一个新的历史时代。自此以后，"任凭你像尧舜那么贤圣，像秦始皇明太祖那么强暴，像曹操司马懿那么狡猾，再要想做中国皇帝，乃永远没有人答应"①。由此造成社会变革的形势，一扫专制陋习，为中国社会急剧变化创造了条件。梁启超曾说："官府之文告，政党之宣言，报章之言论，街巷之谈说，道及君主，恒必以恶语冠之随之。"② 这就使全社会出现了民权兴、君权衰的社会风气和崇尚革命的社会氛围。朱执信对此指出，中华民国建立后，社会风气为之一新，民气高涨。"当南京临时政府同各省起义的省政府，没有受'威信'两个字传染的时候，的确是国民自己相信是主人翁，官吏自问没有什么威光。"③ 受这种风尚的影响，普通民众也逐渐觉悟到自己的独立人格和应该享受到的基本权利，并为争取这种权利而斗争，从而为进行彻底的民主革命奠定了思想基础和社会基础。

这就是说，辛亥革命后，由于革命的影响和南京临时政府的民主宣传，普通民众觉醒了，开始为争取自己的民主权利而展开斗争，促进了中国民主革命的发展。有鉴于此，列宁高度评价了孙中山的三民主义思想及其领导的革命。他说，孙中山的三民主义是"充满了战斗的、真诚的民主主义"，是"有建立共和制度要求的完整的民主主义"，并称赞孙中山"是充满着崇高精神和英雄气概的革命的民主主义者"。④ 毛泽东也充分肯定了孙中山在探索中国现代化道路过程中的这一贡献，称他是"代表了在中国共产党出世以前向西方寻找真理的一派人物"⑤。孙中山的三民主义现代化方案既"包含了为实现民族独立、民主化、工业化而奋斗的现代化内容体系，也包含了一些具体的设想和计划措施"，是中国近代史上"一个基本

① 梁启超：《饮冰室合集·文集之五》，中华书局，1989，第 46 页。
② 梁启超：《异哉所谓国体问题者》，载李华兴、吴嘉勋编《梁启超选集》，上海人民出版社，1984，第 675 页。
③ 朱执信：《恢复秩序与创造秩序》，载《朱执信集》下册，中华书局，1979，第 865 页。
④ 《列宁全集》第 21 卷，人民出版社，2017，第 427、428 页。
⑤ 《毛泽东选集》第 4 卷，人民出版社，1991，第 1469 页。

完整的现代化发展纲领"。① 因此，尽管中国的现代化并没有按照孙中山提出的方案得以实现，但它对中国社会进步产生的影响却是此前任何一种思想或现代化方案所无可比拟的。在这个意义上，毛泽东认为辛亥革命既是一次失败的革命，也是一次成功的革命。"说它失败，是说辛亥革命只把一个皇帝赶跑，中国仍旧在帝国主义和封建主义的压迫之下，反帝反封建的革命任务并没有完成"②，中国现代化建设仍然没有取得实质上的进展。

历史地看，孙中山以振兴实业为主要内容的现代化方案以失败告终，是多种原因相互作用的结果，但最根本的原因则是缺少反帝反封建的内容。正如罗吟圃所指出的，如果不把中国从西方强盗和封建专制的压迫下解放出来，"其余一切实业计划的建议工程步骤的筹措都是不切实的"③。首先，由于对封建主义的本性认识不清，孙中山把革命的目标仅仅定位为推翻清政府统治而不是封建制度。由此，辛亥革命只是导致了地主阶级内部权力关系的改变，"是地主阶级不当权派打倒地主阶级当权派"④，而不是阶级关系的根本变化，没有触动原有的权力基础和社会关系，这种"新瓶装旧酒"式的革命，自然无法实现富国强兵的目标。孙中山自己后来也反省说，辛亥革命的失败是因为没有铲除旧中国的官僚、武人、政客"这三种的陈土"，以致没能为民国"立起坚固的基础来"，⑤ 最终导致革命的失败。陈独秀也认为，辛亥革命后，中国社会土壤没有得到改造，导致武人政治泛滥，中华民国缺乏生存的根基，自然不能推进中国的现代化大业。中国传统封建文化"实为制造专制帝王之根本原因"，不对中国传统进行根本改造，则"无数废共和复帝制之袁世凯，当然接踵应运而生，毫不足怪"⑥。辛亥革命的失败就在于革命者只单纯地"反满"，仅追求种族革命，忽视捣毁封建主义的根基，自然是成功不了的。

其次，革命派在辛亥革命后过早地放弃了国家政权，没有看到政权建设对经济发展的重要作用，更没有建立起真正现代化的国家治理体系。对

① 虞和平主编《中国现代化历程》第 1 卷，江苏人民出版社，2001，第 82、350 页。
② 《毛泽东选集》第 2 卷，人民出版社，1991，第 564 页。
③ 转引自罗荣渠主编《从"西化"到现代化》，黄山书社，2008，第 274 页。
④ 冯友兰：《三松堂自序》，生活·读书·新知三联书店，1989，第 34 页。
⑤ 《孙中山选集》上卷，人民出版社，2011，第 494 页。
⑥ 陈独秀：《袁世凯复活》，《新青年》第 2 卷第 4 号，1916 年 12 月，第 2 页。

此梁启超的见识无疑是极有见地的。他在辛亥革命前就说，"试有人问我以中国振兴实业之第一义从何下手，吾必答曰，改良政治组织"，"盖政治组织诚能改良，则一切应举者自相次毕举；政治组织不改良，则多举一事即多从一弊，与其举之也，不如其废之也"。[①] 因为对中国政治的改良而言，中华民国的建立仅仅是起点而不是终点，以为中华民国建立后就万事大吉了，政治问题就此解决了，那是一种十分天真的想法，是对国家和民族的极端不负责任。梁启超强调，"公等若放弃其政治之责任……后悔将无穷期"，"政治必改良，实业万无能胜之理"。[②] 革命派放弃政权后的形势发展完全证明了梁启超的判断。革命派过早放弃政权的另一诱因是临时政府没有统一的事权、财权、军权，很难有效地开展工作，也不能把自己的主张贯彻实施，以致革命派视中央政权为手中的包袱，急欲甩给袁世凯，而不是利用革命力量所造成的形势进行政治力量的整合。如在民国政府的组织体系中，各地都按照武昌起义时的做法，地方的军令、军务、财政甚至外交都直接"受都督之指挥命令"[③]，中央没有实质上的指挥权，尤其是财政方面，"所有田赋、盐税和厘金都为各地军政府截留"，而临时政府直到下台，"并无一省有分文报解"。[④] 而在地方大员中，甚至在大部分辛亥革命的领袖人物中，他们的主要目的是驱逐清朝政权，恢复汉族统治，所谓"驱逐鞑虏，恢复中华"，当时通过革命建立的中华民国"所能实际表现者，仅仅为民族解放主义"，[⑤] 至于其他的就不在他们考虑的范围之内了。在这种狭隘的民族主义思想的影响下，他们"以'驱除鞑虏'为唯一目的，其抱有建设之计划者居少数"[⑥]。在这种情况下建立的中华民国中央政府，只是一个民族主义的政府，而不是民生主义、民权主义的政府，是不可能集中全国人力、物力、财力来搞实业建设的。换句话说，当时的中央政府实际上只是形式上的中央政府，是为驱逐清政府而暂时组织起来的松散的联盟，清帝退位后，民国中央政府连自己的存在都没有保障，对地方督政府没有任何的约束力，更不用说集中全国资源致力于中国的现代化建设了。

① 梁启超：《饮冰室合集·文集二十一》，中华书局，1989，第113页。

② 梁启超：《饮冰室合集·文集二十九》，中华书局，1989，第30页。

③ 李廉方：《辛亥武昌首义记》，湖北通志馆，1947，第123页。

④ 李荣昌：《辛亥革命与近代中国》，湖北人民出版社，1991，第130页。

⑤ 《孙中山全集》第9卷，中华书局，1986，第114页。

⑥ 蔡元培：《〈我之历史〉序》，载《蔡元培讲读书》，河海大学出版社，2019，第113页。

最后，是孙中山提出的现代化方案缺少反对帝国主义的内容，甚至他提出的现代化目标在很大程度上是依赖于西方帝国主义的同情和援助才能实现的，这是其现代化方案最主要的缺陷。因为在半殖民地半封建的中国，"帝国主义或者通过直接投资，或者通过参加投资，垄断了几乎整个中国的工业"，"帝国主义的强大资本，是压迫中国民族工业的主要力量"。① 这些帝国主义企业的存在加上它们享有的种种在华特权，阻碍了民族工业的发展和壮大，"已经进入了资本主义的国家不允许中国走资本主义的现代化道路，更不允许出现一个强大的资本主义现代化中国"②。因而反帝是开启现代化建设的一个基本前提，没有这一点，中国是不可能走向现代化之路的。美国学者莫里斯·迈斯纳说，受外国帝国主义控制的中国的近代资本主义"只能以有限的和扭曲的形式发展"，因而不可能"指望羽翼未丰的中国资产阶级除了充当资本主义的附属品外还能干点别的什么事情，不管这个阶级的个别成员可能对外统治滋生多么强烈的民族主义的怨恨情绪"。③ 辛亥革命后，中国社会的殖民化程度进一步加深就说明了这一点，这既是资本主义在中国行不通的重要原因，也是三民主义的一个重要缺陷。对此毛泽东深刻指出，近代以来中国先进知识分子努力学习西方却很少取得成功，除了中国资产阶级本身的力量弱小之外，还有一个重要原因在于："帝国主义勾结中国封建势力压迫中国资本主义的发展。"④ 鉴于此，毛泽东特别强调在革命中反对帝国主义的重要性，因为近代以来的"中国革命的失败，都是被帝国主义绞杀的"⑤。因此，辛亥革命不反对帝国主义，甚至还对帝国主义抱有幻想，自然不可能取得胜利，更不用说改变中国现状、实现中国现代化了。

总之，孙中山的三民主义及其指导下的现代化方案推翻了封建君主专制在中国的统治，在中国社会播下了民主共和的种子；通过对实业的提倡促进了中国现代经济的发展和社会的进步，构成了近代以来中国现代化探索道路上的重要环节。尽管其因缺乏反帝反封建的内容而最终失败，最后

---

① 严中平等编《中国近代经济史统计资料选辑》，科学出版社，1955，第114页。
② 马占稳：《毛泽东与中国现代化》，红旗出版社，2011，第47页。
③ 〔美〕莫里斯·迈斯纳：《毛泽东的中国及后毛泽东的中国——人民共和国史》，杜蒲、李玉玲译，四川人民出版社，1992，第6页。
④ 《毛泽东选集》第2卷，人民出版社，1991，第628页。
⑤ 《毛泽东选集》第2卷，人民出版社，1991，第679页。

只得到一块民国的空招牌，"内骨子是依旧的，因为还是几个旧乡绅所组织的军政府"①，但它毕竟为中国社会的进一步变革创造了条件，为现代中国的建立奠定了基础。它的失败表明，中国的现代化必须有新的理论的指导和新的阶级的领导，从而为马克思主义在中国的传播和无产阶级登上历史舞台创造了思想和社会条件。

第三节　五四运动前后马克思主义的传播及其对中国现代化的影响

孙中山的三民主义及其指导下的现代化方案失败后，人们对中国能否在资本主义指导下走向现代化、实现国家富强和民族振兴产生了怀疑，实现中国的现代化必须寻找新的道路和需要新的理论指导成了当时国人的普遍心态。毛泽东说"我们的斗争需要马克思主义"②，就是对这种社会心态的典型表述。正是在这种人心思变的历史转折关头，马克思主义作为克服资本主义弊端的科学理论开始传入中国，中国历史由此进入一个新的发展阶段。

一　五四运动前马克思主义在中国社会的传播

辛亥革命后建立了中华民国这一民主政体，近代经济也有了初步的发展，但帝国主义对中国的侵略并没有因中华民国的建立而有所减轻，人民生活反而因封建买办阶级和国际资产阶级的双重压榨而更加困苦，社会矛盾更加激烈，经济危机、政治危机、社会危机更加严重，中华民族到了生死存亡的紧要关头。在这种情况下，如何找到一种先进理论指导中国走向富强，以挽救民族于水火之中，成了当时各阶级的先进知识分子必须解决的紧迫问题。由于西方资本主义现代化理论指导下的中国现代化探索屡屡受挫，传统文化对此也束手无策，部分先进知识分子把目光转向马克思主义，试图以此克服资本主义的弊端，找到中国的现代化道路。正如林代昭

---

① 《鲁迅全集》第 2 卷，人民文学出版社，1981，第 313 页。
② 《毛泽东选集》第 1 卷，人民出版社，1991，第 111 页。

所指出的,"中国人开始接触马克思主义理论是在十九世纪末、二十世纪初",这时中国尚不具备接受马克思主义的必要条件,马克思主义是"作为欧洲社会主义的一个派别在这个时期被介绍到中国来的"。① 也就是说,这个时候的马克思主义是作为资本主义的补充而不是替代者出现在中国人民面前的。

根据学者的考证,在中国最早系统介绍社会主义的是1898年夏在上海出版的、由英国传教士李提摩太所著的《泰西民法志》一书。该书较为详细地介绍了马克思及其学说,称"马克思是社会主义史中最著名和最具势力的人物",马克思和恩格斯是"'科学的和革命的'社会主义派的首领",他们这一派是"社会主义中最可怕的新派"。② 1899年上海广学会出版的《万国公报》则称马克思为"以百工领袖著名者",把马克思的社会主义称为"讲求安民新学之一家"。③ 可见,这时中国社会对马克思主义的介绍是零星的、不系统的,在中国先进知识分子中几乎没产生什么影响。进入20世纪后,由于资本主义弊端的日渐显露和资本主义在中国的屡屡失败,中国资产阶级知识分子开始引入马克思主义以补资本主义之不足。马君武、朱执信都把马克思的学说概括为阶级斗争学说,指出马克思把"阶级竞争"视为"历史之钥",把历史视为"阶级斗争之陈迹";梁启超则把社会主义的特点概括为"土地归公,资本归公",以及劳动是"百物价值之源泉"三个方面,强调财产共有和劳动的价值。④ 孙中山则主张把马克思的"平均分配"思想作为避免"将来社会革命之祸"和"激烈派之实行均产主义"⑤ 的良方。由此孙中山认为他在民生主义中提出的"节制资本"的主张就吸收了社会主义的合理成分,并认为社会主义与民生主义是相同的,"民生主义就是社会主义"⑥。除此之外,中国的留日学生也以极大的热情介绍和翻译马克思主义的著作,扩大了马克思主义的影响,促

---

① 林代昭:《马克思主义在中国从介绍到传播》,《新乡师范学院学报》(哲学社会科学版)1985年第1期。

② 转引自张铨亚《马克思主义何时传入中国》,《光明日报》1987年9月16日。

③ 转引自周子东、傅绍昌《民主革命时期马克思主义在上海的传播(1898—1949)》,上海社会科学院出版社,1994,第6页。

④ 转引自钟佳栋、王世根《20世纪:马克思主义在中国》,上海人民出版社,1998,第37页。

⑤ 《孙中山全集》第2卷,中华书局,1982,第520页。

⑥ 《孙中山全集》第9卷,中华书局,1986,第355页。

进了中国人民对马克思主义的了解。据不完全统计，中国最初介绍马克思主义的著作许多都出自中国的留日学生之手。郭沫若1955年在日本早稻田大学的演讲中对此有过较明确的表述："中国民众是通过日语书籍介绍马克思和恩格斯的中国记者那里听说了马克思和恩格斯。这些书被译成了汉语，于是人民知道了马克思和恩格斯的存在。"①李达也认为："中国接受马克思主义得自日本的帮助很大。"②可见当时中国的留日学生对马克思主义在中国的传播所作的贡献和影响之大。当然，由于当时客观条件的限制，人们对马克思主义的宣传和介绍主要是为了克服资本主义的弊端，而不是在中国实现社会主义，因而无论是在内容上还是在传播的范围上都是有限的，马克思主义真正开始广泛传播并产生实际影响是在俄国十月革命之后。

1917年俄国十月革命的成功，为世人展现了一条不同于西方资本主义的现代化新路，给在苦苦探寻中国现代化道路的先进知识分子以极大的鼓舞，马克思主义也因此以极快的速度在中国社会广为传播，并逐渐形成了一批信仰、传播马克思主义的先进知识分子。李大钊就是其中的代表人物。1918年，李大钊接连发文热情讴歌俄国十月革命的伟大胜利和世界意义，称赞俄国十月革命是"二十世纪全世界人类普遍心理变动之显兆"，是"世界的新文明之曙光"。③1919年，他在《我的马克思主义观》一文中则较全面地阐述了唯物史观、剩余价值和阶级斗争学说，对马克思主义的传播产生了重大影响。同时，陈独秀、李达、李汉俊、瞿秋白、蔡和森等也接受了马克思主义并撰文宣传。一时间，中国大地上出现了一股谈论马克思主义的热潮。用毛泽东的话说："十月革命一声炮响，给我们送来了马克思列宁主义。"④自此，中国的先进知识分子转向"用无产阶级的宇宙观"去"考虑自己的问题"，得出必须"走俄国人的路"的结论。⑤毛泽东的论述表明俄国十月革命后马克思主义的传播直指中国面临的现实问题，并影响了中国先进知识分子对现代化道路的选择，从此，走资本主

---

① 转引自〔德〕李博《汉语中的马克思主义术语的起源和作用》，赵倩等译，中国社会科学出版社，2003，第40页。
② 中国社会科学院现代史研究室编《"一大"前后》（二），人民出版社，1980，第52页。
③ 《李大钊文集》第2卷，人民出版社，1999，第219页。
④ 《毛泽东选集》第4卷，人民出版社，1991，第1471页。
⑤ 《毛泽东选集》第4卷，人民出版社，1991，第1471页。

义道路就不是中国唯一的甚至不是优先考虑的选择了。

总体而言，五四运动前对马克思主义的最初传播是为了克服资本主义的弊端，避免走西方国家现代化过程中阶级对抗的老路，以避免因贫富差距过大而造成社会政治危机。俄国十月革命后，由于俄国的示范作用，加之中国走资本主义现代化道路屡遭失败，部分先进知识分子开始将马克思主义作为指导探索中国现代化道路的科学理论，以社会主义为实现中国现代化的方法和路径，以实现中国的富强和独立，从而翻开了中国历史新的一页。

二　五四时期对资本主义现代化方案的反思

辛亥革命建立中华民国以后，中国社会在各方面都有一定的进步，出现了一些新的现象，但社会整体并没有出现大的变动，封建剥削关系依然是中国社会主要的经济关系，帝国主义的侵略不仅没有减弱，反而有所加深，广大人民仍然生活在水深火热之中。民众对现实的不满日益增长，社会矛盾日趋尖锐，预示中国社会已进入一个动荡不安的激变时期。五四时期正在中国的杜威敏锐地注意到了这一点："我们正目睹一个民族/国家的诞生（the birth of a nation），而出生总是艰难的。"① 但另一方面，对现实不满也促使中国的先进知识分子去反思中国现代化屡遭挫折的原因。这种反思仍然是围绕传统"中学"与现代"西学"的关系而展开的。在崇尚西学的先进知识分子看来，我们之所以没有像西方那样实现现代化，根本原因在于传统文化的阻挠，"中国现在政治社会的不良，就是人民的思想不曾变换"。由此他们认为，只有彻底摒弃传统文化，代之以西方现代文明，进行"思想革命"改变人民的思想，才能保住"民国的招牌"，② 进而实现中国的现代化。五四运动就是围绕这一目的发展起来的。

正是在这一思想的指导下，五四运动提倡新文化以反对旧文化，大力宣传和引进西方文化，极大地冲击了中国传统的封建文化，促进了人们思想的大解放。自五四运动以来，西方的各种学说纷纷涌入中国："都印入

---

① "John Dewey from Peking," June 1, 1919, in John Dewey and Alice C. Dewey, *Letters from China and Japan*, ed. By Evelyn Dewey, New York, 1920, p. 209.

② 罗家伦：《通信——复张溥泉》，《新潮》第 2 卷第 2 号，1919 年 12 月，第 366~367 页。

吾人的脑子里；吾人于此亦恍然大悟，晓得阶级制度，是不可存留的，资本观念，是不可持久的，将从前鄙陋的思想，去了大半，这不是中国社会进化的一大好现象吗！"① 正是各种西方思潮在中国广泛传播带来的思想震撼和解放，促使人们对资本主义道路进行反思，从而为马克思主义的传播提供了社会心理土壤和实践契机。因为内容上的彻底变革必然要求方法论上的彻底变革，这已为鸦片战争以来的现代化探索所证明。施存统在总结自己从"工读互助团"转向信奉马克思主义时说，要改造中国，"需从根本上谋全体的改造，枝枝节节地一部分的改造是不中用的"②。就此而言，五四运动促使中国现代化探索的转向"实在不是偶然的"③。

从实际效果来看，五四运动对近代以来中国现代化探索的反思也必然导致对资本主义现代化方案的否定。众所周知，中国社会的学习西方运动和现代化探索是与救亡图存的直接目标相联系的。在帝国主义对中国的侵略日益加深的背景下，救亡成了中国社会的最强音，也是检验一种理论能不能在中国实践并得到民众认可的主要标准，甚至是压倒一切的标准。能救亡的理论就是科学的理论，否则就不可能在中国生根并获得人们的认可。鸦片战争后一段时期，中国先进知识分子拼命学习西方资本主义现代化理论，就是因为他们觉得资本主义能实现中国现代化，比封建主义更能使中国免于亡国灭种。这一观念在社会主义道路出现前是如此强烈并深入人心，使资本主义迅速征服中国先进知识分子和统治精英。"资本主义与资产阶级社会，不断改变了世界，统治了世界，更成为一种模范的典型。1917 年以前，且是全人类唯一的模范，凡不愿被时代巨轮扫过或碾死之人，莫不以其为师。"④ 因此，尽管中国的资本主义道路探索屡屡失败，中国的先进知识分子还是前仆后继地为之而奋斗。毛泽东对此曾指出，自鸦片战争以来，中国社会的先进知识分子对西方的学习是认真的，也是真诚的。"那时，求进步的中国人，只要是西方的新道理，什么书也看"，不断通过留学、翻译等方式"努力学习西方"的"所谓新学"，而且他们在很

① 《杭州学生联合公报》"五四"号增刊，1920 年 5 月 2 日。
② 施存统：《"工读互助团"底实验和教训》，《星期评论》（劳动节纪念号）第 7 张，1920 年 5 月 1 日。
③ 《郭廷以先生访问记录》，台北中研院近代史研究所，1982，第 83～84 页。
④ 〔英〕艾瑞克·霍布斯鲍姆：《极端的年代》，郑明宣译，江苏人民出版社，1998，第 250 页。

长时间内都对新学有坚定的信心，"认为这些很可以救中国，除了旧学派，新学派自己表示怀疑的很少"。① 然而，这种学习的失败不能不迫使中国先进知识分子开始去怀疑、反思直至最后否定自己近代以来一直追求的资本主义现代化道路。

从历史来看，中国的资本主义现代化方案之所以失败，重要原因是中国面临严峻的国际国内环境和救亡的紧迫性，这使中国既没有时间和机会对西方的理论进行理性的考察和审视，也不能等待中国社会自身探索出实现什么样的现代化、怎样实现现代化的道路。这样的环境带来的一个后果就是：中国资产阶级由于自身的先天不足和后天局限，既无法承担起领导资产阶级民族民主革命的责任，也不能承担起领导中国现代化的重任。

首先，中国早期的现代企业都是在帝国主义扶持下发展起来的，都与帝国主义有着千丝万缕的联系。有学者指出，"在中国近代工业发展史上，最早出现的一批较具规模的资本主义企业中，可以说十之八九为买办所创建或是买办参加投资的"②。而买办阶级是依附于帝国主义的，与帝国主义是利益共同体。中国民族资产阶级经济上的软弱和社会基础上的先天不足，导致其政治上的软弱。这种状况表明民族资产阶级不可能与封建主义和帝国主义彻底决裂，也不可能举起反帝反封建的旗帜。这也决定了中国的民族资产阶级兴办的"民族工业不能构成一个独立的、完整的工业体系和国民经济体系，独立后的中国如果不搞社会主义而搞资本主义，中国的经济就仍不能摆脱对外国资本的依赖"③。

其次，帝国主义的阻挠也是中国的资本主义现代化方案失败的一个重要原因。"在资本—帝国主义已经牢牢地控制了中国之后，是决不容许中国独立发展资本主义而成为它们强大的竞争对手的。这就是近代中国革命运动屡遭帝国主义绞杀的原因所在。"④ 荣毅仁对此深有感触："资本主义道路在中国，就只能是殖民地、半殖民地道路。而这条道路，对每个真正

---

① 《毛泽东选集》第 4 卷，人民出版社，1991，第 1469~1470 页。
② 从翰香：《关于中国民族资本的原始积累问题》，载中国人民大学清史研究所编《中国近代史论文集》上册，中华书局，1979，第 534 页。
③ 马占稳：《毛泽东与中国现代化》，红旗出版社，2011，第 56 页。
④ 当代中国研究所：《中华人民共和国史稿》第 1 卷，人民出版社、当代中国出版社，2012，第 29 页。

要独立的、正直的中国人的工商业者来说都是穷途末路。"① 这就是说，中国社会事实上存在的半殖民地半封建这一性质，决定了帝国主义国家不希望自己在中国的殖民统治终结，不可能把实现中国现代化作为它们的目的，中国走资本主义道路是一条死路，不可能成功。

最后，中国资产阶级知识分子提出的现代化方案大多停留在空泛议论阶段，缺乏可操作的具体规划，无法付诸实施。毛泽东对此深刻指出，很多人对改造中国仅想象出"空泛的一个目标"，对这一目标"要改造到那一步田地（即终极目的）？用什么方法达到？自己或同志从那一个地方下手？"等问题，"有详细研究的却很少"。② 这说明当时无论是主张走资本主义道路还是其他的各种方案的人，都没有真正找到解决中国现代化问题的道路。

总之，五四时期对通过重新审视中西方文化的关系来反思中国近代以来追求资本主义现代化的方案和历程，确立了引进西方现代文化建立现代中国这一方向和目标。为了实现这一目标，要完成两个转化任务：一方面，必须以现代西方文化去除中国的传统特质使之实现现代转换，而去除中国社会的封建半封建性质，这因与中国传统文化中"防夷变夏"的核心理念相冲突而无法实现；另一方面，必须去除西方现代文化的侵略性以及由此而带给中国的殖民地半殖民地属性，但这与弱肉强食的西方资本主义的本性不相容。中国资本主义现代化方案屡遭失败，就在于它无法完成这两个转化任务，没有找到解决这两对矛盾的办法。这也预示着中国现代化必然抛弃资本主义而转向社会主义。

三　西化还是俄化的论战

随着马克思主义在中国社会的广泛传播和在民众中影响的日益扩大，人们逐渐知道"实现工业化可以有两种办法、两条道路：一条是资本主义道路，一条是社会主义道路"③。这就产生了中国现代化道路和实现方法的

---

① 转引自当代中国研究所《中华人民共和国史稿》第 1 卷，人民出版社、当代中国出版社，2012，第 30 页。
② 《毛泽东早期文稿》，湖南人民出版社，1990，第 464 页。
③ 当代中国研究所：《中华人民共和国史稿》第 1 卷，人民出版社、当代中国出版社，2012，第 152 页。

选择问题，由此在先进知识分子中逐步产生了关于中国现代化建设到底应该走西方资本主义道路还是走俄国社会主义道路的争论。

对大多数先进知识分子来说，已经习惯于从西方资本主义理论中去寻找中国社会现代化的灵感，因为自 1840 年鸦片战争以后的相当长一段历史时期，中国人民要实现国富民强和民族独立，除了学习西方，走资本主义道路外，没有其他的路可以走。因此那时学校的新学、西学"基本上都是资产阶级代表们所需要的自然科学和资产阶级的社会政治学说"①。因为"那时的外国只有西方资本主义国家是进步的，它们成功地建设了资产阶级的现代国家"②。特别是在"醉心欧化"③的人看来，"现代化的代表是西方"④，中国只有全心全意拥抱西方才能摆脱西方侵略，走向独立富强。

但是长期学习西方并没有改变中国被欺凌被侵略的状况，加之探索资本主义现代化道路屡遭失败，使先进知识分子中的不少人感觉到西方式的自由资本主义不太适合中国的情况，希望按照孙中山主张的那样搞"受节制的资本主义"⑤，一部分激进的知识分子则认为在中国搞资本主义没有前途，且西方资本主义国家也弊病重重，因而主张走俄国道路。毛泽东对此指出，中国一直在向西方学习，并为此进行了前仆后继的奋斗，但最终"都失败了。国家的情况一天一天坏，环境迫使人们活不下去"，由此而来的是对资本主义的怀疑"产生了，增长了，发展了。第一次世界大战震动了全世界。俄国人举行了十月革命，创立了世界上第一个社会主义国家"⑥。在这种情况下，戴季陶说，采用资本主义"未免和世界潮流背驰"，"理想上我是主张采用社会主义的方式，因为许多现代化是以社会主义为根基的，一旦采用个人主义的方式是绝对办不通的"⑦。资产阶级革命派的代表人物孙中山也是在这种情况下提出将学习西方的目光转向俄国，"学习十月革命后的俄国"⑧。可见，辛亥革命的失败预示了资产阶级的领导及

---

① 《毛泽东选集》第 2 卷，人民出版社，1991，第 696 页。
② 《毛泽东选集》第 4 卷，人民出版社，1991，第 1470 页。
③ 张枬、王忍之编《辛亥革命前十年间时论选集》第 2 卷上册，生活·读书·新知三联书店，1963，第 44 页。
④ 马占稳：《毛泽东与中国现代化》，红旗出版社，2011，第 3 页。
⑤ 罗荣渠主编《从"西化"到现代化》，黄山书社，2008，第 230 页。
⑥ 《毛泽东选集》第 4 卷，人民出版社，1991，第 1470 页。
⑦ 转引自罗荣渠主编《从"西化"到现代化》，黄山书社，2008，第 264 页。
⑧ 《邓小平文选》第 3 卷，人民出版社，1993，第 205 页。

其现代化方案的破产和无产阶级领导的现代化探索的开始。在这个意义上，毛泽东说，不弄清楚辛亥革命的历史演变过程及其全部结果，"就不能明了历史的发展"，"对于共产党的成立和以后的历史，也就不能说得清楚"。① 这就是说，中国共产党领导社会主义现代化是资产阶级领导资本主义现代化失败后自然出现的结果，但要接受这一结果必须经历一个痛苦的过程。

历史地看中国现代化探索历程，"'走什么道路'的选择是摆在中国人民面前的首要难题，它决定着现代化的成败"②。俄国十月革命之后，中国是走俄国社会主义道路还是继续走西方资本主义道路，这在先进知识分子中不可避免地引起了很大的争论和分歧；且不说当时国内知识分子间关于"问题与主义"的争论已经开始涉及两条道路的论争，就是国外留学生中对走哪一条路也充满歧见，同一团体内部也因为这一争论而逐步分化。当时新民学会旅欧会员之间的争论也是这样。

李维汉在回忆 1920 年 6 月旅法新民学会会友内部关于改造中国与世界应该采取什么方法的争论时说，那次讨论的分歧在于：蔡和森一方主张用激进的"俄国十月革命的方法"，萧子升等人则"主张温和的革命"，"实质上是资产阶级改良主义"。③ 李维汉说，他是支持对中国问题的逐步解决这一方案的，即赞成萧子升的主张，而对"俄国式的革命，我根本上有未敢赞同之处"④。

与之相反，蔡和森等人则主张：既然现在的社会制度解决不了社会上出现的种种问题，那就应该采取革命的方法去解决。在他看来，中国当时就是这种情形，因此在中国进行社会革命"一定不能免"⑤。毛泽东也认为"政治改良一途，可谓绝无希望。吾人惟有不理一切，另辟道路，另造环境一法"⑥，因而主张对中国问题采取激进主义俄式的解决办法。毛泽东

---

① 《毛泽东文集》第 2 卷，人民出版社，1993，第 404 页。
② 李安增：《毛泽东与中国共产党的现代化理论》，《当代世界与社会主义》2004 年第 3 期。
③ 李维汉：《回忆新民学会》，载中国社科院近代史研究所编《五四运动回忆录》上册，中国社会科学出版社，1979，第 111 页。
④ 中国革命博物馆、湖南省博物馆编《新民学会资料》，人民出版社，1980，第 143 页。
⑤ 中国革命博物馆、湖南省博物馆编《新民学会资料》，人民出版社，1980，第 161 页。
⑥ 《毛泽东年谱（一八九三——一九四九）》（修订本）上卷，中央文献出版社，2013，第 70 页。

指出，解决中国的问题，"用阶级专政的方法，是可以预计效果的，故最宜采用"①。从另一个方面来说，俄国道路之所以可行，还在于它是可以试验的，这与当时在中国流行的试验主义主张相契合。因为在当时中国的先进知识分子看来，世界上提出的改造方法虽多，但"只有俄国所采的办法可受试验"并能"普遍的见诸施行"。② 在他们看来，俄国的革命和建设道路实质上是造就一个新的社会的新政治试验，这种性质是其他主义所不可比拟的。

基于这种认知，毛泽东在给萧子升、蔡和森的回信中明确表态，不同意萧子升提出的改良主义方案。他说李维汉等人所持的逐步解决中国问题的渐进方法，虽然理论上说得通，但在事实上是做不到的，因而从能否解决中国问题的角度来考虑，只能"深切的赞同"蔡和森所持的激进主张。③由于倾向于对中国问题的根本解决，毛泽东支持采取俄国式共产主义的激进方法，走劳工专政的路子。"因俄式系诸路皆走不通了新发明的一条路，只此方法较之别的改造方法所含可能的性质为多。"④ 因为资本主义现代化方案主张对中国社会问题采取"零碎解决"的方法，是"头痛医头脚痛医脚的解决"，⑤ 不可能引导中国走向现代化，只有"完全适用社会主义的原理与方法"⑥ 才有可能成功。后来湖南新民学会会友在对这两种方案进行投票表决时，赞成采用俄国方法的有十二人，支持"点滴改革"的只有两人，支持罗素式共产主义方法的仅一人，另有三人没有投票。⑦ 这说明新民学会内部支持以俄式道路解决中国问题的方案占主导地位和具有压倒性优势。按照罗志田的研究结论，这一比例与五四运动以后国内思想界"从威尔逊到列宁"的整体转向是吻合的。⑧ 这就是说，新民学会内部关于改造中国的道路论争不过是知识界对这一问题论争的一个缩影。

当时影响较大的是关于问题与主义的争论，这虽然不是资本主义与社

---

① 《毛泽东文集》第 1 卷，人民出版社，1993，第 2 页。
② 中国革命博物馆、湖南省博物馆编《新民学会资料》，人民出版社，1980，第 23 页。
③ 《毛泽东书信选集》，中央文献出版社，2003，第 6 页。
④ 《毛泽东文集》第 1 卷，人民出版社，1993，第 1 页。
⑤ 《毛泽东早期文稿》，湖南出版社，1990，第 553 页。
⑥ 《毛泽东书信选集》，中央文献出版社，2003，第 3 页。
⑦ 中国革命博物馆、湖南省博物馆编《新民学会资料》，人民出版社，1980，第 26 页。
⑧ 罗志田：《西方的分裂：国际风云与五四前后中国思想的演变》，《中国社会科学》1999年第 3 期。

会主义两条道路之间的论争，却也显示出争论双方对不同道路的倾向和选择，因而在新民学会内部的讨论中充分表露出来。赞成采取俄式手段解决中国问题的彭荫柏在讨论中就指出，中国问题的解决需要"讲主义"，但讲主义是为了解决问题，不能沦为"说空话"。主张走俄国道路的陈启明也认为，"言教育，言实业"，"须用劳农主义"为指导才有效果。而周惇元对此则不以为然。他虽然同意在当时的社会环境下采取过激主义的做法，先破坏后改造，但仍然主张"宜从教育入手"循序渐进地推行改革，一点一点创造条件，最后再"从下级及根本上着手"。① 这种既希望步步改良，又期望从根本上改革的犹豫不决的态度，在当时有一定代表性。正是因为无论是资本主义道路还是社会主义道路都不是十全十美的，而中国的现代化道路又只能从中进行选择，由此导致胡绳所说的"资本主义与社会主义的关系，以及如何认识和处理这种关系，是困扰几代中国人，特别是其中的先进分子的问题"②。这一困扰不仅仅存在于当时的先进知识分子中，在中国建立社会主义制度后甚至在中国特色社会主义新时代仍然存在。因此在资本主义和社会主义这两种制度在世界共存的条件下，如何正确处理二者的关系始终是中国先进知识分子必须解决的基本问题。

当然需要看到的是，当时所谓的主义之争主要是打笔墨官司，而不是实践上的争论。按照那时全国性的组织少年中国学会的说法，当时所谓的"研究学术"大多是"叙述他人之主义"的个人行为，而非自己力行的东西，更不是组织性的行为，因而他们主张并希望个人多在"学理"研究上下点功夫，在阐发别人的主义时不要因此而"危及学会存亡"。③ 这一观点在当时颇为流行，本意是强调对现状暂时采取忍辱的态度，即"取潜在进行态度"④，要求不要因为个人的主张影响甚至危及组织的生存，体现出当时所谓主义之争的局限。这种态度在那些主张采取激进手段变革现实的人看来自然是不可接受的。蓝公武就对此坚决反对。在他看来，为避祸而放弃谈主义，既无必要也不可能。因为不管我们谈不谈主义，都是

① 中国革命博物馆、湖南省博物馆编《新民学会资料》，人民出版社，1980，第24~25页。
② 石仲泉：《中国现代化必须正确认识和处理社会主义与资本主义的关系》，《中国延安干部学院学报》2011年第4期。
③ 《上海同人致北京同人》，《少年中国》第1卷第1期，1919年7月，第37~38页。
④ 中国革命博物馆、湖南省博物馆编《新民学会资料》，人民出版社，1980，第18页。

反动势力的眼中钉，只有拔除掉了，"他们才痛快"。既然如此，我们的唯一选择是确立我们的主义、举起我们的旗帜，毫不退缩地与他们"短兵相接"①。

少年中国学会巴黎同人对此论断也持支持的态度，认为不能把主义与问题分割开来。因为所谓主义是有学理依据和施行的"具体的计划"的，因而要改造社会不是用主义去迎合社会，而是要求社会与主义"相合"。所以对主义的态度应该只"问其是不是"，而不应设置诸多限制；对学理的研究也要联系实际问题来进行，不能抛开主义，"徒尚空论"。他们还认为，如果抛开主义去"研究学理"，其研究的结果与大多数人没有关系，既不能消除社会的误解，也不能消除"社会之黑暗"。因此，对有志于改造社会的人来说，必须"多传述根据学理之主义"，多研究些能解决实际问题的学术。因为中国"积重难返"，只有进行"根本的改造"才有出路。而要做成这一伟业，光靠个人单打独斗是不够的，只有凝聚集体的力量，依靠多数人的通力协作才可能成功。而根据他们的观察，此时的中国弊端丛生，到处都是亟须解决的问题。在这样的环境下谋求改造之目标的实现，"无主义不能作事"。由此他们得出结论：具体事情虽然要"步步反省"，一个问题一个问题地逐步予以解决，但如果没有一个作为统领的"根本观念"，那是不管怎么做都不能解决中国问题的。而且主义是信奉这一主义的所有人的共同点，因为这是大家"集合团结的唯一原因"，因此不能为个人而牺牲主义，而是个人应为主义而牺牲。②

这种在一定观念指导下一步步变革中国的方法，综合了问题与主义之争中双方的主张，在当时的先进知识分子中很有市场。王光祈就认为主张"根本改造"和主张"零碎解决"两种观点各有流弊：如果只强调解决具体的问题，没有主义的指引，往往会陷入"头痛医头脚痛医脚"的狭隘境地，于大局无所影响；如果只强调主义而忘记社会具体问题的解决，就可能找不到解决具体问题的方法，就会成为"纸上的社会主义家"。只有把这两种主张结合起来，才是解决社会问题的正确方法。所以青年应该"拿出纯洁的理想、真确的知识，建立一个根本计划"，然后毫不动摇地"一

---

① 知非（蓝公武）：《问题与主义（七）》，《国民公报》1919年7月31日。

② 《巴黎同人致京沪同志》（1919年9月27日），《少年中国》第1卷第7期，1920年1月，第57~62页。

步一步地做去"。因为人确实应该有一个总目标，但要实现这个总目标，却只能一个一个地去实现具体目标。①

毛泽东对社会改造的主张，也与这种思路类似，即在确立总目标后再走从政治到社会、从地方到国家、从"分处"到"总处"的苏俄式改造道路。② 李大钊也指出，我们信奉的社会主义虽然主张以新的生产和分配方法取代资本主义社会的"经济秩序及组织"这种"根本的解决"，但采用的手段是多种多样的，既有疾风暴雨式的革命手段，也有"渐渐进行改革"等和平手段。③ 因此从总体上看，尽管当时的人们在革命与改良的方法上争论不休，但具体方法并没有本质的区别。当然，在胡适看来，主张根本解决的一方和主张研究具体问题的解决的一方是相互对立的，没有调和的可能性。他明确指出，试验主义"不承认根本的解决"，只承认"一点一滴做到的进步"。④

而到后来，随着社会形势的演变和工读主义、试验主义等一些改造社会试验的失败，谋求社会根本改造的声浪日益高涨，促使社会整体逐渐接受激进改革的方案，走俄国道路逐渐成为社会的普遍心态。试验主义的信徒施存统的转向就反映了这一变化。他从自己的经历中领悟到：在当时的中国，想用和平改良的方法改造社会是不可能的，唯一可行的是用"激进激烈的方法"，"从根本上谋全体的改造"。⑤ 因为以渐进的方式来改造社会，在尚未切实产生影响时就已经为旧习惯旧势力所扼杀，撼动不了社会的根基，根本不适应中国社会的情况。《时事新报》上发表的一篇文章认为：只有着眼于根本改造，局部问题才有解决办法；只有从每一个具体的问题入手，才能达到根本改造的目的；并且破坏的目的是建设，而没有破坏就没有建设。只有"改造各界各地方的人"，才能最终实现"根本解决"这一目标。⑥

因此从争论的内容来看，问题与主义的争论其实讨论的是外来的主义如何落实到中国面临的紧迫问题上来，即主义与中国国情的关系问题，否

① 若愚（王光祈）：《总解决与零碎解决》，《晨报》1919年9月30日。
② 参见《毛泽东早期文稿》，湖南出版社，1990，第507页。
③ 《李大钊文集》第4卷，人民出版社，1999，第5页。
④ 胡适：《我的歧路》，载《胡适文集》第3册，北京大学出版社，1998，第366页。
⑤ 《施存统复哲民》，《民国日报·觉悟副刊》1920年4月11日。
⑥ 《改造的要件》，《时事新报》1919年9月27日。

则，只叙述别人的主义显然对改造现实是没有任何帮助的。而胡适提出多研究些问题，实际上是要求在引入外来主义时，要使主义适合"中国今日的问题"，能够应用到"中国今日的时势"之中，为此要先弄清楚中国到底需要什么，再根据需要来输入外国的主义和学理才是可行的。因为主义是在解决问题中产生的，而且这种解决方法在人们遇到同类问题时是可以"借来作参考材料"的，但这种借鉴必须在研究并把握住了"中国社会上、政治上种种具体问题"之后才有可能。只有在这个前提下，我们在解决中国问题时才能参考西方的"历史和学说"。[①] 而俄国之所以成为改造中国的参考系，除了俄国十月革命取得成功这一原因外，还有中国与西方存在太大的差异，而俄国是横亘在中西方之间的这一原因："俄国的'资本主义'发达程度不及西欧却又超过中国，马克思恩格斯的理论主要涉及的是资本主义发达的西欧，而列宁则更多论及俄国的具体革命实践。"[②] 这些因素使中国人感觉到中国与俄国的差别大体相当于俄国与西欧的差别，俄国能成功走社会主义道路，中国按照自己的情况也能成功走俄国道路。也就是说，按照中国社会的状况，走俄国道路显然比走西方的道路要现实得多，成功的机会也大得多。这也符合中国传统文化中所说的"取法乎上反得乎中"的思维法则。

这一转向实际上还蕴含了另一种倾向，即对纯粹理论说教的抛弃和批判，而把现实问题的研究和解决作为基本出发点和目标。正是出于此种立场，《先驱》发刊词批评那些"不就客观的实际情形研究，而徒凭个人主观的思想，想改造社会的人"，言其"罪恶在实际上与反动派保守派没有什么分别"。因而文章呼吁那些真正想改造中国社会的人，要学习俄国，研究"他的施设和他运动的方法"，抛弃那些"不谙实际"的理论空谈，投身于研究和把握中国客观情形，以求得合乎实情的"解决中国问题的方案"。[③] 其批评指向，实际上也针对当时宣扬共产主义和俄国道路的先进知识分子，因为当时宣扬马克思主义和俄国道路的人，确实较少研究中国的

---

① 胡适：《三论问题与主义》，载《胡适文集》第 2 册，北京大学出版社，1998，第 270~271 页。

② 罗志田：《激变时代的文化与政治——从新文化运动到北伐》，北京大学出版社，2006，第 123 页。

③ 《先驱发刊词》（1922 年 1 月 15 日），载《"五四"时期期刊介绍》第 2 集下册，生活·读书·新知三联书店，1979，第 528~529 页。

实际，而醉心于从理论上解决问题，这也反映出毛泽东所说的教条主义不仅仅是马克思主义者的问题，而是当时绝大部分先进知识分子的通病。以致拉狄克在 1922 年郑重提醒陈独秀：中国共产党人不能像研究孔夫子那样"把自己关在书斋里研究马克思和列宁"。他要求中国共产党人必须"走出孔夫子式的共产主义者书斋，到群众中去"。①

从另一个方面来说，当时中国先进知识分子转向走俄国道路解决中国的问题，也有对资本主义道路绝望的心态在内。曾经代替胡适做过《努力周报》主编的高一涵就在 1923 年 8 月表达了自己对民国北京政府、南下议员以及当时活跃于中国政治前台的各派别"都一律的绝望"②。当时的先进知识分子对中国政治的失望已经使大家失去了对政治的热心，胡适对此绝望心态也曾写道，"政治已到'向壁'"，骂人"有何趣味"，③ 一派哀莫大于心死的沉沉之气。因而到 1925 年的时候，亲近俄国几乎成了国人的普遍选择，以致当时提出反俄需要很大的勇气。张奚若曾描绘这一情况：在当时亲俄成为风尚的时代，《晨报》敢逆潮流公开发表反共反俄言论，这一点勇气确实"令人非常佩服"。④ 张彭春也是因为苏俄的影响而开始研究俄国革命书籍。他说，自己是觉得中国在苏俄影响下社会主义的形势一片大好，觉得很快要进入共产主义了，不研究不行了，于是决定"专看俄国革命书"⑤。至于苏联在中国先进知识分子心中引起的震撼，徐志摩的言论颇具有代表性。他说："除非是白痴或是麻痹，谁去俄国都不免感到极大的震惊，赞成或反对他们的政治或别的什么另是一件事，在那边人类的活力几乎超到了炙手可热的度数，恰好反照我们这边一切活动低落到不可信的地位。"⑥ 社会主义展现出来的这种活力，连一直主张走美国道路的胡适也大加赞赏，并在他的政治主张中增添了社会主义的内容。他在日记中追

---

① 转引自〔联邦德国〕郭恒钰《共产国际与中国革命》，李逵六译，生活·读书·新知三联书店，1985，第 47 页。

② 高一涵：《我们最后的希望》，《努力周报》第 64 期，1923 年 8 月 5 日。

③ 胡适：《与一涵等四君的信》（1923 年 10 月 9 日），载《胡适文存二集》卷三，亚东图书馆，1931，第 143 页。

④ 张奚若：《苏俄究竟是不是我们的朋友》，《晨报副刊》（1925 年 10 月 8 日），人民出版社 1981 年影印，第 13 页。

⑤ 转引自罗志田《激变时代的文化与政治——从新文化运动到北伐》，北京大学出版社，2006，第 180 页。

⑥ 徐志摩：《一个态度，及案语》，《晨报副刊》1926 年 9 月 11 日，第 17 页。

忆与蔡和森在莫斯科的谈话时写道，要组建"自由党"，党纲中要充分承认"社会主义的主张"，但拒斥它的阶级斗争手段。[①]

总之，在中国现代化应该走西方资本主义道路还是走俄国社会主义道路的争论中，中国先进知识分子出于不同的立场和对中国社会的认知逐渐倾向社会主义这一非资本主义前途。到1933年《申报月刊》举办的关于"中国现代化问题"的专题讨论中，论者中的大部分都倾向于社会主义，[②] 中国现代化走"非资本主义"道路的倾向已经初见端倪了。也正是在这一论争中，中国的现代化探索开始逐渐找到并坚定了自己前进的方向。

第四节　西学中国化思潮与马克思主义、
中国现代化的互动

按照西方的理解，从历史来看，"现代化是一个朝着欧美型的社会、经济和政治系统演变的过程"[③]。在欧美后朝着现代化前进的国家，如果要进入现代化国家的行列，就必须以欧美国家为样板。鸦片战争后中国社会向现代化的转变过程在一定程度上证明了这一结论的正确。在鸦片战争中，中国传统文化的优越感在西方大炮的轰击下被彻底粉碎了，随之而来的是中国传统文化结构、民众的文化心态、社会的政治结构等在西方文化的冲击下"由动摇、倾斜到最后崩溃"[④]。中国清代王朝"野蛮的、闭关自守的、与文明世界隔绝的状态被打破，开始同外界发生联系"[⑤]。这为西方文化进入中国提供了可能和条件。也就是说，鸦片战争打断了中国原有的以王朝更替解决社会危机的进程和模式，迫使中国社会内部发生变化，"使中国社会的发展脱开了原有的轨道""走上了半殖民地的悲惨道路"，[⑥]并强迫中国社会进入世界现代化进程，由此催生了中国近代的西学中国化

---

① 《胡适日记》第4册，安徽教育出版社，2001，第239页。
② 《中国现代化问题特辑》，《申报月刊》1933年第7期。
③ 转引自张鸿雁《论城市现代化的动力与标志》，《江海学刊》2002年第3期。
④ 曾宪义、郑定编著《中国法律制度史研究通览》，天津教育出版社，1989，第230页。
⑤ 《马克思恩格斯选集》第1卷，人民出版社，2012，第779页。
⑥ 沙健孙主编《中国共产党通史》第1卷，湖南教育出版社，1996，第2页。

思潮。在这个意义上，鸦片战争带来的一系列冲击以及随之而来的西方文明在中国的传播构成了中国由传统社会转向现代社会的逻辑起点，也为中国社会发展确立了新的主题："中国能近代化吗？"能像西方一样"利用科学和器械"，跳出传统的"民族和家乡观念而组织一个近代的民族国家吗"？① 或者说，"以西方之学术，灌输于中国，使中国日渐趋于文明富强之境"；"借西方文明之学术以改良东方之文化，必可使此老大帝国一变而为少年新中国"。② 此即后来所说之"西学东渐"运动的缘起。

自鸦片战争以来中国社会的逻辑演化，无论是"言技""言政"，还是"言教"，③ 都是围绕这一主题展开的，其他任何问题的解决都必须服从于这一问题，政治是如此，经济和文化问题亦是如此。因此，学习西方的基调从一开始就已经被定了下来，即是作为建设现代化国家的一种手段而存在的，而永远不是目的本身。在此之后，通过学习西方军事技术和思想文化以改变中国，实现国家独立富强逐渐成为中国人孜孜不倦的追求。也就是说，西学因其所包含的现代化内容而取得了进入中国的资格，实现现代化也一直被中国人认定为学习西学的目的，二者是互为表里的关系，即中国要实现现代化就必须学习西学，也只有学习西学才能实现现代化，这就是近代以来中国先进知识分子救亡图存的基本逻辑和意识形态。

西方思想在中国传播过程中逐渐适应中国社会环境并引起中国社会变化的过程，就是人们所说的中国化的过程。"西方文化的输入和中国社会内部的变化，一方面出现了中国传统文化的转型，使其具有时代特征；另一方面移植到中国的西方学理必然有个中国化的过程，使其带有民族特色。"④ 因为"任何一个民族在接受外来新思想时，总是以本民族现有的逻辑结构去整理外来的思想材料，表现出不同文化的交融汇合"⑤，这就是后来所说的民族化思想，对中国而言，就是中国化思想。中国近代最初的中国化，就是开始于鸦片战争时期地主阶级的先进知识分子将西学与清朝初

---

① 蒋廷黻：《中国近代史纲》，江苏人民出版社，1996，第 2 页。
② 容闳：《西学东渐记》，湖南人民出版社，1981，第 23、38 页。
③ 转引自《陈旭麓文集》第 1 卷，华东师范大学出版社，1996，第 327 页。
④ 吴雁南等主编《中国近代社会思潮》第 1 卷，湖南教育出版社，1998，第 4 页。
⑤ 赫翔：《论中国近代资产阶级哲学对进化论学说的改造》，《中国哲学史研究》1988 年第 1 期。

期的"经世之学"相结合的尝试中。① 在这一过程中，"某一西方思想在中国影响力的大小即其中国化的深浅，取决于它满足中国近现代社会大变动的需求的广度和深度"②。这就是说，中国人对一种学说的认知和接受有自己的逻辑，是与中国人所处的社会现实紧密相关的，其目的是服务于中国社会的现实需要。日本学者松本三之介说，正是在这个意义上，一种异质的观念传播不可避免地要同已有思想发生摩擦与互释，这样就演绎出新旧思想间的交流与磨合，因而他认为输入新思想与改造旧思想是联动的，只有这样才能在旧思想旧观念中找到新思想的根据，并在此过程中改造旧思想，同时做新旧两种思想的互释和转化工作。③

魏源提出的"师夷长技以制夷"④ 是近代中国第一个处理中西文化关系的理论模式，尽管其遵循的仍然是"以其人之道还治其人之身"的传统谋略，但毕竟迈出了把西学中国化的第一步。洋务派提出的把西方器物融入中国道统以强国富民的"中体西用"论，则是第一个系统的西学中国化理论，也是得到社会广泛认可和接受的理论，"举国以至言"⑤。这说明此时的中国社会已把学习西学作为走向现代化的途径。但由于当时国人对西学的认知十分有限，所谓的中国化自然也十分肤浅。其后的维新派虽对西学的诉求已经由功用性的器物深入西方的制度层面，学习的内容也从"仅袭皮毛"发展到学习"其政本之大法"，⑥ 从"执枝叶"到追求"根本之成效"，开始了走向现代社会的新探索，是中国近代发展史上"一个新的起点"，"揭开了中国近代史上新的一页"，⑦ 但这种制度从根本上来说还是浅显的器物层面的东西，还没有深入形而上的层面。因此黄玉顺指出，从历史学的意义上看，洋务派和维新派均属"近代儒学"范畴，其"区别在于：洋务派

---

① 参见梁启超《清代学术概论》，商务印书馆，1921，第117~118页。
② 顾红亮：《实用主义的误读——杜威哲学对中国现代哲学的影响》，华东师范大学出版社，2000，第3页。
③ 参见〔日〕松本三之介《国权与民权的变奏——日本明治精神结构》，李冬君译，东方出版社，2005，第4~5页。
④ 《魏源集》下册，中华书局，1976，第869页。
⑤ 梁启超：《清代学术概论》，上海古籍出版社，1998，第97页。
⑥ 梁启超：《饮冰室合集·文集之一》，中华书局，1989，第105页。
⑦ 金冲及：《二十世纪中国史纲》第1卷，社会科学文献出版社，2009，第11页。

仅仅承认器物层面的维新，而维新派则更进一步要求制度层面的维新"①。

更重要的是，维新派"所知道的西方文化，除了坚船利炮外，只限于科学和基督教"②，他们学习西方的目的与洋务派一样，仍只是"希望在封建政权的庇佑下引进一点西方的技术就可以达到求富的目的"③，并没有涉及根本问题——封建道统和专制制度，即在不触动中国封建道统的前提下学习、引进西方的军事技术和现代生产力，完善和拓展中国传统文化；或者通过把中国社会文化中的"器用"部分西方化，实现"中体"与"西用"的融合，以建立"一种'不中不西，即中即西'的新学派"④，并以之指导现代中国的建设。从这个意义上说，张之洞提出的"中体西用"论"不仅是洋务派的思想纲领，而且同时是维新派的思想纲领"⑤和清末新政的实质所在。因为清末新政实质上是在维护君权的前提下有限度地吸收西方的经济、政治、文化制度。

本土化运动则是与西学中国化相对立的一种思潮，其实质是去西方化的运动，它过高地估计了传统文化的力量，试图在西方强行侵入中国已成事实的情况下拒斥西方影响，想在保持传统不变的前提下增加一点西方的元素，这显然是不现实的。它的失败标志着清王朝革新运动的彻底失败，预示着中国只有有新的阶级、新的代表人物才能完成重生的历史使命。辛亥革命则主张对政治领域进行变革——推翻封建专制制度，在这个意义上，辛亥革命谋求的是根本性的变革。但它的重点主要放在政治层面，即有形的制度层面的彻底变革，而较少涉及经济制度和无形的思想文化的彻底变革。在这个意义上，辛亥革命仍然是一场目的有限的革命。在辛亥革命的领导人看来，政治变革一旦达成，其他一切问题就迎刃而解了。因此南京临时政府成立后，孙中山很快宣布把发展经济作为政府工作的重点。他说："此后社会当以工商实业为竞点，为新中国

① 转引自中山大学西学东渐文献馆主编《西学东渐研究》第4辑，商务印书馆，2013，第8页。
② 冯友兰：《中国哲学简史》，生活·读书·新知三联书店，2009，第356页。
③ 郭根山：《毛泽东与中国现代化道路——以世界现代化进程为视角》，中央文献出版社，2005，第103页。
④ 梁启超：《饮冰室合集·饮冰室专集之三十四》，中华书局，1989，第71页。
⑤ 中山大学西学东渐文献馆主编《西学东渐研究》第4辑，商务印书馆，2013，第9页。

开一新局面；至于政权，皆以服务视之为要领。"① 而实际上，在中华民国建立后，"皇帝倒了，辫子割了"，但依然 "民犹是也" "国犹是也"。② 尽管 "辛亥革命使民主共和国的观念从此深入人心，使人们公认，任何违反这个观念的言论和行动都是非法的"③，但封建的东西并没有减少，除了赶跑一个皇帝，其他一切如故，现代化建设迟迟没能启动。中华民族仍像清朝统治末年一样，帝国主义国家 "蚕藩压境，堂堂华夏不齿于邻邦，文物冠裳被轻于异族"④。这说明任何中国的革命，如果缺乏反对帝国主义的内容，都不可能成功。

从这一历史过程中可以看到，在近代中国，处理中西方文化之间的关系有两种截然相反的立场，一种是只看到中国文化与西方文化的差异，认为要学习西方就必须彻底抛弃中国的传统文化，把传统虚无化，这就是所谓 "全盘西化" 的处理方法，早年的严复就是全盘西化的积极推动者。他说："驱夷之论，既为天之所废而不可行，则不容不通知外国事。欲通知外国事，自不容不以西学为要图。此理不明，丧心而已。救亡之道在此，自强之谋亦在此。早一日变计，早一日转机，若尚因循，行将无及。"他举例说："彼日本非不深恶西洋也，而于西学，则痛心疾首、卧薪尝胆求之。"⑤ 另一种是强调中国现代文化对传统文化的继承性，认为要学习西方就要在坚持中学本体的基础上进行，拒斥对西方文化的全盘引进，这就是所谓的 "中体西用" 的处理方法。前者强调 "革故" 才能 "鼎新"，后者遵循的则是 "温故" 而 "知新"；前者对传统文化采取革命的方法，后者对传统文化采取改良的方法。这两种方法在学习西方的立场上没有根本的差异，差别就在于程度的多少、"体用" 的区分。

正因如此，尽管近代以来中国社会学习西方的运动热闹非凡，成效却不尽如人意，原因在于国人没有正确处理好学习西学与继承传统的关系，导致模仿抄袭得多，自我创造得少。"非自西洋翻译，即自东洋抄袭"⑥，

① 〔美〕孙穗芳：《我的祖父孙中山》，人民出版社，1996，第 245 页。
② 爱新觉罗·溥仪：《我的前半生》，群众出版社，1984，第 89~90 页。
③ 《建国以来刘少奇文稿》第 6 册，中央文献出版社，2008，第 357~358 页。
④ 《孙中山选集》上卷，人民出版社，2011，第 14 页。
⑤ 王栻主编《严复集》，中华书局，1986，第 50 页。
⑥ 谢幼伟：《现代哲学名著述评》，山东人民出版社，1997，第 96 页。

学习效果肯定不尽如人意。对此，英国学者罗素也曾告诫中国应"秉着开明的态度，向他国学习但又不受其支配"①的批判性立场。这说明当时的国人很少对现代化问题进行理性思考，基本处于感性认识的阶段。在西学冲击下，中国传统的文化纲常被人们置之脑后而逐步瓦解，西学成为衡量一切的标准却没有获得中国社会的普遍认同，反而导致了"中国意识的危机"②。朱自清对此感叹说："现在学术界的趋势，往往以西方观念（如'文学批判'）为范围去选择中国的问题；姑无论将来是好是坏，这已经是不可避免的事实。"③ 有学者指出，近代以来中国的知识界在探索现代化的过程中对西方的学习带有很大的盲目性，除了照抄照搬以外，"很少理性地思考哪些是现代化本质的东西，哪些是中国现代化所真正需要的东西，哪些在当时的中国是可以实行的东西，哪些在当时的中国是不可行的东西"④。以这种表面化、简单化、情绪化的方式去看待西学和现代化问题，使得中国社会很难真正实现西学的中国化，以致长期创造不出自己的现代化理论，致使缺乏科学理论指导成为中国现代化在很长时期内没有实质进展的主要原因。

造成这一结果的原因是多方面的，其中一个重要的方面是国人在构建现代化方案时只局限于科学和技术的现代化，而忽视了思想文化和政治经济问题的解决。近代影响最大的辛亥革命也因"没有一个彻底的反对帝国主义和封建主义的纲领，没有广泛地发动和组织可以依靠的人民大众的力量"⑤ 而最终失败，导致现代化尝试遭受又一次重大挫折。这说明即便是到了国民政府时期，大多数先进知识分子都没有看到比西方先进军事技术"更为重要的西方思想和制度，只有掌握了这些思想和制度，中国人才能真正学到西方的技术"⑥。因为封建文化是一种比封建制度更深厚、更稳定的东西，是封建制度的思想根基，只推翻封建制度没有清除封建文化，封建思想还会以另一种制度形式从中国冒出来。这就是说，一种新的社会制度只有建立在一种新的文化和经济基础之

---

① 〔英〕罗素：《中国问题》，秦悦译，学林出版社，1996，第191页。
② 林毓生：《中国意识的危机："五四"时期激烈的反传统主义》，贵州人民出版社，1986。
③ 朱自清：《朱自清古典文学论文集》下册，上海古籍出版社，1981，第541页。
④ 程美东主编《中国现代化思想史（1840—1949）》，高等教育出版社，2006，第43页。
⑤ 《毛泽东年谱（一九四九——一九七六）》第2卷，中央文献出版社，2013，第278页。
⑥ 中山大学西学东渐文献馆主编《西学东渐研究》第1辑，商务印书馆，2008，第75页。

上才能得到巩固。基于这一认识，中国的先进知识分子才在辛亥革命失败后发起了新文化运动，以西方文化中的科学和民主为武器，展开了对封建文化的猛烈批判。这就是在近代中国历史上影响深远的五四新文化运动。

另一个重要原因是中国的先进知识分子在现代化探索的过程中，始终没有认清帝国主义的本质及其对中国的危害，因而在他们的革命纲领中都没有反对帝国主义的内容。如新文化运动的代表人物胡适在20世纪20年代仍然把中共二大中反对帝国主义的主张讥讽为"乡下人谈海外奇闻"，宣称中国只要一个"民主主义的革命"即可，而不必去"牵涉到什么国际帝国主义的问题"。① 由于中国资产阶级的先天不足和后天缺陷，近代中国先进知识分子对西方现代化道路的模仿注定是以失败收场。"对外不能反帝、不能谋求民族独立，对内不能振兴现代产业，中国的现代化便无从谈起。制度的落后，加上外敌的入侵，这是近代一百零九年中国现代化事业不能有根本建树的主要原因。"② 所以近代中国没有变成半殖民地半资本主义社会，或半资本主义半封建主义社会，而是变成了半殖民地半封建社会。这就是说，西方的入侵加快了中国封建社会的腐朽和衰落，客观上促进了现代社会的早日降临，但它没有也不可能带来中国现代社会的建立，不可能实现中国的现代化，即中国走资本主义道路是行不通的。在这个意义上，认识到反帝的重要性正是五四运动中部分知识分子放弃资本主义而转向社会主义的重要原因之所在。

五四后期从俄国传来的马克思主义，因为对中国社会反帝反封建的任务有了正确的认识，加之有俄国十月革命成功的范例，许多国人认为中国走俄国道路也会取得成功，于是积极学习苏联及其革命经验，以此作为中国革命道路的样板，由此社会主义逐渐成为中国社会的主流思想，唯物辩证法思想在中国"大有一日千里之势"③。艾思奇也说，自1927年后，唯物辩证法思想显示出横扫千军的磅礴气势，"其力量之大，为22年的哲学

① 胡适：《国际的中国》（1922年10月1日），载《胡适文存二集》卷三，亚东图书馆，1931，第128a~128i页。

② 郭根山：《毛泽东与中国现代化道路——以世界现代化进程为视角》，中央文献出版社，2005，第103页。

③ 郭湛波：《近五十年来中国思想史》，山东人民出版社，1997，第281页。

思潮中所未有"①。中国先进知识分子于是以马克思主义为武器彻底地批判了封建主义轻视物质利益的思想观念。毛泽东指出，以董仲舒等为代表的封建士大夫的义利观主张的"正其谊不谋其利，明其道不计其功"完全是"唯心的骗人的腐话"，因为革命者"不能饿着肚子去'正谊明道'，我们必须弄饭吃，我们必须注意经济工作"。② 这说明无论是走西方的资本主义道路还是走俄国的社会主义道路，对中国的封建道统都是持否定态度的。而中国共产党反帝的主张经过一年多的宣传后也逐步为国人所接受，甚至当时的政客也开始谈论要反对帝国主义的侵略了。③ 到 1925 年的时候，反帝已经成为"中国的政治常识"④。中国共产党政治观念和政治主张被广泛接受，预示着中国共产党主张的俄化道路在与西化道路竞争的过程中完全胜出，走俄式现代化道路成为中国的社会共识。中国的近代历史由此揭开了崭新的一页，真正步入现代化发展的轨道。

但是，马克思主义为中国社会普遍接受，并不意味着社会主义在中国能够自然而然地形成。因为马克思主义传入中国时面临资本主义在中国遇到的相同困境：如何去除自己的外来文化属性以与中国本土文化相融并去除中国的半殖民地半封建属性实现对中国的现代化改造。早期中国共产党人从俄国十月革命中得到启示，试图扫除一切传统的阻碍以实现中国的现代化，或对传统的一切予以悬置甚至视而不见，以建立现代中国，其结果是导致中国革命的挫折和失败。这一理路后来被称为教条主义而广受批评。"我们研究中国就要拿中国做中心，要坐在中国的身上研究世界的东西。"⑤ 如果一切以外国为中心，"不研究中国的特点，而去搬外国的东西，就不能解决中国的问题"⑥。这反衬出"中国化"思潮的产生和发展及马克思主义在中国的传播本身就是一个逐步形成并取得共识的过程。至少在五四运动前后，中国学界对中国化已取得基本共识："一是中国必须借重西

① 《艾思奇文集》第 1 卷，人民出版社，1987，第 66 页。
② 《毛泽东文集》第 2 卷，人民出版社，1993，第 465 页。
③ 参见罗章龙《外交家的体面》，《向导》第 41 期，1923 年，第 311 页。
④ 蔡和森：《孙中山逝世与国民革命》，《向导》第 107 期，1925 年，第 893 页。
⑤ 《建党以来重要文献选编（一九二一——一九四九）》第 19 册，中央文献出版社，2011，第 180 页。
⑥ 《毛泽东年谱（一八九三——一九四九）》（修订本）中卷，中央文献出版社，2013，第 371 页。

方的主义或学理，但却不能照搬，尤其是不能照搬资本主义；二是中国当下最重要的问题是社会的和经济的，也就是民生问题。"① 这一共识的取得对中国现代化探索的意义是：中国的现代化一定是立足中国社会主要问题的，必然是中国特色的资本主义现代化。至于这种"特色"在哪里，如何确定和实现现代化目标，以及把西方的何种主义或学理运用于中国社会之中，采取什么样的方案，则仁者见仁智者见智。即使主张以资本主义方案解决中国问题的人，对西方社会的问题仍然持严词批判立场，这却是显而易见的事实。因此，以社会革命方式解决中国问题，似为当时国人的共识。当时主导北京政局的安福系在其主办的《公言报》上发表的一篇社论中指出，中国社会面临的紧迫民生问题为马克思的社会主义思想在中国传播提供了广泛的阶级基础。由于中国常年战乱，国家纲纪被毁，"四民失业，人无宁处"，致使国内"奸猾之人"假借欧美学说来夺取政权，而这些学说"必有适合于多数失业失所者之心"。因而该社论指出国内危机是导致西方学说在中国大行其道的主要原因。② 尽管该社论把马克思主义列为危险思潮，但它从另一个层面反映了马克思主义在中国传播的必然性。

总之，近代以来中国先进知识分子以学习西方为主要路径的现代化探索是围绕资本主义现代化这一目标而展开的，"近代化 = 资本主义化。资本主义化的努力与挫折贯穿于整个中国近代史"③。在学习西学的实践中，一方面，中国先进知识分子逐渐取得了一种共识：任何一种理论在进入中国时，都必须对自己的内容和形式作一定的调整，实现其中国化，只有这样才能用于指导中国社会的变革。这就是说，中国化成了中国现代化的逻辑前提或理论前提。另一方面，中国社会学习西方的目的是救亡图存，只有能实现这个目标的理论，才能在中国获得存在的依据并实现中国化。这一带有实用主义特点的思维模式和选择理论的标准，为西方各种理论进入中国打开了大门，这也是马克思主义在中国迅速传播和被广泛接受的思想和社会基础。可见，中国现代化探索与西学中国化是互为前提和条件的。但

---

① 罗志田：《激变时代的文化与政治——从新文化运动到北伐》，北京大学出版社，2006，第 69 页。
② 参见白坚《论危险思潮敬告为政者与将帅》，《公言报》1919 年 6 月 28 日。
③ 马敏：《近代化 = 资本主义化》，《中国经济史研究》1989 年第 3 期。

西方文化如何在中国社会中获得自己的发展空间及如何推动中国现代化这个根本性问题，则在很长时期内没有取得合理的答案。也就是说，如何根据中国社会发展要求选择合适的西学理论并实现其中国化，是探索中国现代化必须解决的重大理论和实践课题。

第二章　新民主主义革命时期马克思主义中国化与中国特色社会主义现代化的探索

中华民国建立以后的现实状况，使社会各阶级普遍感到有变革的必要，"对于现状的不满足而大家都觉得有改造的必要，乃是各阶级的共通的情形，不能说只是无产阶级要求社会革命"①。要变革现实，就必须去外国寻找指导变革的理论，引进和学习西方现代化理论。在这种引进和学习西方现代化理论的过程中，中国社会逐渐形成了一种共识："任何一种外来思想进入中国的过程，也是其内化和民族化于中国的过程。"② 马克思主义正是在这一背景下进入中国并在与西方各种思想的竞争中脱颖而出的。以实践为主要理论旨趣的马克思主义在中国的传播，尤其是在其指导下成立的中国共产党通过民主革命的胜利取得了中国现代化主导权和领导权，为中国特色社会主义现代化确立了根本指导思想和坚强的领导核心。作为中国特色社会主义现代化的组成部分和政治保障，马克思主义的指导和中国共产党的领导深刻改变了中国现代化探索的面貌、过程和结果，开创了中国历史的新纪元。在这个意义上，中国共产党的历史，既是不断推进马克思主义中国化的历史，也是探索中国特色社会主义现代化道路的历史。

---

① 张东荪：《我们为什么要讲社会主义?》，《解放与改造》第 1 卷第 7 期，1919 年 12 月。
② 朱英主编《辛亥革命与近代中国社会变迁》，华中师范大学出版社，2011，第 85 页。

第一节　五四运动后马克思主义的传播
与中国现代化转向

五四运动前后出现的马克思主义在中国的传播是受俄国十月革命的影响而兴起的，因而它与以往具有资产阶级思想的先进知识分子单纯把马克思主义作为一种思潮和学派对之进行译介不同，它具有明确的目标指向，即是作为不同于资本主义国家的现代化道路的目标模式来进行的。十月革命的炮声为中国送来了马克思列宁主义，使中国选择了社会主义现代化道路。而且就其本质来说，马克思主义指导下的中国现代化只能是中国特色社会主义现代化。毛泽东强调中国人信奉的马克思主义"是经过俄国人介绍的"①，实际上就是强调实践效果对理解和运用马克思主义的决定性作用，以及中国走俄国道路的必然性。这种目的的明确性和坚定性，使马克思主义被中国社会广泛接受，改变了中国社会的发展方向和现代化探索的方向，开启了中国历史的新篇章。

一　五四运动后马克思主义的传播及其影响

从发端来说，马克思主义在中国的传播从19世纪末就开始了。在探索现代化道路的过程中，为挽救国家民族于危亡，中国先进知识分子首先从"西方资产阶级革命时代的武器库中学来了进化论、天赋人权论和资产阶级共和国等项思想武器和政治方案"②。由于在这些理论指导下的革命屡遭失败，部分先进知识分子试图通过吸取社会主义的部分内容去改造资本主义，使之为资本主义现代化建设服务。毛泽东对此曾指出，"讲马克思主义倒还是国民党在先"，梁启超、朱执信等人就介绍过马克思主义，"那时我没有看到过，即使看过，也是一刹那溜过去了，没有注意"③。这就是

---

① 《毛泽东选集》第4卷，人民出版社，1991，第1470页。
② 《建党以来重要文献选编（一九二一——一九四九）》第26册，中央文献出版社，2011，第719页。
③ 《毛泽东文集》第3卷，人民出版社，1996，第290页。

说，如果没有十月革命把马克思主义由理论变为现实，即使中国的资本主义现代化探索遭受再多的挫折，国人仍然不会关注和接受马克思主义。由于十月革命的胜利，加上资本主义确实不能指导中国现代化建设，中国的先进知识分子才转向了社会主义。因此十月革命后马克思主义在中国的传播具有了完全不同的意义，即是作为救亡图存的科学理论来宣传和介绍的，这也意味着社会主义现代化探索进程的开启。

毛泽东就曾明确指出十月革命对马克思主义在中国传播的影响。他说，十月革命前，马克思主义的影响主要限于欧洲，"那时我们中国除极少数留学生以外，一般人就不知道，我也不知道世界上有马克思其人，现在十四五岁的娃娃都晓得"①。这说明十月革命后马克思主义在中国产生了巨大而广泛的影响。因为五四运动中各种思想的激荡和影响，以及资本主义现代化道路的屡遭挫折，马克思主义几乎被认为是中国社会的唯一希望而被社会广泛地接受，即使是主张走资本主义道路的人也承认社会主义具有巨大吸引力。毛泽东说中国的马克思主义是"十月革命一声炮响"②送来的，这一说法表明中国的先进知识分子是在十月革命的影响下"发现"和选择马克思主义的。毛泽东指出，"十月革命后我才知道世界上有什么马克思、马克思主义，列宁、列宁主义"③，"才学马列，过去不知道"④。在这个意义上毛泽东说，"我学习马克思主义是经过列宁的。只是在十月革命以后，马列主义才传播到中国，我们才学习"⑤。而马克思主义"一经传到中国来，就在中国思想界引起了极大的变化"⑥。这也是中国共产党一直强调是十月革命给我们送来马克思列宁主义的原因。

当然，尽管这时马克思主义的传播具有了明确的目标指向，并有了十月革命这个成功的样板，但中国先进知识分子对马克思主义如何应用于中国社会仍然没有任何经验，更多是出于一种纯理论上的思考。"当时对

---

① 《毛泽东文集》第 3 卷，人民出版社，1996，第 290 页。
② 《建党以来重要文献选编（一九二———一九四九）》第 22 册，中央文献出版社，2011，第 115 页。
③ 《毛泽东年谱（一九四九———一九七六）》第 6 卷，中央文献出版社，2013，第 475 页。
④ 《毛泽东年谱（一九四九———一九七六）》第 6 卷，中央文献出版社，2013，第 598 页。
⑤ 《毛泽东年谱（一九四九———一九七六）》第 5 卷，中央文献出版社，2013，第 138 页。
⑥ 《建党以来重要文献选编（一九二———一九四九）》第 14 册，中央文献出版社，2011，第 435 页。

马克思主义有多少，世界上的事如何办，也还不甚了了。"① 也就是说，这些受马克思主义影响的先进知识分子由于缺乏对马克思主义的深刻理解和把握，只能根据马克思揭示的社会发展的一般规律来解释中国走社会主义道路的缘由，缺乏甚至没有产生以马克思主义结合中国具体实际的自觉意识，这也是当时把苏联经验和共产国际指示神圣化、教条化的重要原因。他们当时主张在中国实行社会主义的普遍说辞是：社会主义取代资本主义已成世界发展潮流，"中国亦不能自外于此；中国已有了无产阶级；中国的军阀阻碍发展实业，帝国主义不允许中国发展资本主义；要发展实业，必须实行社会主义"②。既然社会主义取代资本主义已成世界发展潮流，再走资本主义道路显然是不合适的。而马克思主义作为以改变世界为主旨的理论，思想上的接受必然导致实践上的运用，由是"中国人从思想到生活，才出现了一个崭新的时期"③，中国面貌也由此发生了惊天巨变。

这种变化主要表现在以下几个方面。首先，为中国进行民族民主革命奠定了思想和舆论基础，促使中国人民觉醒。毛泽东指出："十月革命对世界的觉醒，对中国的觉醒，影响是很大的。五四运动时中国无产阶级开始有了觉悟，五四运动发生在一九一九年，一九二一年便产生了中国共产党。"④ 这就是说，五四运动和中国共产党的成立，是这一觉醒过程中取得的最重大成果。而五四运动的伟大历史意义还在于"给第一次大革命准备了舆论，准备了人心，准备了思想，准备了干部"⑤。可见十月革命对中国革命的影响之大。其次，为中国民族民主革命提供了阶级基础和领导力量。五四运动中，中国工人阶级这一新的政治力量登上历史舞台，并成立了以马克思列宁主义为指导的中国共产党。从此中国革命有了新的阶级基础和领导力量，中国的现代化探索有了新的领导核心。再次，打破了对资本主义的迷信，开始思考中国如何走向社会主义的问题。最后，

---

① 《建党以来重要文献选编（一九二一——一九四九）》第 22 册，中央文献出版社，2011，第 117 页。
② 张文儒主编《毛泽东与中国现代化》，当代中国出版社，1993，第 29 页。
③ 《建党以来重要文献选编（一九二一——一九四九）》第 26 册，中央文献出版社，2011，第 503 页。
④ 《建党以来重要文献选编（一九二一——一九四九）》第 19 册，中央文献出版社，2011，第 176 页。
⑤ 《建党以来重要文献选编（一九二一——一九四九）》第 16 册，中央文献出版社，2011，第 786 页。

开始注重把理论运用于实践，结合实际来传播马克思主义。因为"革命行动的实际影响比理论宣传文章传播得快得多"，"十月革命也不是天上掉下来的，是七十年来马克思主义运动的结果"。① 只有让马克思主义深入中国革命实际之中，才能使之成为人民群众认可的、服务于实践的科学理论。

由于十月革命后尤其是五四运动后中国社会向社会主义的转向，致使各种冒牌的社会主义也纷纷大行其道。李大钊在五四运动前就注意到了这一现象，"'社会主义'流行，就有'皇室中心的社会主义'、'基督教的社会主义'出现"，不过"都是'混充牌号'"。他还指出，当时不仅在学界社会主义是时髦话题，就是那些"官僚帝孽"也跟着谈社会主义。② "今日社会主义的名辞，很在社会上流行。"③ 不同的思想流派和政治派别都举起"社会主义"这一招牌，说明马克思主义在当时中国的影响之大及其已经具有广泛的社会心理基础。正是在这个意义上毛泽东指出，马克思列宁主义能在中国产生那么大的影响、起到那么大的作用，是因为中国社会"有了这种需要"④。这就是我们说马克思主义是历史的选择的依据和理由。

二 以社会主义为内容的中国现代化道路的转向

中国共产党成立以前，由于中国的现代化是西方通过坚船利炮强加于中国的，其在本质上是一个被动向西方学习的过程，在这个意义上，有学者认为，现代化尽管在历史上有不同的名称，但"'西化'是现代化的固有含义"⑤，因而中国社会的主流意识是探索和建构中国的资本主义现代化道路。早期马克思主义者在思想转变前大多也是这一道路的积极探索者。中国共产党的重要创立者和代表人物之一的毛泽东，在接受马克思主义前希望通过改良的方式建立资产阶级共和国，通过发展资本主义实现中国现

① 《建党以来重要文献选编（一九二一——一九四九）》第22册，中央文献出版社，2011，第26页。
② 《李大钊全集》第2卷，人民出版社，2013，第448页。
③ 《李大钊全集》第3卷，人民出版社，2013，第52页。
④ 《毛泽东选集》第4卷，人民出版社，1991，第1515页。
⑤ 储昭华：《论"西化"及中国传统文化的现实出路》，《社会科学家》1986年第10期。

代化。因而，那时毛泽东追求的现代化道路的实质就是"建立真正的资产阶级共和国，走资本主义性质的现代化道路"①。这是中国先进知识分子在十月革命前的普遍心态。但这一状况随着十月革命的爆发而改变了。造成这一转变的原因，除了资本主义现代化探索屡屡失败外，第一次世界大战暴露出的资本主义固有矛盾和弊端也动摇了中国先进知识分子和中国人民对资本主义的追求，更重要的原因是十月革命带来的变化和震撼。因为中国和俄国有太多的相似之处："封建主义的压迫，这是相同的。经济和文化落后，这是近似的。两个国家都落后，中国则更落后。"② 鉴于中国的社会条件和经济发展水平与俄国类似，那么中国走俄国的路也一定能取得成功。

在这种认识模式下，中国社会的先进知识分子以极大的热情关注俄国发生的革命和指导这一革命的马克思主义，以致"十月革命头一天爆发，第二天中国人民就知道了"③。十月革命的胜利，不仅促使马克思主义以前所未有的速度在中国传播开来，还使中国的先进知识分子以马克思主义为工具重新考虑中国的现代化道路问题。于是，"走俄国人的路"④，即社会主义现代化道路取代资本主义现代化道路成为中国社会占主导地位的追求。随着以马克思主义为指导的中国共产党的成立，中国探索社会主义现代化道路开始进入组织化的实践阶段。这意味着革命后建立的新中国是"一个将走向劳农专政的社会主义国家。现代化的目标模式不是资本主义性质的现代化，而是社会主义性质的现代化"⑤。在这个意义上，十月革命的成功给苦苦探寻中国现代化之路而又屡屡碰壁的中国人民带来了福音，也意味着中国现代化道路发生根本转向。而中国现代化道路的这一转向，"标志着中国的现代化的理论开始发生根本变革——超越走西方式的资本主义现代化之路的旧框框"⑥。在这个意义上，马克思主义的传播及其指导下的中国共产党的成立，构成了中国特色社会主义现代化探索的历史和逻辑起点，中国

---

① 马占稳：《毛泽东与中国现代化》，红旗出版社，2011，第17页。
② 《建党以来重要文献选编（一九二一——一九四九）》第26册，中央文献出版社，2011，第502页。
③ 《建党以来重要文献选编（一九二一——一九四九）》第22册，中央文献出版社，2011，第26页。
④ 《毛泽东选集》第4卷，人民出版社，1991，第1471页。
⑤ 马占稳：《毛泽东与中国现代化》，红旗出版社，2011，第17页。
⑥ 靳辉明、罗文东：《人道主义与现代化》，安徽人民出版社，1997，第162页。

特色社会主义现代化道路就是在此基础上逐渐从中国土壤中生长出来的。

历史而论，走俄国人的路不仅是受十月革命的影响，还是中国社会的先进知识分子根据近代以来进行现代化探索的经验和教训，对比了各种思潮和主义后作出的选择。毛泽东在谈到为什么选择社会主义作为中国现代化的道路时指出，目前世界上主要有几种解决社会问题的方法，即社会民族主义、无政府主义，以及温和的共产主义，但这些都不能解决中国的问题，只有俄国式的方法，即依靠劳工联合的"阶级专政的方法，是可以预计效果的，故最宜采用"①。在毛泽东看来，马克思主义倡导社会主义的根本点"在养成阶级的自觉，以全阶级的大同团结，谋全阶级的根本利益。这是宗旨所在"②。而俄国通过劳工联合赢得了革命的胜利，用事实证明了马克思主义的可行性，也极大地促进了中国先进知识分子的思想转变。毛泽东后来总结说，十月革命使中国先进知识分子开始采用"无产阶级的宇宙观"作为"观察国家命运"的工具，"重新考虑自己的问题"，从而得出"走俄国人的路"这一结论，③ 社会主义由此成为现代化的实践追求。

而要使中国这样的农业大国走俄国道路，必须首先解决农民的土地问题，动员农民群众起来反对封建的生产关系，以恢复和发展生产，为实现工业化提供基础和前提。早在1927年土地委员会第一次扩大会议上的发言中，毛泽东就提出要把解决土地问题作为实现工业化的前提条件。在他看来，虽然解决土地问题的直接目标是发展农村经济和解决农民对土地的需求，但根本目的是实现国家的工业化。他认为满足农民对土地的需求不仅是为了废除农村封建制度，而且是为了"发展中国工业"和"提高文化"。④ 恰恰在这方面，近代以来地主阶级和资产阶级的现代化方案都没有提出有效的解决办法，因而也不可能动员起广大的群众，更不可能取得真正的成效。加之后来在第二次世界大战中苏联表现出来的强大力量、西方资本主义国家暴露出的弊端及其在战争中被削弱、蒋介石奉行的反

---

① 《建党以来重要文献选编（一九二一——一九四九）》第1册，中央文献出版社，2011，第512页。

② 《建党以来重要文献选编（一九二一——一九四九）》第1册，中央文献出版社，2011，第49页。

③ 《毛泽东选集》第4卷，人民出版社，1991，第1471页。

④ 《毛泽东文集》第1卷，人民出版社，1993，第43页。

动独裁政策、日本帝国主义的侵略本性和被打败，这些更加促使中国人民放弃资本主义道路而转向社会主义道路。"这样就造成了一种可能性：经过人民共和国到达社会主义和共产主义，到达阶级的消灭和世界的大同。"①

而帝国主义的侵略又促使中国转向社会主义的可能性逐渐变为现实。帝国主义在侵略过程中，通过在中国开办学校和吸收中国学生等方式，培养了不少为他们服务的买办和崇拜西方文化的"洋奴"；但同时确实给中国带来了许多的新思想，产生了中国的资产阶级和无产阶级，客观上为中国的民族民主革命提供了阶级基础，为中国现代化探索转向社会主义提供了条件。帝国主义对中国的侵略"在东方造成了两类人，一类是少数人，这就是为帝国主义服务的洋奴；一类是多数人，这就是反抗帝国主义的工人阶级、农民阶级、城市小资产阶级、民族资产阶级和从这些阶级出身的知识分子，所有这些，都是帝国主义替自己造成的掘墓人，革命就是从这些人发生的"②。正是在这个意义上说，马克思主义的传播和发展促使中国现代化探索迅速转向社会主义，这也是中国人民经历无数次选择后作出的抉择。"资产阶级的共和国，外国有过的，中国不能有，因为中国是受帝国主义压迫的国家。唯一的路是经过工人阶级领导的人民共和国。"③ 因为别的道路都试过了，并且都失败了。只有走社会主义道路，才能实现中国的现代化，实现民族独立和国家富强。由是，"走具有中国特色社会主义现代化道路"，成了"20 世纪以来中国人的共识"，对什么是中国特色社会主义道路的探索，贯穿了整个 20 世纪。④

总之，在十月革命影响下，马克思主义以前所未有的速度传播开来并逐渐成为社会主流思潮，工人阶级这一新的政治力量在斗争中成长起来并登上历史舞台，还推进了中国共产党的诞生。新的阶级力量和领导力量的出现，改变了中国社会的面貌和中国现代化的方向。"一九一七年的俄国革命唤醒了中国人，中国人学得了一样新的东西，这就是马克思列宁主

---

① 《建党以来重要文献选编（一九二一——一九四九）》第 26 册，中央文献出版社，2011，第 504 页。

② 《建党以来重要文献选编（一九二一——一九四九）》第 26 册，中央文献出版社，2011，第 719 页。

③ 《毛泽东选集》第 4 卷，人民出版社，1991，第 1471 页。

④ 杨魁森：《走中国特色社会主义现代化道路》，《新长征》2009 年第 3 期。

义。中国产生了共产党，这是开天辟地的大事变。……从此以后，中国改换了方向。"① 从此，以社会主义取代资本主义成了中国先进知识分子的追求，中华民族和中国社会的发展由此进入了探索中国特色社会主义现代化道路、推进民族复兴的新的历史阶段。

第二节　中国共产党的革命领导权与社会主义现代化目标的确立

中国共产党的成立，使中国现代化探索转向社会主义有了坚强的领导核心，"使中国人民有了前进的主心骨"②，中国社会开始进入追求社会主义现代化模式的新的发展阶段。为了探寻社会主义现代化道路，中国共产党以自己所理解和把握的马克思主义为武器去改造中国社会，包括改造中国传统文化。在马克思主义指导下，中国共产党提出了反帝反封建的革命纲领，确立了实现社会主义的革命目标和共产主义的远大理想，在人民的支持下确立了自己在中国社会的领导地位，取得了中国现代化的领导权，为中国现代化探索奠定了坚实的基础，也使中国特色社会主义现代化道路探索有了根本指导思想和坚强领导核心。

一　中国共产党在全国领导地位的确立

按照列宁的理解，中国革命的根本问题是政权问题，是由哪个阶级掌握革命领导权的问题。因为由谁领导革命不仅决定新中国政权的性质，而且决定中国将走什么样的现代化道路。中国共产党成立后就重视对领导权的争夺，并且对"无产阶级怎样在国民革命中实现自己的领导权""进行了多方面的思考和探索"。③ 如邓中夏在1925年5月就曾明确指出，"我们对于国民革命，即为了取得政权而参加的"；"政权我们不取，资产阶级会

---

① 《毛泽东年谱（一八九三——一九四九）》（修订本）下卷，中央文献出版社，2013，第574页。
② 《十八大以来重要文献选编》上卷，中央文献出版社，2014，第688页。
③ 《中国共产党历史》第1卷上册，中共党史出版社，2011，第153页。

去取的"；政权"是要我们从实际政治斗争去一点一滴的以至于全部的取得"。为此，他认为，无产阶级必须"制止"资产阶级"在革命后之政权独揽"。① 但那时的中国共产党仍然处在幼年时期，对"什么叫马克思主义？那时的中央领导者们，实在懂得很少，或者一窍不通，闹了多年的大笑话"②。

这种情况使党的领导者对革命性质和革命领导权理解不透、认识不足，不能正确地运用马克思主义来分析中国革命的相关问题，教条地认为"只有资本主义的发展中能生出社会主义来"③，才能产生社会主义的物质基础和阶级基础，因而认为资本主义民主革命的领导者自然是资产阶级，无产阶级只能充当他们的辅助者和帮助者，只有到了社会主义革命阶段，才能提出并解决无产阶级的领导权问题。这种先帮国民党取得资产阶级民主革命的领导权，建立资本主义社会，然后再从资产阶级手中夺取革命领导权建立社会主义社会的认知逻辑，在革命实践中的结果必然是放弃民主革命的领导权。这就是说，在中国共产党早期领导人那里，民主革命分为资产阶级民主革命和社会主义民主革命，资产阶级民主革命由资产阶级领导，社会主义民主革命才由无产阶级领导，即在资产阶级民主革命阶段没有所谓的无产阶级领导权问题。尤其是中国共产党成立后不久就建立了与国民党的统一战线，在"联俄、联共、扶助农工"三大政策下实现了国共合作，这更是把革命的领导权拱手送给了国民党，最后国民党一反动，我们没有任何反击的手段，导致轰轰烈烈的大革命的失败。毛泽东对此总结说，对要不要及如何取得民主革命领导权的问题，"我们党从一九二一年成立直至一九二六年参加北伐战争的五六年内，是认识不足的"④。

大革命的失败和国民党对中国共产党人及革命群众的大屠杀，使中国共产党认识到取得革命领导权的重要性，由此义无反顾地走向了武装反对国民党反动政权的道路。毛泽东根据革命面临的形势指出，在半殖民地半

---

① 《邓中夏全集》上卷，人民出版社，2014，第540页。
② 《毛泽东年谱（一九四九——一九七六）》第5卷，中央文献出版社，2013，第549页。
③ 《瞿秋白文集》政治理论编第2卷，人民出版社，2013，第191页。
④ 《建党以来重要文献选编（一九二一——一九四九）》第15册，中央文献出版社，2011，第740页。

封建的中国，军阀混战和武装割据的现实国情，决定了"离开武装就不能解决"① 中国的任何实际问题。这意味着无产阶级政党要推翻封建反动阶级的统治、摆脱帝国主义的奴役和压迫，取得革命的领导权，就必须掌握革命的武装，因为中国革命环境极其恶劣，"党的组织工作和民众运动工作是直接联系于武装斗争的，没有也不能有单独的孤立的党的工作或民众运动"②。如果没有强大的革命武装保护，中国共产党在各种反动势力的联合绞杀下是不能生存的，更不用说掌握革命的领导权，取得革命胜利，走向社会主义了。所以毛泽东提出了"枪杆子里面出政权""枪杆子里面出一切东西"等著名论断，并强调建立和掌握一支强大的革命武装是解决中国一切"问题的中心"，③ 是中国共产党能否取得革命领导权的关键。正是认识到造就和掌握革命武装对中国民族民主革命的重要性，中国共产党创立了中国工农红军，把它作为保护工农群众利益、实现国家独立和民族富强的主要支柱。依靠红色武装，中国共产党克服了党内的各种错误思想，在十年内战这一极其艰难的情况下取得了武装反抗国民党反动政权的重要胜利，不断发展和壮大人民的力量。

全面抗战爆发以后，在中国共产党推动下建立了各党派参加的"抗日民族统一战线"，实现了第二次国共合作。国民党蒋介石政权试图在"一个政党、一个主义、一个领袖"的口号下取消中国共产党及其领导下的抗日武装，实现国民党的一党专政和独裁。为此，中国共产党坚决纠正党内存在的"一切经过统一战线"④"一切服从统一战线"的右倾机会主义思想，强调了党领导的抗日武装以及保持党在统一战线中的独立、自主的重要性。毛泽东强调，"阶级斗争服从于今天抗日的民族斗争，这是统一战线的根本原则"，这也是中国共产党与国民党合作的政治基础和前提；但是在遵循这一原则的前提下，我们要"坚持党派和阶级的一定限度的权利；这才有利于合作，也才有所谓合作"，只有这样统一战线才能坚持下

---

① 《毛泽东选集》第 2 卷，人民出版社，1991，第 544 页。
② 《建党以来重要文献选编（一九二———一九四九）》第 15 册，中央文献出版社，2011，第 740 页。
③ 《毛泽东选集》第 2 卷，人民出版社，1991，第 547、546 页。
④ 《毛泽东选集》第 2 卷，人民出版社，1991，第 540 页。

去，合作才能持久。① 为了使国共合作抗战能够继续下去，我们必须坚持"统一战线中的独立自主，既统一，又独立"② 的方针。为此，"共产党员不争个人的兵权（决不能争，再也不要学张国焘），但要争党的兵权，要争人民的兵权"，"要争民族的兵权"，要 "觉悟到自己掌握枪杆子的重要性"。③ 在这个问题上如果犯幼稚病，就会给党和人民的事业造成很大的危害，就会妨碍抗日民族统一战线的发展和抗日战争的前途。因此毛泽东强调，在把中国这个半殖民地半封建的旧社会变成民主主义新社会的过程中，"无产阶级无论如何不要放弃领导权"④。因为中国的工农群众如果跟着大地主大资产阶级走，"中国仍是一个存在剥削和压迫的半殖民地半封建社会"，他们的命运也不可能得到根本的改变，只有跟着无产阶级走，在中国共产党的领导下，中国才能打败日本侵略者，"由半封建社会进入民主主义社会，由半殖民地变为独立的国家"，⑤ 建立一个独立、富强、民主的"新中国"⑥。

　　之所以如此，是由中国革命性质和资产阶级自身软弱性决定的。一是中国的资产阶级本身与帝国主义和封建主义有千丝万缕的联系，并在经济上依附于帝国主义和封建主义而存在，这使资产阶级在政治上不可能提出和实行彻底的反帝反封建的革命纲领；二是五四运动后中国工人阶级作为中国最团结和最有组织性的新的革命力量成长起来，并由此产生了"在中国政治舞台上表现了强大能力的，领导了广大的农民阶级、城市小资产阶级、知识分子以及其他民主分子的中国无产阶级及其领袖——中国共产党这样的新条件"⑦。由于这些条件，尽管中国革命仍然是资本主义性质的民

---

① 《建党以来重要文献选编（一九二一——一九四九）》第 15 册，中央文献出版社，2011，第 714 页。

② 《毛泽东年谱（一八九三——一九四九）》（修订本）中卷，中央文献出版社，2013，第 97 页。

③ 《建党以来重要文献选编（一九二一——一九四九）》第 15 册，中央文献出版社，2011，第 742 页。

④ 《建党以来重要文献选编（一九二一——一九四九）》第 20 册，中央文献出版社，2011，第 519 页。

⑤ 《建党以来重要文献选编（一九二一——一九四九）》第 20 册，中央文献出版社，2011，第 521 页。

⑥ 《毛泽东选集》第 1 卷，人民出版社，1991，第 324 页。

⑦ 《建党以来重要文献选编（一九二一——一九四九）》第 22 册，中央文献出版社，2011，第 154 页。

主革命，但这一革命因为是无产阶级领导，并且有农民阶级和其他革命阶级、阶层的参加而变成了新式的民主革命，这决定了革命后建立的民主共和国必定是无产阶级领导下的、由"工人、农民、城市小资产阶级和其他一切反帝反封建分子的革命联盟的民主共和国"①。

这就是说，新的历史条件和阶级基础，决定了中国民主革命的领导者必然是作为无产阶级和劳动人民代表的中国共产党，也正因为这一性质，中国共产党成为中华民族的代表，即中国共产党既是"无产阶级的先锋队，同时又是最彻底的民族解放的先锋队"②。中国共产党要使自身成为这"两个先锋队"，就必须带领人民为维护和实现自己的利益而斗争，推翻压迫人民的国内外反动派，实现人民当家作主。"领导权不是向人能要来的"，"而是要在实际利益上、在群众的政治经验上，使群众懂得哪一个党好，跟哪一个党走他们才有出路，这样来实现的"。③ 正是始终牢牢立足于人民和民族根本利益去争取和把握无产阶级对民主革命的领导权这一中心问题，中国共产党在抗日战争中赢得了人民的广泛拥护，"成了抗日战争中的中流砥柱"④，并最终领导人民赢得了抗日战争的伟大胜利。

抗战胜利以后，国民党不顾全国人民要和平要发展的期盼和呼吁，撕毁与中国共产党和各民主党派经过艰苦谈判达成的政治协商会议协议，拒绝了中国共产党提出的建立民主联合政府的主张，悍然发动了对解放区的进攻，试图把抗战胜利的果实抢到自己手中，回到"半殖民地半封建的、分裂的、贫弱的中国，就是说，一个老中国"⑤，继续奴役和压迫人民。因此抗战胜利后中国共产党和国民党之间的斗争，说到底"就是建什么国的斗争"，是建立无产阶级领导的"新民主主义的国家"还是建立"大地主大资产阶级专政的半殖民地半封建的国家"的斗争，⑥ 也是走社会主义现代化道路还是走资本主义现代化道路的斗争，因而是"光明的中国之命运

① 《毛泽东选集》第2卷，人民出版社，1991，第649页。
② 《毛泽东文集》第2卷，人民出版社，1993，第42页。
③ 《毛泽东文集》第3卷，人民出版社，1996，第59页。
④ 《毛泽东年谱（一八九三——一九四九）》（修订本）中卷，中央文献出版社，2013，第300页。
⑤ 《毛泽东选集》第3卷，人民出版社，1991，第1026页。
⑥ 《毛泽东选集》第4卷，人民出版社，1991，第1130页。

和黑暗的中国之命运"① 这两种命运的决战。

对此，毛泽东指出，概括来说，我们的路线和纲领是"无产阶级领导的人民大众的反帝反封建的革命"②，推翻帝国主义、封建地主阶级、官僚资产阶级的反动统治，建立一个人民民主专政的共和国。在这一纲领的指引下，中国共产党领导人民推翻了国民党的反动统治，确立了自己在全国的领导地位，为中华民族的独立、富强提供了坚强的领导核心，并以社会主义为目标建立了"一个独立的、自由的、民主的、统一的、富强的中国"③，即以工农联盟为基础的、人民民主专政的新民主主义中国。在现代化探索中确立中国共产党的领导地位和建立中华人民共和国，使民主革命的成果以国家制度的形式确定下来，在中国现代化史上是重大事件，在世界发展史上也是影响深远的重大事件，改变了"中华民族发展的方向和进程"，改变了"中国人民和中华民族的前途和命运"，乃至"世界发展的趋势和格局"④ 都由此而发生深刻改变，中国现代化也因此有了坚强的领导核心和先进制度的保障。

总之，中国共产党成立后，经过长期艰苦卓绝的武装斗争，以马克思列宁主义为指导，领导中国人民推翻了近代以来压在人民头上的"三座大山"，建立了人民当家作主的中华人民共和国，确立了党在全国人民中的领导地位，使社会主义因素成为中国社会的决定性力量并不断增长，为走上中国特色社会主义现代化道路提供了科学指导思想、坚强的领导核心和政治制度基础，展现了中华民族伟大复兴的光辉前景。

二 新民主主义革命时期中国共产党社会主义现代化目标的确立

现代化是近代以来中国社会的主旋律。中国共产党是一个为人民利益服务的党，是一个为了中华民族独立、自主、富强而不懈奋斗的党，是中国近代以来"最有觉悟，最有预见，能够看清前途"⑤ 的政党，通过社会

---

① 《毛泽东选集》第 3 卷，人民出版社，1991，第 1025 页。
② 《毛泽东文集》第 3 卷，人民出版社，1996，第 304 页。
③ 《毛泽东文集》第 3 卷，人民出版社，1996，第 304 页。
④ 习近平：《在庆祝中国共产党成立 95 周年大会上的讲话》，人民出版社，2016，第 2 页。
⑤ 《毛泽东文集》第 3 卷，人民出版社，1996，第 397 页。

主义实现中国现代化是中国共产党自成立时起就确立的奋斗目标。毛泽东曾指出，"没有强大的工业"，甚至"没有新式工业"，这是中国之所以落后和日本帝国主义之所以敢侵略中国的主要原因。因此，要打败日本侵略者，实现民族独立就必须推进工业化，中国共产党尤其"要努力于中国的工业化"，这是"全民族的任务"。① 这是中国共产党成立后很快就把工业化作为自己任务的原因所在。② 就历史事实来说，中国共产党之所以能够在中国迅速崛起，其中的一个重要原因就是辛亥革命后当政的国民党政府在推动现代化方面很少有所作为，甚至对经济的发展完全采取一种放任不管的态度，不能实现民族独立和人民生活的改善，以致后来美国学者罗兹曼在研究国民党政府在现代化进程中的表现时感到十分不解，称"中国政府那种自甘在经济管理和控制方面无所作为的态度，确实令人吃惊"③。这也意味着，中国共产党一旦取得推翻国民党政权斗争的胜利，将不仅带来革命领导权的更替，还必然带来现代化指导思想、实现路径或道路的改变。对此有西方学者正确地指出，中国共产党为中国现代化开辟的是一条崭新的道路，是使中国走向富强的中国特色社会主义现代化之路，因而把中国革命的胜利称为"中国的转折点"④。

历史地看，中国共产党对于未来中国现代化新道路提出了几方面原则性构想。第一，中国革命的胜利是中国现代化进程开启的重要条件和前提。只有先取得革命的胜利，推翻帝国主义及大地主、大资产阶级的反动统治，才能为实现中国现代化提供基础。毛泽东指出，我们是"为了革命战争，为了民族利益，认真地进行经济建设工作"，"只有我们战胜了帝国主义和国民党，只有我们实行了有计划的有组织的经济建设工作，才能挽

---

① 《毛泽东年谱（一八九三——一九四九）》（修订本）中卷，中央文献出版社，2013，第515页。
② 1927年4月19日，毛泽东在土地委员会第一次扩大会议上的发言中明确指出，解决农民土地问题的意义不仅在于"废除封建制"，还在于"发展中国工业"和"提高文化"。（《毛泽东文集》第1卷，人民出版社，1993，第43页）这是他第一次谈到工业化并把土地问题的解决作为实现工业化的前提条件。
③ 〔美〕吉尔伯特·罗兹曼主编《中国的现代化》，国家社会科学基金"比较现代化"课题组译，江苏人民出版社，2010，第564页。
④ 〔美〕吉尔伯特·罗兹曼主编《中国的现代化》，国家社会科学基金"比较现代化"课题组译，江苏人民出版社，2010，第560页。

救全国人民出于空前的浩劫"。① 这决定了在民主革命的一个很长的时期内，中国共产党的主要任务是领导人民进行革命战争，其他各项工作都是围绕取得战争胜利而展开的。因为只有取得战争的胜利，才能为中国现代化建设创造必要的前提。毛泽东指出，在革命阶段，"革命战争是当前的中心任务，经济建设事业是为着它的，是环绕着它的，是服从于它的"，"只有在国内战争完结之后，才说得上也才应该说以经济建设为一切任务的中心"。② 对中国共产党和革命群众而言"这是一个伟大的任务，一个伟大的阶级斗争"③，因此，革命战争中的经济建设固然重要，是取得革命胜利的物质条件，但经济建设是围绕并服务于革命战争需要的。中国以往的现代化方案之所以失败，其中的一个重要原因就是幻想在不推翻帝国主义和国内反动阶级统治的条件下搞现代化建设，结果没有不失败的。

第二，中国的现代化必须也只能由无产阶级的先锋队——中国共产党来领导。恩格斯曾指出，只有独立了的民族才有条件谈论内政问题，因为独立自主是"一切健康而自由的发展的基本条件"④。这就是说，对中国而言，开启现代化进程的基本前提条件是民族实现独立和国家获得统一，谁能完成这一任务，谁就有资格成为中国现代化的领导者。在国内的各阶级中，大官僚资产阶级本身就是革命的对象，他们代表的是中国落后的、封建的、腐朽的阶级，也不可能实现中国的现代化，国民党统治时期在推进现代化上毫无进展就是明证。⑤ 民族资产阶级由于自身的软弱性及其对帝国主义的依赖性，不可能提出彻底的民族民主革命纲领，也不可能推翻帝国主义和封建官僚主义在中国的反动统治，承担不了领导中国现代化的重任。只有马克思主义指导下的中国共产党才能提出彻底的反帝反封建的革命纲领，并能结合中国革命实际予以实现。因此毛泽东强调必须通过民主革命创造一定的经济、政治条件，使"全国大多数人民相信共产党的领导"⑥，只有这样才能取得现代化领导权。或者说，中国共产党领导权的获

① 《毛泽东选集》第 1 卷，人民出版社，1991，第 134 页。
② 《毛泽东选集》第 1 卷，人民出版社，1991，第 123 页。
③ 《毛泽东选集》第 1 卷，人民出版社，1991，第 122 页。
④ 《马克思恩格斯文集》第 10 卷，人民出版社，2009，第 472 页。
⑤ 参见《毛泽东在七大的报告和讲话集》，中央文献出版社，1995，第 50 页。
⑥ 《毛泽东文集》第 3 卷，人民出版社，1996，第 59 页。

得与巩固，也取决于其在实现国家工业化上的贡献。中国共产党如果解决不了工业化问题，不能建设起中国的工业，"那共产党就要灭亡"①。因为没有自己经济基础的政党是不能存在下去的。从这个意义上说，革命的领导权也是中国现代化的领导权，国共两党对民主革命领导权的争夺，实质上也是对走什么样的现代化道路、由谁领导现代化道路的争夺。

第三，走社会主义道路实现中国现代化。中国现代化是以马克思主义为指导，还是以三民主义为指导，这不仅是一个理论问题，还是一个重大的政治问题。近代以来的历史表明，中国现代化走社会主义道路而不是"走西方国家的历史老路"，"都是由于当时的具体条件"。② 毛泽东指出，中国革命虽是"资产阶级性的民主主义的革命"，但这个革命只有"靠无产阶级和广大人民的努力才能完成"，因而革命后建立的只能是"人民民主的共和国"。③ 更重要的是，这个革命是受俄国十月革命影响而发生的，是在社会主义革命时代发生的，因而我们现在进行革命战争和经济建设，制定的一系列发展根据地经济的方针、政策、规定，在改善人民生活的基础上积极发展合作社经济和国营经济，都是为了实现无产阶级的经济领导，建立巩固的工农联盟，以便"造成将来发展到社会主义的前提"④。毛泽东指出，我们现在所做的一切都是为了改变中国"半殖民地半封建的地位，建立人民民主主义的制度"，以便将来"发展到社会主义去"。⑤ 因此，中国现代化的前途必然是且只能是社会主义的。

第四，中国现代化必须独立自主地走自己的路。旧中国在帝国主义及封建主义的双重压迫下，经济社会发展极其落后，社会生产力极为低下，人民生活极为贫困，这一特殊国情决定了中国现代化必须走自己的路。毛泽东明确指出，认清中国国情是"认清一切革命问题的基本的根据"⑥。这实际上已经明确表达了走中国特色社会主义现代化道路的思想。这不仅是因为历史已经证明西方资本主义现代化道路在中国走不通，还因为中国不具备走俄国式社会主义道路的条件。因为中国的现代化建设必须首先

① 《毛泽东文集》第3卷，人民出版社，1996，第396页。
② 《毛泽东选集》第1卷，人民出版社，1991，第332页。
③ 《毛泽东选集》第2卷，人民出版社，1991，第562、563页。
④ 《毛泽东选集》第1卷，人民出版社，1991，第130页。
⑤ 《毛泽东选集》第2卷，人民出版社，1991，第563页。
⑥ 《毛泽东选集》第2卷，人民出版社，1991，第633页。

"消灭封建制度，发展农业生产"，建立新民主主义经济，为"发展工业生产，变农业国为工业国"① 奠定基础，只有在此基础上才能建立社会主义社会，走先工业化后社会主义化的现代化之路。这决定了中国特色社会主义现代化的探索及其目标的实现必定是渐进的、长期的、艰巨的。当时我们国家十分落后，"比西洋进步国家要落后许多年，特别是在经济发展方面如此"②。由于这种落后，仅把中国变为工业国就需要相当长的时期。博古在与美国外交官谢伟思的谈话中也详细地谈到了这一点。他说道："我们自己必须首先摆脱半封建主义。然后我们必须经过一个长时期的民主政治阶段和自由企业来提高我们的经济水平。"他认为，由于我们实现工业化的任务是多方面的、复杂的，因而这个过程"将多于 30 年或 40 年，而且可能要 100 多年"。③ 这说明当时党和国家领导层对中国现代化道路的独特性、对实现中国现代化的困难和过程的长期性、艰巨性有清醒的认识和广泛的共识。

第五，中国现代化包括经济现代化和政治现代化等方面的内容。在毛泽东看来，革命将来的目标必然是实现国家的工业化，建立一个以大工业为基础的新中国，因而中国的现代化首先是经济现代化。没有经济现代化，就不能为人民反帝反封建的革命战争提供强大的物质基础，就不可能取得民族民主革命的胜利，即使胜利了也不能巩固。因此，每一个共产党员都要反对"不关心工业，不关心经济"等工作的"空头'革命家'"，要努力学习那些能实现"中国工业化的各种技术知识"。④ 毛泽东曾在给博古的一封信中明确指出，"民主革命的中心目的"是"建立近代工业社会"。他在信中强调，只有机器才能成为"整个中国民主社会的主要基础"，"我们革命的任务"就是建立这个基础。⑤ 可见，经济现代化在中国现代化中占有基础和核心的地位，是中国现代化的主要内容。除了经济现代化的任务外，以政治民主化为主要内容的政治现代化同样是新民主主义的一项重要任务。所谓民主政治，"就是

① 《毛泽东选集》第 4 卷，人民出版社，1991，第 1316 页。
② 〔英〕根舍·斯坦因：《红色中国的挑战》，李凤鸣译，新华出版社，1987，第 316 页。
③ 转引自〔美〕约瑟夫·W. 埃谢里克编著《在中国失掉的机会》，罗清、赵仲强译，国际文化出版公司，1989，第 265 页。
④ 《毛泽东文集》第 3 卷，人民出版社，1996，第 147 页。
⑤ 《毛泽东文集》第 3 卷，人民出版社，1996，第 206、207 页。

政府属于人民，不得为少数人所把持"①。只有实现了政治民主化，中国经济现代化的任务才可能完成，才有可能建立真正的现代中国。为此，中国共产党提出建立"在无产阶级领导下而'为一般平民所共有'的新民主主义的国家"②，在这个国家中采取以民主集中制为原则的人民代表大会制度，确保人民对国家的管理和"保障人民的一切必要的民主活动"③，把人民民主专政作为自己追求的中国特色社会主义现代化道路的重要内容。可见，中国共产党谋划的经济现代化和政治现代化都凸显了"为什么人"这"一个根本的问题，原则的问题"④，是以人民为中心、为实现人民的利益服务的现代化。

总而言之，中国共产党通过对人民利益的强调和维护，赢得了全国人民的支持和拥护，并在自己领导革命和提出现代化设想时始终把人民群众的利益作为自己的目标和追求，凸显了中国民主革命和现代化的人民性这一特质，体现了中国共产党人的价值原则和追求。"共产主义的现代化观点，赋予伦理道德的内容。……为什么目的而现代化，为什么人而现代化，对共产党人来说是重要的问题。"⑤ 毛泽东代表中国共产党提出的社会主义现代化思想，是把马克思主义基本原理运用于中国半殖民地半封建社会这一特殊国情取得的重要理论成果，为中国现代化探索指明了前进的方向和实现的途径。

第三节　中国革命分"两步走"与现代化的两阶段发展战略

中国是在革命中开启现代化探索过程的。因为"一个大民族，只要还没有实现民族独立，历史地看，就甚至不能比较严肃地讨论任何内政问题"⑥。因此，要探寻中国的现代化道路，首先必须取得民族民主革命的

---

① 〔美〕约瑟夫·W.埃谢里克编著《在中国失掉的机会》，罗清、赵仲强译，国际文化出版公司，1989，第208页。

② 《毛泽东选集》第3卷，人民出版社，1991，第1058页。

③ 《毛泽东选集》第3卷，人民出版社，1991，第1057页。

④ 《毛泽东选集》第3卷，人民出版社，1991，第857页。

⑤ 〔美〕弗农·V.阿斯巴图连：《马克思主义与现代化的意义》，载〔美〕罗伯特·海尔布罗纳等《现代化理论研究》，俞新天等译，华夏出版社，1989，第98页。

⑥ 《马克思恩格斯文集》第10卷，人民出版社，2009，第471页。

胜利，为现代化建设提供政治保障。在这个意义上，民族民主革命的胜利不仅是现代化开启的前提和基础，还是中国现代化道路的重要内容。在民族民主革命过程中，中国共产党立足国情具体特点，坚持以马克思列宁主义为科学工具对之进行系统分析，并科学总结近代以来进行革命的经验教训，提出通过新民主主义革命建立独立富强的人民共和国，恢复国民经济，推进工业化，在此基础上再进行社会主义革命，建立门类齐全的国民经济体系，通过走社会主义道路达成国家工业化目标的构想。中国民族民主革命和现代化分两个阶段来实施，最终建立社会主义中国和社会主义工业国，这是中国共产党为实现中华民族伟大复兴而擘画的发展蓝图。

一　中国革命的"两步走"战略

鸦片战争以后，随着封建统治的腐朽程度和帝国主义对中国侵略的加深，中国逐渐演变成了半殖民地半封建社会，以推翻封建统治和帝国主义在华特权为目标的反帝反封建的民族民主革命逐渐成为中国社会的主题。中国的先进知识分子为此进行了前仆后继的斗争。但是在中国共产党成立以前，由于对革命的性质和目的认识不清，分不清敌友，"不注意团结我们的真正的朋友"，也没有"攻击我们的真正的敌人"，[1] 加之缺乏科学理论的指导，革命屡遭失败。俄国十月革命之后，受其影响的中国先进知识分子在马克思主义指导下成立了中国共产党，随后在共产国际帮助下，党的一大通过了"革命军队必须与无产阶级一起推翻资本家阶级的政权，必须支援工人阶级，直到社会的阶级区分消除为止；承认无产阶级专政，直到阶级斗争结束，即直到消灭社会的阶级区分；消灭资本家私有制，没收机器、土地、厂房和半成品等生产资料，归社会公有；联合第三国际"[2] 的纲领，明确把实现社会主义作为自己的目标，从理论上初步解决了中国革命的非资本主义前途问题。党的二大则根据列宁关于殖民地半殖民地理论，科学分析中国国情，指出中国社会和中国革命的性质，并制定了正确

---

① 《毛泽东选集》第1卷，人民出版社，1991，第3页。

② 《建党以来重要文献选编（一九二———一九四九）》第1册，中央文献出版社，2011，第1页。

的反帝反封建的革命纲领。① 但此时的中国共产党尚处于幼年时期，对中国国情认识不清，因而提出了先与资产阶级联合进行"民主主义革命"，待资产阶级发展起来后再"对付资产阶级，实行'与贫苦农民联合的无产阶级专政'的第二步奋斗"②。可见，党的二大通过的宣言实际上是持两次革命论的立场。这也是党内后来关于中国革命是"毕其功于一役"还是先进行政治革命然后再进行社会革命这一争论的缘起。由于这时的中国共产党缺乏必要的理论准备和实践经验，还不知道把马克思主义这一科学理论与中国国情在革命实践中很好地结合起来，只能简单套用马克思主义有关"无产阶级革命的一般原理"③ 和照搬俄国十月革命的经验，没有制定出符合中国革命实际情况的正确的政策和策略，导致革命遭受挫折和失败。这种状况迫使党的领导人去深入思考中国革命的性质及其实现途径问题。

最早对这一问题进行深入思考并取得重大成果的人是毛泽东。他从照抄照搬俄国十月革命经验所受的严重挫折中认识到：要在中国环境中运用马克思主义，指导中国革命取得胜利，就必须把马克思主义化为革命的具体战略和策略，实现其在中国的具体化。为此，毛泽东从对中国国情和世界发展潮流的分析入手，探索和认识中国革命的性质、任务、途径、前途等问题。毛泽东认为，"决定革命性质的力量，是主要的敌人和主要的革命者两方面"④。鸦片战争以后，中国社会逐渐变成了"半殖民地半封建"⑤ 社会，帝国主义和封建地主的压迫是中国一切不幸的根源。因而中国民族民主革命的基本任务首先是推翻帝国主义及其代理人在中国的统治，"建立一个以劳动者为主体的、人民大众的新民主主义共和国"⑥。中国国情的这些特点和民主革命的主要任务决定了中国革命具有"资产阶级民主革命性质"⑦。然而另一方面，也许更重要的是，现阶段的民族民主革命是受俄国十月革命影响发生的，由于有了马克思主义指导和中国

① 参见中共中央书记处编《六大以前——党的历史材料》，人民出版社，1980，第10、11页。
② 《建党以来重要文献选编（一九二一——一九四九）》第1册，中央文献出版社，2011，第133页。
③ 《十八大以来重要文献选编》（上），中央文献出版社，2014，第689页。
④ 《毛泽东选集》第4卷，人民出版社，1991，第1288页。
⑤ 《毛泽东选集》第2卷，人民出版社，1991，第449页。
⑥ 《毛泽东选集》第4卷，人民出版社，1991，第1287~1288页。
⑦ 《毛泽东文集》第6卷，人民出版社，1999，第489页。

共产党领导，中国革命带有若干新的特点，是"世界无产阶级社会主义革命的一部分"①，这使它有别于以往资产阶级领导的民族民主革命，其最终前途是社会主义共和国，因而是一种新式的民主主义革命。也就是说，"处在社会主义向上高涨、资本主义向下低落"这一"新的国际环境中"的中国资产阶级民主主义革命，是一种"特殊的新式的民主主义的革命"，其终极前途不再是资本主义的，而是"社会主义和共产主义的"。② 毛泽东由此得出结论：中国革命实际上包含了两个革命，即现在的"新民主主义革命"以及与之紧密相连的"社会主义革命"。③ 这说明中国共产党从革命之始就把社会主义作为自己的革命目标，在"完成中国资产阶级民主主义的革命（新民主主义的革命）"之后就要适时地"把它转变到社会主义革命的阶段上去"。④ 按照这种解释逻辑，由于中国原有封建社会在帝国主义侵略下"近百年来成为半殖民地半封建的社会"，中国共产党和中国人民要首先建立"民主主义的社会制度"，"要首先为了实现资产阶级民主主义的社会制度而斗争，然后再去实现社会主义的社会制度"，这是中国社会固有逻辑规定的"必由之路"。⑤

中国革命第一阶段是新民主主义革命阶段。这是由中国是落后的农业国这一特殊国情及时代特点决定的，因为只有经过新民主主义革命，才能改变农村的社会关系，"终结殖民地、半殖民地、半封建社会"，为资本主义发展"扫清道路"并为走进"社会主义创造前提"，"才能进一步发展到社会主义的社会去"，⑥ 开始向社会主义过渡。在这个意义上，毛泽东认为，国共两党关于中国革命及现代化问题的争论，"就其社会性质说来，实质上是在农村关系的问题上"⑦。正因为认识到资产阶级民主性质的革命是中国革命的必经阶段，中国共产党从其诞生之时起，就"在中国历史上破天荒第一次向中国人民提出了反帝反封建的纲领，并根据此种纲领在各

① 《毛泽东选集》第 2 卷，人民出版社，1991，第 667 页。
② 《毛泽东选集》第 2 卷，人民出版社，1991，第 650 页。
③ 《毛泽东文集》第 3 卷，人民出版社，1996，第 60 页。
④ 《毛泽东选集》第 2 卷，人民出版社，1991，第 651 页。
⑤ 《毛泽东选集》第 2 卷，人民出版社，1991，第 559 页。
⑥ 《毛泽东选集》第 2 卷，人民出版社，1991，第 647 页。
⑦ 《毛泽东选集》第 3 卷，人民出版社，1991，第 1077 页。

个时期规定了各种具体实施的政策"①，并在中国共产党人英勇顽强的斗争下，建立了人民民主专政的国家政权，完成了民主革命第一步的任务，以便为中国社会的进步奠定政治制度基础。在这个基础上，中国革命才进入它的第二阶段——"由资产阶级民主主义社会转变为无产阶级社会主义社会"②，至于进行社会主义革命，那是新民主主义革命完成以后的任务。没有新民主主义革命的胜利就谈不上进行社会主义革命，并且中国在完成民族民主革命后只能走社会主义道路，没有其他的路可供选择。"新民主主义社会中有社会主义的因素，在政治、经济、文化各方面都是这样，并且是领导的因素"③，这些因素的不断发展也能保证和促使新民主主义发展到社会主义，建立社会主义制度。

这就是说，中国共产党领导的民族民主革命由新民主主义革命阶段和社会主义革命阶段这两个性质不同的革命过程构成，在这两个革命过程组成的革命整体中，前者是后者的"必要准备"，后者是前者的"必然趋势"。④ 它们分别构成了完整革命进程的上下篇：我们做好民族民主革命这个上篇，就是为了在将来将民族民主革命转变为社会主义革命，使"革命将经过人民民主专政的共和国稳步地发展到社会主义和共产主义"⑤。因此，不做好民族民主革命这个中国革命的上篇，社会主义革命这个下篇是做不好的。新民主主义革命的胜利和中华人民共和国的成立，使中华民族彻底终结了帝国主义在华特权，推翻了千百年来奴役人民的封建剥削制度，实现了全国各族人民的大团结，"实现了中国从几千年封建专制政治向人民民主的伟大飞跃"⑥。

说中国革命包含两个性质不同的革命，就是说中国人民不能把两次革命的任务放在一次革命中完成，不能"毕其功于一役"⑦，因为进行革命同

---

① 《毛泽东文集》第3卷，人民出版社，1996，第46页。
② 《毛泽东文集》第3卷，人民出版社，1996，第58页。
③ 《建党以来重要文献选编（一九二一——一九四九）》第25册，中央文献出版社，2011，第455页。
④ 《毛泽东选集》第2卷，人民出版社，1991，第651页。
⑤ 《毛泽东年谱（一八九三——一九四九）》（修订本）下卷，中央文献出版社，2013，第541页。
⑥ 习近平：《在庆祝中国共产党成立95周年大会上的讲话》，人民出版社，2016，第3页。
⑦ 《毛泽东选集》第2卷，人民出版社，1991，第685页。

做任何事情一样，只能"解决已经成熟的问题"①。从国情条件来说，民族民主革命的主要任务是唤醒"占全国人口百分之九十的一切从事体力劳动和脑力劳动的人民"，领导他们去反对"帝国主义、封建主义和官僚资本主义"的压迫。②这就是说，对中国这样处于帝国主义压迫下的、封建关系占主导地位的落后的农业国来说，只能先进行资产阶级民主主义革命，消灭封建的生产关系、赶走帝国主义，然后才有条件去进行社会主义革命。另外，新民主主义革命和社会主义革命是相互衔接的，中间不能横插一个资本主义发展阶段，只能"由新民主主义社会发展到将来的社会主义社会"③。这是因为中国的民族民主革命发生在第一次世界大战之后，并且是在俄国十月革命的影响下发生的，已经是世界社会主义革命的范畴，再加上无产阶级在俄国十月革命影响下已经作为新的政治力量登上了历史舞台，并有了以马克思主义为指导思想的政治领导核心——中国共产党，中国革命领导力量已经由资产阶级转变为无产阶级，革命是由马克思主义指导的，这些因素决定了中国新民主主义革命是走进社会主义的阶梯或"过渡的阶段"，其性质只能是"无产阶级领导之下的人民大众的反帝反封建的革命"，④因而革命胜利后建立的只能是一个"无产阶级领导的人民大众的新民主主义的国家"，而不能建立一个资产阶级专政的共和国，更不能回到"半殖民地半封建"国家的老路上去，即其前途只能是"倒向社会主义一边"，⑤建立社会主义现代化国家。

这两个革命都是在俄国十月革命影响下进行的，都是在"走俄国人的路"这一光明前途的鼓舞下进行的，在这个意义上，毛泽东明确指出了俄国十月革命对中国革命的决定性影响。他说："如果没有十月革命，中国革命的胜利是不可能的。"⑥他还认为，因为中国革命的两个阶段都是由无产阶级领导和马克思列宁主义指导的缘故，新民主主义的本质也是"工农民主专政"⑦，而且是新民主主义社会中起决定性作用的社会主义因素，因

---

① 《毛泽东文集》第3卷，人民出版社，1996，第277页。
② 《毛泽东选集》第4卷，人民出版社，1991，第1288页。
③ 《毛泽东选集》第4卷，人民出版社，1991，第1432页。
④ 《毛泽东选集》第2卷，人民出版社，1991，第647页。
⑤ 《毛泽东选集》第4卷，人民出版社，1991，第1130、1473页。
⑥ 《毛泽东文集》第5卷，人民出版社，1996，第261页。
⑦ 《毛泽东文集》第3卷，人民出版社，1996，第275页。

此中国革命胜利后"不一定要经过如同西方各国那样的资本主义发展阶段，也不一定需要如同十月革命那样的流血革命，中国可能和平地走到社会主义"①。这意味着，中国共产党人始终把建立社会主义社会作为自己的革命目标，并在革命的各阶段都注意"扩大共产主义思想的宣传，加紧马克思列宁主义的学习"，以便在民族民主革命取得胜利后，能够以不流血的和平方式"引导中国革命到将来的社会主义阶段上去"。② 这就是中国共产党为全国人民描绘的中国革命的路线图和新中国的建国纲领。正如林默涵总结的那样：抗战期间，各阶级都提出了自己的建国主张，党内的认识也不一致，抗战胜利后中国到底要建立一个什么样的国家，大家心里都没底，"也就是在这样的时候，毛泽东的《新民主主义论》回答了这些问题"③。

可见，毛泽东以马克思列宁主义为指导，通过对中国国情和世界形势及其发展趋势的科学分析，正确提出了中国民族民主革命的性质、主要对象、根本任务、基本动力和发展前途，既否定了"毕其功于一役"的激进革命论，又否定了建立资产阶级共和国的臆想，提出了经新民主主义革命这一中介进入社会主义的"两步走"战略和"新民主主义革命总路线"，④从理论和实践上回答了中华人民共和国从何而来、凭何存在、有何特征、往何处去等根本性问题，形成了完整的科学的中国革命理论和新中国的建国理论。

二 现代化必须分两步走

在毛泽东那里，中国革命与中国工业化是紧密相关的。或者说，中国革命本身就是中国工业化道路探索的重要条件和组成部分。早在井冈山斗争时期，毛泽东就认识到革命对经济建设的重要作用，要求经济建设服从

---

① 《毛泽东年谱（一八九三——一九四九）》（修订本）中卷，中央文献出版社，2013，第71页。

② 《建党以来重要文献选编（一九二一——一九四九）》第17册，中央文献出版社，2011，第51页。

③ 转引自张素华、边彦军、吴晓梅《说不尽的毛泽东》下卷，中央文献出版社，1995，第389页。

④ 《十八大以来重要文献选编》上卷，中央文献出版社，2014，第689页。

于革命战争的需要。"现在我们的一切工作，都应当为着革命战争的胜利。"① 因为没有战争的胜利，中国革命将归于失败，经济建设的全部成果都将丧失。在这个意义上，革命就是建设，而且是最重要的建设。另外，只有十分注重经济工作，全力进行经济建设，才能为战争的进行和胜利提供条件。"如不能对经济问题有一个适当的办法"，工农武装割据"将要遇到很大的困难"，为此他要求根据地的党员干部千方百计动员和组织群众"立即开展经济战线上的运动，进行各项必要和可能的经济建设事业"② 以支持战争的需要。在抗日战争时期，毛泽东就明确提出了实现工业化的任务。毛泽东认为中国打败日本等帝国主义及其走狗"必需有工业"，革命胜利后要巩固和保障民主"就必需工业化"。因此，毛泽东要求中国共产党人必须努力实现"中国的工业化"，③ 认为这是中国共产党能不能得到群众拥护的决定性因素。他说，我们只有做到了这三条——"解决经济问题""建立新式工业""发展生产力"，老百姓才会拥护我们。④ 这些就是毛泽东理解的工业化的重要内容和方面。因为工业化是由以机器为基础的新式工业为代表和体现的，这就是新的发达的生产力，发达的生产力则意味着经济的发展和老百姓生活水平的提高。因此，革命从来不是中国共产党人的终极目的，革命是为实现现代化服务的。

为此，在抗日战争还没有结束的时候，中国共产党就开始思考如何在战争的废墟上实现国家富强和工业化的目标。毛泽东说，工业是"足以引起一切变化的力量"⑤，是国家独立富强、人民幸福安定的重要物质基础。按照这一理解，中国现代化的主要内容是实现国家工业化，为此就要建立一个独立自主并且统一的民主共和国，扫除封建思想和崇洋媚外的奴隶思想，建立现代民主政治，解放人民思想，这就是新民主主义革命的任务。基于这种认知逻辑，中国革命就是为中国现代化创造条件，扫清其发展的障碍。只有实现了国家的独立自主和民主统一，才有可能进行工业建设。没有这些条件就"不可能建设真正大规模的工业"⑥。一个没有实现独立的

---

① 《毛泽东选集》第 1 卷，人民出版社，1991，第 119 页。
② 《毛泽东选集》第 1 卷，人民出版社，1991，第 53、119 页。
③ 《毛泽东文集》第 3 卷，人民出版社，1996，第 146 页。
④ 《毛泽东文集》第 3 卷，人民出版社，1996，第 147 页。
⑤ 《毛泽东文集》第 3 卷，人民出版社，1996，第 146 页。
⑥ 《毛泽东选集》第 3 卷，人民出版社，1991，第 1080 页。

国家是不能推动现代化历史进程的，要实现现代化，中国必须实现独立和解放，中国必须独立自主地处理自己民族的一切事务，"不容许任何帝国主义国家再有一丝一毫的干涉"①。而没有国家独立，就没有工业的发展，国家的富强、民族的振兴就是一句空话。这也表明革命本身就是建构中国社会主义现代化道路的条件和重要内容。

换句话说，只有通过民族民主革命先创造进行现代化的政治、思想、文化等条件，才有可能开始中国现代化的建设。由于这些原因，毛泽东把民族独立和人民解放作为中国现代化的重要条件和前提，认为中国以往"发展工业，建设国防，福利人民，求得国家的富强"的梦想之所以"一概幻灭"，② 就在于没有一个独立、统一、民主的国家。因此，抗战胜利后中国人民的任务首先是"在政治上、经济上、文化上完成新民主主义的改革，实现国家的统一和独立，由农业国变成工业国"③，即中国现代化也需要分两阶段实施，第一步是创造现代化条件的阶段，第二步是进行现代化建设的阶段。中国社会"半殖民地半封建"这一性质，决定了中国要推翻封建统治就必须充分利用和调动社会各阶级的积极性，以大力发展中国的现代经济，由此决定了中国的现代化不能一下子跨入完全的社会主义，而必须通过有限度地发展私人资本主义，建立新民主主义社会，从中不断生长出社会主义的因素，最后实现建立社会主义国家的目标。这是中国走向社会主义现代化的必经阶段。因此，虽然土地革命时期中国共产党领导下的根据地、抗日战争时期中国共产党领导的统一战线政权，是"新民主主义的社会"④，而不是社会主义社会，但它是社会主义因素不断在其中生长出来并起决定性作用的社会，是通向社会主义现代化的必经阶段。

中国现代化的第一步是新民主主义阶段，就是通过新民主主义的革命和建设，建立独立、统一、民主的人民共和国，发展国民经济，建设先进文化，为将来过渡到社会主义奠定基础及创造条件。因此即使是在革命战

---

① 《建党以来重要文献选编（一九二一——一九四九）》第26册，中央文献出版社，2011，第465页。

② 《毛泽东选集》第3卷，人民出版社，1991，第1080页。

③ 《建党以来重要文献选编（一九二一——一九四九）》第24册，中央文献出版社，2011，第525页。

④ 《毛泽东选集》第2卷，人民出版社，1991，第785页。

争中，毛泽东也十分重视新民主主义经济建设问题，强调中国共产党的一切政策都是为解放和发展生产力服务的。因为在他看来，能不能发展"中国人民的生产力"，是"束缚生产力"还是"解放生产力"，这是衡量"中国一切政党的政策及其实践"的好坏、作用大小的标准。① 只有先进的生产力，才能为现代中国打下坚实的物质基础，而先进的生产力在当时主要表现为机器生产取代手工生产。因而在毛泽东那里，现代化就是工业化，工业不仅是"新民主主义社会的主要经济基础"，还是民主政治的基础，"只有工业社会才能是充分民主的社会。但为了发展工业，必须首先解决土地问题"，否则"就不可能发展资本主义"，只有通过"土地革命扫除了封建障碍"，才算是为"资本主义民主制度的发展开辟了道路"。② 基于这一认识，毛泽东强调民主革命的中心目的是"解放农民，建立近代工业社会"③。中国共产党正是从这一认识中弄清楚了自己在民主革命时期的主要任务是"把土地从封建剥削者手里转移到农民手里"，使土地由封建地主所有变为农民所有，解放被封建所有制束缚的农民，"造成将农业国转变为工业国的可能性"。④ 毛泽东还说，我们搞革命，"就是要破坏妨碍生产力发展的旧政治、旧政府、旧军队"，"为着解放生产力"，解决发展生产力的问题，并强调中国共产党人搞政治和军事"就是为了这件事"。⑤可见，中国革命不是与现代化无关的事情，而是为现代化创造条件，因而也是探索中国现代化道路的重要内容。

新民主主义革命取得胜利，建立人民民主共和国以后，工业是"决定一切的"，是"决定社会变化的"，为此，中国共产党人都要"学习使中国工业化的各种技术知识"，⑥ 必须把实现工业化作为中心工作，尽快建立先进的、门类齐全的工业体系，实现经济发展和生产力进步，为进一步发展到社会主义奠定物质基础。因为新民主主义社会只能建立在工厂和

---

① 《毛泽东选集》第 3 卷，人民出版社，1991，第 1079 页。
② 《毛泽东文集》第 3 卷，人民出版社，1996，第 184 页。
③ 《毛泽东书信选集》，中央文献出版社，2003，第 214 页。
④ 《建党以来重要文献选编（一九二一——一九四九）》第 22 册，中央文献出版社，2011，第 171 页。
⑤ 《建党以来重要文献选编（一九二一——一九四九）》第 21 册，中央文献出版社，2011，第 110、183 页。
⑥ 《建党以来重要文献选编（一九二一——一九四九）》第 21 册，中央文献出版社，2011，第 273 页。

合作社的基础之上，它的基础是机器工业，而不是农村的手工业。毛泽东说，"中国需要发展工业"，为此需要制定和实行"促进人民生产力发展、提高购买力、尽快为现代工业稳定发展创造先决条件的政策"。① 消灭封建土地所有制后，要建立新的所有制形式来代替它。为此，毛泽东根据孙中山提出的实现工业化的三种形式，指出新民主主义经济也有三种组织形式，即国营经济、私人经济及合作社经济。"凡是能够操纵国民生计的关键产业"都"由国家开发经营"，其他产业可让"私人资本"经营，"手工业及农村小工厂"则依靠"用民主方式管理的合作社"统一经营。② 毛泽东强调中国的民族民主革命"只有经过民主主义，才能到达社会主义"，因而在新民主主义阶段，"资本主义的广大发展在新民主主义政权下是无害有益的"，③ 俄国十月革命胜利后的现代化建设也是如此。因此，在中国新民主主义阶段——无论是新民主主义革命时期还是新民主主义建设过程中，尽管有马克思主义指导思想和中国共产党的领导这些起决定作用的社会主义因素，但在经济上，除了必须消灭封建土地所有制外，还必须使不同经济成分在新民主主义社会获得发展，以共同推进中国经济现代化进程。毛泽东在1949年新民主主义革命胜利前夕给张澜的信中说："今后工作重心在于建设，亟盼各方友好共同致力。"④ 这话明确表达了中国共产党要团结各革命阶级共同致力于发展经济，推进现代化的愿望、期许及基本态度。

在毛泽东看来，新民主主义革命胜利，建立人民民主共和国之后，要"团结全国人民建设新民主主义的国家"⑤，就必须正确处理好各阶级和各经济成分的关系，团结一致进行经济建设，建立完整的工业经济体系，以获得真正的独立，为将来进入社会主义社会，建设伟大的社会主义现代化国家做准备。为此需要应对的第一个挑战就是在推进工业化、发展民族工

① 《建党以来重要文献选编（一九二一——一九四九）》第21册，中央文献出版社，2011，第393页。

② 《毛泽东文集》第3卷，人民出版社，1996，第186页。

③ 《建党以来重要文献选编（一九二一——一九四九）》第22册，中央文献出版社，2011，第158、195页。

④ 《毛泽东年谱（一八九三——一九四九）》（修订本）下卷，中央文献出版社，2013，第514页。

⑤ 《毛泽东选集》第3卷，人民出版社，1991，第1027页。

业的过程中，出现的农民市民化过程，即"变农村人口为城市人口的长过程"。因为中国社会农民人口占绝大多数，农民既是革命的主体也是生产、消费的主体，他们提供工业原材料并"吸收最大量的工业品"而成为"工业市场的主体"，① 也是工业化进程的重要参与者和推动力量。这就意味着，只要通过消除封建土地所有制使农民获得解放，激发他们对生产的兴趣，并自愿组织在各种合作社之中，"生产力就会发展起来"②，农民向市民的转换也就有了制度化的渠道，中国工业化就有了源源不断的劳动力，就有了可靠的动力和基础。因此，毛泽东十分重视合作化对改造农民和发展农村经济的重要性。他在党的七届二中全会上指出，合作社作为劳动群众的集体经济组织，虽然"以私有制为基础"，但它处在"无产阶级领导的国家政权管理之下"，因而具有社会主义性质。尽管合作社在封建思想和小资产阶级思想严重的农民中组建起来十分困难，"但是可以组织，必须组织，必须推广和发展"，因为如果"没有合作社经济"，仅靠国营经济是不能实现把个体经济纳入集体化轨道的；个体经济没有集体化，新民主主义社会就无法过渡到社会主义社会，"无产阶级在国家政权中的领导权"也不可能得到巩固。③ 因此，毛泽东在党的七大上作的《论联合政府》的政治报告中把中国共产党的基本政策总结为"实行土地改革，解放农民，发展现代工业，建立独立、自由、民主、统一和富强的新中国"④。正是通过合作社成功地把农民组织起来去推翻农村的封建经济和剥削制度，实现了农村的社会变革，释放了农村的生产力，为中国共产党赢得了民众支持和拥护，并使社会主义现代化道路成为民族的选择。

这也是中国共产党把中国革命与实现国家的工业化联系起来的原因。因为要实现工业化首先需要实现国家的独立、民主和统一。就此而言，能不能解放生产力并使之在中国获得发展，有赖于"新民主主义的政治条件在全中国境内的实现"⑤。而且在毛泽东看来，革命本身就是解放和发展生产力，是推动现代化运动的开端。因此，中国共产党要求"用革命的方

---

① 《毛泽东选集》第 3 卷，人民出版社，1991，第 1077 页。

② 《毛泽东选集》第 3 卷，人民出版社，1991，第 1078 页。

③ 《毛泽东选集》第 4 卷，人民出版社，1991，第 1432 页。

④ 《毛泽东选集》第 3 卷，人民出版社，1991，第 1079 页。

⑤ 《建党以来重要文献选编（一九二一———一九四九）》第 22 册，中央文献出版社，2011，第 176 页。

法"彻底消灭国内"一切反动势力",建立一个由无产阶级领导的、以工农联盟为基础的、全国统一的、真正独立的"人民民主专政的共和国",以"造成由农业国变为工业国的先决条件"和"向着社会主义社会发展的可能性"。① 为此毛泽东强调："消灭封建制度,发展农业生产,就给发展工业生产,变农业国为工业国的任务奠定了基础,这就是新民主主义革命的最后目的。"② 这就是说,中国共产党进行民族民主革命不只是为了建立新民主主义中国,更是为实现"中国的工业化和农业近代化"③ 创造条件。

毛泽东之所以把中国革命和现代化看成建构现代中国的不同阶段和方面,是因为革命的胜利并不等于政治独立的完全获得,要做到完全独立,还必须在建立革命政权后集中力量发展经济,实现国家的工业化,改变中国落后的面貌,即政治上的独立有赖于"解决建立独立的完整的工业体系问题",但"只有待经济上获得了广大的发展",由落后的农业国变成了先进的工业国"才算最后地解决了这个问题"。④ 这就是说,政治独立是经济独立的前提,但经济不独立,政治独立是不稳固的,也是不能持久的。而要经济独立,就必须有独立的完整的国民经济体系。这促使毛泽东在国家取得政治独立后开始追求经济独立,并为此提出了具体举措。他明确指出,在人民民主共和国建立后,党和政府"必须采取切实的步骤",稳固地、有计划地"建立重工业和轻工业",尽快"使中国由农业国变为工业国",否则人民民主专政的政权是"不能巩固的",⑤社会主义现代化就不可能起步更不用说发展了。

因此,毛泽东在革命胜利的前夕,要求全党把主要注意力放到发展生产上来。他在党的七届二中全会上指出,新民主主义革命的胜利,土地改革的完成,中国社会存在了数千年的封建土地所有制被废除,这就解放了农村的生产力,创造了农民联合的条件,使农业和手工业具有了"逐步地向着现代化发展的可能性"⑥。这是毛泽东首次使用"现代化"一词。尽管

① 《毛泽东选集》第 4 卷,人民出版社,1991,第 1375 页。
② 《建党以来重要文献选编(一九二一——一九四九)》第 25 册,中央文献出版社,2011,第 252 页。
③ 《毛泽东选集》第 3 卷,人民出版社,1991,第 1081 页。
④ 《毛泽东选集》第 4 卷,人民出版社,1991,第 1433 页。
⑤ 《毛泽东选集》第 3 卷,人民出版社,1991,第 1081 页。
⑥ 《毛泽东选集》第 4 卷,人民出版社,1991,第 1430 页。

这里他把"现代化"看成"工业化"的同义语，但也预示着毛泽东对新中国建设的思考即将突破"工业化"这一狭窄的范围，使党的工作重心转向发展生产，强调中国共产党在城市的一切工作"都是围绕着生产建设这一个中心工作并为这个中心工作服务的"①。而对生产建设的具体所指，毛泽东列举了三个方面："第一是国营工业的生产，第二是私营工业的生产，第三是手工业生产。"② 在这些经济成分中，现代工业约占全国经济总量的10%，主要由人民民主专政的国家所有和经营，是新中国"国民经济的领导成分"③，也是国家经济中的社会主义成分，是建立社会主义的物质基础。因此国营经济的发展和壮大就为中国社会主义阶段创造了物质条件。

另外，由于中国经济的落后状态，中国的私人资本主义工业在现代工业中虽然所占比重不大，但对发展国民经济是有益的，因而在革命胜利后一个相当长的时期内，还要允许其发展。而对不利于国计民生的部分和倾向，要限制其发展，不能任其泛滥，即要对其采取既利用又限制的方针。在毛泽东看来，容许资本主义经济在一定限度内的发展，这是"不可避免的，而且是经济上必要的"，但新民主主义社会中资本主义的存在和发展要"从各方面，按照各地、各业和各个时期的具体情况，对于资本主义采取恰如其分的有伸缩性的限制政策"④。这些构想清晰地描绘了中国革命和现代化建设的发展蓝图，指导中国革命取得了胜利，也为即将到来的新民主主义时期的国民经济恢复和社会主义建设指明了方向。

总之，中国共产党把马克思列宁主义科学运用于具体的革命实践之中，实现了二者的结合，使民族民主革命分为无产阶级（经过中国共产党）领导下的新民主主义革命与社会主义革命两个内容不同但又相互衔接的革命阶段，规划了中国走向社会主义现代化的发展战略，创立了毛泽东思想，指导中国革命取得了胜利，开辟了中国现代化发展的新路径，为中国社会的发展进步和中国社会主义道路探索奠定了先进的社会制度基础。

① 《建党以来重要文献选编（一九二一——一九四九）》第26册，中央文献出版社，2011，第161页。
② 《建党以来重要文献选编（一九二一——一九四九）》第26册，中央文献出版社，2011，第161页。
③ 《毛泽东选集》第4卷，人民出版社，1991，第1431页。
④ 《建党以来重要文献选编（一九二一——一九四九）》第26册，中央文献出版社，2011，第164页。

第四节　新民主主义革命时期马克思主义中国化与中国特色社会主义现代化的开启

俄国十月革命后，中国社会开始接受马克思主义，"标志着中国现代化的理论和实践开始发生根本变革——超越走西方式的资本主义现代化道路的旧框框"①。在运用马克思主义指导民族民主革命的过程中，中国共产党总结和提炼人民群众实践经验，确立了马克思主义在意识形态领域的指导地位，并结合革命实践不断推进其民族化、中国化，取得了马克思主义中国化第一个创新性的理论成果，即毛泽东思想，以此指导中国革命取得了胜利，赢得了中国现代化探索的领导权，建立了人民民主专政的国家制度，保障了社会主义因素的不断生长，为中国特色社会主义现代化道路的最终确立提供了根本政治前提和制度基础。更为重要的是，马克思主义的指导、中国共产党的领导、人民民主专政的国家政权，作为中国特色社会主义现代化道路的重要内容或基本原则，都是通过民主革命确立起来的。因此，从生成②论的意义上说，中国特色社会主义现代化道路的开创，无疑是从马克思主义的传播和中国共产党的成立开始的。

一　新民主主义革命中马克思主义中国化的形成

马克思主义理论的适用是普遍性的、没有国家和民族界限的，但它在民族国家依然存在的条件下的具体实践则必然是民族性的。这即是说，把

---

① 靳辉明、罗文东：《人道主义与现代化》，安徽人民出版社，1997，第162页。
② "生成"是"反映事物发生、变化与消灭的哲学范畴"。[《辞海》（第6版），上海辞书出版社，2009，第155页] 恩格斯指出，概念作为事物在人们头脑中的反映，是一个过程，"处在生成和灭亡的不断变化中"。（《马克思恩格斯选集》第4卷，人民出版社，2012，第250页）所以，作为概念的生成，是指这一概念作为事物的反映，是过程的集合体，有一个产生、变化的过程，这一过程中新因素的不断产生使概念的内涵不断丰富和扩展，而且概念的稳定并不意味着其内涵是静止不变的。中国特色社会主义和马克思主义中国化作为中国现代化探索历史过程中的反映，它们的关系也随着二者内涵的丰富和发展而不断产生新的内容，因而是一个不断生成的过程；反过来，也只有从马克思主义中国化与中国特色社会主义现代化不断生成的历史中，才能把握住二者关系的本质和内涵。

马克思主义在各民族具体化是马克思主义从理论走向实践的必然要求。马克思主义中国化在实践中的生成和发展，就是中国共产党把马克思主义运用到中国革命实践中取得的伟大成果，也是近代以来"西学东渐"这一长期历史过程的产物和结果。马克思主义中国化的提出既是这一长期历史过程的延续，也是马克思主义理论本身的要求。马克思早就指出，理论在实践中的运用"必须结合具体情况并根据现存条件加以阐明和发挥"①。然而，尽管推进马克思主义的中国化具有较深厚的思想基础和社会基础及长久的历史积淀，但很长时期内，人们对马克思主义中国化是什么和怎样实现并不清楚。最初意义上的"中国化"因受传统儒家文化下的"封建中国"影响带有"复古"和"崇古"的意味而饱受批评。到抗日战争时期，"中国化"在与"全盘西化"论战之后语义开始转为正面。② 但不管如何，外来思想要经过民族化或本土化才能被中国人所接受已是人们的共识。马克思主义作为产生于西欧的科学理论，自然也不能脱离这一逻辑。这是"马克思主义中国化"被提出的现实逻辑和历史背景，也使马克思主义一进入中国就面临实践提出的如何实现与中国具体环境相结合的问题。

因为这些原因，在马克思主义传入中国的初始阶段，受马克思主义影响的先进知识分子就提出要结合中国自己的环境去理解、运用、发挥马克思主义。李大钊就曾要求在宣传马克思主义的时候必须联系中国的具体环境。他认为一个社会主义者必须使他的理想"应用于环绕着他的实境。所以现代的社会主义包含着许多把他的精神变作实际的形式使合于现在需要的企图"③。他还认为把一个主义中的理想应用于实际政治中的时候，由于条件、情形的不同，对理想的应用也要"有些不同"④。这里已经清楚地表达了按照中国的具体情况来理解、运用马克思主义的意图，即中国人民理解的马克思主义一定是带有中国特点的马克思主义，中国人民在运用马克思主义时也一定会带有自己的特点。这也就预示着中国人民在马克思主义

①　《马克思恩格斯全集》第 47 卷，人民出版社，2004，第 35 页。
②　徐岑琛、王跃：《20 世纪二三十年代"中国化"的话语变迁——再论"马克思主义中国化"概念的历史成因》，《南京社会科学》2017 年第 11 期。
③　李大钊：《再论问题与主义》，《每周评论》第 35 期，1919 年 8 月。
④　《李大钊文集》上卷，人民出版社，1984，第 681 页。

指导下谋求的社会主义现代化，也必然是带有中国特点、具有中国特色的社会主义现代化。在这个意义上说，"中国化"的基本含义就是"中国特色"或"中国特点"。

基于这一理论和实践指向，中国共产党成立之始，不少党的早期领导人就对如何把马克思主义的实践本性体现在中国革命的具体环境之中相继提出了不少卓越的见解。如恽代英在 1924 年就提出运用马克思主义指导中国革命时采取的办法要"根据中国的情形"① 来定；瞿秋白则于 1927 年提出了"应用马克思主义于中国国情"的主张；② 张闻天在 1936 年 10 月《关于白区工作中的一些问题》的讲稿中也强调，党员干部必须学会"使用马克思列宁主义的方法，去分析具体的环境，并从这种分析中得出一定的行动方针"③。甚至在党的正式文件中也出现过把马克思主义与中国具体实际结合起来的字句，如 1935 年 12 月的瓦窑堡会议指出，真正的马克思主义者应该把马克思列宁主义"活泼地运用到中国的特殊的具体环境中去"④；中共中央于 1937 年 4 月在告全党同志书中认为能否根据具体情形把马克思列宁主义原则"具体化"为每一行动的"指南针"，将决定大革命的成败和命运。⑤ 毛泽东也强调学习马克思列宁主义著作的目的是根据马克思列宁主义的"理论和方法"，去对革命中遇到的各种问题"进行详细的调查和研究的工作，然后引出应有的和必要的结论"。⑥ 基于这些事实，艾思奇得出结论：中国共产党的成立就是"马克思主义与中国革命实际相结合的开始"⑦。尽管这时党的领导人对在中国具体环境中如何运用马克思主义仍然没有成熟、系统的看法，但这些见解包含了"马克思主义与中国革命实际相结合"的思想，蕴含了"马克思主义中国化"的思想萌芽，也为毛泽东正式提出这一概念作了理论铺垫和实践准备。

然而，尽管中国共产党的早期领导人很早就开始探索和思考怎样把马克思主义运用于中国革命之中，但由于当时的中国共产党是处于幼年时期

① 《恽代英文集》上卷，人民出版社，1984，第 480 页。
② 《瞿秋白选集》，人民出版社，1985，第 311 页。
③ 《张闻天文集》第 2 卷，中共党史出版社，1993，第 128 页。
④ 《中共中央文件选集》第 10 册，中共中央党校出版社，1991，第 619 页。
⑤ 《中共中央文件选集》第 11 册，中共中央党校出版社，1991，第 202 页。
⑥ 《毛泽东选集》第 3 卷，人民出版社，1991，第 802 页。
⑦ 《艾思奇文集》第 1 卷，人民出版社，1987，第 552 页。

的党，对马克思主义、对中国具体国情都缺乏正确、全面、系统的了解和把握，更缺乏把二者结合起来的能力，加之俄国十月革命的巨大影响和当时党作为"国际共产党的一个支部"① 这一事实，使党在探索革命道路的实际斗争中不可避免地产生了把共产国际指示和俄国十月革命经验神圣化的倾向，导致党内教条主义盛行，给革命带来了严重损失。这些血的教训使中国共产党人认识到"按实际情形而运用经验与理论"② 的重要性，意识到只有按照中国具体实际来运用马克思主义才能达到认识世界和改造世界的目的，并最终实现人的解放，从而为反对照搬俄国十月革命经验和共产国际指示于中国革命实践中的教条主义做法提供了思想基础。毛泽东就是在这一背景下提出"马克思主义中国化"概念的。

　　毛泽东是在中国共产党人不断探索如何正确地运用马克思主义来指导中国革命的过程中、在反对和批判党内长期存在的把马克思主义教条化的错误倾向的斗争中提炼出"马克思主义中国化"这一科学概念并用以指导实践的。田克勤等人对此分析，"马克思主义中国化"是"中国共产党在总结中国革命两次胜利、两次失败的基础上，对中国社会基本状况、中国革命特点和规律、对马克思列宁主义理论与中国革命实际关系有了更深刻的认识的基础上逐渐提出来的"③。毛泽东指出，马克思主义中国化主要的或者说基本的内容就是"把马克思列宁主义的理论应用于中国的具体的环境"，是"按照中国的特点去应用它"。④ 因为"马克思主义必须通过民族形式才能实现"⑤。这实际上是把作为中国共产党人"观察、研究和解决社会问题"的普遍方法与各国共产党人在自己国家特殊条件下采取的具体政策"加以区别"，⑥ 通过马克思主义普遍原理来批判、审视中国的社会现实，同时用中国的具体国情来批判、审视马克思主义，并在实践中把二者统一起来，从而形成了一种中国式的马克思主义理论与话语范式，为实现

---

①　中共中央书记处编《六大以前——党的历史材料》，人民出版社，1980，第 11 页。

②　《任弼时选集》，人民出版社，1987，第 2 页。

③　田克勤、李婧、张泽强：《马克思主义中国化研究学科基本理论与方法》，中国人民大学出版社，2017，第 62 页。

④　《毛泽东选集》第 2 卷，人民出版社，1991，第 534 页。

⑤　《建党以来重要文献选编（一九二一——一九四九）》第 15 册，中央文献出版社，2011，第 651 页。

⑥　《毛泽东文集》第 3 卷，人民出版社，1996，第 182 页。

马克思主义与不同环境下的无产阶级革命实践相结合提供了理论上的论证。

从毛泽东对"马克思主义中国化"的阐释中我们看到,要实现马克思主义中国化,必须把握好三个方面的内容。一是正确理解马克思列宁主义,这是实现马克思主义中国化的基础。毛泽东在1919年起草的《问题研究会章程》中已经清楚地表达了马克思主义在变革中国实际中的重要作用。他指出,研究主义是研究问题的前提,因为"问题之研究,'须以学理为根据'"①。马克思列宁主义是被实践证明了的世界上最正确最革命的科学思想和中国人民百战百胜的武器。有鉴于此,毛泽东反复强调学习马克思列宁主义的重要性。他说:"中国的民主革命,没有共产主义去指导是决不能成功的。"② 我们过去革命斗争的失败"就是因为没有采取马克思主义的立场、观点和方法,也就是没有马克思主义"③。毛泽东在《改造我们的学习》一文中也指出,马克思主义是中华民族经过长期奋斗和探索,并且直到"第一次世界大战和俄国'十月革命'之后"才找到的"最好的真理"和"作为解放我们民族的最好的武器"。④ 因此,中国人民要改变自己和民族的命运,取得民主革命的胜利,就必须正确理解并掌握马克思主义理论。读马克思主义理论就在于应用,要应用就要经常读、重点读,读些马克思列宁主义经典著作。如果不这样,就不能从形形色色的马克思主义中找出适合我们实践需要的真正的马克思主义,也即毛泽东所说的"香的马克思主义""活的马克思主义"⑤,并正确地以之指导我们的革命工作。

二是要认清中国革命的具体环境,即中国的具体国情。毛泽东是从分析中国社会性质入手阐述马克思主义中国化的。在他看来,只有认清中国国情,才能为认清中国革命、立足中国实际去理解运用马克思主义提供可靠保证,才能摆脱共产国际对中国共产党的影响,真正做到马克思要求的

---

① 《毛泽东年谱(一八九三——一九四九)》(修订本)上卷,中央文献出版社,2013,第46页。
② 《建党以来重要文献选编(一九二一——一九四九)》第17册,中央文献出版社,2011,第33页。
③ 《毛泽东文集》第3卷,人民出版社,1996,第396页。
④ 《毛泽东选集》第3卷,人民出版社,1991,第796页。
⑤ 《毛泽东文集》第3卷,人民出版社,1996,第332页。

"具体情况具体分析",才能制定正确的、能够解决中国革命面临的问题的具体政策。就此而言,"马克思主义中国化"的实践指向实际是"走中国自己的革命道路"、从中国革命特点中寻找中国革命的规律。这一立场彰显的基本思想是:立足中国特点、"走自己的路"既是马克思主义中国化的核心要义,也是中国共产党全部理论和实践探索的根本原则和要求。基于这一认识,毛泽东认为认清中国具体国情对中国革命的胜利极端重要,反复强调"中国革命斗争的胜利要靠中国同志了解中国情形"①。他进一步分析指出,帝国主义对中国的侵略和剥削,为中国带来了资本主义因素,使中国社会部分解体而不再是封建主义社会,但也没有变成资本主义社会,而是"变成了一个半封建的社会",使一个独立的中国"变成了一个半殖民地和殖民地的中国"。② 这一特殊的国情要求中国共产党在运用马克思主义时必须坚持"对具体问题作出具体的分析"这一"马克思主义的精髓",③ 而不能拘泥于马克思主义经典作家的个别词句和具体结论,否则会犯教条主义的大错误。因为教条主义者"只有原理原则,没有具体政策,是不能解决问题的"④。因此,我们反对教条主义,并不是因为教条主义强调马克思主义的原理原则,而是由于教条主义者不去作调查研究,不了解中国的实际情况,没有给出在中国具体环境中贯彻落实马克思主义原则原理的具体方法和政策。基于这一逻辑,毛泽东强调中国共产党人必须结合中国革命实际学习马克思主义理论,绝不能搞那些"脱离实际情况的本本主义"⑤,绝不能照抄照搬别国经验于中国革命具体环境之中。他还认为,我们坚持马克思主义的理论方法和实践精神,必须根据我们的实际情况加以采用。"我们中国人必须用我们自己的头脑进行思考,并决定什么东西能在我们自己的土壤里生长起来。"⑥ 为此,毛泽东要求各级党的干部和全体党员"用马克思主义观点研究具体环境与具体策略,用点苦功"⑦。因

---

① 《毛泽东年谱(一九四九——一九七六)》第 4 卷,中央文献出版社,2013,第 566 页。
② 《毛泽东选集》第 2 卷,人民出版社,1991,第 630 页。
③ 《毛泽东年谱(一九四九——一九七六)》第 5 卷,中央文献出版社,2013,第 54、138 页。
④ 《毛泽东年谱(一九四九——一九七六)》第 4 卷,中央文献出版社,2013,第 567 页。
⑤ 《毛泽东选集》第 1 卷,人民出版社,1991,第 112 页。
⑥ 《十八大以来重要文献选编》(下),中央文献出版社,2018,第 325 页。
⑦ 《毛泽东年谱(一八九三——一九四九)》(修订本)中卷,中央文献出版社,2013,第 199 页。

此，中国共产党人对中国国情越了解，就越能在理解和运用马克思主义时具有更多的中国特点，使中国革命在走向胜利的过程中少走弯路。

三是学习马克思主义是为了把它运用到中国具体环境中去。毛泽东指出，中国人民在长期探索中选择马克思主义作为革命和现代化道路的指导思想，其目的"全在于应用"①，是为了"将共产主义哲学正确地运用于中国的实际"②。而这里所说的应用，实质上是把马克思列宁主义的基本原则和价值追求变为中国革命实践中的具体政策和策略，"把理论与实际政策说清楚"③，问题的解决才算完整。因为中国的国情及其所处的国际环境，决定了中国革命、建设的主要阶段、对象、任务、动力、性质、前途等必然有不同的特点和内容。从这些认识出发去进行探索，到"延安整风和七大以后，我们党在政治上、军事上、经济政策上、文化政策上、党的建设上都有了一整套统一的东西"④，从而形成了中国革命的独特道路。同时，毛泽东对马克思主义及其中国化实践和实践效果进行强调，克服了教条主义者脱离实际的空谈，找到了马克思主义在中国发展和发挥作用的途径与具体存在形式，创立了毛泽东思想。这意味着：一个真正的中国马克思主义者既要"从改造中国中去认识中国"，又要"从认识中国中去改造中国"。⑤ 这同时表明，成为一个以毛泽东思想武装头脑的共产党员，必须在推进中国社会的改造中不断深化对中国的认识，同时在认识中国的基础上不断推进对中国社会的改造。正是在这个意义上，胡乔木把毛泽东思想称为中国革命的象征。他认为，由于有了毛泽东思想及其指导，中国共产党实现了党的统一和团结，正确解决了党内的各种关系、党与群众之间的关系，这才在十分困难的情况下取得了革命的胜利。基于这一理由，毛泽东思想是中国人民、中国共产党的革命道路象征。

可见，"马克思主义中国化"及其科学内涵的实践生成，既不能离开马克思主义本身的科学性及其在中国的传播，也不能离开中国文化的长久

---

① 《毛泽东选集》第 3 卷，人民出版社，1991，第 815 页。
② 《建党以来重要文献选编（一九二一——一九四九）》第 21 册，中央文献出版社，2011，第 389 页。
③ 《毛泽东年谱（一八九三——一九四九）》（修订本）中卷，中央文献出版社，2013，第 240~241 页。
④ 《毛泽东文集》第 8 卷，人民出版社，1999，第 276 页。
⑤ 《毛泽东文集》第 2 卷，人民出版社，1993，第 344 页。

积淀和基础。在中国宣传和传播马克思主义的价值和意义，就是促使马克思主义在人民群众实践中实现中国化，使马克思主义在中国的具体存在形态带有更多的中国特点和基因。而要使中国人践行马克思主义实现现代化，首先要使马克思主义进入中国，作为中华文化实现现代转换的重要思想资源，使之融于中国文化自身的发展逻辑和背景之中，即马克思主义中国化是马克思主义的科学性和中国传统精华与时代特点的结合。这既是马克思主义中国化的要义，也是中华民族文化自我更新、自我发展的必由之路。从内容上说，马克思主义中国化包含中国社会的马克思主义化及马克思主义在中华民族语境下的具体化，前者要求精确理解和把握马克思主义基本原理；后者要求把握中国的具体实际和人民群众在实践中遇到的具体问题，以此为基础把马克思主义基本原理、立场、观点、方法等具体化，避免理论的空谈，即"真正的马克思主义是：当需要在乡村时，就在乡村；当需要转到城市时，就转到城市"①。一切以当时当地的具体情况为转移，把中国实际作为理解和运用马克思主义的基础和核心，不能离开"'中国'这个地盘"②。可见毛泽东提出"马克思主义中国化"这一概念，绝不是主观杜撰和沉思冥想得来的，而是植根于中国厚重历史的产物，也是对当时中国社会面临的紧迫问题进行理性思考的结晶。它表明：中国人接受马克思主义也不需要其他任何中介，不需要任何中间的权威，对马克思主义的理解全凭自己。而毛泽东通过马克思主义中国化开创的"农村包围城市"，进而夺取全国政权的革命道路，改变了党内照搬俄国十月革命经验的做法，确立了中国解释马克思主义的理论框架和实践模式。一是马克思主义"要在中国生根发芽成长"，就"必须与中国的民族特性相融合"；二是"它使马列主义的革命理论在农村得到了广阔的用武之地，特别是阶级斗争理论，从中国社会的传统反抗意识中找到了最现实的土壤"。③

　　总之，中国共产党人在中国革命实践和总结前人经验基础上提出的"马克思主义中国化"这一概念，不仅在理论上解决了中国语境中的马克

---

① 《建党以来重要文献选编（一九二一——一九四九）》第22册，中央文献出版社，2011，第224页。

② 《毛泽东早期文稿》，湖南出版社，1990，第474页。

③ 李延明、吴敏、王宜秋：《近代中国社会形态的演变》，安徽大学出版社，2010，第174页。

思主义"是什么、应该怎样坚持"等问题，还从实践上解决了如何把马克思主义的科学理论运用于中国具体环境以取得中国革命胜利的问题。它意味着，在中国的语境中，教条式的马克思主义态度必须放弃，对马克思主义经典的诠释也必须服从于中国革命的实践；尽管诠释马克思主义经典自有其学术价值，但它不是在中国发展马克思主义的正确道路。只有根据中国人民的实践状况来阐释、运用、发展马克思主义并实现其中国化，才是我们学习、发展、创新马克思主义的正确途径。

二 新民主主义革命时期马克思主义中国化视野下的中国现代化远景

从现代化的视角来看，马克思主义实际上是"以人和社会的全面现代化为主要内容"① 的现代化理论，由此决定了"现代化是马克思主义中国化的逻辑核心"②。而现代化的中心问题是工业化，因为"中国必须工业化"③ 才能实现自己的独立和富强，这既是近代以来中国社会的最强音，也是马克思主义传入中国后能够迅速为人民所接受，并能实现中国化的现实基础和强大动力。由于这一原因，以毛泽东同志为主要代表的中国共产党人从接受马克思主义之时起就把建立一个以大工业为基础的新中国作为自己的目标，并为此进行艰辛的奋斗。毛泽东曾在一封给博古的信中说，中国民主革命的中心目标是"建立近代工业社会"④。在这个意义上说，中国人民接受和认可了俄国传过来的马克思主义，实际上就是选择了将俄国式的社会主义道路作为实现中国现代化的道路，并坚信其能成功。这就是说，毛泽东等中国共产党人在解释中国必须"走俄国人的路"的理由是两国具有相同的"封建主义的压迫"和近似的"经济和文化落后"⑤ 状况时，实际上是说俄国人能抛弃资本主义而选择社会主义作为实现自己现代化的道路，中国也一定能。这意味着，中国人接受马克思主义并推进其中

① 周前程：《现代化的马克思主义论析》，《攀登》2013 年第 6 期。
② 周前程：《现代化：马克思主义中国化的逻辑核心》，《理论研究》2013 年第 1 期。
③ 〔美〕J. S. 谢伟思：《美国对华政策》，王益、王昭明译，中国社会科学出版社，1989，第 228 页。
④ 《毛泽东文集》第 3 卷，人民出版社，1996，第 206 页。
⑤ 《毛泽东选集》第 4 卷，人民出版社，1991，第 1469 页。

国化，是与走社会主义道路实现中国现代化的探索同时展开的；马克思主义中国化同时也意味着社会主义现代化道路的中国化。其中蕴含的理论旨趣是：中国共产党人所说的"走俄国人的路"，是以中国人的方式"走俄国人的路"，主要是指中国要走社会主义道路而不能走资本主义道路，而不是不顾中国情况去照搬俄国十月革命的具体做法。毛泽东对此明确指出，虽然各国共产党所遵循的马克思主义的政治思想方法是相同的，但"任何地方的共产党必须将共产主义的思想体系，和另一件全然不同的事物即共产主义的社会制度区分开来，因为后者是这个思想体系的最终目标"①。刘少奇也强调："我们应该学会自己走路，应该根据中国的特点，采取适合中国情况的方法来进行建设。"② 所以，坚持马克思主义指导的实质目标是走符合中国国情的社会主义现代化道路，它表明中国共产党从一开始就把走中国特色的社会主义现代化道路作为自己的目标。

　　而要根据中国情况规划自己的社会主义现代化道路，就必须立足于中国社会是小农经济占主导地位的半殖民地半封建社会，以及农民是社会的主体和中国革命的主要力量这一现实状况，一步一步地把小农经济为主的生产模式变为现代机器大工业为主的生产模式。这就是说，尽管农民是中国革命的主要力量，但小农经济是中国革命必须消灭的东西，这一矛盾使中国共产党人在运用马克思主义规划中国的现代化道路时不得不带有自身的特点。毛泽东正是把马克思列宁主义运用于中国的具体环境之中，才提出了新民主主义理论，从政治、经济、文化等方面绘制了中国现代化的蓝图。他认为，新民主主义政治就是建立无产阶级领导的、各革命阶级"联合专政的民主共和国"③；新民主主义经济就是实行"节制资本"和"平均地权"，消灭封建剥削制度，不断壮大合作社经济和国营经济；新民主主义文化就是"人民大众反帝反封建的文化"④。由此可见，毛泽东集中全党智慧提出的新民主主义理论，"从中国现代化思想发展史考察，则是西学中化最为成功的代表"⑤。这一理论通过新民主主义革命和新民主主义社

①　《毛泽东文集》第3卷，人民出版社，1996，第182页。
②　《刘少奇选集》下卷，人民出版社，1985，第423页。
③　《毛泽东选集》第2卷，人民出版社，1991，第675页。
④　《建党以来重要文献选编（一九二一——一九四九）》第18册，中央文献出版社，2011，第262页。
⑤　程美东主编《中国现代化思想史（1840—1949）》，高等教育出版社，2006，第82页。

会建设为中国的现代化绘制了蓝图，从而把近代以来无数仁人志士企盼的现代中国从抽象思想变为具体目标，并为实现这一目标提供了路线图。一是通过新民主主义革命，消灭国内外一切反动阶级在中国的统治，建立新民主主义社会，"为在中国实现现代化创造良好的环境条件"；二是通过新民主主义国家的经济、政治等建设，稳步"推进工业化和民主化的进程，并基本实现中国社会的现代化"。① 按照这一路线图，革命胜利后首先建立的是一个新民主主义的中国，然后在此基础上再建立社会主义现代化的中国。

因此在新民主主义现代化的建设过程中，最关键的是解决好现代化与农民的关系问题。"严重的问题是教育农民。"② 因此一方面，农民是革命和建设的主体，没有农民的支持，中国现代化就不能实现，这决定了中国共产党必须把支持和维护农民利益作为制定政策的优先考虑之一。由此毛泽东强调在"工厂与合作社"基础之上把农民纳入现代化建设之中，最大限度地发挥农民参与现代化建设的积极性，以此化解二者之间的矛盾。另一方面，以农民为代表的小农经济是与马克思主义的立场和中国现代化发展需要相矛盾的，是要消亡的，是中国工业化的阻力，消灭小农经济也是中国工业化的重要任务。为此毛泽东强调作为封建社会基础的"分散的个体经济"不可能成为任何民主社会的基础，这一立场使马克思主义与民粹主义区分开来。③ 可见，把马克思主义中国化不是让马克思主义屈从于中国的落后，而是用机器生产代替中国落后的小农经济，建立现代大工业，为新中国打下坚实的经济基础。这也是毛泽东提倡的马克思主义中国化与以往中国化的根本区别之一。

鉴于此，毛泽东十分重视革命胜利后的经济建设问题，并对此进行了深入探索和思考。在他看来，要立足中国实际发展新民主主义经济，首先要把发展工业作为中国革命的重要目标。他认为，不管是为了打败日本侵略者还是为了建设新中国，都"必须发展工业"④。更重要的是，在毛泽东的现代化规划中，解放和发展生产力、发展中国的经济既是新民主主义革

---

① 程美东主编《中国现代化思想史（1840—1949）》，高等教育出版社，2006，第82页。
② 《中共中央文件选集（1949年10月—1966年5月）》第14册，人民出版社，2013，第517页。
③ 《毛泽东文集》第3卷，人民出版社，1996，第207页。
④ 《毛泽东选集》第3卷，人民出版社，1991，第1080页。

命要达成的目标，也是新民主主义社会得以建立和巩固的物质基础。建立
人民民主专政的国家政权不过是为发展生产力、推进国家现代化创造条
件。因为只有生产力水平的提高和经济的大发展，才能"解决建立独立的
完整的工业体系问题"①，实现国家工业化，实现国家经济上的独立，只有
这样政治上的独立才有保障和基础，人民民主专政的国家政权才能得到巩
固。这就是说，中国要做到完全独立，除了政治独立外，还必须实现国家
工业化，否则这种独立因缺乏经济基础而不能维持，迟早会变为其他国家
的附庸。毛泽东指出，新民主主义的人民政权必须"采取切实的步骤"去
实现国家工业化。只有工业发展了，才能建立起"一个独立、自由、民
主、统一、富强的中国"，② 否则会"有灭亡的危险"③。基于这种认识，
毛泽东提出把能否解放生产力看成判断一个政党先进与落后的标准，能否
解放生产力并促进其发展，是衡量中国一切政党的政策及其实践的主要标
准④，从生产力标准的高度论证了中国共产党致力于国家工业化的合理性
和正当性。按照这种认知逻辑，形形色色的中国资产阶级政党包括国民党
之所以在历史舞台上消失或归于失败，根本原因就是没有找到发展生产力
的途径，不能实现中国的工业化。

充分利用资本主义经济成分来发展国民经济。在毛泽东看来，革命后
建立的新中国将会出现五种经济成分：国营经济、私营经济、合作社经
济、个体经济以及国家资本主义经济。在这五种经济成分中，国营经济虽
然所占比例不多，只有10%左右，却是中国现代性工业产业最集中的、控
制国民经济命脉的，是"社会主义性质的经济"和"国民经济的领导成
分"。⑤ 这一观点的提出不仅界定了新民主主义经济不同于资本主义市场经
济和社会主义计划经济的特点，还表明毛泽东开始倾向于对市场经济实行
有计划地指导，以区别于资本主义社会的市场经济。因此在 1948 年，
毛泽东强调要加强对解放区经济活动的管理，要把解放区经济适当地组织

① 《建党以来重要文献选编（一九二一——一九四九）》第 26 册，中央文献出版社，2011，
第 166 页。
② 《建党以来重要文献选编（一九二一——一九四九）》第 22 册，中央文献出版社，2011，
第 128 页。
③ 《毛泽东文集》第 3 卷，人民出版社，1996，第 411 页。
④ 参见《毛泽东选集》第 3 卷，人民出版社，1991，第 1079 页。
⑤ 《毛泽东选集》第 4 卷，人民出版社，1991，第 1431 页。

起来，"克服市场上的盲目性"①，并把计划管理作为经济工作的基本方法和原则，这也是中国共产党利用资本主义经济成分的基本原则。这就是说，新民主主义经济从规划到建设，一开始就是沿着计划经济方向行进的，不仅国营经济要实行计划管理，其他经济成分也要纳入计划管理。为此毛泽东一方面强调对各种形式的资本主义经济"在活动范围方面，在税收政策方面，在市场价格方面，在劳动条件方面"等进行必要的限制，把它们纳入国家"经济政策和经济计划的轨道"，②以引导它们向现代化和集体化方向发展；另一方面要鼓励它们积极为把以农业为基础的中国建设成为以工业为基础的社会主义国家而努力奋斗。这些论述说明，毛泽东这时就已经有了在新民主主义革命胜利建立新中国后即开始社会主义革命的思想。

中国现代化必须坚持马克思主义的指导和中国共产党的领导。在马克思主义传入中国以前，中国向西方学习的东西很多，各种主义都尝试过了，但都行不通；无数仁人志士的不懈奋斗和流血牺牲最终都失败了。直到"十月革命以后学了马克思列宁主义，建立了中国共产党"③，中国人民的思想才有了崭新的变化，中国革命才有了胜利的希望，中国现代化才有实现的可能。近代以来中国社会发展的历史和中国现代化探索的历程都表明，"中国的独立和解放""中国的工业化和农业近代化"④都必须在中国共产党的领导下才有可能，只有在马克思主义的指导下才能找到中国现代化建设的道路。正因为中国革命的胜利和现代化建设的前途与马克思主义是紧密相关的，与中国共产党的命运息息相关，毛泽东始终把加强马克思主义理论学习作为"对提高全党干部的理论文化水平，有头等重要的意义"的工作来抓，⑤并提出要努力推动党的建设这一"伟大的工程"⑥，为

---

① 《建党以来重要文献选编（一九二一——一九四九）》第25册，中央文献出版社，2011，第559页。

② 《建党以来重要文献选编（一九二一——一九四九）》第26册，中央文献出版社，2011，第164页。

③ 《建党以来重要文献选编（一九二一——一九四九）》第26册，中央文献出版社，2011，第504页。

④ 《建党以来重要文献选编（一九二一——一九四九）》第22册，中央文献出版社，2011，第191页。

⑤ 《建党以来重要文献选编（一九二一——一九四九）》第16册，中央文献出版社，2011，第387页。

⑥ 《毛泽东选集》第2卷，人民出版社，1991，第602页。

中国革命和现代化提供坚实的思想理论基础和可靠的组织保障。

要实现中国的现代化，必须坚决反对帝国主义对中国的压迫，彻底取消其一切特权。中国近代半殖民地半封建社会的形成是帝国主义侵略中国造成的，只有把帝国主义赶出中国去，取消其在中国的一切特权，中国才能独立自主地发展自己的经济，才能实现现代化。"自从帝国主义这个怪物出世之后，世界的事情就联成一气了，要想割开也不可能了。"① 中国的独立和富强也与反对帝国主义的侵略密切相关。近代以来中国现代化探索之所以屡遭失败，就是因为没有看到帝国主义对中国的奴役和剥削及其与中国封建势力相互勾结及对中国现代化建设的阻碍作用。因此，只有打败侵略者，赶走帝国主义及其走狗，才能解放被束缚的生产力，建设和巩固新中国，实现中国现代化。

总的来说，中国共产党始终立足于革命实践中遇到的各种实际问题，以马克思主义科学真理为工具，形成了指导革命实践的正确的理论、政策和策略，找到了在中国环境中实现马克思主义民族化、具体化的正确途径，创立了毛泽东思想，形成了新民主主义现代化道路，以此绘制了中国现代化的路线图和建设新中国的蓝图。而在新民主主义现代化建设中，马克思主义的指导、中国共产党的领导、人民当家作主的国家制度，加上国营经济是国民经济的领导力量等社会主义因素是起决定作用的，而且这一地位直到现在都没有改变，不仅没有被削弱，而且不断得到巩固和加强。因此新民主主义现代化实质上就是在以农民为社会主体的基础上建立的低水平的、中国特色的社会主义现代化。在这个意义上说，新民主主义现代化实际上是中国特色社会主义现代化的最初形态。

---

① 《建党以来重要文献选编（一九二一——一九四九）》第 12 册，中央文献出版社，2011，第 569 页。

第三章　社会主义革命和建设时期的马克思主义中国化与中国特色社会主义现代化

　　1949 年中华人民共和国成立后，中国社会开始向社会主义过渡，这时建设的现代化就是一种具有中国特色的社会主义现代化，"'中国特色社会主义现代化'概念应该既适用于描述改革开放以来的中国社会主义现代化过程，也适用于描述改革开放前的中国社会主义现代化过程"①。因为从现代化的角度来说，中华人民共和国成立在某种意义上产生了两个重要成果：一是马克思主义及其在中国的发展成果被确立为中国现代化的指导思想；二是中国共产党领导的人民民主专政以国家制度的形式确立下来，中国特色社会主义现代化道路自此有了坚强的领导核心和坚实的政治制度基础，使社会主义因素成为国家政治生活中的决定性因素，也是决定中国社会未来走向的关键因素。在这个意义上，"中华人民共和国的成立，不仅是中华民族发展史上的一个伟大事件，也是人类发展史上的一个伟大事件"②。而要巩固这些社会主义成果，不断促进社会主义因素的生长，就必须进一步进行经济上的改造，为中国特色社会主义现代化建设奠定经济基础。为此，中国共产党领导人民把马克思主义经典作家的社会主义过渡时期理论与中国特殊国情相结合，提出过渡时期的总路线，对中国社会进行社会主义改造，建立了以社会主义公有制为基础的社会主义社会，为中国特色社会主义现代化打下了经济和社会制度基础，构建起中华人民共和国这一

---

① 谢立中：《论中国特色社会主义现代化》，《学习与探索》2018 年第 10 期。
② 《十八大以来重要文献选编》中卷，中央文献出版社，2016，第 80 页。

"现代中国"的基本框架。社会主义在中国建立后，在指导思想、经济社会制度、政治制度、领导力量等方面确立了中国特色社会主义现代化建设的基本原则和内容，自此，马克思主义中国化的基本内容和主要任务转变为"把马克思主义的基本原理同中国社会主义现代化建设这个新的伟大的具体实践紧密结合起来，研究新情况，解决新问题，总结新经验"[①]，形成新理论，并以此为指导去探索中国特色社会主义现代化建设的具体道路，推进经济社会发展进程。尽管在这一探索过程中，毛泽东等党的领导人由于种种原因对马克思主义和社会主义的认识出现了偏差，对四个现代化建设还只是有模糊认识，但以毛泽东同志为主要代表的中国共产党人在探索如何充分发挥社会主义公有制的制度优势、如何把马克思主义关于社会主义建设理论运用于中国经济文化较为落后条件下的现代化建设实际的过程中，形成了一些创新性的观点，提出了四个现代化战略目标，并以此为指导建立了完整的国民经济体系，推动中国特色社会主义现代化建设的探索进入新的历史阶段。

第一节　马克思、恩格斯、列宁的社会主义革命理论与中国共产党在社会主义过渡时期的理论及实践

经济基础决定上层建筑是马克思主义的基本观点。无产阶级在革命胜利后建立了无产阶级专政，以国家政权的形式把革命胜利的成果确定下来。但无产阶级取得政权后要巩固自己的领导权，领导中国社会顺利过渡到社会主义社会，就必须解决所有制问题，建立社会主义公有制。由于公有制的建立关系到无产阶级政权的巩固和社会主义的前途与命运，因而以公有制为基础的社会主义经济制度自然既是巩固马克思主义指导地位和无产阶级领导权的重要条件，也是中国特色社会主义现代化道路的重要内容。因此，在新民主主义革命胜利和中华人民共和国成立后，中国共产党即着手规划和领导中国社会向社会主义社会过渡，以奠定社会主义的经济基础，实现社会革命。由于"社会主义革命是一场新的革命"，而我们

---

① 习近平：《在纪念万里同志诞辰 100 周年座谈会上的讲话》，人民出版社，2016，第 9 页。

"没有社会主义革命的经验"，① 因此，为了建立社会主义社会制度，中国共产党根据马克思、恩格斯关于无产阶级革命胜利后走向社会主义的设想和"列宁关于过渡时期的学说，总结了中华人民共和国成立以来的经验"②，充分吸取俄国社会主义改造的经验教训，结合中国具体国情，走出一条具有中国国情特点的改造道路，建立了社会主义公有制，也为进一步探索中国特色社会主义现代化道路奠定了经济和社会制度基础，推动了中国现代化发展进程。

一 马克思恩格斯列宁的社会主义革命理论

在马克思恩格斯创立马克思主义这一科学理论的时候，无产阶级面临的历史使命是建立无产阶级政党、通过革命手段从资产阶级手中夺取政权，因而马克思恩格斯关注的焦点是如何把无产阶级组织起来、推动国际工人运动的发展、取得无产阶级革命的胜利、建立起无产阶级对资产阶级的统治；对于无产阶级取得政权后如何推动社会向社会主义过渡，进而推进到社会主义和共产主义，他们认为在无产阶级尚未取得政权的情况下想要作出详细规划，那只能是一种不切实际的空想。因为人类只能"提出自己能够解决的任务"，而这种任务只有在已经具备或即将具备"解决它的物质条件"的时候"才会产生"，③ 更重要的是，无产阶级的政策措施是从实际的革命斗争中提出的，他们采取的过渡的措施"到处都必须适应当时存在的情况"④，而且这些情况在不同的国家是不同的。因此，无产阶级政党要制定正确的政策和策略，就必须把"对未来社会结构的一整套幻想"从"工人的头脑中清除出去"。⑤ 这意味着马克思和恩格斯只能从理论上对从资本主义向社会主义过渡作出解答，指出过渡阶段的大致轮廓和未来发展方向，以及无产阶级及其政党应该采取的原则性措施。

首先，规定了过渡时期的社会及国家政权的性质。在《哥达纲领批

---

① 《毛泽东文集》第6卷，人民出版社，1999，第430页。
② 《毛泽东文集》第6卷，人民出版社，1999，第389页。
③ 《马克思恩格斯选集》第2卷，人民出版社，2012，第3页。
④ 《马克思恩格斯选集》第3卷，人民出版社，2012，第270页。
⑤ 《马克思恩格斯选集》第4卷，人民出版社，2012，第523页。

判》一文中，马克思在批驳拉萨尔派关于未来社会的观点时，提出了向社会主义过渡的设想，并"根据对以前各种生产方式的基本条件的认识"①对这一时期的社会性质、国家政权的性质进行了规定：资本主义社会需要经过一个"革命转变时期"才能进入共产主义社会，"同这个时期相适应的也有一个政治上的过渡时期，这个时期的国家只能是无产阶级的革命专政"②。这一论断至少包含了以下几个方面的含义：一是无产阶级推翻资产阶级的政治统治后必须经过一个过渡过程和阶段；二是过渡阶段是后资本主义社会，是高于资本主义社会但没有达到社会主义社会的特殊阶段，因而既具有社会主义社会的特征，也具有资本主义社会的特征；三是在过渡阶段，社会主义因素占主导地位并随着经济社会的发展而逐步增多，反之，资本主义因素则随着经济社会的发展而逐步减少直至完全消亡，最后社会主义社会取代资本主义社会；四是从根本特征来看，在过渡时期的国家政权在性质上只能是无产阶级的革命专政。

其次，规定了过渡时期无产阶级政权的性质和任务。在马克思恩格斯看来，向社会主义过渡的时期是无产阶级专政的时期，必须在政治上、经济上采取必要的措施，巩固无产阶级的政治统治。一是无产阶级对资产阶级等各剥削阶级"实行的阶级统治只能持续到阶级存在的经济基础被消灭的时候为止"③，以镇压他们的反抗并防止他们扰乱无产阶级对社会的改造，即"工人阶级应当首先掌握有组织的国家政权并依靠这个政权镇压资本家阶级的反抗和按新的方式组织社会"④。二是无产阶级在建立自己的政治统治后，必须毫不犹豫地使用专政的力量剥夺资产阶级、占有资本主义社会一切经济发展成果，以便为进入社会主义创造条件。为此无产阶级"将利用自己的政治统治，一步一步地夺取资产阶级的全部资本"，尽可能地"把一切生产工具"集中到自己手中，并且"尽可能快地增加生产力的总量"，且这种对所有权和资产阶级占有关系进行"强制性的干涉"，对无产阶级"变革全部生产方式"是必不可少的手段。⑤ 只有采取这种强制性

① 《马克思恩格斯选集》第3卷，人民出版社，2012，第270页。
② 《马克思恩格斯选集》第3卷，人民出版社，2012，第373页。
③ 《马克思恩格斯选集》第3卷，人民出版社，2012，第342页。
④ 《马克思恩格斯选集》第4卷，人民出版社，2012，第558~559页。
⑤ 《马克思恩格斯选集》第1卷，人民出版社，2012，第421页。

的措施，无产阶级才能为自己的政治统治打下坚实的经济基础。

再次，明确提出了改造资本主义国家机器的问题。在《法兰西内战》一文中，马克思根据巴黎公社的经验和欧洲资本主义国家政权的状况谈到了无产阶级国家机器与以往旧的国家机器的区别，提出了如何改造资本主义国家机器的问题。一是无产阶级应该"铲除全部旧的、一直被利用来反对工人阶级的压迫机器"①，代之以新的国家机关。因为无产阶级及其领导的革命不是消灭一个特定的阶级，而是"消灭阶级和建立不再有土地私有制和生产资料私有制的社会制度"②，只有对原有的国家机器进行革命性变革才能达到自己的目的。二是用工人自己通过"普选选出"的"可以随时撤换"的代表来取代旧国家机器中的官吏，并且规定他们只能取得"跟其他工人同样的工资"，以防止他们去"追求升官发财"。只有这样才能克服旧的国家机器的弊端：本来应该是社会公仆的国家官吏"变成了社会的主人"。③

最后，提出了落后国家如何向社会主义过渡的问题。在马克思恩格斯看来，欧洲资本主义生产力发展水平较高的国家的情况与落后的东方国家的历史环境是完全不同的，因而二者的革命道路和向社会主义社会的过渡也必然完全不同。东方国家能否跨过"资本主义制度的卡夫丁峡谷"实现向社会主义的过渡，取决于它们能不能利用资本主义创造的"现成的物质条件"，并占有其所创造的一切积极成果，④由此则可"不必经受资本主义制度的苦难"⑤。恩格斯更明确地指出，西欧无产阶级革命的胜利和"社会管理的生产"取代"资本主义生产"，这是"俄国公社上升到同样的阶段所必需的先决条件"。⑥要做到这一点，首先要排除旧社会"从各方面向它袭来的破坏性影响，然后保证它具备自然发展的正常条件"⑦。至于如何确保经济文化较为落后的东方国家自然地向前发展，则要视东方国家社会条件的进一步发展而定。尽管由于历史条件限制，马克思对东方国家如何跨过"资本主义制度的卡夫丁峡谷"从理论进行的分析和为此提出的原则性

---

① 《马克思恩格斯选集》第3卷，人民出版社，2012，第54页。
② 《马克思恩格斯选集》第3卷，人民出版社，2012，第299页。
③ 《马克思恩格斯选集》第3卷，人民出版社，2012，第55、54页。
④ 《马克思恩格斯选集》第3卷，人民出版社，2012，第830页。
⑤ 《马克思恩格斯选集》第4卷，人民出版社，2012，第639页。
⑥ 《马克思恩格斯选集》第4卷，人民出版社，2012，第311页。
⑦ 《马克思恩格斯选集》第3卷，人民出版社，2012，第840页。

构想没有完全展开，却为后来东方国家的社会革命指明了方向。

可见，马克思恩格斯有关资本主义向社会主义过渡的理论的基本思想就是，在发达资本主义国家，无产阶级革命胜利后的紧迫任务是解决所有制问题；而在落后的东方国家，所有制问题的解决必须以促进生产力的发展为目的。因为如果没有比资本主义更先进的生产力，东方国家的社会主义是建立不起来的，建起来也巩固不了。从这一原则出发，马克思恩格斯认为，虽然无产阶级在过渡时期的主要任务是实现彻底的社会主义改造、用生产资料公有制取代私有制、用社会主义生产关系取代资本主义生产关系等，但这一任务的实现途径和方式在发达的资本主义国家和落后的东方国家是不同的：至于以什么方式、途径获得比资本主义社会更先进的生产力，实现向社会主义过渡，则取决于它们各自所处的具体历史环境。通过这一理论分析，马克思恩格斯指明了从资本主义过渡到社会主义的基本路径、历史任务，指明了无产阶级进行解放人类伟大斗争的方向。

马克思恩格斯逝世后，列宁在总结资本主义进入帝国主义阶段这一新的历史条件下无产阶级运动的特点和规律，尤其是在俄国十月革命胜利后建立了无产阶级专政这一经验事实的基础上，从俄国的历史条件出发对马克思恩格斯关于向社会主义过渡的理论进行继承和发展，使之成为列宁主义的一个重要组成部分，解决了俄国如何向社会主义过渡的问题，把马克思恩格斯关于向社会主义过渡的理论发展到一个新阶段。

首先，列宁把向社会主义过渡的历史阶段作为共产主义社会形成的一个重要初始阶段，并且是与社会主义相独立的阶段。在列宁看来，"在资本主义和共产主义之间有一个过渡时期"，即"衰亡着的资本主义与生长着的共产主义彼此斗争的时期"[1]，这是马克思恩格斯早已阐明的。但是，与马克思恩格斯的乐观估计不同，列宁认为无产阶级取得政权后要战胜逐渐衰亡的资本主义的过程将是长期的。因为从资本主义社会过渡到社会主义社会，必须"消灭阶级"，"消灭工农之间的差别"，对社会进行根本的改造，"这是一个无比困难的"且"必然是一个长期的任务"，这决定了从资本主义向社会主义的过渡是"非常长久的"[2]历史过程，以俄国的条件

① 《列宁全集》第 37 卷，人民出版社，2017，第 265 页。
② 《列宁选集》第 4 卷，人民出版社，2012，第 64 页。

来说，"在最好的情况下，我们度过这个时代也要一二十年"①，绝不是一下子就能完成的。基于这一认识，列宁把从资本主义到共产主义的建立划分为三个相互衔接的历史时期："Ⅰ'长久阵痛'Ⅱ'共产主义社会第一阶段'Ⅲ'共产主义社会高级阶段'。"② 也就是说，无产阶级实现向社会主义过渡，建立公有制必然是一个长期的过程。

其次，列宁认为无产阶级政权在过渡时期的重要任务是利用资本主义。为此，列宁提出把资本主义作为"小生产和社会主义之间的中间环节"，把它作为克服小生产者的自发性的武器，把它作为"提高生产力的手段、途径、方法和方式"。③ 鉴于此，列宁强调，资本主义"善于保持自己的阶级统治，他们有我们不可缺少的经验；拒绝吸取这种经验，就是妄自尊大，就会给革命造成极大的危害"④。他还认为，我们只有利用旧的资本主义世界留下来的材料才能进行社会主义建设，才能建成社会主义，那些不愿甚至拒绝利用资本主义的人"不是共产党人，而是空谈家"⑤。从这些论述可以看到，如果说在马克思恩格斯那里，过渡时期的主要任务是逐步消灭资本主义私有制，建立社会主义公有制；那么在列宁那里，由于俄国生产力水平低下和封建势力强大，过渡时期的迫切任务则是利用资本主义"打倒中世纪制度的残余，彻底肃清这些残余"⑥，只有经济社会发展到一定水平后，才能考虑消灭资本主义的问题。列宁明确指出，国家资本主义在当时小生产者占统治地位的俄国仍然具有积极意义，既是小生产和社会主义的中间环节，也是提高生产力的重要途径。他反复说明，资本主义在"同社会主义比较"时是祸害，但它"同中世纪制度、同小生产"、同官僚主义等相比较时"则是幸福"。⑦ 之所以如此，是因为当时俄国经济社会发展水平十分低下，面对的是强大的封建势力，俄国无产阶级政党必须首先利用资本主义消灭封建经济，完成在资本主义社会就应该完成的任务。这使过渡时期更多地带有资本主义社会的特征。

---

① 《列宁全集》第 43 卷，人民出版社，2017，第 368 页。
② 《列宁全集》第 31 卷，人民出版社，2017，第 163 页。
③ 《列宁全集》第 41 卷，人民出版社，2017，第 217 页。
④ 《列宁全集》第 38 卷，人民出版社，2017，第 248 页。
⑤ 《列宁全集》第 36 卷，人民出版社，2017，第 6 页。
⑥ 《列宁全集》第 42 卷，人民出版社，2017，第 180 页。
⑦ 《列宁全集》第 41 卷，人民出版社，2017，第 217 页。

再次，国家资本主义是向社会主义过渡的重要经济组织形式。列宁认为，十月革命胜利后的历史表明，原计划"在一个小农国家里按共产主义原则来调整国家的产品生产和分配"是错误的，必须"通过国家资本主义走向社会主义"。① 为此列宁提出国家资本主义是消灭资本主义走向社会主义的桥梁的观点。在列宁看来，国家资本主义是社会主义"最充分的物质准备"和"前阶"，是"社会主义取得可靠的胜利的条件"。② 基于这一认识，列宁批评了那些把国家资本主义混同为资本主义的观点，强调国家资本主义的性质取决于国家的性质，在无产阶级专政国家里的国家资本主义是"我们能够加以限制、能够规定其范围的资本主义"，是受无产阶级专政国家领导并为其服务的资本主义。③ 因而这种条件下的国家资本主义主要是有利于无产阶级的，完全能够"成为社会主义的帮手"④，成为无产阶级通向社会主义的入口。正因如此，列宁认为尽快建立无产阶级领导下的国家资本主义"将极其可靠地保证社会主义一年以后在我国最终地巩固起来而立于不败之地"。由此他强调，社会主义能否实现、何时实现取决于苏维埃组织"同资本主义最新的进步的东西结合得好坏"。⑤ 基于这一判断，列宁根据俄国当时的经济社会发展情况和阶级关系实际，提出了以利用和限制资本主义为主要内容的新经济政策，通过国家资本主义的发展去消灭封建残余，为社会主义奠定物质基础，最终实现过渡到社会主义这一目标。

最后，过渡时期的主要任务是进行经济建设。在列宁看来，在无产阶级取得政权后，经过社会主义改造，无产阶级和农民翻身做了社会的主人，千百万被压迫者在无产阶级政党的领导下开创了"世界历史的新时代，由一个新阶级实行统治的时代"⑥。但是在这个时代，无产阶级的领导地位仍然没有得到巩固，因为无产阶级革命和社会主义改造事业中最重要最困难的经济建设远远没有完成，即还没有完成"为新的社会主义大厦奠

---

① 《列宁全集》第 42 卷，人民出版社，2017，第 187 页。
② 《列宁选集》第 3 卷，人民出版社，2012，第 266、536 页。
③ 《列宁选集》第 4 卷，人民出版社，2012，第 670 页。
④ 《列宁全集》第 41 卷，人民出版社，2017，第 221 页。
⑤ 《列宁全集》第 34 卷，人民出版社，2017，第 274、171 页。
⑥ 《列宁全集》第 42 卷，人民出版社，2017，第 184 页。

立经济基础"① 的工作。而要发展经济，就要利用资本主义取得的全部成果。因此，列宁新经济政策"就是在很大程度上转而恢复资本主义"②，加快发展生产力，改善人民生活状况，以最终战胜资产阶级。

可见，列宁基于十月革命胜利后俄国经济社会发展的现实状况和苏维埃政权面临的严峻形势，明确了向社会主义过渡是一个长期的历史时期的思想，提出这一阶段无产阶级政党要充分利用资本主义来消灭封建残余及小农经济以促进社会经济发展，为进入社会主义和共产主义打下坚实物质基础，并明确提出在过渡时期通过国家资本主义和组织农民合作社等形式去利用和限制资本主义，"为社会主义建设扫清地基"③，丰富和发展了马克思恩格斯关于向社会主义过渡的理论，为无产阶级顺利走向社会主义和共产主义提供了科学理论的指导。

总的来说，马克思、恩格斯、列宁的社会主义过渡时期理论十分重视发展生产力，强调无产阶级的阶级领导和阶级专政，以及无产阶级利用资本主义发展成果在建立社会主义社会的物质基础中的重要性。但由于马克思、恩格斯、列宁生活在资本主义仍向前发展的时代。当时无产阶级的社会主义革命虽然有了很大的发展并在俄国取得了胜利，但总体上仍处于探索阶段。这决定了他们对如何向社会主义社会过渡的探索更多的是基于对当时资本主义发展特点和人类社会发展趋势而作出的总体判断，提出的更多的是涉及根本性原则的问题，这使他们对过渡时期的设想带有很强的理论色彩。

二 中国共产党社会主义过渡时期理论及其实践发展进程

新中国成立后，随着民族民主革命遗留任务的基本完成，中国共产党开始把主要精力用于组织和领导全国的经济建设，由此开启了向社会主义过渡的历史进程。毛泽东指出，中华人民共和国的成立是两个革命间的衔接点，它标志着"新民主主义革命阶段的基本结束和社会主义革命阶段的开始"。鉴于此时革命内容已发生转换，"我们立即没收了占全国工业、运

① 《列宁选集》第 4 卷，人民出版社，1972，第 571 页。
② 《列宁全集》第 42 卷，人民出版社，2017，第 195 页。
③ 《列宁全集》第 37 卷，人民出版社，2017，第 194 页。

输业固定资产百分之八十的官僚资本，转为全民所有。同时，用了三年的时间，完成全国的土地改革"。① 这就是说，我们从中华人民共和国成立时起就进入了向社会主义过渡的历史时期。基于这一立场，中国共产党根据马克思、恩格斯、列宁的社会主义过渡时期理论，批判、总结苏联在向社会主义过渡期间取得的实践经验，开始从理论和实践上探索在中国经济文化落后的情况下如何进行现代化建设，以及向社会主义过渡的具体途径，规划了通过"发展新民主主义经济过渡到社会主义"② 的具体方案，总结出了以"一化三改"为主要内容的社会主义过渡时期总路线，形成了中国化的社会主义过渡理论，丰富和发展了马克思主义，为动员和组织人民群众参加现代化建设、推进经济社会的发展提供了理论指导、积累了实践经验。

从广泛的意义上来说，新民主主义革命在全国取得胜利之日，就是"社会主义革命的开始"③。因而中国共产党在领导新民主主义革命的过程中，就着手谋划走向社会主义的相关政策和策略。毛泽东在党的七大报告中就明确提出了"经过民主主义""到达社会主义"④ 的构想。在他看来，由于中国经济发展水平十分落后，不能直接过渡到社会主义，需要经过一个新民主主义发展阶段去培育向社会主义过渡的条件，以实现国家的工业化，为社会主义革命奠定物质基础。他由此认为，没有经过中国共产党领导的新民主主义革命和建设阶段，没有经过新民主主义条件下的经济恢复和生产力发展，想直接在半殖民地半封建这一废墟上跨入社会主义，"那只是完全的空想"⑤。由此，毛泽东在党的七届二中全会的报告中重申了在新中国成立后即进行社会主义革命，并采取有力措施，"迅速地恢复和发展生产"，尽快"由农业国转变为工业国"，把中国这个经济文化落后的东方国家"建设成一个伟大的社会主义国家"。⑥ 可见，此时毛泽东等党的领导人对如何推动中国向社会主义过渡已有了较明晰的路径，并把现代化建

① 《毛泽东文集》第8卷，人民出版社，1999，第113页。
② 《毛泽东年谱（一八九三——一九四九）》（修订本）下卷，中央文献出版社，2013，第346页。
③ 《毛泽东文集》第8卷，人民出版社，1999，第111页。
④ 《毛泽东选集》第3卷，人民出版社，1991，第1060页。
⑤ 《毛泽东选集》第3卷，人民出版社，1991，第1060页。
⑥ 《毛泽东选集》第4卷，人民出版社，1991，第1437页。

设与社会主义的巩固紧密相连。

因此，毛泽东说新中国成立后"中国革命由资产阶级民主革命阶段转变到社会主义革命阶段，即进入由资本主义到社会主义的过渡时期"①，但中国向社会主义过渡正式开始了，并且有了大致的时间表，这并不意味着社会主义改造的开始。毛泽东曾明确指出，这里所说的社会主义革命的开始只是指"政权的转变"，即社会主义政治革命的展开，只是标志着"社会主义改造这样一个伟大的任务，在人民共和国成立以后就可以立即在全国一切方面着手施行了"。② 因为那时民主革命的遗留任务没有最后完成，新生的人民政权还面临严峻的挑战和考验，消灭资本主义还不是当时的主要任务。为此，毛泽东在1950年重申了我们国家只有在新民主主义建设中具备"国家经济事业和文化事业"等各种条件后，在全国人民都能同意的情况下，才"可以从容地和妥善地走进社会主义的新时期"。③ 即是说，我们的过渡是从新民主主义这一基础上进入社会主义，至于应该什么时候、以什么方式开始向社会主义过渡，还需要根据具体情况的发展在实践中确定。

从逻辑上说，在新民主主义任务还没有完成的时候，党和人民最紧迫的任务还不是立即实施向社会主义的转变，而是迅速地恢复和发展国民经济，实现新民主主义的政治、经济、文化形态的快速发展，稳步地推进并实现国家工业化，为新民主主义国家转变为社会主义国家奠定基础。对此，胡绳在其主编的《中国共产党的七十年》一书中明确指出，在新中国成立前后的一段时间里，党的领导人如毛泽东、刘少奇、周恩来都在不同场合提到中国"至少十五年或二十年"后才能"搞社会主义"，认为在经过这样长的时间后，"工业发展了，国营经济壮大了，就可以采取'严重的社会主义的步骤'"，使整个社会快速进入社会主义。④ 对于这一设想，薄一波说，毛泽东等中央领导都曾主张新中国成立后"搞一段时间的新民主主义"，待国家工业化实现后或发展到一定程度后再"开始社会主义的

---

① 《毛泽东年谱（一九四九——一九七六）》第2卷，中央文献出版社，2013，第519页。
② 《毛泽东年谱（一九四九——一九七六）》第2卷，中央文献出版社，2013，第199页。
③ 《毛泽东文集》第6卷，人民出版社，1999，第80页。
④ 胡绳主编《中国共产党的七十年》，中共党史出版社，1991，第297页。

全面改造"。①　也就是说，党的领导人原来的构想是先进行一段时间的经济建设，在经济发展到一定水平和程度后，再通过革命使中国社会主义化。但是这一"先建设后改造"的构想在国民经济恢复以后就发生了变化。

1952年下半年以后，由于农业合作化运动的迅速发展及工业化建设中出现的一些问题，毛泽东关于社会主义改造的思想发生了变化。他在1952年9月24日召开的中共中央书记处会议上说，我们不需要经过新民主主义社会建设阶段，从现在算起用十年到十五年时间基本完成到社会主义的过渡，"而不是十年或者以后才开始过渡"②，并提出了现代化建设与社会主义改造同时并举的方针。这一方针的理论和实践意义在于：建立社会主义经济基础本身就是现代化建设的条件和内容，从而把社会主义与现代化建设统一起来。按照这一思路，毛泽东开始思考把向社会主义过渡的具体途径与现代化建设结合起来的实践路径，并于1953年正式提出了党在过渡时期的总路线，强调"过渡时期"是从中华人民共和国成立算起到"社会主义改造基本完成"，指出党在这期间的总任务是"逐步实现国家的社会主义工业化，并逐步实现国家对农业、对手工业和对资本主义工商业的社会主义改造"，"使生产资料的社会主义所有制成为我国国家和社会的唯一的经济基础"。③　可见从实质上说，过渡时期总路线解决的是"所有制的问题"，只有把"国有制扩大"，变私人所有制为"集体所有制和国营"，"提高生产力，完成国家工业化"，才能满足人民生产生活的需要，提高人民生活水平，达到"最后地巩固人民政权，防止反革命复辟"等目的。④这就是说，没有社会主义公有制，现代化已经很难向前推进，而不实现现代化，社会主义就不能得到巩固。毛泽东还认为，按照过渡时期总路线去进行现代化建设和社会主义改造，经过大约十八年的时间，在完成工业化任务后，中国就可以称得上是"一个伟大的社会主义国家"⑤。可见，过渡时期总路线作为建设社会主义中国的总纲领，既是社会主义改造的方针，也是现代化建设的方针。社会主义化和工业化，构成了过渡时期总路线的主要特征

---

① 薄一波：《若干重大决策与事件的回顾》上卷，中共中央党校出版社，1991，第228页。
② 《毛泽东年谱（一九四九——一九七六）》第1卷，中央文献出版社，2013，第603页。
③ 《毛泽东年谱（一九四九——一九七六）》第2卷，中央文献出版社，2013，第200页。
④ 《毛泽东年谱（一九四九——一九七六）》第2卷，中央文献出版社，2013，第178、200页。
⑤ 《毛泽东文集》第6卷，人民出版社，1999，第317页。

和基本内容。

因此，毛泽东强调各项工作都要按照过渡时期总路线所要求的去执行，指出过渡时期总路线是"照耀我们各项工作的灯塔，各项工作离开它，就要犯右倾或'左'倾的错误"①。因为过渡时期总路线及党中央为贯彻过渡时期总路线所采取的政策措施是当时社会现实的客观要求，是当时经济建设规律的反映。如陈云指出，当时满足工业发展需要增加粮食产量，而途径不外三条："开荒、修水利、合作化"。前两条需要国家投入大量资金，需要配套工程且周期长、见效慢。在实际工作中，"这些办法都要采用，但见效最快的，在目前，还是合作化"。"搞合作化，根据以往的经验，平均产量可以提高百分之十五到三十。""并且只有在农业合作化以后，各种增产措施才更容易见效。"② 这就是说，在中国共产党领导下走的以重工业为中心的工业化发展道路，以及以公有制为目标的社会主义改造，都要求把社会资源集中起来进行分配和使用，对整个国民经济进行计划管理，从而使社会主义改造与国家工业化十分自然地结合起来。

正是在过渡时期总路线的指导下，中国开始了轰轰烈烈的社会主义改造运动和波澜壮阔的现代化建设，到1956年社会主义改造任务基本完成，生产资料公有制成了社会主要的经济基础，为进一步探索中国特色社会主义现代化道路提供了经济和社会制度基础，不仅在古老的中国大地上"建立了社会主义社会，也改变了人类历史的进程"③。同时社会主义制度的建立，也为其后来"一切发展进步奠定了根本政治前提和制度基础"④，谱写了民族复兴历史新篇章。

三　中国共产党对马克思主义经典作家过渡理论的创新发展

"把马克思列宁主义的理论和中国革命的实践密切地联系起来"⑤，创造性地解决实践问题，这是中国共产党一贯坚持的思想原则。在社会主义

---

① 《毛泽东年谱（一九四九——一九七六）》第2卷，中央文献出版社，2013，第147页。

② 《陈云文选》第2卷，人民出版社，1995，第238、239页。

③ 《邓小平文选》第3卷，人民出版社，1993，第69页。

④ 《十九大以来重要文献选编》中卷，中央文献出版社，2021，第302页。

⑤ 《毛泽东年谱（一九四九——一九七六）》第2卷，中央文献出版社，2013，第627页。

改造开始以后，毛泽东等党和国家领导人以马克思列宁主义为指导，坚持社会主义的基本原则，根据我国在国民经济恢复、建设和社会主义改造实践中遇到的情况和问题，不断总结人民群众的实践经验，以新的内容丰富和发展了马克思主义经典作家的社会主义过渡时期理论，推动了马克思列宁主义及其中国化的发展和中国社会的进步。

首先，采取和平的、逐步过渡的方法向社会主义过渡。马克思、恩格斯、列宁都提出在一定条件下可以通过和平赎买的方式消灭资产阶级的私人所有制，进入社会主义。列宁指出："马克思说：在一定条件下，工人决不拒绝向资产阶级赎买。"① 因而在俄国十月革命胜利后，他也曾考虑"用赎买的方法，实行社会主义改造，消灭资本主义"②，实现向社会主义的过渡。但由于帝国主义国家的武装干涉和国内资产阶级的反抗，这一设想最终没有实现。中国共产党在建立中华人民共和国以后，根据马克思主义经典作家的社会主义论述和我国经济、政治、阶级关系的现实状况，特别是我国民族资产阶级有与中国共产党长期合作的传统和经验，提出了对资本主义经济进行和平改造的方针。尤其是统购统销在全国实行后，真正意义上的市场已经消失，私人资本主义企业没有国家的帮助很难生存。这就是说，我们之所以能够采用不流血、和平的方法来改变中国社会的经济关系和阶级关系，能够较容易地把资本主义工商业改造成为社会主义经济组织，原因在于"我们的国家一方面掌握了原料，另一方面又控制着市场，同时又对资本家贷给流动资金，这样就使民族资本家不能不接受改造"③。薄一波也指出，"一五"计划后随着工业建设加速发展导致的市场物资供应紧张状况，"迫使我们不得不采取统购统销一类的政策措施"，这些措施使私营工业的原料和销售市场都掌握在国家手中，"国家从供销两头卡住了它们，它们不能不接受改造"。④ 正是这些客观条件，使中国共产党"用和平的方法，即用说服教育的方法"把"个体的所有制""资本主义所有制"改造成了"社会主义的集体所有制"⑤，建立起

① 《列宁全集》第 41 卷，人民出版社，2017，第 203 页。
② 《毛泽东文集》第 8 卷，人民出版社，1999，第 112 页。
③ 《毛泽东年谱（一九四九——一九七六）》第 4 卷，中央文献出版社，2013，第 253 页。
④ 薄一波：《若干重大决策与事件的回顾》上卷，中共中央党校出版社，1991，第 412~415 页。
⑤ 《毛泽东文集》第 7 卷，人民出版社，1999，第 2 页。

社会主义的经济基础，同时避免了出现苏联在社会主义改造中的生产下降现象和大的社会动荡，为经济文化落后国家探索社会主义建设道路积累了经验。

其次，始终重视保护和发展生产力。发展社会生产力既是马克思主义经典作家社会主义过渡时期理论的基本观点，也是我国能否顺利进入社会主义的关键。毛泽东指出，中国共产党人搞革命"是为建设扫清道路"，是为了"发展生产"，"为了解放生产力"。① 在他看来，无论是新民主主义革命还是向社会主义过渡，都是为了解除旧有生产关系对生产力的束缚，"使全国一切积极的生产力获得向上发展的可能，替未来的更进步的更能自由地发展生产力的社会主义社会准备条件"②。因为中国只有"大约百分之十左右的现代性的工业经济"③，资本主义的力量较弱小，这一方面为我们"避免资本主义的前途，实现社会主义的前途"提供了"极大的可能性"，④ 另一方面也使中国的社会主义改造面临许多难以想象的困难，发展生产力的任务更为紧迫。单就巩固对农民的领导权来说，除了"分给农民土地"之外，还要在经济方面"给他机器，组织合作社，使农民富裕起来，集合起来"⑤，这些都很不容易。因此，"过渡到社会主义"是"要经过相当长时期（十年到十五年）的斗争的"。⑥ 即是说，要巩固无产阶级领导权和工农联盟，就必须进一步解放和发展生产力，使中国尽快发展成"近代化的国家、丰衣足食的国家、富强的国家"⑦。

再次，强调过渡时期的重要任务之一是消灭资本主义。中华人民共和国成立后，"公有制经济的主体地位正在逐步确立（当时，农业合作化正在进行中，集体所有制的问题还没有解决），私营经济的比重正在逐步缩

① 《毛泽东文集》第 7 卷，人民出版社，1999，第 182、1 页。
② 《建党以来重要文献选编（一九二一——一九四九）》第 25 册，中央文献出版社，2011，第 105 页。
③ 《建党以来重要文献选编（一九二一——一九四九）》第 26 册，中央文献出版社，2011，第 163 页。
④ 《毛泽东选集》第 2 卷，人民出版社，1991，第 650 页。
⑤ 《建党以来重要文献选编（一九二一——一九四九）》第 25 册，中央文献出版社，2011，第 456 页。
⑥ 《毛泽东年谱（一九四九——一九七六）》第 2 卷，中央文献出版社，2013，第 148 页。
⑦ 《毛泽东文集》第 3 卷，人民出版社，1996，第 432 页。

小"①，资本主义在中国的灭亡是迟早的事情。毛泽东在党的七届六中全会上的讲话中就清楚地表达了要在社会主义改造中消灭资本主义这一目标和立场："我们的目的就是要使资本主义绝种，要使它在地球上绝种，变成历史的东西。"② 1954 年制定的《中华人民共和国宪法》也清楚地表达了毛泽东的这一立场，即"一定要完成社会主义改造，实现国家的社会主义工业化"③。但这一消灭资本主义的过程采取了温和的、自愿的方式，要求水到渠成。对此毛泽东明确指出，在新民主主义阶段要求资产阶级"只想社会主义，不想资本主义，那是不可能的，也是不应该的"。他还说，资本主义一定要消灭，但现在要资产阶级接受社会主义"在少数人想想是可以的，见之实行则是不可以的"④。这就是说，资本主义一定要消灭，但我们消灭资本主义采取的是和平过渡的方式，是合作的方式。这是中国共产党实现由资本主义向社会主义过渡的基本方针。

最后，创新了通过国家资本主义实现社会主义改造任务的途径。通过国家资本主义过渡到社会主义，这是列宁社会主义过渡时期理论的重要观点。中国共产党根据我国国民经济恢复和现代化建设中资本主义仍然能够促进中国生产力的发展这一事实，进一步发展了列宁的这一思想，明确提出国家资本主义是从新民主主义通向社会主义的"必经之路"的观点和改造私营工商业"较健全的方针和办法"，⑤ 并由此创造性地提出通过各种方式鼓励和引导私营工商业向国家资本主义发展，以团结资产阶级投身国家的现代化建设，更好地满足人民群众的物质文化需要，巩固工农联盟，最终建立起社会主义。因此，所谓国家资本主义，就是在确保国有经济领导地位及其对国家经济命脉的控制不断增强的条件下，根据国家统一计划安排，把民族资本有计划地逐步转化为国有经济的组成部分，为社会主义制度确立经济基础，"为国家的工业化开辟道路"⑥。在这个意义上，"三大改造"的实质就是以马克思主义经典作家社会主义过渡时期理论为指导，结合中国阶级关系状况及其历史发展，"逐步实行各种形式的国家资本主义，

---

①　孟醒：《毛泽东在 50 年代》，辽宁人民出版社，2017，第 248 页。
②　《建国以来重要文献选编》第 7 册，中央文献出版社，1993，第 310 页。
③　《毛泽东文集》第 6 卷，人民出版社，1999，第 326 页。
④　《毛泽东文集》第 6 卷，人民出版社，1999，第 237 页。
⑤　《毛泽东文集》第 6 卷，人民出版社，1999，第 291 页。
⑥　吴淑娴、王宏宝：《历史与现实语境中的国家资本主义》，《湖北社会科学》2009 年第 5 期。

以达到社会主义全民所有制"①。国家资本主义这一制度安排，起着从资本主义通往社会主义的桥梁的作用，构成了中国独特的改造道路的主要框架，也为进行"一化三改"的社会主义改造的成功奠定了基础。对此，毛泽东自信地指出："在私营工商业的社会主义改造方面，我们在世界上是走在前面的。"② 从这里可以看出，中国共产党通过国家资本主义实现对资本主义私营工商业的社会主义改造，是"遵循马列主义关于过渡时期的理论，特别是列宁关于国家资本主义的理论，借鉴苏联新经济政策时期发展国家资本主义的实践，结合中国革命的实际"③ 而逐步形成的，是对马克思主义经典作家社会主义过渡时期理论的丰富和创新性发展。

总之，在从资本主义向社会主义过渡的时期中，中国共产党根据马克思主义经典作家的社会主义过渡时期理论，结合中国经济社会条件和阶级实际，形成了以"一化三改"为主要内容的过渡时期总路线，以和平方式完成了对资产阶级的改造，"创造性地开辟了一条适合中国特点的社会主义改造的道路"④，在古老的中华大地上第一次建立了人民当家作主的社会主义制度，为中国特色社会主义现代化道路奠定了经济和社会制度基础。这一伟大的历史性胜利及其对中国现代化建设的推进充分证明："过渡时期总路线是完全正确的。"⑤

第二节　社会主义过渡时期的经济建设
和中国现代化规划

中华人民共和国成立后，中国共产党带领人民以马克思列宁主义为指导，积极学习苏联经验，大力推进国家经济建设。到社会主义改造任务基本完成时，一大批现代化的工业部门从无到有建立起来并投入使用，马克思主义的指导地位、中国共产党的领导地位和人民民主专政的国家政权日

---

① 《建国以来重要文献选编》第 5 册，中央文献出版社，1993，第 289 页。
② 《毛泽东文集》第 6 卷，人民出版社，1999，第 502 页。
③ 张素华、边彦军、吴晓梅：《说不尽的毛泽东》下卷，中央文献出版社，1995，第 399 页。
④ 《三中全会以来重要文献选编》下卷，中央文献出版社，1982，第 800 页。
⑤ 《三中全会以来重要文献选编》下卷，中央文献出版社，1982，第 800 页。

益巩固，社会主义公有制在全国范围内建立了起来，表明中国社会主义现代化道路的基本原则、理论和实践的基本框架初步建立起来，为进一步探索中国自己的社会主义现代化道路奠定了基础、创造了条件，展现了中国现代化建设的光明前景。

一　社会主义过渡时期的经济建设

新民主主义革命的胜利和中华人民共和国的成立使中国的历史"从此开辟了一个新的时代"①。这时争取国家政治独立的任务已经完成，而改变"一个封建生产关系占据支配地位的广大农村与帝国主义、官僚资本操纵经济命脉的城市相结合，所构成的贫穷落后的经济体系"②，恢复和发展国民经济，"获得有计划地进行经济建设的条件"③，以谋求国家富强的任务就凸显了出来。即是说，新中国成立时面对的是遭受长期战争严重破坏的、成分复杂而又十分落后的经济：现代经济所占比例很低，私人资本占很大比重；人民政权没收官僚资本、买办资本建立了社会主义公有制经济，掌握了国民经济命脉，但仍处于个体、农业、手工业经济的汪洋大海之中，要改变这种状况，必须尽快发展社会主义现代化经济，为新生的人民政权打下坚实的经济基础。鉴于此，毛泽东和党的其他领导人把迅速地恢复和发展国民经济视为新中国"压倒一切的中心任务"④，强调中华人民共和国成立后，"全国规模的经济建设工作业已摆在我们面前"⑤，誓言中央人民政府"将领导全国人民克服一切困难，进行大规模的经济建设和文化建设，扫除旧中国所留下来的贫困和愚昧，逐步地改善人民的物质生活和提高人民的文化生活"，以建设一个"独立民主和平统一富强的新中国"，⑥ 表达了中国共产党实现中国现代化的决心。

还在新民主主义革命时期时，中国共产党就开始规划新中国的经济建设了。毛泽东说，由于中国当前所处的国内外特殊历史环境，"外部和内

① 《毛泽东文集》第5卷，人民出版社，1996，第348页。
② 董志凯主编《1949—1952年中国经济分析》，中国社会科学出版社，1996，第19页。
③ 《毛泽东文集》第6卷，人民出版社，1999，第70页。
④ 《建国以来重要文献选编》第9册，中央文献出版社，1994，第144、238页。
⑤ 《毛泽东民族工作文选》，中央文献出版社、民族出版社，2014，第29页。
⑥ 《毛泽东文集》第5卷，人民出版社，1996，第348页。

部的原因，中国没有也不可能发展到完全的资本主义的社会"①，只能走新式的半资本主义半社会主义的道路，并由此进入完全的社会主义社会。在新民主主义革命过程中，"旧中国的半殖民地半封建的经济形态……现在正在被新中国的新民主主义的经济形态所迅速地代替着"。我们建设新民主主义社会的基本任务，就是建立起"新的社会经济形态""新的生产关系"以及竖立其上的"一切社会的、政治的、精神的新的建筑物"，以取代"旧的社会经济形态""旧的生产关系"以及竖立其上的"一切社会的、政治的、精神的旧的建筑物"。② 首先，这就要求中国共产党在新中国成立后必须排除一切困难全力进行经济建设工作，为新社会建立经济基础，以迅速改变国家经济落后的面貌，改善人民生活，巩固民主革命的胜利果实。为此，在新中国成立之初，面对领导、组织大规模经济建设的艰巨任务，中国共产党拥有的经济建设知识不足，加之缺乏领导大规模经济建设的经验，为尽快恢复和发展国民经济实行了"学习苏联"的方针。从实践效果看，当时苏联的帮助和我们努力向苏联学习，对我国经济的迅速恢复和现代化建设，实现向社会主义平稳过渡，确实起到了十分重要的作用。

其次，始终坚持和发挥国营经济在发展国民经济中的领导地位与领导作用。国营经济作为国民经济中占领导地位的社会主义性质的因素，是中国人民在马克思主义指导下和中国共产党的领导下，逐步成长起来的，并且是起决定作用的因素。因此，强调"国营经济的社会主义性质和领导作用"③，既是毛泽东的一贯思想和主张，也是他领导经济建设时始终坚持的一个基本原则。他之所以反对把新民主主义定性为新资本主义，就是"因为它没有说明在我们社会经济中起决定作用的东西是国营经济、公营经济"④，没有突出国营经济在新民主主义国家的经济结构中的主导地位和领导作用。对此毛泽东反复强调说："社会主义性质这种话应该讲，但整个国民经济还是新民主主义经济，即社会主义经济领导之下的经济体系。"⑤

① 《建党以来重要文献选编（一九二一——一九四九）》第 25 册，中央文献出版社，2011，第 100~101 页。
② 《毛泽东文集》第 5 卷，人民出版社，1996，第 57、58 页。
③ 董志凯主编《1949—1952 年中国经济分析》，中国社会科学出版社，1996，第 5 页。
④ 《毛泽东文集》第 5 卷，人民出版社，1996，第 139 页。
⑤ 《毛泽东文集》第 5 卷，人民出版社，1996，第 141 页。

因此就实质来说，新民主主义是中国社会主义的特殊形态，因为社会主义因素在其中占主导地位，所以才能顺利地过渡到社会主义。

再次，正确认识和妥善处理公私两种不同经济组织的关系，团结各种经济力量共同发展新中国的经济。毛泽东指出："使各种社会经济成分，在具有社会主义性质的国营经济领导之下，分工合作，各得其所，以促进整个社会经济的恢复和发展。"① 这是新民主主义社会处理国营经济与私营经济关系的基本原则。由于我们革命胜利后建立了以"全国绝大多数人民为基础而在工人阶级领导之下的统一战线的民主联盟的国家制度"②，这一国家制度在经济上的体现是通过国营经济的领导作用来实现的，即这种领导作用和领导地位必须与"以国有企业为主体的强大的工业的发展相适应"并且以此为基础。这也决定了党和政府"必须有步骤地解决国家工业化的问题"，③ 以巩固和发展人民民主专政。可见，毛泽东对新中国的建构，对现代化道路的思考，都是以国家主导下的国营企业为中心的，民营企业的发展必须适应并促进国营企业发展。正是这一对国民经济结构的安排，使新中国成立后的经济发展始终向着社会主义的方向前进。

最后，利用私人资本主义的力量促进经济发展。在新中国的经济结构中，虽然起决定性作用的是国营经济，但由于中国生产力的落后，农村个体经济和城市私人经济在国民经济中所占比例大，对保障和改善人民生活、促进社会政治稳定和经济建设的顺利进行都十分重要，因而为维护人民群众的根本利益及国民经济发展的需要，必须在统一的经济政策和计划管理的前提下，为资本主义提供"存在和发展的余地"④，而不是"提早消灭资本主义实行社会主义"⑤。但另一方面，"我们提倡的是新民主主义的资本主义"，目的是"帮助社会主义""有利于社会主义的发展的"，因而是"革命的、有用的"。⑥ 由于这一性质，在新中国的经济建设中，资本主

① 《中共中央文件选集（1949 年 10 月—1966 年 5 月）》第 3 册，人民出版社，2013，第 143 页。
② 《毛泽东年谱（一八九三——一九四九）》（修订本）中卷，中央文献出版社，2013，第 594 页。
③ 《毛泽东选集》第 4 卷，人民出版社，1991，第 1477 页。
④ 《毛泽东选集》第 4 卷，人民出版社，1991，第 1432 页。
⑤ 《毛泽东文集》第 6 卷，人民出版社，1999，第 71 页。
⑥ 《毛泽东文集》第 3 卷，人民出版社，1996，第 384、385 页。

义经济的发展要接受国营经济领导和监督，并对其采取利用和限制的方针，即"在不能操纵国民生计的范围内获得发展的便利"①。对此毛泽东强调，限制资本主义的发展是中国共产党人的一贯政策，只是这一政策在不同的历史条件下视具体情况的不同而限制的强度有所变化罢了。就当时的经济建设而言，中国共产党千方百计"引导私人资本纳入'国计民生'的轨道之上"，而私人资本则"企图脱出这条轨道"，所以在经济建设中这种斗争"将是经常不断的"，② 也是我们利用资本主义发展经济时必须解决好的一个重要问题。

这样，中国共产党在中华人民共和国成立后依靠国家政权的强大力量和人民群众的支持，制定正确的发展经济的方针政策，并综合运用经济、法律、行政等手段，在很短的时间内就制服了通货膨胀，"持续了十几年的如脱缰野马之势的通货膨胀终于被制服了。到 1950 年，全国的物价基本上稳定了下来"③，为国民经济的发展和新政权的巩固奠定了基础。毛泽东对此总结说："我们应当相信群众，我们应当相信党，这是两条根本的原理。如果怀疑这两条原理，那就什么事情也做不成了。"④ 在中国共产党的领导和人民群众的支持下，国民经济的恢复取得了巨大成就，随后成功地统一了全国财政经济，进行了土地改革，消除了农村的封建剥削制度，为国民经济的恢复和现代化建设提供了一个稳定的、坚实的前提和基础。同时，毛泽东等党和国家领导人在领导经济建设的过程中适时提出了现代化建设的近期目标，即"'三年准备、十年计划经济建设'的思想"⑤，即三年恢复国民经济，十年初步实现国家的工业化，初步建立起自己的完整工业体系和门类齐全的国民经济体系，进一步明确了对国民经济的恢复的目标、任务及其后进行经济建设的总体设想。按照这一规划，到 1952 年，全国土地革命基本完成，国民经济已达到或超过历史最高水平，建立了国营经济领导下多种经济成分并存的"新民主主义经济体制"⑥。1953 年社会

① 《建党以来重要文献选编（一九二一——一九四九）》第 22 册，中央文献出版社，2011，第 158 页。
② 《毛泽东文集》第 5 卷，人民出版社，1996，第 177 页。
③ 孙业礼、熊亮华：《共和国经济风云中的陈云》，中央文献出版社，1996，第 39 页。
④ 《毛泽东文集》第 6 卷，人民出版社，1999，第 423 页。
⑤ 《毛泽东文集》第 6 卷，人民出版社，1999，第 143 页。
⑥ 郑有贵主编《中华人民共和国经济史（1949—2012）》，当代中国出版社，2016，第 9 页。

主义改造开始以后，党中央和毛泽东把发展经济和进行社会主义改造进一步紧密结合起来，以经济发展推进社会主义改造，以社会主义改造促进经济发展，极大地调动了全国人民发展经济和建设社会主义的积极性，并在1956年建立起"高度集中的计划经济体制"①，使中国顺利进入社会主义社会，为在农民经济占主导地位的落后的农业大国进行社会主义改造和建设现代经济积累了宝贵经验，丰富和发展了马克思主义。

可见，中国共产党在从中华人民共和国成立到社会主义改造基本完成这一过渡时期内采取的经济建设方针和措施，符合当时中国国情的具体特点，反映了在中国进行社会主义革命及建设的基本要求，符合人民群众的期盼和社会主义基本精神，适应了世界现代化发展潮流，因而取得了很大成就，"其经济答卷与同时代其他国家相比也毫不逊色"②。这一事实说明中国共产党为恢复和发展经济所采取的政策措施是完全正确的，是符合经济发展客观规律的，对进一步探索社会主义现代化道路具有重要的借鉴意义。

二　社会主义过渡时期的现代化规划与实践

"工业化是一个国家经济发展的必由之路。"③ 早在党的七大期间，毛泽东就指出，中国工人阶级的两大任务是"建立新民主主义的国家"和实现"中国的工业化和农业近代化"。④ 中华人民共和国成立后，为了尽快改变近代以来中国积贫积弱的状况，发展国家经济，实现现代化，中国共产党通过学习苏联制定了以社会主义工业化为中心的现代化目标和战略，并把发展重工业作为工业化战略的重点。毛泽东指出，我们搞社会主义就是"为了便于把国家发展起来"，因为"社会主义比私有制度更利于发展国家的经济、文化，使国家独立"。⑤ 这就是说，中国人民接受马克思主义和走社会主义道路，是为了更好地实现国家的现代化。而这时毛泽东所指的现代化主要是工业化，因此他把社会主义工业化作为经济建设的核心

---

① 郑有贵主编《中华人民共和国经济史（1949—2012）》，当代中国出版社，2016，第39页。
② 孟醒：《毛泽东在50年代》，辽宁人民出版社，2017，"前言"第2页。
③ 《携手共进，谱写中非合作新篇章——在中非企业家大会上的讲话》，《人民日报》2015年12月5日。
④ 《毛泽东选集》第3卷，人民出版社，1991，第1082、1081页。
⑤ 《毛泽东文集》第7卷，人民出版社，1999，第177页。

内涵。他说："我们要争取十年工夫建设工业，打下强固的基础。"① 他还说，资本主义工业化道路是"痛苦的道路。我们不搞资本主义"，必须"搞社会主义"，否则会"两头落空"。② 这些因素使中国共产党在规划现代化战略时选择了以工业化为重点的苏联式社会主义现代化道路。

对此毛泽东指出，我们的社会主义改造实际上是以实现工业化为主体的，其中国营经济又是工业化的主体及主要推动者、承担者。"我国经济的主体是国营经济，它有两个翅膀即两翼，一翼是国家资本主义（对私人资本主义的改造），一翼是互助合作、粮食征购（对农民的改造）。"③ 在这个意义上，过渡时期总路线的目的或首要任务是解决阻碍工业化发展的所有制问题。因为只有解决了所有制问题，中国共产党和人民政府才能利用自己在长期革命战争中形成和发展起来的强大的资源控制、动员、配置和组织能力，把有限的人力、物力集中在自己手中，并按照工业化发展战略确定的产业发展重点和顺序进行配置，保证国家工业化所需资源充足并推进其顺利进行，以迅速赶上世界先进水平，实现国家的工业化目标。

可见，以工业化为主要内容的社会主义现代化是中国共产党一直坚持的目标。早在抗日战争时期毛泽东就提出：中国共产党是"要努力于中国的工业化的"，并指出"如果我们不能建立新式工业"，人民"就不一定拥护我们"，④ 把工业化提到了决定新民主主义革命胜利成果能不能巩固，人民民主专政的政权能不能生存的高度。他说，"没有工业，没有重工业，没有机械化的军队"，我们的胜利是无法得到巩固的，"有灭亡的危险"；⑤ 并据此明确否定了党内及国内提出的"以农立国"的主张。他说，不能在中国建立所谓的农业社会主义，并且在社会主义社会中农业也必须实现社会化才有出路，由此他认为"脱离工业、只要农业来搞什么社会主义，这是破坏生产、阻碍生产发展的，是反动的"⑥，以此表达要坚定推进中国工业

① 《毛泽东年谱（一九四九——一九七六）》第1卷，中央文献出版社，2013，第582页。
② 《毛泽东文集》第6卷，人民出版社，1999，第299页。
③ 《毛泽东文集》第6卷，人民出版社，1999，第295页。
④ 《毛泽东文集》第3卷，人民出版社，1996，第146、147页。
⑤ 《建党以来重要文献选编（一九二一——一九四九）》第22册，中央文献出版社，2011，第520页。
⑥ 《建党以来重要文献选编（一九二一——一九四九）》第25册，中央文献出版社，2011，第449页。

化的主张。他还认为，只有在"解决建立独立的完整的工业体系问题"①
之后，中国才算真正独立了。因此，中华人民共和国刚一成立，毛泽东就
提出希望用3年到10年时间实现国民经济的"完全恢复"并"得到巨大
的发展"，② 积极探索在中国进行工业化的具体途径。

　　由于苏联在经济落后的基础上迅速完成了国家的工业化，并且在第二
次世界大战中表现出以重工业为基础的强大综合国力，加上相同的意识形
态因素，使新中国在选择现代化发展战略时以苏联模式为样板，确立了以
重工业为中心的工业化发展战略，那就是通过增产节约积累工业化所需的
资金，优先"建设重工业和国防工业"，以此"带动轻工业和农业向前发
展"，并在此过程中"发展农业"，"逐步完成农业社会化"。他认为，按
照这一发展战略，我们"准备以二十年时间完成中国的工业化"③，从而形
成了一个完整的中国现代化发展战略。按照毛泽东的理解，中国的现代化
之所以应该如此规划，除了有苏联做榜样之外，还因为中国重工业基础薄
弱，经济十分落后，到1952年国家经济恢复的任务完成时，这一状况仍没
有得到根本改变。"1952年现代工业在我国工农业总产值中的比重只有
26.6%，重工业在工业总产值中的比重只有35.5%"，"许多重要工业品的
人均产量，不仅远远落后于工业发达国家，而且落后于1950年的印度"。④
毛泽东曾在一次讲话中谈及当时的工业发展情况时说，我们只能造桌椅碗
壶等轻工业品，"一辆汽车、一架飞机、一辆坦克、一辆拖拉机都不能
造"⑤。这种落后和薄弱的工业基础使中国人产生了优先发展重工业的强烈
愿望，也使中国共产党制定的国家工业化战略有了坚实的群众基础和社会
思想基础。正是在这个意义上，毛泽东说国民经济的恢复"还只是向这个
方向刚才开步走"⑥。

　　为此，毛泽东在党和国家工作的中心任务转变为经济建设以后，就开
始擘画中国的现代化蓝图。从总的目标来说，中国要实现社会主义现代

①　《建党以来重要文献选编（一九二一——一九四九）》第26册，中央文献出版社，2011，
　　第166页。
②　《毛泽东文集》第6卷，人民出版社，1999，第24页。
③　《毛泽东年谱（一九四九——一九七六）》第1卷，中央文献出版社，2013，第426页。
④　胡绳主编《中国共产党的七十年》，中共党史出版社，1991，第304页。
⑤　《毛泽东文集》第6卷，人民出版社，1999，第329页。
⑥　《毛泽东文集》第6卷，人民出版社，1999，第223页。

化，是以追求共同富裕为目标和原则的。毛泽东说："现在我们实行这么一种制度，这么一种计划，是可以一年一年走向更富更强的，一年一年可以看到更富更强些。而这个富，是共同的富，这个强，是共同的强，大家都有份，也包括地主阶级。"① 这已经在一定程度上触及了后来明确提出的中国特色社会主义现代化的本质要求。更重要的是，毛泽东按照这一目标和原则，进一步提出"中国的社会主义现代化可分为两步走：第一步，基本上实现国家工业化，同时完成三大改造，叫建成社会主义，时间大约三个五年计划即十五年；第二步，建成伟大的社会主义国家，也叫强大的高度社会主义工业化的国家，时间大约五十至七十五年"②。从马占稳的解释中可以看出，在毛泽东为我们绘制的这一现代化图景中有三个关键性的步骤，或者说毛泽东把中国现代化的实行分为三步走：首先，基本完成三大改造以建立社会主义制度，基本建立起社会主义现代化的理论和实践的基本框架；其次，通过实现国家工业化建成社会主义；最后，则在此基础上再用十到十五个五年计划的时间建成强大的高度社会主义工业化国家。按照这一设想和规划，毛泽东展望了中国社会主义现代化的远景。在他看来，选择了社会主义，中国就已经"有道"了，通过这一条道路，在中国共产党领导下，只要调动一切积极因素，集中一切力量，我们就能很快实现国家的工业化和现代化，使中国由农业国变为工业国，实现国家富强和民族振兴。他认为，在过渡到社会主义之后，"那种不能掌握自己命运的情况，在几个五年计划之内，应该逐步结束。那时，全国只有工人、农民和知识分子。知识分子是工人、农民的知识分子"③。因此，在毛泽东看来，社会主义制度的建立是中国现代化探索中一个里程碑式的节点，自此以后，中国现代化探索的主要任务就是在坚持社会主义制度的基础上找到快速实现工业化、改善人民生活、实现国家富强民族振兴的具体方法。

在这一思想的指导下，"一五"计划期间"国家经济建设的重点是：为实现工业化奠定基础，并为社会主义改造，建立独立的比较完整的工业

---

① 《毛泽东年谱（一九四九——一九七六）》第 2 卷，中央文献出版社，2013，第 459 页。
② 马占稳：《毛泽东与中国现代化》，红旗出版社，2011，第 39~40 页。
③ 《毛泽东年谱（一九四九——一九七六）》第 2 卷，中央文献出版社，2013，第 459 页。

体系和国民经济体系创造前提"①。这一规定是完全符合现代生产规律和社会主义国家建设规律的，也是符合中国实际情况的。因为"生产资料优先增长"是马克思揭示的现代化大生产的一条基本规律，斯大林把这条规律具体化为"重工业优先增长"并用以指导苏联的现代化建设，取得了苏联工业化建设的伟大成就，但苏联忽视与民生有关的轻工业和农业，带来了不少问题。为此，毛泽东强调"在优先发展重工业的条件下，工农业同时并举"②，发展了马克思主义关于现代生产方式中"生产资料优先增长"的规律。对于毛泽东的这一创新性贡献，有学者指出："毛泽东提出的工农业同时并举，对中国工业化道路的探索和理论阐述，不但是对苏联工业化发展模式的突破，也是对经济发展理论的一大贡献。"③ 正是这种探索和创造精神，使中国共产党在社会主义改造和推进国家工业化发展的过程中，尽管以苏联为样板并有苏联专家的深度参与，但仍然能始终坚持从自己国家的实际出发探索现代化发展道路，这些举措"决定了中国社会主义现代化建设一开始便具有了自己的特色"④。

因此，在国民经济恢复以后，中国共产党在苏联的指导和帮助下制定新中国的第一个经济建设计划时，虽然将重工业优先发展作为其指导思想和基本原则，但同时提出在优先发展重工业时也要发展农业和轻工业，彰显了中国社会主义现代化道路的自身特色。毛泽东指出，"必须以发展重工业为大规模建设的重点"，同时兼顾农业和轻工业，并要求把有限的资金和力量集中使用，"首先保证重工业和国防工业的基本建设"，尤其要优先保障"那些对国家起决定作用的，能迅速增强国家工业基础与国防力量的主要工程的完成"，⑤ 开始走向一条独立自主地探索和推进中国工业化的发展道路。同时，考虑到我国是一个生产力水平较低的农业国这一现实国情，以及农业对工业发展的基础地位和重要影响，毛泽东把农业的社会化

---

① 当代中国研究所：《中华人民共和国史稿》第 1 卷，人民出版社、当代中国出版社，2012，第 171 页。

② 《毛泽东文集》第 8 卷，人民出版社，1999，第 121 页。

③ 马占稳：《毛泽东与中国现代化》，红旗出版社，2011，第 104 页。

④ 参见屠静芬、王豪杰、刘春迎《中国特色社会主义现代化发展战略前沿问题研究》，《学习月刊》2019 年第 2 期。

⑤ 《中共中央文件选集（1949 年 10 月—1966 年 5 月）》第 10 册，人民出版社，2013，第 429 页。

纳入工业化发展战略。他明确指出："完成工业化当然不只是重工业和国防工业，一切必要的轻工业都应建设起来。为了完成国家工业化，必须发展农业，并逐步完成农业社会化。"① 这就是说，我们工业化的方针是优先发展重工业，但同时也要发展轻工业和农业，讲求综合平衡，不能只搞工业化。

随着国民经济的恢复和工业化建设的展开，我国从 1953 年开始对国民经济中的非公有成分进行社会主义改造，并着手实施经济社会发展的"一五"计划，其基本任务有三：其一，进行以苏联帮助我们设计的 156 个大中型项目为中心的工业建设，集中各种资源和力量"建立我国的社会主义工业化的初步基础"；其二，把农业和手工业组织成为各种形式的生产合作社，通过这种方式"建立对农业和手工业的社会主义改造的初步基础"；其三，通过各种形式把资本主义工商业引入国家资本主义的轨道，以"建立对私营工商业的社会主义改造基础"。② 这就是人们熟知的"一化三改"的主要内容和过渡时期总路线指引的向社会主义过渡的基本路径。毛泽东把"三大改造"与国家工业化联系起来的主要目的是加快发展社会生产力，加速国家的工业化建设，以早日实现中国的现代化。他指出，我们进行社会主义改造，主要目的是通过所有制变革，使长期被束缚的生产力获得解放，为"发展工业和农业的生产创造了社会条件"③。即是说，"三大改造的出发点不仅是为了过渡到社会主义，也是为了快速实现中国的工业化，是为工业化创造条件"④。自此，社会主义与中国现代化从制度上实现了统一和结合，成为推动中国社会发展的基本范式，建设社会主义现代化国家从此成为中国社会的最强音。

可见，这一现代化规划的一个突出特点是：社会主义工业化在"一化三改"的总体改造方案中占有基础和核心的地位。在工业化的资金和项目安排中，又突出了优先发展重工业。有资料统计，"一五"期间计划投资总额为 766.4 亿元，"55.8%用于基本建设投资，其中的 58.2%用于工业基

---

① 《毛泽东年谱（一九四九——一九七六）》第 1 卷，中央文献出版社，2013，第 426 页。
② 王树荫主编《马克思主义中国化史》第 2 卷，中国人民大学出版社，2015，第 60 页。
③ 《毛泽东文集》第 7 卷，人民出版社，1999，第 1 页。
④ 马占稳：《毛泽东与中国现代化》，红旗出版社，2011，第 36 页。

本建设，又把工业基本建设中的 88.8%用于重工业建设"①，足见在当时的现代化规划中，重工业的发展在整个国家经济现代化中的地位。而之所以强调中国现代化的社会主义属性，是因为中国现代化的历史已经证明，搞工业化"资产阶级是不能依靠的"②，只能走无产阶级领导的社会主义现代化道路。为此，毛泽东要求全国人民共同努力，"克服一切艰难困苦，将我国建设成为一个伟大的社会主义共和国"③。这一方案的另一个特点是坚持走独立自主的国家工业化建设道路。尽管在"一五"计划制定和实施的过程中"苏联帮助中国兴建的 156 个重点工业项目，对中国工业的起步起了十分重要的作用"，但党中央始终坚持"以独立自主、自力更生为主，争取外援为辅"④ 进行革命和建设的方针，并进而在党的八大上提出把"建成一个基本上完整的工业体系"⑤ 作为工业化的重要任务，因而中国的社会主义现代化始终是具有中国特色的，是一种"中国特色"的社会主义现代化。在这个意义上，"1949 年之后中国现代化建设的成功，不仅源于采用了社会主义的现代化道路，而且也源于中国采用的社会主义道路具有中国自己的特色，是一种'中国特色社会主义现代化'"⑥。

把社会主义改造纳入新中国现代化建设的总体规划中，实行现代化建设和国家的社会主义化同时推进，既是党中央和毛泽东的一个重要创造，也是对近代以来中国现代化探索经验和教训的总结。在毛泽东看来，在实现民族独立和国家统一以后，只有走社会主义道路，才能使中国现代化建设以较快的速度向前发展。他说，在中国共产党的领导和以苏联为主的世界无产阶级的援助下，"中国经济建设的速度将不是很慢而可能是相当地快的，中国的兴盛是可以计日程功的"⑦。之所以把速度当作经济发展战略的一个重要指标，是因为中国是一个落后的、后发走向现代化的国家，要赶上和超过发达资本主义国家，必须保持一定的发展速度，这不仅关系到

① 王树荫主编《马克思主义中国化史》第 2 卷，中国人民大学出版社，2015，第 60 页。
② 《毛泽东文集》第 6 卷，人民出版社，1999，第 26 页。
③ 《毛泽东文集》第 6 卷，人民出版社，1999，第 350 页。
④ 王树荫主编《马克思主义中国化史》第 2 卷，中国人民大学出版社，2015，第 61 页。
⑤ 《建国以来重要文献选编》第 9 册，中央文献出版社，1994，第 342 页。
⑥ 谢立中：《论中国特色社会主义现代化》，《学习与探索》2018 年第 10 期。
⑦ 《中共中央文件选集（1949 年 10 月—1966 年 5 月）》第 28 册，人民出版社，2013，第 14 页。

能否改变中国的落后面貌，彰显社会主义制度的优越性，还攸关社会主义在中国的生死存亡。因此，毛泽东十分看重中国经济发展的速度。他认为"现在我国工业化速度也是一个很尖锐的问题"①，必须采取必要的一切措施，以找到一条"较快地建设我国的现代工业和现代农业"②的路子。

社会主义改造基本完成之后，随着社会主义制度的建立，高度集中的计划经济体制成了国家的基本经济制度，国民经济建设速度明显加快。到1957年，"一五"计划制定的各项工业发展指标都提前达到或超额完成，一大批先进的现代化工厂和工业门类从无到有建立起来，中国现代经济体系初现雏形，既为实现社会主义工业化"打下了初步基础"③，也为在实践中如何运用马克思主义指导社会主义现代化建设提供了成功的经验。因此从现代化的视角来说，"以156项工程为主体构成的是一个完整的工业体系"，而"绝不仅仅就是156项工程"。④因为我们在社会主义改造期间，"农业、重工业和轻工业的生产都有所增长"⑤，这与苏联和东欧在社会主义改造中造成社会动荡、农业生产急剧下降是不同的，走的是一条名副其实的中国特色社会主义现代化之路。在这个意义上，它与改革开放以来指称的"中国特色社会主义现代化"在本质上是相同的，是同一历史过程的不同阶段。有学者对此指出："中国上世纪50年代开始的现代化进程，不仅奠定了国民经济发展的基础，而且奠定了文化教育、医疗卫生等方面的基础。这个基础实际上也为后来的改革开放提供了广阔的发展空间。"⑥它的成功表明：作为一个传统的农业大国，中国必须以超常规的手段通过农民的辛勤劳动在国内积聚现代化所需的资本和技术，才有可能成功地推进中国的现代化进程。这是经济发展水平落后的国家进行现代化建设必须遵循的基本规律。

总之，新民主主义革命的胜利、中华人民共和国的成立、社会主义改造的完成不仅开辟了中国走向现代社会的崭新起点，还确立了社会主义现代化的基本框架；不仅是政治上的伟大变革，而且是经济发展方向上的重

①《毛泽东年谱（一九四九——一九七六）》第4卷，中央文献出版社，2013，第259页。

②《建国以来重要文献选编》第10册，中央文献出版社，1994，第485页。

③ 王树荫主编《马克思主义中国化史》第2卷，中国人民大学出版社，2015，第64页。

④ 孟醒：《毛泽东在50年代》，辽宁人民出版社，2017，第250页。

⑤《毛泽东文集》第7卷，人民出版社，1999，第159页。

⑥ 孟醒：《毛泽东在50年代》，辽宁人民出版社，2017，第252页。

大转折。尤其是"一五"计划的制定和完成，"初步改变了我国经济以农业为主的局面"①，为进行社会主义工业化建设积累了宝贵经验。中国共产党根据这些经验，以马克思主义为指导立足中国具体国情制定的现代化规划、形成的现代化道路及其成就对中国和世界都产生了重大影响。正是新民主主义革命建立的中华人民共和国把新民主主义革命的胜利果实以国家制度的形式确立下来，并在此基础上继续进行社会主义革命，建立社会主义制度，初步确立了中国特色社会主义现代化的理论和实践架构，为进一步探索中国社会主义现代化的具体道路奠定了基础。

第三节　社会主义过渡时期的马克思主义中国化与中国特色社会主义现代化的推进

中华人民共和国的成立，使马克思主义作为中国特色社会主义现代化建设的根本指导思想有了政治上的保障，但此时的马克思主义还没有成为整个社会的指导思想，也没有建立起自己稳固的经济基础。因此，为了使中国现代化探索能够沿着社会主义方向稳步前进，巩固中国共产党的领导和人民民主专政的国家政权等新民主主义革命成果，毛泽东等党的领导人一方面以马克思主义为指导，结合当时经济社会发展的具体情形，制定了正确的阶段性的现代化发展战略、目标、任务，并适时对国民经济进行社会主义改造，为中国特色社会主义现代化道路探索增加了新的内容；另一方面紧紧围绕以现代化建设为中心推进马克思主义的中国化，概括出了适合自己特点的社会主义改造理论，建立了社会主义制度，初步形成了马克思主义中国化和中国特色社会主义现代化相互生成的理论和实践框架。

一　现代化视野中社会主义过渡时期的马克思主义中国化

按照马克思主义经典作家的构想，只有生产力在资本主义社会内部获得高度发展以后，才能向社会主义过渡，为新社会奠定物质基础。马克思

---

①　薄一波：《若干重大决策与事件回顾》上卷，人民出版社，1997，第303页。

在表述社会发展的一般理论时已经清晰地表达了这一社会历史发展的基本观点：任何社会形态只有"在它所能容纳的全部生产力发挥出来"以后才会灭亡，而新的更高级的生产关系，也只有"在它的物质存在条件在旧社会的胎胞里成熟"以后才会出现。① 恩格斯在谈到俄国情况时再次明确表达了这一观点："在俄国，从原始的农业共产主义中发展出更高的社会形式，也像任何其他地方一样是不可能的，除非这种更高的形式已经存在于其他某个国家，从而起到样板的作用。"② 正因为社会主义应该是建立在高度发达的生产力基础上的，是一种比资本主义形式更为高级的社会形态，列宁才说俄国当时"还没有到达社会主义的'前阶'"③，尽管列宁后来提出可以通过无产阶级专政的国家来完成本该由资本主义社会完成的发展社会生产力的任务，但其遵循的仍然是只有在资本主义社会生产力高度发展起来的情况下才能向社会主义过渡的传统立场。以此而论，以当时中国社会的生产力水平，显然是不适合建立社会主义这种先进的生产关系的。这决定了中国共产党要在生产力仍然落后，小农经济仍然占很大比重的中国实现向社会主义过渡，必须根据马克思主义经典作家社会主义过渡时期理论的基本精神和原则对马克思主义进行理论创新，实现其中国化，并结合中国生产力发展的现实状况加以灵活运用。

按照毛泽东的说法，马克思主义中国化的理论内涵和实践旨趣是实现"马克思主义的普遍真理与中国革命的具体实践的统一"④，这既是中国共产党在长期革命斗争中总结出的宝贵经验，也是中华人民共和国成立以后进行经济建设和向社会主义过渡必须坚持的基本原则。即是说，我们搞革命是用马克思列宁主义"这根'矢'"去射中国革命"这个'的'"，⑤那么，现在搞建设和改造，也仍然必须用马克思列宁主义这根"矢"去射中国的经济建设和社会主义改造这个"的"。在这一理论范式和逻辑结构中，正确把握马克思主义和科学认识中国具体实际既是马克思主义实现中国化的基础和前提，也是顺利实现国民经济的恢复和发展、顺利

① 《马克思恩格斯选集》第 2 卷，人民出版社，2012，第 3 页。

② 《马克思恩格斯文集》第 10 卷，人民出版社，2009，第 664 页。

③ 《列宁全集》第 41 卷，人民出版社，2017，第 202 页。

④ 《毛泽东年谱（一八九三——一九四九）》（修订本）下卷，中央文献出版社，2013，第 467 页。

⑤ 《毛泽东选集》第 3 卷，人民出版社，1991，第 801 页。

向社会主义过渡的关键。正是敏锐地看到了这一点，毛泽东把坚持党的领导和马克思列宁主义的指导看作经济建设和向社会主义过渡中必须坚持的两条基本原则，即中国共产党是"领导我们事业的核心力量"，马克思列宁主义是"指导我们思想的理论基础"，[①] 并据此展开了对过渡时期的理论探索。

推进马克思主义中国化，首先要在全国范围内确立并维护马克思主义的指导地位，使之成为人们认识中国、改造中国的思想武器。毛泽东认为，"首先制造舆论，夺取政权，然后解决所有制问题，再大大发展生产力，这是一般规律"[②]。而在新中国成立之初，人民群众对马克思主义还很陌生，资产阶级的唯心主义思想在人民群众尤其是知识分子中仍然很有市场，党员队伍内部也存在同资产阶级在"唯心论方面讲统一战线，甘心作资产阶级的俘虏"[③] 的现象。为此，毛泽东指出，为了取得社会主义改造的胜利，更好地领导国家的现代化建设，必须坚持马克思列宁主义的指导，建立无产阶级的意识形态，与各种非无产阶级思想作坚决的斗争。在他看来，掌握思想领导是"掌握一切领导的第一位"[④]，如果没有用马克思主义武装人们的头脑，无产阶级的社会主义改造是很难取得胜利的。毛泽东还说，"掌握思想教育，是团结全党进行伟大政治斗争的中心环节"，是完成"党的一切政治任务"的前提和基础。[⑤] 因此，在向社会主义过渡的过程中，必须加强对人民的无产阶级思想教育，"适当地批判各种错误思想"[⑥]。因为只有肃清了各种错误思想，"工人阶级思想的领导权"才能确立起来，[⑦] 才能巩固无产阶级对国家和社会生活的领导，才能走向社会主义。

而要确立马克思主义的思想领导权和在意识形态领域的指导地位，首先就必须开展对知识分子群体的无产阶级世界观教育和思想改造，使之尽快接受马克思主义，这是"实现民主改革和逐步实行工业化的重要

---

① 《毛泽东文集》第 6 卷，人民出版社，1999，第 350 页。

② 《毛泽东年谱（一九四九——一九七六）》第 4 卷，中央文献出版社，2013，第 271 页。

③ 《毛泽东年谱（一九四九——一九七六）》第 2 卷，中央文献出版社，2013，第 298 页。

④ 《毛泽东文集》第 2 卷，人民出版社，1993，第 435 页。

⑤ 《建党以来重要文献选编（一九二一——一九四九）》第 22 册，中央文献出版社，2011，第 188 页。

⑥ 《邓小平文集（一九四九——一九七四年）》上卷，人民出版社，2014，第 370 页。

⑦ 《中共中央文件选集（1949 年 10 月—1966 年 5 月）》第 8 册，人民出版社，2013，第 151 页。

条件之一"①。就此而言，用马克思主义改造人们的思想本身就是社会主义现代化建设的重要内容。因此毛泽东一方面强调要在对知识分子进行思想改造的基础上争取他们为人民服务，并强调"对知识分子，要办各种训练班，办军政大学、革命大学，要使用他们，同时对他们进行教育和改造"②。而中国共产党确立对知识分子的"团结、教育、改造"的政策方针，就是要求各级党委帮助知识分子在革命实践中接受马克思主义、改造自己的思想。另一方面，对知识分子中的唯心主义思想进行坚决批判和斗争。通过用马克思主义立场去批判思想文化领域的唯心主义，开展全国规模的学习马克思主义活动，有力地推动了马克思主义中国化进程和社会主义建设的发展。

在努力确立马克思主义在思想上的指导地位的同时，中国共产党采取一系列措施，不断发展和壮大国营经济，增强国营经济的控制力、影响力；巩固无产阶级专政的国家政权，使"社会主义因素每日每时都在增长"③，并逐步把私营工商业引入国家资本主义轨道之中，使中国"和平地走到社会主义"④，为以工业化为主要内容的社会主义改造奠定基础。当然，采取和平的方式，并不意味着我们在社会主义改造中没有激烈的斗争。毛泽东曾对此指出：除了采取和平方式改造民族资本外，"在改造过程中，还经过了'三反'、'五反'那样激烈的斗争。"这就是说，"解放以后，民族资产阶级走上社会主义改造的道路，这是逼出来的"。⑤从这可以看出，与苏联采取短促的暴力革命进行社会主义过渡不同，我们采取的是渐进的方式，因而需要较长的时间，"不是三五年所能办到的，而需要几个五年计划的时间"⑥。出于这一考虑，毛泽东认为不能急于取消国家资本主义，而是要严格执行《共同纲领》的要求，让资本家放心，以集中包括资产阶级在内的全国人民的力量发展经济，为实现国家现代化作贡献。

在进入社会主义改造时期以后，中国共产党结合我国实际提出了以

---

① 《毛泽东年谱（一九四九——一九七六）》第1卷，中央文献出版社，2013，第409页。
② 《毛泽东文集》第6卷，人民出版社，1999，第74页。
③ 《毛泽东年谱（一九四九——一九七六）》第2卷，中央文献出版社，2013，第443页。
④ 《毛泽东年谱（一八九三——一九四九）》（修订本）中卷，中央文献出版社，2013，第71页。
⑤ 《毛泽东文集》第8卷，人民出版社，1999，第112、114页。
⑥ 《毛泽东文集》第6卷，人民出版社，1999，第293页。

"一化三改"为主要内容的社会主义过渡时期的总路线，既继承了列宁关于社会主义改造的基本观点，又大胆进行理论创新，提出了符合中国特点的社会主义改造方案。首先，中国共产党通过对资产阶级性质的分析，认为它既有剥削工人的一面，又有拥护社会主义的一面，加之我们拥有无产阶级专政的国家政权，因而在我国无产阶级和资产阶级之间的矛盾可以按照处理人民内部矛盾的方式来处理，采取加工订货、统购包销、公私合营、全行业公私合营等方式，实现了对资本主义工商业的成功改造。其次，在农业、手工业的改造方面，中国共产党创设了互助组、初级合作社、高级合作社等形式，逐步把农业引向集体化道路。毛泽东认为，中国共产党对"在几万万农民中实行农业的社会主义的改造"① 缺乏经验，工作方法也不完全正确，但由于"我们所采取的步骤是稳的，由社会主义萌芽的互助组，进到半社会主义的合作社，再进到完全社会主义的合作社"②，这种逐步过渡的方法，避免了工作中出现大的失误。因此，"我们工作中的缺点是有的，但是整个的运动是健康的"③，到1956年底我国的"社会主义改造已经取得决定性的胜利"，社会主义制度基本"建立起来了"。④ 这样，我们在国际共产主义运动史上第一次实现了马克思恩格斯等提出的用和平赎买方式实现对资产阶级改造的设想。对此毛泽东指出，我们通过人民的革命和建设实践，在许多方面超过了马克思，"我们的实践超过了马克思"，我们在理论上也应该超过马克思，因为"实践当中是要出道理的"。⑤ 因此，尽管后来邓小平说中国在"三大改造"完成后建立的社会主义与马克思主义经典作家描述的生产力高度发达的社会主义相比"事实上不够格"⑥，但不可否认的是，它具有社会主义的主要内容和基本特征，遵循了社会主义的基本原则和价值，是具有中国特色的社会主义，为后来进行社会主义现代化道路探索奠定了先进的制度基础。

可见，中国共产党人根据马克思主义的基本原则和精神及"列宁关于

---

① 《建国以来重要文献选编》第 7 册，中央文献出版社，1993，第 197 页。
② 《毛泽东年谱（一九四九——一九七六）》第 2 卷，中央文献出版社，2013，第 189 页。
③ 《建国以来重要文献选编》第 7 册，中央文献出版社，1993，第 196 页。
④ 《建国以来重要文献选编》第 9 册，中央文献出版社，1994，第 382、341 页。
⑤ 《毛泽东年谱（一九四九——一九七六）》第 3 卷，中央文献出版社，2013，第 345 页。
⑥ 《邓小平文选》第 3 卷，人民出版社，1993，第 225 页。

过渡时期的学说，总结了中华人民共和国成立以来的经验"①，吸取了苏联进行社会主义过渡过程中的经验和教训，结合我国实际情况进行理论创新，提出了社会主义过渡时期总路线及其具体政策，实现了马克思主义经典作家社会主义过渡时期理论的中国化，建立了生产资料公有制，既为中国特色社会主义现代化探索奠定了经济基础，也为进一步探索社会主义现代化的具体道路创造了条件。

二　社会主义过渡时期马克思主义中国化对现代化的推进

马克思通过对资本主义的批判提出的科学社会主义理论，要求无产阶级在继承资产阶级创造的全部文明成果的基础上建立社会主义，实现人的解放。这意味着在现代化建设过程中，必须坚持马克思主义在中国经济社会发展条件下的中国化这一中国共产党自成立以来就确立的基本立场，其所内含的一个重要观点是，马克思主义是指导现代化的理论，在现代化建设中要立足马克思主义的现代性维度，更要把握中国现代化建设的具体环境。因为马克思主义是什么，用什么内容、以何种形式去结合中国社会实际，要根据中国人民自己的选择和需要，这是任何外国人都做不了主的。

因此，马克思主义必须与中国现代化的实际情况相结合这一立场实际上强调了中国共产党与中国人民在现代化建设中的主体性和马克思主义理论的工具性。基于这一原因，中国共产党在探索现代化建设的过程中尽管"欢迎外国的技术帮助"，但始终坚持"中国的问题还是由中国人自己来解决"。② 毛泽东认为，我们强调马克思主义的指导，不是要大家照搬马克思主义词句，而是要"根据具体条件加以采用，使之适合中国的实际"，"我们中国人必须用我们自己的头脑进行思考，并决定什么东西能在我们自己的土壤里生长起来"。③ 这就是说，中国共产党坚持马克思主义的指导地位，推进马克思主义中国化就是以马克思主义为科学工具去推进经济发展和现代化建设，探寻具有中国特色的现代化发展战略和道路。

---

① 《毛泽东年谱（一九四九——一九七六）》第 2 卷，中央文献出版社，2013，第 357 页。
② 《毛泽东文集》第 4 卷，人民出版社，1996，第 207 页。
③ 《毛泽东文集》第 3 卷，人民出版社，1996，第 192 页。

在新民主主义革命胜利前夕和中华人民共和国成立后，中国共产党就以马克思主义为指导分析了中国社会的经济状况、阶级状况、文化和人民思想认识水平，提出了新民主主义经济建设纲领，并在中国人民政治协商会议上通过的《共同纲领》中把它确定下来，成为中国第一个具有现实指导意义并付诸实施的现代化建设纲领。按照《共同纲领》确立的政策，国家将使各种经济成分在国营经济领导下"分工合作，各得其所，以促进整个社会经济的发展"；要求由国家统一经营事关国计民生和国家经济命脉的事业；强调国家应根据条件和可能引导、鼓励私人资本逐步走向国家资本主义；提出了要把"有计划有步骤地恢复和发展重工业"作为重点"以创立国家工业化的基础"的工业建设方针，并同时增加"以供应人民日常消费的需要"的轻工业的生产，① 形成了一个较为完整的国家工业化发展战略，促进了社会主义性质的国营经济的发展，增强了其对国民经济的影响力和控制力，使不久后对资本主义所有制的改造和社会主义经济基础的建立"瓜熟蒂落、水到渠成"②。由于新民主主义现代化中社会主义因素占主导地位，因此也可称之为中国特色的社会主义现代化。

　　1952 年国民经济恢复以后，中国共产党开始规划向社会主义过渡、加快确立社会主义现代化道路的历史课题。毛泽东清醒地认识到，"中国是一个庞然大国，但工业不如荷兰、比利时，汽车制造不如丹麦"③。在中国这样一个落后的、有着几千年封建传统的、小农经济占主导地位的国家实现工业化，建设社会主义，绝不是一件轻而易举的事。他指出，新中国成立前，中国的工业基础十分薄弱且发展畸形，主要集中在纺织、面粉等轻工业，缺少重工业，许多部门空白，完全依赖进口。我们要实现工业化，首先要有机器和强大的国防，这决定了我们必须以重工业为重点，同时必须改善人民的生活，这就要求我们发展轻工业和农业。"为了建设重工业和国防工业，就要付出很多的资金，而资金的来源只有增产节约一条康庄大道。"④

---

①　当代中国研究所编《中华人民共和国史编年》1949 年卷，当代中国出版社，2004，第550~551 页。

②　《毛泽东文集》第 6 卷，人民出版社，1999，第 488 页。

③　《毛泽东文集》第 6 卷，人民出版社，1999，第 358 页。

④　《毛泽东文集》第 6 卷，人民出版社，1999，第 207 页。

为此，毛泽东号召全党和全国人民实行"增产节约"这一方针以实现国家工业化，认为"它是带动我们国家在政治、军事、经济、文化各方面的全局都将迅速进步，并奠定将来伟大建设基础的方针"①。他还认为中国作为后发展国家，现代化战略必然是赶超型的。我们的现代化之所以选择社会主义而不是资本主义，一个重要原因就是走资本主义搞现代化"时间要长，而且是痛苦的道路"②，反之，走社会主义道路则可以在较短的时间内实现国家的工业化。按照毛泽东为新中国的现代化建设设定的进度表，我们从 1953 年起开始大规模的经济建设，大概"以二十年时间完成中国的工业化"③，然后再用几十年"追上或赶过世界上最强大的资本主义国家"④，足见毛泽东对发挥社会主义制度优势，快速实现中国工业化，赶上西方发达国家极具信心。

1953 年开启社会主义过渡时期以后，鉴于中国经济的落后和薄弱的工业基础，加之苏联匆忙宣布建成社会主义社会带来的负面影响，毛泽东在对社会主义国家的建设经验反思的基础上，明确提出社会主义需要经过社会主义制度的建立和社会主义社会的建成两个阶段的思想。在他看来，社会主义制度的建立并不等于社会主义社会的建成，基本实现社会主义现代化和建立社会主义制度只是为国家的进一步发展打下基础，从社会主义制度建立到社会主义社会建成、从初步实现工业化到真正完成社会主义工业化，还需要很长的时间，需要付出艰辛的努力。

为了早日实现社会主义工业化，党中央和毛泽东提出向苏联学习的口号。一方面，我们对搞经济建设没有经验，要完成五年计划的任务又很辛苦，"因此要学习苏联的先进经验"⑤。当然，我们学习苏联的先进科学和技术，并不是只学苏联而不学习其他国家的先进技术和其他对我们有用的东西，更不是令国家的经济命脉掌握在别人手里。因为毛泽东深刻地认识到，对中国共产党来说，政治上的独立只是为经济的发展创造了基本的前提，如果没有经济上的独立，这种政治上的独立是不稳固的，是难以持久

---

① 《毛泽东文集》第 6 卷，人民出版社，1999，第 208 页。
② 《毛泽东年谱（一九四九——一九七六）》第 2 卷，中央文献出版社，2013，第 177 页。
③ 《毛泽东文集》第 6 卷，人民出版社，1999，第 207 页。
④ 《毛泽东年谱（一九四九——一九七六）》第 2 卷，中央文献出版社，2013，第 358 页。
⑤ 《毛泽东文集》第 6 卷，人民出版社，1999，第 263 页。

的。因为经济上的独立和政治上的独立是互为表里的。"要有经济上的独立，才能有政治上的独立。当然和外国切断联系也不行，还是要互通有无。"①

另一方面，毛泽东认为，在学习苏联经验的过程中，必须加强对马克思列宁主义的学习，把马克思主义的普遍原理与中国社会主义改造和工业化的具体实际结合起来，即这时与马克思主义结合的"中国实际"，是中国现代化建设的实际。他说，我们必须成为马克思列宁主义的专家和自然科学的行家，只有"更多地懂得马克思列宁主义"和自然科学，②并把二者很好地结合在工作中，我们的建设工作才能达到目的。因为"现在我们面临的是新问题：社会主义工业化、社会主义改造、新的国防、其他各方面的新的工作"。在"这样的历史的新时期"，我们能做的只有"适合这种新的情况钻进去，成为内行"。③正是由于毛泽东等中央领导人反复强调，在实现国家工业化的过程中始终把马克思主义与中国的实际结合起来，不断探索中国经济建设的规律，我国在很短时间内建立了社会主义经济体系，为继续进行现代化建设、寻找自己的发展道路奠定了必要的物质基础和科学的制度前提。毛泽东也因其在用马克思主义指导和探索社会主义现代化道路过程中作出的历史性贡献——确立了社会主义现代化包含的基本内容或原则：马克思主义是根本指导思想、中国共产党是领导核心、人民当家作主的国家制度、社会主义的经济社会制度等，这些后来都被称为"中国特色社会主义现代化"的重要内容——而被称为"中国社会主义建设道路的开创者"。④正是有了以毛泽东同志为主要代表的中国共产党人通过民主革命和社会主义革命确立的这些社会主义现代化的基本内容或原则，确保了"中国的未来绝不是西化，而是中国特色社会主义现代化"⑤。

总之，在社会主义过渡时期，中国共产党根据中国是落后的农业国这一现实状况，立足中国实际，科学理解马克思主义，并把它运用于中国社会具体环境之中，实现了马克思列宁主义与"中国近代以来的历史和他所

---

① 《毛泽东年谱（一九四九——一九七六）》第5卷，中央文献出版社，2013，第598页。
② 《毛泽东年谱（一九四九——一九七六）》第2卷，中央文献出版社，2013，第358页。
③ 《毛泽东年谱（一九四九——一九七六）》第2卷，中央文献出版社，2013，第360页。
④ 郭根山：《毛泽东与中国现代化道路——以世界现代化进程为视角》，中央文献出版社，2005，"序言"第1页。
⑤ 《十九大以来重要文献选编》上卷，中央文献出版社，2019，第76页。

处时代的现实相结合"，形成了社会主义过渡时期理论和对社会主义现代化的认识，科学地解释了"近代以来中国社会性质，社会发展的未来"①，确立了社会主义现代化的基本原则和主要内容，找到了近代以来中国人民梦寐以求的摆脱贫穷落后、实现现代化的正确道路，这条道路就是"坚持中国共产党的领导，坚持马克思主义，坚持社会主义，从中国自己的国情出发，走中国特色社会主义现代化建设道路"②。自此，中国现代化与社会主义结合成为中国的社会主义现代化。

第四节　社会主义建设时期马克思主义中国化的新任务与中国现代化实践主题的转化

在基本完成社会主义改造进入社会主义社会以后，具有中国特点的社会主义现代化建设的基本原则和基本范式已基本建立起来了，随之而来的任务是如何保证以这些原则为指导找到建设社会主义现代化的具体道路、政策、措施和方法。在这种情况下，马克思主义中国化的具体内容也转变为马克思主义基本原理与社会主义现代化建设的具体实际相结合，以找到在中国进行社会主义现代化建设的具体道路。社会主义制度建立后，虽然使中国获得了进行社会主义现代化建设的基本条件，却没有改变生产力发展水平和人民的思想觉悟等仍然低下这一现实。在这样的基础上进行社会主义现代化建设，无论是历史上还是世界范围内都没有先例，只能以马克思主义为指导去分析、解决建设中遇到的各种问题，寻找适合自己情况的建设道路。为此，以毛泽东同志为主要代表的中国共产党人只能根据世界上社会主义国家尤其是苏联进行社会主义现代化建设的经验和中国自己探索经济建设的经验，结合当时中国的实际发展状况，去实现马克思主义与中国建设实际的结合，以寻找在中国进行社会主义现代化建设的道路，这一艰辛探索过程及其取得的经验，为新时期实现马克思主义与现代化实践的结合指明了方向。

---

① 马占稳：《毛泽东与中国现代化》，红旗出版社，2011，第210页。
② 宋国恺：《中国特色社会主义现代化重大理论研究迫在眉睫——研究意义、关系、主题及展望》，《北京工业大学学报》（社会科学版）2018年第2期。

一　马克思主义经典作家的社会主义建设理论

　　社会主义社会建立后如何进行经济、文化等方面的建设，如何彻底消灭阶级社会中以私有制为基础产生的腐朽、落后的社会关系，建立新的以公有制为基础的社会关系，实现共产主义，是马克思、恩格斯、列宁一直思考的重大问题。按照马克思恩格斯对未来社会的设想，资本主义因不能容纳高度发达的生产力而导致社会革命的发生和社会主义社会的建立，社会主义社会的生产力是发达的生产力，其阶级结构也极为简单，资本主义社会中两大对立阶级之一的资产阶级已经被无产阶级消灭，无产阶级也不是传统意义上的阶级了。更具体地说，经过社会主义改造后的资产阶级已经不再是一个完整的阶级了，无产阶级在消灭剥削阶级残余后，自身也将归于消亡，社会主义社会最终将发展成一个无阶级社会。而在无产阶级消灭剥削阶级残余的阶段，就是共产主义的初级阶段或"第一阶段"；这一阶段的原则和实践虽然获得了统一，但事实上"平等的权利按照原则仍然是资产阶级权利"[①]。就这一点来说，这一阶段与高级阶段的区别仅仅在于社会发展水平的不同，而不是性质上的差别；但从平等原则的实际内容来说，社会主义社会的平等虽然已经从阶级的不平等转变为个人天赋的不平等，这种权利仍然"被限制在一个资产阶级的框框里"，仍然是"一种不平等的权利"。[②] 这在共产主义"第一阶段"是不能避免的，因为这时的社会主义社会"刚刚从资本主义社会中产生出来"，"还带着它脱胎出来的那个旧社会的痕迹"。[③] 这使它不可能像高级阶段的共产主义那般纯粹和成熟。至于具体差别有哪些，需要怎样作出区分，各阶段的特点是什么，由于没有现成的社会可供分析，马克思恩格斯没有也不可能作出更加详细的理论说明。

　　集中使用社会生产资料及有计划地组织社会生产，这两个基本特点和原则是社会主义社会与资本主义社会的主要区别，这也是从资本主义社会中必然得出的结论。马克思认为，19世纪经济运动"追求的人道目标"有

---

① 《马克思恩格斯选集》第 3 卷，人民出版社，2012，第 364、363 页。
② 《马克思恩格斯选集》第 3 卷，人民出版社，2012，第 364 页。
③ 《马克思恩格斯选集》第 3 卷，人民出版社，2012，第 363 页。

两个：一是"生产资料的全国性的集中"，这是"自由平等的生产者的各联合体所构成的社会的全国性的基础"；二是"按照共同的合理的计划进行社会劳动"。① 至于社会主义革命胜利后的东方国家如何进行社会主义建设，马克思认为必须走西方同样的道路，即亚洲民族的现代化前景就是西方式的现代社会。他在谈到英国殖民主义者在印度的作用时便明确指出，英国在印度搞殖民统治的一个重要使命就是"在亚洲为西方式的社会奠定物质基础"②，"工业较发达的国家向工业较不发达的国家所显示的，只是后者未来的景象"③。可见，在马克思等马克思主义经典作家看来，从生产力发展的角度来说，西式社会是人类进入社会主义不能避免的阶梯，区别仅在于以什么方式、在什么时候实现这一目标。

列宁由于领导建立了世界上第一个无产阶级专政的国家政权——苏维埃，对无产阶级专政的实践和社会主义建设有切实的感受和实际经验，使他有机会进一步研究和规划社会主义建设中的具体问题。对如何建设社会主义，列宁原有的设想是在社会主义革命胜利后"用最简单、迅速、直接的办法来实行社会主义的生产和分配原则"，结果因这些设想没有估计到社会主义建设的复杂性和困难而失败了，因而在"直接进行社会主义建设的试验"失败后"改行新经济政策"。④ 这一曲折的探索实践使列宁认识到：共产主义是由多个阶段构成的，有一个从低级阶段到高级阶段的发展过程。"社会主义是直接从资本主义生长出来的社会，是新社会的初级形式"，资产阶级法权的影响仍然存在，"只有在社会主义完全巩固的时候"才能发展到共产主义⑤，才能采用纯粹的社会主义政策。基于这一认识，列宁根据马克思恩格斯阐述的共产主义思想，结合自己领导俄国革命的经验，明确提出社会主义是共产主义的第一阶段，且这一阶段也是由多个阶段组成的，也有一个逐步发展的过程；只有经过许多阶段的发展，人类社会才能由社会主义社会发展到共产主义社会。"至于人类会经过哪些阶段，通过哪些实际措施达到这个最高目的"⑥，那是不能准确预测

---

① 《马克思恩格斯选集》第3卷，人民出版社，2012，第178页。
② 《马克思恩格斯选集》第1卷，人民出版社，2012，第857页。
③ 《马克思恩格斯文集》第5卷，人民出版社，2009，第8页。
④ 《列宁选集》第4卷，人民出版社，2012，第602、603页。
⑤ 《列宁选集》第4卷，人民出版社，2012，第91页。
⑥ 《列宁选集》第3卷，人民出版社，2012，第201页。

和知道的，一切取决于当时的历史环境和人民群众的实际生活状况。

从马克思主义经典作家的这些论述可以看出，他们的社会主义建设理论包含以下几个方面的基本要求。

首先是社会主义社会的权力高度集中。按照马克思主义经典作家的观点，无产阶级是社会主义社会唯一的统治阶级，要把一切公共权力集中在无产阶级专政的国家手里，然后运用这些权力集中使用一切生产资料，集中力量去发展社会生产力。列宁指出，在社会主义社会中，"社会主义者要求社会和国家对劳动量和消费量实行极严格的监督"，对那些"违背社会主义社会的规章和法律"的人要"无情地予以惩治"。① 要做到这些，没有无产阶级专政"是无从设想的"②。特别是"在一个农民国家的社会主义建设中"，"个人的、专人的负责制"更具有重要意义。③ 为此，他提出把苏维埃作为实现工人阶级集权的政治形式，以区别于剥削阶级的集权和个人独裁的集权，并把它作为组织人民群众进行社会主义建设的具体形式。他说："只有在苏维埃里，广大被剥削者才开始不是从书本上，而是从自己的实际经验中真正地学习建设社会主义。"④ 可见，权力集中既是社会主义社会的基本特征，也是经济、政治、社会等组织运行的基本原则。需要注意的是，马克思主义经典作家这里所讲的权力集中是把全部权力集中在无产阶级手中，是无产阶级的集权和专政。列宁认为，"在创建新的社会主义的社会制度的事业中"，唯有工人阶级"才能够领导全体被剥削劳动群众"。⑤ 而且，社会主义生产也要求有集中统一的领导。"任何大机器工业——即社会主义的物质的、生产的泉源和基础——都要求无条件的和最严格的统一意志，以指导几百人、几千人以至几万人共同工作。"⑥ 至于无产阶级内部如何实现权力集中并运用这一集中起来的权力，马克思主义经典作家虽然有所思考，但没有解决这一问题。后来社会主义建设中出现的个人集权等现象，显然是误解了马克思主义经典作家关于权力必须集中统一的思想。

---

① 《列宁选集》第 3 卷，人民出版社，2012，第 539、380 页。
② 《列宁选集》第 3 卷，人民出版社，2012，第 526 页。
③ 《列宁选集》第 4 卷，人民出版社，2012，第 574 页。
④ 《列宁选集》第 4 卷，人民出版社，2012，第 238 页。
⑤ 《列宁选集》第 4 卷，人民出版社，2012，第 10 页。
⑥ 《列宁选集》第 3 卷，人民出版社，2012，第 500 页。

其次，全体劳动者共同拥有生产资料是社会主义的经济基础。按照马克思主义的观点，社会主义的唯一目的是消灭私有制，建立生产资料公有制。恩格斯指出，未来社会同资本主义社会的根本不同点是"在实行全部生产资料公有制（先是国家的）基础上组织生产"①。列宁也认为，社会主义社会只能建立在公有制这一基础之上。只有把全部生产资料集中于苏维埃国家手中，才能"着手社会主义建设"，"建立社会主义秩序"。② 而要实现生产资料的集中，就必须击败资本主义，为社会主义打下坚实的经济基础，就要通过合作社实现同"农民经济的结合"，把社会主义事业变为"全体劳动群众的事业"；同时"通过私人资本主义（更不用说国家资本主义）来促进社会主义"。③ 由于社会主义是一个全新的事物，人民只能从经济建设的实践中"说明应该如何建设社会主义"④。俄国社会主义革命取得胜利后，列宁根据俄国经济落后，不具备实行全面的公有制经济这一实际，又提出了通过"各种过渡形式"，"给真正社会主义的经济奠定基础"⑤ 等思想，以适应社会的经济发展状况，促进建设社会主义。

再次，社会主义社会要对社会关系进行根本改造。按照马克思恩格斯的观点，社会主义社会的一个重要任务是消灭一切建立在私有制基础上的过时的社会关系，建立新的以公有制为基础的社会关系，即"消灭阶级和建立不再有土地私有制和生产资料私有制的社会"，并在"消灭一切阶级差别"之后建立"新的社会组织"，⑥ 为将来的共产主义奠定坚实基础，这是无产阶级在社会主义阶段的主要任务或使命。而且，由于经济是任何社会中最终起决定作用的东西，要建设社会主义社会的新的生产关系，就必须建立大工业，只有这样社会主义中新的社会关系才能建立起来。列宁说"没有大工业是不能建成社会主义的"⑦，就表明了发展生产力对在经济文化落后基础上建立起来的社会主义社会实现消灭阶级社会产生的旧的社会关系这一目标的重要性。这就是说，只有在公有制基础上实现了对以往社

① 《马克思恩格斯选集》第 4 卷，人民出版社，2012，第 601 页。
② 《列宁选集》第 3 卷，人民出版社，2012，第 723、382 页。
③ 《列宁选集》第 4 卷，人民出版社，2012，第 677、514 页。
④ 《列宁选集》第 4 卷，人民出版社，2012，第 308 页。
⑤ 《列宁选集》第 4 卷，人民出版社，2012，第 614、559 页。
⑥ 《马克思恩格斯选集》第 3 卷，人民出版社，2012，第 299、323 页。
⑦ 《列宁选集》第 4 卷，人民出版社，2012，第 689 页。

会关系的根本改造，并建立起稳固的新的社会关系，社会主义才算真正建立。

最后，社会主义将使阶级逐渐消亡，是共产主义社会的入口。按照马克思主义经典作家的观点，阶级是在生产力发展到一定程度但仍然不发达的情况下产生的，也将在生产力发展到较高水平、社会物质财富极大丰富后消亡。因此，一方面生产力的高度发展已经为阶级消灭奠定了物质基础，由于社会主义社会是"资本主义社会的最独特的最后的产物"①，"消灭阶级"就成了社会主义社会的"最终目的"，② 也是其一切工作为之服务的重心。另一方面，社会主义社会因为是"刚刚从资本主义社会中产生出来的"，在各方面都必然带有资本主义社会的一些痕迹，资本主义法权在社会主义社会中还有残留。这些旧社会的弊端在"刚刚从资本主义社会产生出来的共产主义社会第一阶段，是不可避免的"③，需要经过社会主义社会的长期发展才能消除。这些现象对那些建立在经济文化落后基础上的社会主义社会更是如此。因此，在马克思主义经典作家看来，阶级的消亡实际上是一个经济问题，是生产力如何发展的问题。即是说，发展生产力是社会主义的本质规定。

总之，马克思主义经典作家根据人类社会发展的普遍规律和资本主义社会经济文化的现实状况，从阶级状况、生产力状况、所有制等方面指明了无产阶级在社会主义社会的根本任务是发展生产力，并以此为依据提出了建设社会主义的基本途径，规划了社会主义社会的发展蓝图，为社会主义国家推进经济社会等领域的变革、巩固无产阶级专政提供了理论指导。

二　社会主义建设时期的马克思主义中国化

在中国建设社会主义现代化必须以马克思主义为指导，并在实践中把它与社会主义现代化建设实际相结合，实现其中国化，这既是根据中国革命经验得出的必然结论，也是践行马克思主义关于理论与实践的统

① 《马克思恩格斯选集》第 4 卷，人民出版社，2012，第 313 页。
② 《列宁选集》第 4 卷，人民出版社，2012，第 11 页。
③ 《马克思恩格斯选集》第 3 卷，人民出版社，2012，第 363、364 页。

一这一最基本的原则的必然要求。我们强调在社会主义现代化建设中一定要把马克思主义中国化,一定要根据中国特点运用马克思主义,实际上就是要求在社会主义现代化建设中走自己的路,建设具有中国特色的社会主义现代化。所谓把马克思主义教条化,实质上是把马克思主义经典作家关于社会主义革命和建设的一些论断模式化,把它套用到中国人民丰富的社会主义建设实践之中,其结果没有不碰钉子的。对此毛泽东指出,对马克思主义这一学说,我们要"解释和发展",现在的问题是"解释太少了",没有正确的解释,我们就不能总结升华革命的丰富经验以"发展这个学说"。[①] 由此,"解释—运用—发展"就构成了毛泽东在社会主义现代化建设中践行马克思主义、实现其中国化的基本逻辑结构。这就是说,到了社会主义建设时期,马克思主义中国化的基本框架在理论上已经解决。但是"问题在理论上的解决和实际的贯彻是有区别的"[②],二者绝不是一回事。因此,如何在实践中将马克思主义与社会主义现代化建设实际情况统一起来,则仍然是一个亟待解决的重大课题。

中国在开始进行现代化建设时,与苏联工业化开始时面临一样严峻的形势,加上苏联的经验、示范、援助及新中国成立后帝国主义国家对中国的封锁和围堵等因素的影响,中国共产党不得不模仿苏联模式、照搬苏联经验,这是我们在"体制模式和经济发展战略"上照抄苏联的重要原因。[③]但毛泽东始终认为这种"缺乏创造性,缺乏独立自主的能力"的做法"不应当是长久之计"。[④] 因为"中国的东西有它自己的规律"[⑤],必须把马克思主义与中国自己的国情统一起来,找到中国自己的现代化建设道路。有鉴于此,毛泽东在领导社会主义现代化建设时一直在反思学习苏联的一些做法,并试图对之进行改进,以便更好地发挥社会主义的制度优势,更加符合中国的建设实际。

基于这一清醒的立场,毛泽东在1955年就开始反思我国根据苏联经验制定的经济建设规划。在对经济建设中一系列相互关系进行认真思考后,

① 《毛泽东文集》第7卷,人民出版社,1999,第192页。
② 《列宁选集》第3卷,人民出版社,2012,第780页。
③ 薄一波:《毛泽东是真理的坚定探索者》,载毛泽东生平和思想研讨会组织委员会编《毛泽东百周年纪念》上册,中央文献出版社,1994,第2页。
④ 《毛泽东文集》第8卷,人民出版社,1999,第305页。
⑤ 《毛泽东文集》第7卷,人民出版社,1999,第76页。

他认为，我们优先发展重工业这一战略是对的，在处理农业、轻工业、重工业的关系上我们也没有犯原则性错误，但也在一定程度上存在轻视轻工业和农业的情况。为此，他提出下一步的重点是进一步加快重工业的发展，同时考虑适量增加对农业和轻工业的投资，要求这两个部门"积极搞。你们有理由，要有些霸道"。"凡是重工业部门不干的，你们自己干。"① 1956 年毛泽东更明确提出了"以苏为鉴"、立足自己国情，走具有中国特色的社会主义现代化建设道路。

在苏共二十大刚刚闭幕不久，毛泽东就明确提出不要再照搬苏联经验了，强调进行社会主义建设，"最重要的是要独立思考"，要努力实现马克思列宁主义与中国具体实际的"第二次结合"，立足中国经验和实践，"努力找到中国建设社会主义的具体道路"，② 明确指出了中国社会主义现代化探索主题的转变：在社会主义社会建立后，中国现代化探索的主题是找到社会主义现代化建设的具体道路，即探索的重点从"社会主义现代化是什么"转变为"建设什么样的社会主义现代化"。为此毛泽东提出了在新的条件下马克思主义中国化应该如何推进、朝什么方向发展、遵循什么原则等重大理论和实践课题。③ 所以毛泽东所说的"第二次结合"，实际上是要求中国的社会主义必须是"社会主义的内容，民族的形式"④ 这两者在中国环境中的统一，其理论旨趣就是以马克思主义为指导"创造新的理论，写出新的著作"⑤，为社会主义现代化建设服务。这就是说，作为马克思主义核心内容的基本原理是普遍适用的，但由于各国国情不一样，运用马克思主义基本原理指导社会主义现代化建设的具体政策、措施、方法肯定不同，因而会形成不同的建设社会主义现代化的具体道路。只有根据中国的特殊情况找到运用它的恰当形式，才能更好地表现马克思主义的基本精神和科学价值，实现其目标。

为此，毛泽东首先指出在建设中坚持社会主义的重要性。毛泽东认为，中国建设的社会主义是以现代化为主要内容的，中国现代化也是以现

---

① 薄一波：《若干重大决策与事件的回顾》上卷，中共中央党校出版社，1991，第 483 页。
② 参见《毛泽东年谱（一九四九——一九七六）》第 2 卷，中央文献出版社，2013，第 557 页。
③ 参见《毛泽东年谱（一九四九——一九七六）》第 2 卷，中央文献出版社，2013，第 557 页。
④ 《毛泽东文集》第 7 卷，人民出版社，1999，第 78 页。
⑤ 《毛泽东文集》第 8 卷，人民出版社，1999，第 109 页。

代化为主要内容的社会主义。"只有社会主义能够救中国。社会主义制度促进了我国生产力的突飞猛进的发展，这一点，甚至连国外的敌人也不能不承认了。"① 因此，"坚持社会主义的原则和方向，是中国现代性建构的根本原则"②。

因此，探索符合中国特点的社会主义现代化建设道路，必须把马克思主义作为科学工具分析、研究人民群众实践，紧密结合人民的社会主义建设实际并把它们在实践中结合起来，否则就会陷入教条主义的窠臼。毛泽东指出，社会主义建设过程中要按中国实际情况办事，做到实事求是，最根本的就是把握中国国情的特点，"就是扎根中国实际，靠调查研究，了解中国社会，了解中国国情"③。

总之，社会主义建设时期马克思主义中国化的推进是以突破苏联模式、寻找中国自己的现代化建设道路为目的进行的。通过反思苏联模式在东欧社会主义国家和中国的实践中出现的问题，毛泽东强调了立足中国具体国情去发挥社会主义的制度优势，去探索建设社会主义现代化的具体道路。在这一探索过程中，中国共产党人正确处理各种矛盾关系，推进马克思主义与社会主义现代化建设实际相结合，提出了建设社会主义现代化的总路线，以社会主义现代化建设的伟大成就促进了毛泽东思想的丰富和发展，推动马克思主义及其中国化进入一个新的发展阶段。

三　中国的社会主义现代化建设规划与起步

中国共产党在民主革命和现代化建设中拒斥照搬苏联的经验和做法，"决定了中国社会主义现代化建设一开始便具有了自己的特色"④。社会主义改造的完成，标志着中国已实现社会主义化，正式开启了中国特色社会主义现代化的实际进程；接下来理论主题和实践探索的重点就是在已经建立的社会主义制度的基础上，如何更好地把马克思主义与中国具体国情结

---

① 《毛泽东文集》第 7 卷，人民出版社，1999，第 214 页。

② 孔凡芳、郭学军：《中国特色现代化模式建构原则的几点思考》，《社会科学家》2012 年第 4 期。

③ 张素华、边彦军、吴晓梅：《说不尽的毛泽东》下卷，中央文献出版社，1995，第 5 页。

④ 参见屠静芬、王豪杰、刘春迎《中国特色社会主义现代化发展战略前沿问题研究》，《学习月刊》2019 年第 2 期。

合起来，建设具有鲜明民族特点的社会主义，也即"中国特色社会主义现代化"的具体道路。从建立"社会主义的中国"到建设"中国的社会主义"①，这是中国现代化探索历程上一次艰巨的但也是十分重要的转变。毛泽东正是敏锐地把握了党和国家主要任务的这一变化，并从理论和实践上对这一转变作出分析，得出了中国进入了一个新的历史时期的判断。他说，我们已经进入了钻研"社会主义工业化"、"社会主义改造"、现代化国防以及原子能等的"历史的新时期"。② 党和人民在这一时期的任务是"提高人民文化水平的工作，发展我们的工业，使农业用机器装备起来"。这些任务不可能一下子就完成，一方面，在我们这样的农业大国里，要提高经济和文化水平，建设现代化，"现在工作才开始做，仅仅是开始"，它的完成还"需要一个过程"。③ 虽然"我们对建设工作还缺乏经验"④，但这一探索如何建设中国式社会主义的新的历史时期毕竟已经开始了。毛泽东在中共七届七中全会第一次会议上谈到党的八大的政治报告时，说明了党的中心任务已经转向社会主义建设、中国社会的发展已经进入新阶段这一特点，并指出该政治报告有社会主义改造和经济建设这两个重点，经济建设是该报告的主要部分，三万字中有三分之一是讲经济建设。

　　社会主义改造完成以后，中国已经是一个社会主义国家，如何实现中国的工业化成了中国人民必须面对和解决的主要课题。"一个国家获得解放后应该有自己的工业，轻工业、重工业都要发展，同时要发展农业、畜牧业，还要发展林业。……中国解放后自己发展工业，自己制造机器。"⑤ 但中国是一个建立了社会主义制度的农业大国，现代化建设所需的人力、物力都需要农业提供积累。基于这一事实，中国的现代化只能是社会主义性质的现代化，社会主义也必须是具有现代化内容的社会主义。我们是社会主义国家，有社会主义的制度优势，这一优势使我们的经济能够取得比资本主义条件下快得多的发展速度。一方面，社会主义的优越性就在于"能够容许生产力以旧社会所没有的速度迅速发展"，并在此基础上逐步满

① 周前程：《近代以来中国社会发展的历史与逻辑研究》，《实事求是》2018 年第 3 期。
② 《毛泽东文集》第 6 卷，人民出版社，1999，第 395 页。
③ 《毛泽东文集》第 8 卷，人民出版社，1999，第 71 页。
④ 《毛泽东文集》第 7 卷，人民出版社，1999，第 240 页。
⑤ 《毛泽东文集》第 7 卷，人民出版社，1999，第 383 页。

足"人民不断增长的需要";也正是由于在党的领导下发挥了社会主义制度的优越性,中国以前没有的"机器制造业""汽车制造业和飞机制造业"等先进工业"现在都建立起来了"①,使我们可以在社会主义道路上很快实现中国的现代化,使国家尽快强大起来。另一方面,由于中国"人口多、底子薄,经济落后",要在现有基础上"赶上和超过世界上最先进的资本主义国家",恐怕需要"一百多年的时间"。②这段话说明了中国现代化建设任务的艰巨,在进行现代化建设时必须克服盲目乐观情绪、急躁冒进情绪和悲观情绪。同时毛泽东还认为,要在这样落后的基础上建立起社会主义"现代化的工业强国",不能像西方国家和苏联那样,只建立大厂,还应根据实际需要建设许多的小型工厂,把一切能利用的资源都利用起来。他说,要使我国富起来,就必须在"逐步地建设一批规模大的现代化的企业以为骨干"的同时,充分利用各地的资源和特点"更多地建立中小型企业,并且应当充分利用旧社会遗留下来的工业基础","用较少的钱办较多的事",经过这样"几十年艰苦奋斗的时间,其中包括执行厉行节约、反对浪费这样一个勤俭建国的方针"③,就能迅速改变我国贫穷落后的状况。总而言之,我们有社会主义制度的优越性,有亿万人民的努力奋斗,有苏联和其他兄弟党及世界人民的支持,加上我们制定出正确的政策和策略,"就一定能够一步一步地把我国建设成为一个伟大的社会主义工业化的国家"④。

从这里可以看出,建设社会主义现代化国家的远大理想和中国积贫积弱的落后现实始终困扰着毛泽东,如何立足中国现实国情去解决这一矛盾、找到中国现代化建设的具体道路,成为他进行理论思考和实践活动的一条主线。中国是落后的农业国,农业在国民经济中占有重要地位并对工业化建设具有基础作用,因而如何处理农业、轻工业、重工业之间的关系成了制定工业规划时必须考虑的核心问题。毛泽东曾明确指出,我们所说的工业化道路,从内容上说主要是合理安排"重工业、轻工业和农业的发展关系问题",即在确立"以重工业为中心"的建设方针的同时,要"充

---

① 《毛泽东文集》第 7 卷,人民出版社,1999,第 214 页。
② 《毛泽东文集》第 8 卷,人民出版社,1999,第 302 页。
③ 《毛泽东文集》第 7 卷,人民出版社,1999,第 240 页。
④ 《毛泽东文集》第 7 卷,人民出版社,1999,第 117 页。

分注意发展农业和轻工业"。① 他不久后更加明确地把这一思想概括为工农业同时并举的方针，即优先发展重工业不等于只发展重工业，必须"实行工业与农业同时并举"，二者都要实现现代化。② 这就是毛泽东提出的"统筹兼顾，各得其所"③ 的工业发展战略方针。通过国家对社会资源的统一调配，不仅重工业的发展得到了保障，农业和轻工业也得到了发展，人民的生活随着工业化建设的发展而逐步改善。

要做到统筹兼顾，除了调整农轻重的比例以外，还必须实现区域协调发展。毛泽东指出："我国全部轻工业和重工业，都有约百分之七十在沿海，只有百分之三十在内地。这是历史上形成的一种不合理的状况。"④ 要改变这一状况，就要改变以往不重视发展沿海工业基础的情况，充分利用现有资源和沿海工业的有利条件。他强调，"沿海的工业基地必须充分利用"，"内地工业必须大力发展"，还要积极发展民族地区的经济和文化。⑤ 这样有助于促进国家经济合理布局和地区平衡，对建立社会主义新型民族关系也是有益的。对于那些担心战争很快爆发，发展沿海工业会得不偿失的观点，毛泽东认为，由于世界和平力量的增强，社会主义国家的存在和强大等因素，中国有可能争取"有十年或者更长一点的和平时期"⑥ 来发展自己，形成国民经济发展的科学布局，促进各地区经济社会的协调发展和进步。

但是，在社会主义建设规划中，无论是强调农业、轻工业、重工业产业间的协调，还是强调东、中、西区域间的协调，关键还是在工农两大阶级之间的利益协调问题。这不仅关系到工农联盟的巩固，还关系到重工业发展所需的资金和市场。这就是说，中国的现代化在一定程度上是与农民紧密联系在一起的。毛泽东非常重视农业的发展，强调要处理好同农民的关系，因为当时整个工业化的发展战略都是建立在农业这一基础之上的。因此，我们工业化的方针虽然是以工业为主，但农业的地位绝不能被削弱。没有农业的发展，工业就没有原料、没有市场，也没有资金。"在一

---

①　《毛泽东文集》第7卷，人民出版社，1999，第240~241页。

②　《毛泽东年谱（一九四九——一九七六）》第3卷，中央文献出版社，2013，第222页。

③　《毛泽东文集》第7卷，人民出版社，1999，第186页。

④　《毛泽东文集》第7卷，人民出版社，1999，第25页。

⑤　《毛泽东文集》第7卷，人民出版社，1999，第25页。

⑥　《毛泽东文集》第7卷，人民出版社，1999，第26页。

定的意义上可以说，农业就是工业。要说服工业部门面向农村，支援农业。要搞好工业化，就应当这样做。"① 同时，因为我们是社会主义农业国家，农民占全国人口的绝大多数，如果没有农民的支持，没有农业的发展，要搞好工业建设，建立强大的社会主义国家，那是不可能的。因此，我们以发展生产为重点，但"发展生产和改善人民生活二者必须兼顾"②。只有让人民生活随着生产的发展逐渐得到改善，他们才会支持社会主义现代化建设并为之而奋斗。

为此，毛泽东认为，在发展经济中，农业的基础地位绝不能动摇。农业发展起来了，轻工业和重工业才有可靠的原料供应和广阔的市场。他反复强调："我们建立了社会主义的农业经济，无论是发展轻工业还是发展重工业，农村都是极大的市场。"③ 从工业化所需资金的来源看，在中国工业的起步阶段，我们需要从国外购买关键设备和先进技术，所需外汇只能从农产品的出口中获得。因为中国是社会主义国家，工业化发展所需的大量资本积累不可能从外来资本中获得，工业本身的弱小也决定了它不能实现自我积累和滚动发展，即农业才是工业化所需资金的主要来源。这决定了中国的现代化必须考虑、照顾农民的利益，注意农业的发展和农村的稳定。因为"在一个落后的农业国，要实施社会主义政策，工业投资除了依靠本国的资源以外，别无他法"④。长期从事农业领导工作的陈云也说："中国是个农业国，工业化的投资不能不从农业上打主意。"⑤ 因此如何提高农业的产量，发展农业生产，并从农业中获得现代化建设所需的资金和劳动力就成为必须解决的重大问题。

为此，中国共产党根据国家的实际状况，并在吸取苏联教训的基础上，提出采用农业合作化的方式解决现代化所需资金与发展农业生产之间的矛盾，因为"这是中国短时期内花钱最少又可能实现最大增产计划的一条路"⑥。而要实现农业合作化，就必须保证对农业的必要投入并促进其发

① 《毛泽东文集》第 7 卷，人民出版社，1999，第 200 页。
② 顾龙生编著《毛泽东经济年谱》，中共中央党校出版社，1999，第 328 页。
③ 《毛泽东文集》第 7 卷，人民出版社，1999，第 199 页。
④ 〔英〕汤姆·肯普：《现代工业化模式——苏日及发展中国家》，许邦兴、王恩光译，中国展望出版社，1985，第 146 页。
⑤ 《陈云文选》第 2 卷，人民出版社，1995，第 97 页。
⑥ 《陈云年谱（一九○五——一九九五）》中卷，中央文献出版社，2000，第 299 页。

展，使其能适应工业不断发展的资金需要。在农业生产力水平还不高的情况下，这又要求保证农业从业人口的稳定，要避免农村剩余人口大量涌入城市对社会安定造成的影响。为此，毛泽东指出，"从现在起，我们就要注意这个问题。要防止这一点，就要使农村的生活水平和城市的生活水平大致一样，或者还好一些"①。他认为，中国社会农村人口众多这一特点，决定了我国的工业化仅靠城市工业化和城市工业容纳不了那么多的农村剩余劳动力，还必须大力兴办农村工业，争取劳动力的就地转移，只有使农民成为工人，才能实现中国的工业化。农业现代化过程中农村的富余劳动力"不要涌入城市，就在农村大办工业，使农民就地成为工人"，"将来达到一半劳动力搞工业，这样我们的国家就像个样子了"②。因此中国的现代化建设既不能走西方的老路，也不能采用苏联那种忽视农村发展和农业现代化的模式，而是要在工业化与农业现代化的协调中推进，是名副其实的中国特色社会主义现代化道路。

　　毛泽东立足中国国情提出的农业现代化和农民就地工人化这一重要举措，是其社会主义现代化建设思想的一个重要创新。因为按照已有的现代化理论，现代化在本质上是一个排斥农民和农业经济的过程。但在中国，农民和农村经济的地位决定了中国的现代化进程不可能简单地变成一个农业人口减少和农村经济衰落的过程，更不是一个简单的损害农民利益的过程。相反，中国的现代化进程只有始终有农民的参与才有成功的希望。这就要求中国的现代化目标必须在一定程度上与农民的利益相契合，确保向现代社会的转向与农民自身觉悟的提高相协调。这就要求中国共产党在规划社会主义建设时，要在适当考虑现代化建设的合理需要的基础上，改造农民并使之参与到现代化建设中来，以此化解二者之间的矛盾。一是通过典型示范吸引农民，让农民在现代大农业中得到好处，从而让他们自愿参与农业现代化建设。"把他们的私人生产和私人占有变为合作社的生产和占有，不是采用暴力，而是通过示范和为此提供社会帮助。"③ 二是通过社会主义思想教育提高他们的共产主义觉悟。按照马克思的原则，毛泽东根

---

①　《毛泽东文集》第 8 卷，人民出版社，1999，第 128 页。

②　郭书田主编《毛泽东与中国农业——专家学者纪念毛泽东诞辰 100 周年文集》，新华出版社，1995，第 192 页。

③　《马克思恩格斯选集》第 4 卷，人民出版社，2012，第 370 页。

据中国农民占社会人口绝大多数的现实国情，提出通过合作化的途径把农民组织起来，使之成为社会主义的建设者，化解了二者的矛盾，并为社会主义建设提供了丰富的人力资源。正如有学者所指出的，"动员农民参加到社会主义现代化进程中来，是中国共产党调动社会各界的积极性投入现代化运动最成功的范例，也是对马克思主义现代化理论，特别是世界现代化理论的一大贡献"①。在这个意义上，毛泽东指出，"我们的实践超过了马克思"，而"实践当中是要出道理"，是"要产生自己的理论"的。②

从国情出发探索中国自己的现代化道路，还有一个重要的前提条件就是必须坚持独立自主、自力更生地搞社会主义。这既是中国社会主义现代化建设中的一个根本原则问题，也是从中国国情出发探索中国现代化道路必然得出的结论。毛泽东指出，新中国的建设主要依靠本国人民的力量，国际力量要争取，但不能把基点放到外国人身上，我们的现代化建设必须"以自力更生、不依赖外援为原则。自己尽可能独立地搞，凡是自己能办的，必须尽量地多搞"。为此他特别强调了搞好农业的重要性："吃饭靠外国，危险得很，打起仗来，更加危险。"③ 基于这一认识，毛泽东把"自力更生"作为建设社会主义中国的基本指导方针。他说："中国的革命和中国的建设，都是依靠发挥中国人民自己的力量为主，以争取外国援助为辅，这一点也要弄清楚。"④ 从这一原则出发，毛泽东指出，"像我们这样一个人口众多、资源较富、需要很大的国家，仍然有必要建立自己的完整的工业体系"。⑤ 他强调，"没有完整的工业体系"就不会有"社会主义工业化的巩固基础"。⑥

总之，这一时期中国工业发展战略以探索中国自己的社会主义现代化道路为主题，带有明显的中国特色。这一探索根据实践的发展出现了两次明显的调整，实施了三个相互联系却又重心不同的工业化发展战略。最初，是根据苏联经验制定"重工业优先发展"的战略。在这一战略的指导

① 郭根山：《毛泽东与中国现代化道路——以世界现代化进程为视角》，中央文献出版社，2005，第 230 页。
② 《毛泽东年谱（一九四九——一九七六）》第 3 卷，中央文献出版社，2013，第 345、357 页。
③ 《毛泽东文集》第 8 卷，人民出版社，1999，第 128~129、129 页。
④ 《毛泽东外交文选》，中央文献出版社、世界知识出版社，1994，第 245 页。
⑤ 《建国以来重要文献选编》第 9 册，中央文献出版社，1994，第 183 页。
⑥ 《毛泽东读苏联〈政治经济学（教科书）〉谈话记录》（四），《党的文献》1993 年第 4 期。

下，中国顺利地完成了第一个五年计划，初步奠定了中国工业发展的基础。但在实施这一战略的过程中，毛泽东等察觉到苏联以牺牲农民利益为代价的工业化战略不完全符合中国的国情。因此，在经历了人民公社化运动和"大跃进"运动之后，毛泽东认识到中国的重工业虽然要优先发展，但没有农业发展的保障，工业化战略就会成为一句空话。由此在资金分配上，应该首先保障农业发展所需资金，坚持"以农业为基础，工业为主导，农轻重为序"①的工业发展战略，强调国民经济综合平衡的建设方针。这是基本符合中国国情特点的工业化发展战略，因而指导中国迅速走出了困境，恢复和发展了国民经济。这也反映出毛泽东在思考中国现代化的战略时对马克思主义辩证法的灵活运用。在这一探索过程中，毛泽东为社会主义现代化建设提出了许多富有创见的新思想、新理论，奠定了中国特色社会主义现代化理论大厦的基础，并实际地推动了中国特色社会主义现代化具体道路的探索进程，使中国"由一个贫穷落后的半殖民地半封建国家变成了一个独立、自由、民主、统一和具有完整工业体系和国民经济体系的社会主义国家"。由于这些贡献，毛泽东被称为"中国社会主义现代化事业的开拓者和奠基者"。②

第五节　社会主义四个现代化的实践生成及意义

社会主义制度建立后，中国共产党开始领导人民探索建设社会主义现代化的具体道路。在这一过程中，毛泽东等党和国家领导人逐步认识到，现代化不只是工业化，还有其他方面，由此逐渐突破把现代化等同于工业化的框架，提出了四个现代化思想，使之成为中国现代化建设的主要目标。在这一目标的牵引下，中国共产党在社会主义建设实践中提出了现代化分"两步走"的战略，进一步明确了中国现代化建设的方向、具体任务和实现途径，擘画了中国现代化的世纪蓝图，极大地推动了其发展进程。

---

① 《毛泽东文集》第 8 卷，人民出版社，1999，第 78 页。
② 张文儒主编《毛泽东与中国现代化》，当代中国出版社，1993，第 1 页。

一 社会主义建设的逐步推进与四个现代化的实践生成

从历史来看，无论是在新民主主义革命时期还是社会主义建设时期，毛泽东"对中国实现现代化的奋斗目标和社会主义一定要建立在现代化基础上的观点，都是坚定不移的"①。这就不难理解，为什么社会主义制度建立后，现代化与社会主义会紧密相连，甚至被等同起来。因为对中国共产党及其领导下的国家而言，现代化是什么以及如何实现，是近代以来中国社会发展的主线和社会主义建设的主题，社会主义建设什么、怎么建设，也是围绕人们对现代化的认识而展开的。

中国共产党在规划中国现代化之始，把现代化理解为工业化。毛泽东在规划新民主主义革命时期的现代化建设时，把中国"由农业国变为工业国"②作为现代化的基本的甚至是唯一的目标。在他看来，如果没有实现工业化，那么"巩固的国防""人民的福利""国家的富强"等都是空谈。③在社会主义改造过程中，中国共产党选择了以重工业为优先发展方向的工业化模式，即"从发展原材料、能源、机械制造等重工业入手"着手中国的现代化建设。因为中国的现代化建设是在落后的工业基础和低下的国民经济发展水平的条件下开始的，这决定了中国要维护国家的生存和独立，必须尽快摆脱落后状态，早日实现以重工业为中心的工业化，而不能走西方先发展轻工业后发展重工业的老路。中国选择以重工业优先发展的社会主义现代化建设道路，是由中国自身条件所决定的。"没有机器制造业，发展轻工业的装备从哪里来？没有钢铁等基础工业，机械制造的原材料从哪里来？没有能源和交通运输，整个经济又如何运转？仰赖进口么？办不到。"④在这种观点的指导下，现代工业尤其是重工业和国防工业成为社会主义现代化建设的重点，农业以及其他部门尽管作为一个重要的

---

① 朱佳木：《毛泽东对中国工业化的探求与中国的革命和建设》，载全国纪念毛泽东同志诞辰110周年学术研讨会组委会编《毛泽东与当代中国——全国纪念毛泽东同志诞辰110周年学术研讨会论文集》上卷，中央文献出版社，2004，第132页。

② 《建党以来重要文献选编（一九二一——一九四九）》第25册，中央文献出版社，2011，第184页。

③ 《毛泽东选集》第3卷，人民出版社，1991，第1080页。

④ 薄一波：《若干重大决策与事件的回顾》上卷，中共中央党校出版社，1991，第290页。

领域而存在，但其地位仅仅是工业化的一个部门，是为工业化提供原料和市场服务的。"解决农业合作化的问题"是为了实现"社会主义工业化"，① 因而全国人民都要集中力量为实现国家的工业化而奋斗。按照这种理解制定的社会主义建设规划，虽然能集中有限的资源用于工业建设，在短期内提高工业化水平，但容易导致国民经济发展不平衡，影响人民群众生活水平的提高。周恩来在总结苏联社会主义建设的经验和我国社会主义建设中的问题时也指出，不能只讲"工业国"，"只提建立独立的工业体系"不完整。他明确指出："苏联就是光提工业化，把农业丢了。"② 这意味着，把现代化仅仅理解为工业化，在社会主义现代化建设中只强调工业化是不恰当的，不符合中国农民占全国人口的绝大多数、农业在国民经济中占有重要地位这一现实国情。

鉴于这一情况，毛泽东在谋划中国的社会主义建设时强调了农业在现代化中的作用，他说，我们生产力水平低不只表现在工业方面，农业方面也是如此，为此，"工业、农业都要机械化，工业、农业要同时发展"③。即是说，在社会主义现代化建设中农业具有与工业同样的地位和作用，没有农业的发展，工业就没有原料和资金来源，也没有工业产品的销售市场，实现工业化就是一句空话，因此"在一定的意义上可以说，农业就是工业"④。特别是像中国这样的人口大国，如果没有充足的粮食供应，不仅人民的吃住要出现问题，工业生产也会没有原料的市场，这会导致国民经济的混乱。所以粮食安全不仅是经济安全的问题，还是国家安全和政治安全的大问题，对中国关系极大。"手里有粮，心里不慌，脚踏实地，喜气洋洋。"⑤ 为此，毛泽东在强调工业化是社会主义现代化建设的中心任务的同时，实行"工业与农业同时并举"的方针，协调建立"现代化的工业"和"现代化的农业"，⑥ 把对现代化内涵的理解从工业化发展到了工业化和农业现代化并举，并把它确立为社会主义现代化建设的基本方针。按照这一社会主义现代化建设方针，评价中国工业化的程度就不能单凭大

---

① 《毛泽东文集》第 6 卷，人民出版社，1999，第 431 页。
② 《建国以来重要文献选编》第 16 册，中央文献出版社，1997，第 614 页。
③ 《毛泽东文集》第 8 卷，人民出版社，1999，第 216 页。
④ 《毛泽东文集》第 7 卷，人民出版社，1999，第 200 页。
⑤ 《毛泽东文集》第 8 卷，人民出版社，1999，第 84 页。
⑥ 《毛泽东文集》第 7 卷，人民出版社，1999，第 310 页。

工业总产值与工农业总产值的比例来定，关键在于农民问题的解决。在绝大多数农民还在进行农业生产的情况下，工业总产值占比再高也不意味着中国工业化的实现。

早在1955年社会主义改造还没有完成的时候，毛泽东就根据领导经济建设的实际经验提出了社会主义现代化建设不只有工业和农业领域，还有科学技术等领域，把现代化的内涵扩展到"社会主义工业化"和"社会主义改造"，还有"现代化的国防"和原子能。① 这说明毛泽东对社会主义现代化建设的规划更加具体和科学，对现代化的认识也进一步深化。1957年初，毛泽东在谈到建设社会主义现代化国家这一问题时，把现代化的内涵理解为工业现代化、农业现代化、科学文化现代化三个方面。他说，要建设"一个具有现代工业、现代农业和现代科学文化的社会主义国家"②。这一新提法在党的八大二次会议上得到肯定，③ 使三个现代化成为中国共产党探索现代化建设的重要发展战略。1963年12月16日，毛泽东在听取聂荣臻关于十年科学技术规划问题的汇报时又重申了实现科学技术现代化的思想。他说，一定要打好"科学技术这一仗"。"搞上层建筑、搞生产关系的目的就是解放生产力。现在生产关系是改变了，就要提高生产力。不搞科学技术，生产力无法提高。"他还认为，没有科学技术的现代化，其他方面的现代化也是搞不好的。搞社会主义建设"是新的事，没有经验。怎么搞工业，比如炼铁、炼钢，过去就不大知道。这是科学技术"。④ 这是把科学技术作为现代化的重要内容，并把它作为工业化的关键因素加以强调。

但是随着中国共产党对现代化目标的认识在实践中的不断发展，三个现代化的提法很快就因实际的发展而被四个现代化的提法取代了。据学者考证，党和国家的正式文献中提出四个现代化是在一届全国人大一次会议上周恩来所作的《政府工作报告》中。该报告把工业、农业、交通运输业、国防等作为现代化建设的主要内容和方面，⑤ 但这一提法在当时并没有成为国家战略。后来毛泽东在读苏联《政治经济学（教科书）》时较完

① 《毛泽东文集》第6卷，人民出版社，1999，第395页。
② 《毛泽东文集》第7卷，人民出版社，1999，第268页。
③ 参见当代中国研究所编《中华人民共和国史编年》1958年卷，当代中国出版社，2011，第332页。
④ 《毛泽东文集》第8卷，人民出版社，1999，第351、72页。
⑤ 参见《建国以来重要文献选编》第5册，中央文献出版社，1995，第584页。

整地提出四个现代化思想。他说，建设社会主义除了原来说的实现"工业现代化，农业现代化，科学文化现代化，现在要加上国防现代化"。① 这一提法在《中共中央关于当前工业问题的指示》中得到确认②，从此四个现代化正式成为中国共产党的社会主义现代化建设目标并稳定了下来。在第四届全国人民代表大会第一次会议上，四个现代化被写入了政府工作报告，并有了建设四个现代化的阶段目标、时间表。第一步"用十五年时间，即在一九八○年以前，建成一个独立的比较完整的工业体系和国民经济体系"；第二步"在本世纪内，全面实现农业、工业、国防和科学技术的现代化"。③ 此后，关于四个现代化的建设目标及社会主义现代化建设的"两步走"战略不断被提出来，作为中国共产党团结奋进的旗帜和指引全国人民为之不懈奋斗的指南。从这里可以看出，以毛泽东同志为主要代表的中国共产党人"不仅为新中国设计了实现'四个现代化'、迈向现代社会的战略目标，而且还制定了实现这些战略目标的时间表和具体步骤"④。从此，社会主义现代化建设被具体化为四个现代化建设，成为中国的主要任务。

在规划现代化的目标和实现路径、确立建设中国特色社会主义的主要内容和任务的过程中，出于保障国家安全和提升人民生活水平的考虑，经济发展的速度问题始终是毛泽东关注的重要问题之一。因为新中国成立初期中国的工业基础十分薄弱，且主要集中在轻工业，技术落后且结构畸形，与世界先进国家差距巨大。无论是从经济总量来看还是从发展水平来看，中国与美国工业水平相比至少落后"100 年以上"⑤，如果只是跟在别人后面跑，是永远赶不上的。为了赶上美国，我们只能"尽量采用先进技术"，实现超常规发展，用尽可能短的时间把我国建设成为社会主义现代化国家。⑥ 毛泽东在把中国与美国作了一番比较后认为，中国在较短的时

① 《毛泽东文集》第 8 卷，人民出版社，1999，第 116 页。

② 参见当代中国研究所、中央档案馆编《中华人民共和国史编年》1961 年卷，当代中国出版社，2014，第 560 页。

③ 《周恩来选集》下卷，人民出版社，1984，第 479 页。

④ 郭根山：《毛泽东与中国现代化道路——以世界现代化进程为视角》，中央文献出版社，2005，第 137 页。

⑤ 董辅礽主编《中华人民共和国经济史》，经济科学出版社，1999，第 13 页。

⑥ 《毛泽东文集》第 8 卷，人民出版社，1999，第 341 页。

间内赶上美国是有可能的。"美国只有一亿七千万人口,我国人口比它多几倍,资源也丰富,气候条件跟它差不多,赶上是可能的";而且中国人口众多、资源丰富、幅员辽阔,又建立了先进的社会主义制度,"所以,超过美国,不仅有可能,而且完全有必要,完全应该"。①

当然,毛泽东提出四个现代化,并不是说中国的社会主义现代化建设就只有这四个方面的内容,而是说这四个方面是中国社会主义现代化建设的主干。除此之外,我们还要实现政治、社会、思想文化等方面的现代化。而且,中国地域广大,各地经济和社会发展水平不同步,具有层次性,因而地方建立中小企业不能贪大求洋求新,要因地制宜,要充分利用现有技术和条件。毛泽东指出,"机械化要讲,但也不要讲得过头",更不能贪大求洋,而是必须根据中国的实际情况,实行"洋土并举、大中小并举"。②"因为要发挥地方积极性,开始时主要靠中小型企业和土法生产。"③毛泽东的这一思路实际上是要求大家充分利用现有条件、技术和设备,抓住时机推进工业化,而不必等有了现代化的大型设备后才开始工业化。这一思想中隐含的重要论点是:人们的需要、社会的需要是多层次的,现代化本身也是多层次的、波浪式的发展过程,现代化因素是逐渐生长出来的,而不是一下子全部实现所谓的现代化;一个现代化的社会完全有可能是一个多种生产方式和多种需求并存的社会。这对于克服人们对现代社会的线性化和平面化的单向思维方式,绘就现代社会的立体图景无疑是十分重要的。

总之,在社会主义社会建立以后,党中央和毛泽东围绕建设社会主义工业国这一总任务和总目标,不断推进对社会主义现代化建设具体道路的探索,紧紧抓住社会主义工业国到底是什么、应该怎么建,需要通过什么样的路径、实现什么样的具体目标等重大理论和实践问题进行艰辛探索,用马克思主义去分析、研究社会主义建设实际情况,逐渐明确了建设社会主义工业国的具体内容,并根据实践的发展和认识的深入不断予以深化,由此先后提出了"工业化""工业与农业同时并举""现代工业、现代农

---

① 《毛泽东文集》第 7 卷,人民出版社,1999,第 89 页。
② 《毛泽东年谱(一九四九——一九七六)》第 4 卷,中央文献出版社,2013,第 272、260 页。
③ 《毛泽东读苏联〈政治经济学(教科书)〉谈话记录》(四),《党的文献》1993 年第 4 期。

业和现代科学文化"，最终形成了符合当时中国具体实际的四个现代化思想，规划了中国现代化的基本框架和主要内容，取得了社会主义现代化建设的伟大成就，为中华民族的独立、富强打下了坚实基础。

二　社会主义四个现代化的意义及其影响

有学者认为："中国特色社会主义现代化的快速发展起始于新中国成立以后。"① 因为中华人民共和国成立后，毛泽东等老一辈革命家在领导中国人民进行社会主义建设的过程中提出的四个现代化思想及其实践取得的伟大成果，开辟了既不同于西方也不同于苏联的，带有中国特点的现代化道路，开创了中国现代化第一个快速发展的历史时期，为进一步探索符合中华民族特点的社会主义现代化道路积累了经验。这不仅对现代中国的构建、社会主义在中国的发展产生了深远的影响，对推进马克思主义及其中国化的发展、对第三世界国家探索符合自己情况的现代化道路也具有重要的借鉴意义。

首先，把马克思主义与现代化实际相结合作为建设中国特色社会主义现代化的根本原则。毛泽东集中全党和全国人民的智慧提出的以马克思主义为指导和根据中国自己的情况不断总结实践经验提出的四个现代化建设，是社会主义本质、现代化规律与中国实际情况相结合的产物，集中体现了中国共产党人立足人民群众实践对马克思主义的理解、对现代化规律的认识和对中国国情的把握。在这一道路的探索和形成过程中，毛泽东反复强调"要独立思考"，要把马克思主义基本原理与我国的具体实际"相结合"，以解决我们应该"怎样建设社会主义"这一问题，② 这才是"我们的理论"。③ 毛泽东还针对我国和其他国家在社会主义建设中照搬苏联模式带来的问题指出，对苏联经验不能照搬，而"要引以为戒"④。基于走自己的路、独立自主地建设社会主义现代化的理论和实践自觉，毛泽东强调对

---

① 任保平、付雅梅：《新时代中国特色社会主义现代化理论与实践的创新》，《经济问题》2018 年第 9 期。
② 逄先知、金冲及：《毛泽东传（1949—1976）》上卷，中央文献出版社，2003，第 506 页。
③ 《毛泽东文集》第 7 卷，人民出版社，1999，第 42 页。
④ 《毛泽东文集》第 7 卷，人民出版社，1999，第 23 页。

别国经验尤其是苏联经验要有科学的态度：一方面要努力学习苏联的经验，吸取其教训；另一方面要进行自己的探索。中国有自己的独特国情，这决定了在建设社会主义现代化时只有寻找适合自己国情的道路才能成功。而且学习苏联经验是为了在推进中国的社会主义现代化建设中少走弯路，而不是为了学习而学习。为此，毛泽东在广泛调查研究的基础上，确立了中国社会主义现代化建设的基本目标和指导原则，那就是："尽量争取化消极因素为积极因素"，"努力把党内党外、国内国外的一切积极的因素"都"调动起来"，"把我国建设成为一个强大的社会主义国家"。① 而他在《论十大关系》中提出的必须处理好的"十大关系"②，实际上构成了当时中国社会主义现代化建设的主要内容和基本路径。为此，毛泽东批评了那些在社会主义现代化建设过程中仍然"企图用过去的方法对待新问题"③ 的做法，要求大家钻研"各方面的新的工作"，并"成为内行"，④ 找到多快好省地推进社会主义建设的道路和方法。周恩来对此指出："马克思主义关于社会主义建设有一个概括的原则，计划经济，按比例地发展。但是具体的道路根据我们的总路线、总方针，还需要在实践中来发展，把它具体化，要创造自己的经验。"⑤ 而四个现代化思想就是在这种探索过程中形成的。可见，坚持马克思主义与中国现代化建设实际在人民实践中的结合，不仅是坚持和发展马克思主义的方法，还是探索中国特色社会主义现代化道路的方法。

其次，必须根据实践的发展不断创新社会主义建设的内容和方法。按照唯物辩证法的观点，任何事物都是过程的集合体，都有一个不断生成的过程，这决定了人们对事物的认识不是一蹴而就的。社会主义现代化建设作为中国社会从未有过的新事物，它的问题域是逐渐展开的，人们对它的认识也是逐步深入的。这决定了我们对社会主义现代化建设的理解和采取的政策措施也必然有一个随实践的发展而不断发展的过程。更为重要的是，社会主义改造完成时间比中国共产党的领导人预想的时间大大提前了，由此带来的中国经济社会状况的巨大变化及党和国家面临的社会主义

---

① 《毛泽东文集》第7卷，人民出版社，1999，第23、44页。
② 《毛泽东文集》第7卷，人民出版社，1999，第23页。
③ 《毛泽东文集》第7卷，人民出版社，1999，第289页。
④ 《毛泽东文集》第6卷，人民出版社，1999，第395页。
⑤ 《周恩来年谱（一九四九——一九七六）》中卷，中央文献出版社，1997，第586页。

经济建设这一主要任务也被提前提上了议事日程，导致中国共产党对社会主义现代化建设的思想和理论准备都明显不足。毛泽东指出，新中国成立后，在三年经济恢复时期，我们"对搞建设""搞第一个五年计划"，都是"懵懵懂懂的"，只能"照抄苏联的办法"。① 这就是说，对在中国这样的落后农业大国如何在马克思主义与中国实际的不断结合的理论创新中，找到符合中国特点的社会主义现代化建设的具体道路，"党不仅缺乏经验，而且没有足够的思想准备"②。从毛泽东郑重提出要反对党内的几种错误观点——"（一）确立新民主主义的社会秩序；（二）由新民主主义走向社会主义；（三）确保私有财产"③ ——中也可以看出，当时党内大多数人考虑的重点还不是建设社会主义的中国，而是建设新民主主义的中国。这就是说，社会主义现代化建设任务的提前到来，打乱了党中央的原定部署，迫使我们以苏联模式为样本去思考社会主义现代化是什么样的、中国应该怎样去建设社会主义现代化等重大理论和实践问题。这种理论落后于实践的状况同时也要求"我们必须把马克思列宁主义的普遍真理同中国社会主义建设的具体实际，并且同今后世界革命的具体实际，尽可能好一些地结合起来，从实践中一步一步地认识斗争的客观规律"④。这种情况也决定了我们进行社会主义现代化建设只能边探索、边总结、边完善，就像干革命一样，"常常不是先学好了再干，而是干起来再学习，干就是学习"⑤。这就是我们的社会主义现代化建设目标经历了从工业化到四个现代化的发展过程的原因。可见，把社会主义现代化具体化为四个现代化这一建设目标，反映了中国共产党对中国社会主义现代化建设的认识是在实践中逐步深入的，也意味着中国共产党对中国的现代化远景有了阶段性的奋斗目标，对中国现代化进程必然产生巨大而深远的影响。

再次，建设中国的社会主义现代化要善于学习别国经验。从对待苏联

① 《毛泽东文集》第 8 卷，人民出版社，1999，第 117 页。
② 田武勤、李婧、张泽强：《马克思主义中国化研究学科基本理论与方法》，中国人民大学出版社，2017，第 206~207 页。
③ 《毛泽东年谱（一九四九——一九七六）》第 2 卷，中央文献出版社，2013，第 115 页。
④ 《毛泽东文集》第 8 卷，人民出版社，1999，第 302 页。
⑤ 《建党以来重要文献选编（一九二一——一九四九）》第 13 册，中央文献出版社，2011，第 465 页。

经验的鉴戒中，中国共产党合乎逻辑地得出了"每个民族都有长处"①，因而中国社会主义现代化建设应该向资本主义国家学习的结论。毛泽东明确指出，有些资本主义国家的制度"和我们的制度根本不同，但是它们发展的经验，还是值得我们研究"②。美国"只有一百多年就发展起来了"，就"搞成这么一个发达的国家总有一些原因。它的政治制度是可以研究的"，③其中一些有价值的东西就应该学习。鉴于此，他提出向西方资本主义国家学习现代化建设经验的思想，以完善中国社会主义现代化建设的内容和实践方式，并进而提出向所有国家学习的基本方针。他说，"我们的方针是，一切民族、一切国家的长处都要学"，它们的"一切真正好的东西都要学"。当然，这种学习不是照抄照搬，而是"有分析有批判地学"。④ 所谓批判地学习，就是"从自己经验中考证这些结论，吸收那些用得着的东西，拒绝那些用不着的东西，增加那些自己所特有的东西"⑤。正是这种彻底的批判的马克思主义态度，使毛泽东等中国共产党领导人能够集中世界各国进行现代化建设的好经验，做到"古为今用，洋为中用"⑥，跳出要么"西化"，要么"苏化"的窠臼，开创出具有中国特色的社会主义现代化道路，也为推动世界现代化进程作出了贡献。

最后，必须根据实践的发展不断实现中国的社会主义建设具体化。在中国搞社会主义是一项全新的事业，没有经验可以借鉴，只有靠自己摸索，从自己的现代化实践中学习现代化，这是中国进行社会主义现代化建设的主要方法。这意味着中国社会主义现代化建设的基本原则和制度框架建立后，必然有一个逐步深入、发展和具体化的过程。之所以这样，是因为社会主义建设任务艰巨且不断变化发展，加之人民的社会主义认知、群众的思想觉悟等的提高都需要一个过程。"农业的机械化、电气化，公社工业化，国家工业化，人民的社会主义、共产主义觉悟程度和道德品质的提高，文化教育、技术水平提高的过程。当然，这还只是第一个阶段，以

① 《毛泽东年谱（一九四九——一九七六）》第2卷，中央文献出版社，2013，第517页。
② 《毛泽东文集》第7卷，人民出版社，1999，第32页。
③ 薄一波：《若干重大决策与事件的回顾》上卷，中共中央党校出版社，1991，第488页。
④ 《毛泽东文集》第7卷，人民出版社，1999，第41页。
⑤ 《建党以来重要文献选编（一九二一——一九四九）》第13册，中央文献出版社，2011，第465页。
⑥ 《毛泽东书信选集》，中央文献出版社，2003，第558页。

后还会有第二个、第三个、第四个阶段，才能完成建设社会主义的任务。"① 因此，在社会主义建设总路线确定以后，毛泽东要求探索在不同建设实践中贯彻社会主义建设总路线的具体政策和策略。他说："现在我们提出的要求是：如何进一步地实现党的总路线的要求，多快好省地发展我们的工业，逐步地接近世界工业和技术的先进水平。"② 他在谈到农村的社会主义长远规划时也说："这种计划只是一个大的方向，还要用每一个五年计划和每一年的年度计划去加以具体化。由于几个年度计划的实行，远景计划会要一再加以修改的。"③ 只有把社会主义建设的目标不断"按照新的情况加以具体化"④，中国共产党关于社会主义建设的各项政策措施才能始终与不断变化的实际情况相符，社会主义四个现代化建设的目标才能在人民的实践中取得预想的效果并不断变为现实。

　　总之，毛泽东等中国共产党领导人根据新中国成立时期经济文化落后这一现实状况，坚持以马克思主义为指导，批判地对待苏联等社会主义国家的经济建设经验，充分吸收西方国家进行现代化建设的经验，经过长期艰辛探索，"凝结了近代以来所有志士仁人，特别是中国共产党人的心血和愿望"⑤，总结和提炼出了社会主义四个现代化建设目标及理论体系，初步构建了独具中国特色的社会主义现代化的实践路径，成为凝聚、鼓舞、指导中国人民团结奋斗的精神力量和指引中华民族团结奋进的光辉旗帜。

---

① 《毛泽东年谱（一九四九——一九七六）》第 3 卷，中央文献出版社，2013，第 608 页。
② 《建国以来毛泽东文稿》第 10 册，中央文献出版社，1996，第 347 页。
③ 《毛泽东文集》第 6 卷，人民出版社，1999，第 452 页。
④ 《中共中央文件选集（1949 年 10 月—1966 年 5 月）》第 20 册，人民出版社，2013，第 279 页。
⑤ 王树荫主编《马克思主义中国化史》第 2 卷，中国人民大学出版社，2015，第 377 页。

第四章 改革开放和社会主义现代化建设

新时期的马克思主义中国化

与中国特色社会主义现代化

如果说民主革命和社会主义革命重点解决了"中国特色社会主义现代化是什么"的问题，那么改革开放则需要重点解决"怎么建设中国特色社会主义现代化"的问题，以及解决如何根据中国具体国情确定中国特色社会主义现代化的"具体道路、方针、方法和措施"① 等问题。党的十一届三中全会把党和国家工作重心转移到经济建设上来后，邓小平等党和国家领导人立足中国国情，以追问"什么是马克思主义，什么是社会主义"为突破口，把社会主义制度与"建设社会主义的具体做法"②，即社会主义的普遍性与其具体模式的特殊性区分开来，把马克思主义运用于中国具体环境，提出了建设中国特色社会主义现代化的基本方略及具体政策措施，并经过中国共产党人的接续奋斗和全国各族人民长期的不懈努力，形成了具有中华民族特色的社会主义现代化建设理论、道路和制度，使中国的现代化建设和马克思主义中国化都达到了新的高度。可见，强调立足中国国情来理解、运用马克思主义，立足中国国情探索在社会主义各领域进行现代化建设的具体方略，是改革开放开启的马克思主义中国化和中国特色社会主义现代化建设的最主要特征。

---

① 《三中全会以来重要文献选编》上卷，中央文献出版社，1982，第 20 页。
② 《邓小平文选》第 2 卷，人民出版社，1994，第 250 页。

第一节　邓小平理论与中国特色社会主义现代化
新道路的实践生成

党的十一届三中全会在党、国家、中华民族历史上都是一个具有重大意义的历史事件，它实现了党的工作重心的转移，"开启了改革开放和社会主义现代化的伟大征程"①。从此以后，找到"实现社会主义现代化的正确道路"② 成为中国共产党进行理论与实践探索的主题。在这一过程中，邓小平以无产阶级政治家的非凡勇气和卓越才能，带领全党和全国人民系统总结了新中国成立以来建设社会主义、推进现代化的经验和教训，坚持把马克思主义与新的历史条件下的建设实际紧密结合，继续探索中国自己的社会主义现代化建设道路，以改革和开放为主要方法，制定了一系列科学的战略策略，擘画了现代化建设新蓝图，并在社会主义现代化建设实践中总结出邓小平理论这一马克思主义中国化理论创新成果，为中国的腾飞打下了坚实基础。在中国环境中建设"有中国特色的社会主义，这样才是真正地坚持了马克思主义"③。这是总结改革开放以来中国现代化建设经验得出的基本结论。

一　现代化视域中马克思主义中国化的新发展与邓小平理论的实践生成

马克思主义中国化是中国共产党立足中国实践创新马克思主义的科学方法。早在大规模社会主义建设刚刚开启的时候，毛泽东就根据党领导革命的经验提出要实现马克思主义和中国实际的"第二次结合"，找到建设中国社会主义的"正确道路"。④ 但毛泽东的这一愿望因种种原因没有实现，社会主义建设也遭受严重挫折。

---

① 习近平：《在庆祝改革开放 40 周年大会上的讲话》，人民出版社，2018，第 1~2 页。
② 《十八大以来重要文献选编》上卷，中央文献出版社，2014，第 694 页。
③ 《邓小平文选》第 3 卷，人民出版社，1993，第 191 页。
④ 参见吴冷西《十年论战》上卷，中央文献出版社，1999，第 23~24 页。

为此，邓小平认为要回答"什么是社会主义、怎样建设社会主义"这一问题，实现马克思主义与中国实际的"第二次结合"，首先必须搞清楚"什么是马克思主义、怎样对待马克思主义"。因为从"几十年搞社会主义的经验"中可以看出，我们以前对"社会主义是什么，马克思主义是什么"这一根本问题"并没有完全搞清楚"，① 即我们知道马克思主义和社会主义是什么，并以此为指导成功地建立起现实的社会主义，但并没有完全搞清楚马克思主义和社会主义在各国的具体存在形态到底是什么样的，应该采取怎样的政策、措施、方略等予以落实，也没有搞清楚在不同条件下怎么看待马克思主义和社会主义等。国际共产主义运动中出现的种种问题和中国社会主义现代化建设中出现的失误，都与对马克思主义和社会主义的一知半解有关。所以邓小平说，多年来，一直存在一个怎样去理解马克思主义和社会主义的问题，没有搞清楚马克思去世后世界历史"发生了什么变化"，更没有弄清楚在变化了的条件下"如何认识和发展马克思主义"。② 理论上的不清醒必然导致实践上的失误。正是基于这一分析和认识，邓小平以"什么是马克思主义、怎样对待马克思主义"为逻辑起点去探索中国社会主义现代化建设的具体道路问题，以便找到真正的马克思主义并实现其与社会主义现代化建设实际的结合。

即是说，在中国搞社会主义，进行现代化建设，首先必须弄清楚马克思主义和社会主义"是什么"。邓小平对此强调，"我们的经验教训有许多条，最重要的一条"是要把"什么是社会主义、怎样建设社会主义"这个问题搞清楚。他还说，"中国搞社会主义，强调要有中国的特色"，只有能够"结合中国实际的马克思主义，才是我们所需要的真正的马克思主义"。③

为此，邓小平号召人民从实践出发探索中国社会主义现代化建设的道路和方法。由于实践是不断变化发展的，以实践为衡量马克思主义的标准，"在实践中摸索"，必然要求人民随着实践的发展不断"以新的思想、观点去继承、发展马克思主义"。④ 基于这一认知，邓小平强调实事求是才

① 《邓小平文选》第3卷，人民出版社，1993，第137页。
② 《邓小平文选》第3卷，人民出版社，1993，第291页。
③ 《邓小平文选》第3卷，人民出版社，1993，第116、213页。
④ 《邓小平文选》第3卷，人民出版社，1993，第259、292页。

是"马克思主义的精髓",告诫全党"要提倡这个,不要提倡本本"。因为"人民,是看实践。人民一看,还是社会主义好,还是改革开放好,我们的事业就会万古长青!"①

从实践出发,邓小平重新阐释了马克思主义。按照马克思主义对未来社会的设想,社会主义优越于资本主义的地方一个在于整个社会对生产资料的合理调配,因而有比资本主义更高的资源使用效率和更快的生产力发展速度;另一个是物质财富的极大丰富和人民共同享有社会的财富。从这个意义上说,一方面,社会主义是生产力高度发展的社会。社会主义社会只有使"社会生产力以旧社会所没有的速度迅速发展"②,才能体现出其优越性。另一方面,社会主义社会生产力发展带来的巨大物质财富不是由少数人享有的,而是由全体社会成员共享的。"贫穷不是社会主义,更不是共产主义",社会主义的优越性就体现在,在社会生产力发展的基础上不断改善人民的物质文化生活;③由此邓小平认为共同富裕是"体现社会主义本质的一个东西",强调搞社会主义就是要实现全体人民的共同富裕。④也就是说,在中国搞社会主义,归根结底是发展生产力,不断壮大中国经济。邓小平说,"不发展生产力,不提高人民的生活水平,不能说是符合社会主义要求的"⑤。按照这一理解,邓小平提出判断党的政策是不是符合马克思主义、是不是搞社会主义的标准,那就是是否"有利于发展社会主义社会的生产力",是否"有利于增强社会主义国家的综合国力",是否"有利于提高人民的生活水平"。⑥ 在邓小平看来,由于现代化建设是"我们当前以及今后相当长一个历史时期的主要任务","能否实现四个现代化,决定着我们国家的命运、民族的命运"。因此,在当代中国,"搞好社会主义的四个现代化,就是坚持马克思主义,就是高举毛泽东思想伟大旗帜",否则"就是脱离马克思主义,就是空谈马克思主义"。⑦ 他还说:"我们坚持了社会主义公有制和按劳分配的原则。我们坚持自力更生为主、

---

① 《邓小平文选》第3卷,人民出版社,1993,第382、381页。
② 《邓小平文选》第2卷,人民出版社,1994,第128页。
③ 《邓小平文选》第3卷,人民出版社,1993,第64页。
④ 《邓小平文选》第3卷,人民出版社,1993,第364页。
⑤ 《邓小平文选》第3卷,人民出版社,1993,第116页。
⑥ 《邓小平文选》第3卷,人民出版社,1993,第372页。
⑦ 《邓小平文选》第2卷,人民出版社,1994,第162~163页。

争取外援为辅、学习和引进外国先进技术发展我国社会主义经济建设的方针。我们努力按照客观经济规律办事。也就是说，我们坚持了科学社会主义。"① 由此，邓小平提出了完整的、系统的马克思主义观，为中国在社会主义建设中如何认识、坚持、对待马克思主义提供了科学指导。对此，有学者指出，把发展生产力看成社会主义的本质和马克思主义的核心理论旨趣，"旗帜鲜明并始终一贯地把发展我国社会主义生产力置于首位，这是邓小平在新时期对毛泽东思想的最重要的补充和发展，也是他本人最重大的理论贡献"②。

除了正确认识和对待马克思主义、毛泽东思想，实现四个现代化还需要认清中国国情。邓小平指出，"中国式的现代化，必须从中国的特点出发"③。他认为，新中国成立以来我们在现代化建设中屡屡犯错误的一个重要原因是对中国国情的认识不清楚，"要求过急，目标过高，脱离了中国的实际"④。因此，能不能认识中国的实际，制定符合实际情况的政策和战略策略，是马克思主义中国化能否顺利发展的基本前提和条件。中国国情的一个重要特征是我国正处在社会主义的发展阶段上，"任何否认这个基本事实的观点都是错误的"⑤。通过 30 多年的社会主义现代化建设，我们"在旧中国遗留下来的'一穷二白'的基础上，建立了独立的比较完整的工业体系和国民经济体系"⑥，"建立了实现四个现代化的物质基础"⑦，这是我们擘画社会主义发展蓝图的一个基本出发点。另外，中国的社会主义社会是一个不发达的社会，经过 30 多年的建设，人口多、耕地少、底子薄、科学文化水平低的状况还没有根本改变，社会主义的具体制度也不太完善，要改变这一状况，就必须改革我们的社会制度使之趋于完善，同时发展我们的社会生产力。因为相对于马克思恩格斯关于社会主义社会是建立在高度发达生产力基础之上的社会而言，我们的社会主义由于生产力水平低，"事实上不够格"。邓小平指出，社会主义是"共产主义的初级阶

① 《邓小平文选》第 2 卷，人民出版社，1994，第 165 页。
② 张文儒主编《毛泽东与中国现代化》，当代中国出版社，1993，第 300~301 页。
③ 《邓小平文选》第 2 卷，人民出版社，1994，第 164 页。
④ 《邓小平文选》第 3 卷，人民出版社，1993，第 202 页。
⑤ 《改革开放三十年重要文献选编》上卷，中央文献出版社，2008，第 212 页。
⑥ 《改革开放三十年重要文献选编》上卷，中央文献出版社，2008，第 58 页。
⑦ 《邓小平文选》第 2 卷，人民出版社，1994，第 232 页。

段", 而我们现在的社会主义又处在马克思恩格斯所说的社会主义的"初级阶段", 即"不发达的阶段"。① 这就是中国当时的实际状况, 是中国共产党制定路线、方针、政策的基础。

在确立以实践为基础认识和对待马克思主义以及认清中国国情以后, 如何实现二者在人民群众实践中的结合就成为邓小平等党的领导人思考的重要课题。为此, 邓小平明确确立了从群众实践中探索社会主义建设道路的思想。他说, 社会主义现代化建设中的具体政策的制定和执行必须以人民为中心, 符合群众期待, "群众愿意采取哪种形式, 就应该采取哪种形式"②, 在此基础上"把马克思主义的普遍原则同我国实现四个现代化的具体实践结合起来"③, 就一定能找到一条属于中国自己的现代化道路。首先, 必须把马克思主义作为"行动的指南", "根据它的基本原则和基本方法, 不断结合变化着的实际, 探索解决新问题的答案"。④ 其次, 现代化建设"要适合中国情况", "必须从中国的特点出发"。⑤ 也就是说, 在现代化建设中搞马克思主义中国化的目的, 就是坚定不移地走具有中国特色的社会主义现代化建设道路。而从中国实际出发的本质就是从人民群众的实践出发, 就是把人民群众的实践作为检验认识真理性的唯一标准和推动社会前进的根本力量。

从马克思主义实践标准出发, 邓小平把对马克思主义的理解与运用是否正确、对中国国情的认识和把握是否合乎实际, 都放在人民群众的实践中去进行和检验, 这就决定了马克思主义与中国实际的结合也只能在人民群众的实践中才能实现, 即一切以人民群众的实践为评判的标准。我们说在改革开放过程中要充分调动人民群众的积极性, 就是允许人民群众进行符合自己情况的探索, 让他们根据自己的情况搞起来, 通过群众自下而上的探索和中央自上而下的指导相结合, 实现党的路线方针政策与人民群众实践的契合, 从而发展马克思主义, 推动社会主义现代化建设。邓小平指出, 改革开放中提出的不少好政策和好做法"都是群众在实践中提出来的"⑥。由

---

① 《邓小平文选》第 3 卷, 人民出版社, 1993, 第 225、252 页。
② 《邓小平文选》第 1 卷, 人民出版社, 1994, 第 323 页。
③ 《邓小平文选》第 2 卷, 人民出版社, 1994, 第 153 页。
④ 《邓小平文选》第 3 卷, 人民出版社, 1993, 第 146 页。
⑤ 《邓小平文选》第 2 卷, 人民出版社, 1994, 第 163、164 页。
⑥ 《邓小平年谱 (一九七五——一九九七)》下卷, 中央文献出版社, 2004, 第 1350 页。

此从逻辑上自然得出必须独立自主地建立中国社会主义，走中国特色的现代化之路的结论。

因此，中国的现代化建设必须贯彻"把马克思列宁主义同中国的实际相结合，走自己的路"① 这一原则。当把这一原则运用到处理无产阶级政党和社会主义国家乃至一切国家间的关系中时，自然就得出要以民主、平等原则处理不同政党、不同国家间关系以及各国的事情由各国自己处理的结论。这就是说，邓小平说的"走自己的路"不仅适用于中国的现代化建设，对其他国家的现代化建设也是适用的，是符合世界经济全球化发展潮流的。因为"各国情况不同，政策也应该有区别"②，如此一来，必然形成各国自己的现代化建设道路。按照这一思路，邓小平从中国国情出发，立足人民的实践对之进行剖析和考察，得出中国的社会主义仍然处在初级阶段，建设的必然是初级阶段的社会主义这一结论，并以此为依据制定了改革开放的系列政策、战略、策略，通过对马克思主义基本原理的创造性运用以"解决当代中国社会主义建设中的许多新问题"，概括出"建设有中国特色的社会主义"③ 的目标模式，找到了符合中国国情特点的中国特色社会主义现代化道路，同时在马克思主义与社会主义现代化建设实际的结合中提炼出了邓小平理论这一马克思主义中国化的新形态。

可见，要在社会主义现代化建设中坚持马克思列宁主义、毛泽东思想，并把它们与中国人民的现代化建设实践结合起来，找到符合中国国情的现代化之路，关键在于"把什么叫社会主义搞清楚，把怎么样建设和发展社会主义搞清楚"④。只有这样，我们才能理解并自觉执行党在社会主义初级阶段的"一个中心、两个基本点"的基本路线，才能明了邓小平理论及其在马克思主义理论谱系中的历史地位。

二 邓小平理论与中国特色社会主义现代化道路

从中国的具体实际出发擘画发展蓝图，"根据自己的条件建设社会主义"⑤，

---

① 《邓小平文选》第 3 卷，人民出版社，1993，第 95 页。
② 《邓小平文选》第 3 卷，人民出版社，1993，第 213 页。
③ 《邓小平文选》第 3 卷，人民出版社，1993，第 122 页。
④ 《邓小平文选》第 3 卷，人民出版社，1993，第 369 页。
⑤ 《邓小平文选》第 3 卷，人民出版社，1993，第 292 页。

这是中国共产党在领导社会主义现代化建设中总结出的非常重要的经验。社会主义四个现代化建设这一目标的提出就是中国共产党根据中国国情探索社会主义现代化建设取得的重要成果。在党的十一届三中全会上，党中央决定"把全党工作的重心转到实现四个现代化上来"①，集中一切力量建设社会主义现代化，并以此为中心对党和国家的政策进行调整。

新中国成立后我们在一段时期里忽视了发展社会主义生产力，忽视了提高人民群众物质生活水平，这是违背社会主义本质的。因此，社会主义就是要逐步发展生产力，逐步改善人民的物质、文化生活。基于这一判断和认识，中国共产党要求把四个现代化建设"作为压倒一切的中心任务"②。此后，社会主义四个现代化建设成了中国最大的政治，成为一切工作都服务的中心和贡献大小的衡量的标准，中国由此进入全力探索和推进社会主义现代化建设的新时期。但是，社会主义四个现代化建设目标的确立并不意味着探索现代化建设具体道路的任务已经完成。近代以来现代化探索的历史表明，如果不能制定符合实际情况的具体政策措施、战略策略和正确方法，即使现代化建设目标是正确的，这一目标也不能实现。正如毛泽东所指出的，"我们不但要提出任务，而且要解决完成任务的方法问题"，"不解决方法问题，任务也只是瞎说一顿"。③ 改革开放前探索社会主义现代化建设的具体道路之所以遭受挫折，就在于没有找到正确的方法。在这个意义上说，能否找到建设社会主义现代化的正确方法，能否制定合理的现代化发展规划，关系到中国社会主义现代化建设事业的成败。有鉴于此，邓小平等党和国家领导人从对四个现代化内涵的分析入手展开现代化道路探索。

邓小平认为，要顺利推进四个现代化建设，必须从以下几个方面把握好其内涵。其一，明确我们建设的四个现代化的性质是社会主义的。邓小平指出，"我们建立的社会主义制度是个好制度，必须坚持"，"现在我们搞经济改革，仍然要坚持社会主义道路，坚持共产主义的远大理想"。④ 他在回顾改革开放探索历程时说，我们在制定改革开放政策时，

① 《邓小平文选》第 2 卷，人民出版社，1994，第 140 页。
② 《邓小平文选》第 3 卷，人民出版社，1993，第 257 页。
③ 《毛泽东选集》第 1 卷，人民出版社，1991，第 139 页。
④ 《邓小平文选》第 3 卷，人民出版社，1993，第 116 页。

"考虑的第一条就是要坚持社会主义"①。而坚持社会主义道路，就要坚持以公有制为主体和共同富裕的基本原则。为此邓小平把"公有制占主体"和共同富裕作为"社会主义的根本原则"加以强调，要求在现代化建设中"坚决执行和实现这些社会主义的原则"②。当然，邓小平强调坚持共同富裕这一基本原则，并不是说全国人民都要同时富裕起来，而是允许和提倡部分人、部分地区通过合法劳动"先富裕起来"，再通过他们的示范和带动作用帮助其他人及其他地区"富裕起来"的波浪式发展方式，最终实现全体人民的共同富裕这一目标。③ 根据这一原则，邓小平强调，"我们干的是社会主义事业，最终目的是实现共产主义"；搞的是社会主义四个现代化而"不是搞别的现代化"。④ 为此，邓小平根据我国的实际情况把坚持社会主义具体化为坚持四项基本原则："第一，必须坚持社会主义道路；第二，必须坚持无产阶级专政；第三，必须坚持共产党的领导；第四，必须坚持马列主义、毛泽东思想。"⑤ 这"四个坚持"实际上是民主革命和社会主义革命取得的伟大成果。在这个意义上，中国特色社会主义现代化建设的逻辑起点与中国共产党推进马克思主义中国化的逻辑起点是一致的。

邓小平认为，在现代化建设中坚持社会主义方向就是坚持四项基本原则，这是社会主义在初级阶段的具体含义。在这个意义上，一旦在四个现代化建设过程中违背"四项基本原则中的任何一项"，都会毁掉"整个社会主义事业，整个现代化建设事业"。⑥ 为此，邓小平把社会主义政治局面的稳定看成四个现代化建设中极为重要的问题，也是他强调"稳定压倒一切""关键是要政局稳定"⑦ 的真实所指。因此，邓小平要求在推进现代化建设时坚持四项基本原则，将其作为坚持社会主义方向的具体内容。他说，"在改革中坚持社会主义方向，这是一个很重要的问题。我们要实现工业、农业、国防和科技现代化，但在四个现代化前面有'社会主义'四个字，叫'社会主义四个现代化'。我们现在讲的对内搞活经济、对外开

---

① 《邓小平年谱（一九七五——一九九七）》下卷，中央文献出版社，2004，第1182页。
② 《邓小平文选》第3卷，人民出版社，1993，第111页。
③ 参见《邓小平文选》第3卷，人民出版社，1993，第111页。
④ 《邓小平文选》第3卷，人民出版社，1993，第110页。
⑤ 《邓小平年谱（一九七五——一九九七）》上卷，中央文献出版社，2004，第502页。
⑥ 《邓小平文选》第2卷，人民出版社，1994，第173页。
⑦ 《邓小平文选》第3卷，人民出版社，1993，第331、216页。

放是在坚持社会主义原则下开展的",所有政策措施都是符合社会主义基本原则的,"都是为了发展社会主义,为了将来实现共产主义"。①

其二,四个现代化建设的核心是经济建设。因为我国建设社会主义的起点很低,"生产力发展水平很低,远远不能满足人民和国家的需要",发展经济是我们当前面临的主要矛盾和需要完成的"中心任务"。② 这一现实国情决定了我们必须紧紧扭住经济这个中心,一心一意搞现代化建设,把集中力量进行四个现代化建设当成我们当前的总任务或总路线,具体来说就是"团结全国各族人民,调动一切积极因素,同心同德,鼓足干劲,力争上游,多快好省地建设现代化的社会主义强国"③。邓小平还指出,毛泽东和周恩来当时确立四个现代化建设目标,其目的是"改变中国贫穷落后的面貌","使人民生活水平逐步有所提高"。④

有鉴于此,邓小平反复强调发展经济的重要性。他说,四个现代化建设根本的和核心的内容是"经济建设。国防建设,没有一定的经济基础不行。科学技术主要是为经济建设服务的"⑤。因此,对当时中国这样经济文化落后的国家来说,"发展才是硬道理"⑥。针对我们在过去一段时期因建设四个现代化不坚定而容易受各种因素干扰的情况,他要求全党全国各族人民"现在要横下心来,除了爆发大规模战争外,就要始终如一地、贯彻始终地搞这件事,一切围绕着这件事,不受任何干扰"⑦,只有这样,我们的四个现代化建设才有成功的希望。而为了建设四个现代化,在坚持社会主义制度的前提下,一方面要根据实践要求对已有的体制机制进行改革,另一方面也要积极吸收"一切反映现代社会化生产规律的先进经营方式、管理方法"⑧,并在这一过程中逐渐摸索出"以经济建设为中心,坚持四项基本原则,坚持改革开放"⑨ 等为主要内容的党在现阶段的基本路线,初步勾画了符合中国国情的社会主义现代化建设道路的实践内容和基本框

---

① 《邓小平文选》第3卷,人民出版社,1993,第138、112页。
② 《邓小平文选》第2卷,人民出版社,1994,第182页。
③ 《邓小平文选》第2卷,人民出版社,1994,第248~249页。
④ 《邓小平文选》第2卷,人民出版社,1994,第237页。
⑤ 《邓小平文选》第2卷,人民出版社,1994,第240页。
⑥ 《邓小平文选》第3卷,人民出版社,1993,第377页。
⑦ 《邓小平文选》第2卷,人民出版社,1994,第249页。
⑧ 《邓小平文选》第3卷,人民出版社,1993,第373页。
⑨ 《改革开放三十年重要文献选编》下卷,人民出版社,2008,第1745页。

架。总而言之，"搞社会主义现代化建设是基本路线"，只有坚持这条路线才能使"中国兴旺发达起来"。因此，党的十一届三中全会把建设社会主义现代化确立为党的工作重心，要求"在坚持四项基本原则的基础上""集中力量发展社会生产力"，这是"最根本的拨乱反正"。① 邓小平还说，我们围绕四个现代化建设这一主要任务进行改革和开放，以及由此而采取的一系列政策，"都是为了使我国消灭贫穷，走向富强，消灭落后，走向现代化"②，是为实现中国的繁荣富强而服务的，这也是我们的现代化建设能够克服一切困难不断取得伟大成就的根本所在。

其三，实现现代化的关键是实现科学技术现代化。发展生产力是社会主义的本质，也是四个现代化顺利实现的重要推动力量。没有高度发达的社会生产力，就不可能有快速发展的经济，四个现代化就难以实现。因为实现国民经济高速发展和劳动生产率的大幅提高，最根本的是提高我们国家的科学技术水平。邓小平对此强调说："四个现代化，关键是科学技术的现代化。没有现代科学技术，就不可能建设现代农业、现代工业、现代国防。没有科学技术的高速度发展，也就不可能有国民经济的高速度发展。"③ 这就是说，只有先有了科学技术的高速发展，才能有国民经济的高速发展，才能实现四个现代化。由此，邓小平根据马克思主义经典作家的论断和时代特征得出"科学技术是第一生产力"④ 这一意义深远的结论。他还认为，任何事情都是人做的，要加快发展科学技术，赶上世界先进水平，就必须重视知识分子的作用，"落实知识分子政策"⑤，改革不合理的体制机制，充分调动知识分子投身科技工作的积极性；同时，积极扩大开放，"学习别的民族、别的国家"的先进的科学技术。⑥ 这些措施是邓小平关于"尊重社会经济发展规律，搞两个开放，一个对外开放，一个对内开放"⑦，加快实现社会主义四个现代化的总政策的重要组成部分，对我国科学技术的快速发展起了十分重要的作用。

---

① 《邓小平文选》第3卷，人民出版社，1993，第248、141页。
② 《邓小平文选》第3卷，人民出版社，1993，第122页。
③ 《邓小平文选》第2卷，人民出版社，1994，第86页。
④ 《邓小平文选》第3卷，人民出版社，1993，第274页。
⑤ 《邓小平文选》第3卷，人民出版社，1993，第17页。
⑥ 《邓小平文选》第2卷，人民出版社，1994，第91页。
⑦ 《邓小平文选》第3卷，人民出版社，1993，第117页。

其四，阐释了社会主义四个现代化具体战略目标和战略部署，解决了应该"怎么做"的问题。事实上，在党的工作重心转移到经济建设上来以后，如何把实现四个现代化这一总任务转化为具体的政策措施就成了党中央认真思考的重大课题。邓小平强调，必须根据实际情况制定"实现四个现代化的具体道路、方针、方法和措施"①。因为搞社会主义四个现代化，如果"没有具体政策、具体措施，就像氢气球一样，一吹就破了"②，到头来只能是空想。他还说，实现四个现代化这个目标，"要靠我们的努力，靠我们的方针政策对头，靠具体的措施有力，才能实现"③。由此出发，以邓小平同志为主要代表的中国共产党人不断根据人民群众实践的发展深入阐释四个现代化的内容和实现步骤，先后在政治、经济和文化等领域提出了进行现代化建设的整套方针政策和建设社会主义现代化的总体战略构想，到党的十二届六中全会时已经形成了中国现代化建设总体布局，即"以经济建设为中心，坚定不移地进行经济体制改革，坚定不移地进行政治体制改革，坚定不移地加强精神文明建设，并且使这几个方面互相配合，互相促进"④。

按照这一总体布局，邓小平提出分两步实现我国现代化。他说，第一步"到本世纪末翻两番，达到小康水平"；第二步在第一步的基础上"再花三十年到五十年时间，接近发达国家的水平"⑤。其后，邓小平进一步把这一部署具体化，并在 1987 年与外国客人会谈时首次提出社会主义现代化建设的"三步走"战略。他在谈话中提出，按照我们的部署和安排，第一步"在八十年代翻一番"；第二步"到本世纪末，再翻一番，人均达到一千美元"；第三步是"在下世纪用三十年到五十年再翻两番，大体上达到人均四千美元"，"达到中等发达国家的水平。这就是我们的雄心壮志"⑥。后来他又在不同场合多次阐释了中国现代化建设"三步走"的战略部署。与此同时，党的内政外交等方面的政策也随着这一战略部署的提出而越来越清晰和具体化。随后在党的十三大上，这一战略部署被正式写入党代会文件，并与其他改革部署一起构成了建设社会主义现代化的总体框架。"中

---

① 《邓小平文选》第 2 卷，人民出版社，1994，第 141 页。
② 《邓小平年谱（一九七五——一九九七）》上卷，中央文献出版社，2004，第 211 页。
③ 《邓小平文选》第 2 卷，人民出版社，1994，第 232 页。
④ 《十二大以来重要文献选编》下卷，中央文献出版社，1988，第 1173～1174 页。
⑤ 《邓小平文选》第 3 卷，人民出版社，1993，第 117 页。
⑥ 《邓小平文选》第 3 卷，人民出版社，1993，第 226、251 页。

国共产党第十三次全国代表大会确定了到下个世纪中叶分三步走的经济发展战略,确定了经济体制改革的目标,以及其他方面体制改革特别是政治体制改革的总体设想。"① 这样,经过长期的理论思考和实践探索,实现社会主义四个现代化的具体政策体系基本形成,初步构建了具有中华民族特点和实践风格的社会主义建设模式和实践路径。这就是邓小平所指出的,"走自己的路,建设有中国特色的社会主义",这是"我们总结长期历史经验得出的基本结论"。② 从这一现代化道路的基本原则和内容来看,"邓小平提出的'中国式的现代化',不仅是新中国成立以来社会主义现代化建设曲折发展的历史经验总结,也是一百多年以来中国现代化曲折进程的历史经验总结"③,是把现代化建设规律与中国具体国情结合而成的建设中国社会主义现代化的正确思路和举措。

这样,党的十一届三中全会实现党的工作重心转移以后,党中央坚持马克思主义的指导,缜密分析和研究现代化建设面临的问题,批判分析和科学总结国内外建设现代化的经验教训,尊重人民主体地位,接续进行中国特色社会主义现代化道路的探索,确立了"一个中心、两个基本点"这条党在社会主义初级阶段建设社会主义的基本路线,走出了一条体现中华民族特点和实践特性的社会主义现代化新路。在这条道路上,"改革与开放是中国实现现代化的两大基本杠杆,而发展战略则是对现代化目标作总体设计"④,加上与之相应的政治、思想、外交等方面的具体政策,形成了社会主义四个现代化建设的基本方略和具体道路。这一道路的实践不仅推动了马克思主义的发展及其中国化进程,还为实现中国现代化擘画了蓝图。

第二节 "三个代表"重要思想与中国特色社会主义现代化新发展

中国特色社会主义现代化道路是在中国共产党的领导下不断从人民群

---

① 《十三大以来重要文献选编》上卷,人民出版社,1991,第 145 页。
② 《邓小平文选》第 3 卷,人民出版社,1993,第 197、3 页。
③ 陈文胜:《农业大国的中国特色社会主义现代化之路》,《求索》2019 年第 4 期。
④ 张文儒主编《毛泽东与中国现代化》,当代中国出版社,1993,第 315 页。

众探索和建设现代化的实践中生长出来的，党的领导是中国特色社会主义现代化的本质内容和特征。为此，20 世纪 90 年代以来，以江泽民同志为主要代表的中国共产党人面对东欧剧变、苏联解体带来的严峻形势及党的执政环境的变化，坚持党的基本路线和马克思主义与中国实际相结合这一基本原则，紧紧抓住党的建设这一核心问题，及时总结人民群众的实践经验，妥善处理各种矛盾关系，在复杂多变的历史条件下创造性地推进了中国社会主义现代化建设事业，形成了"三个代表"重要思想，开创了马克思主义及其中国化的新境界、新阶段，进一步推进了中国特色社会主义现代化道路的探索进程，奠定了 21 世纪推进马克思主义中国化和建设中国特色社会主义现代化的思想基础和物质前提。

一 世纪之交的马克思主义中国化与"三个代表"重要思想的形成

在推进改革开放和社会主义现代化建设过程中，江泽民十分强调加强党的建设的重要性，他说，在复杂历史条件下保持党的工人阶级先锋队性质，"始终代表最广大人民群众的利益，始终经得起各种风险和困难的考验，始终坚强有力地发挥好领导核心作用，这是面向新世纪加强党的建设必须进一步解决好的最重大的课题，也是决定社会主义在中国的跨世纪发展中进一步巩固和充分显示优越性的根本问题"①。他还说，民主革命的胜利和中华人民共和国的成立使中国共产党与中国的社会主义现代化建设事业紧紧联系在一起，"党的状况如何，对于国家和民族的命运具有决定性的意义"②。能不能把中国共产党建设好，不仅关系到马克思主义能否在新的历史条件下得到坚持和发展并实现中国化，还关系到中国社会主义现代化建设事业的成败。有鉴于此，江泽民等中央领导人紧紧围绕"建设什么样的党、怎样建设党"这一根本问题，根据新世纪新环境下党和国家事业面临的新变化新挑战，深入探索马克思主义的政党建设理论在跨世纪的历史条件下如何应用于中国的具体环境，以党的先进性为核心内容全面加强

---

① 《十五大以来重要文献选编》中卷，人民出版社，2001，第 1108~1109 页。
② 《江泽民文选》第 1 卷，人民出版社，2006，第 69 页。

党的建设，强化党在经济、政治、文化等领域中的领导核心地位，确保中国现代化建设沿着社会主义方向继续前进。

首先，中国共产党的性质是"两个先锋队"，即工人阶级先锋队和中华民族先锋队。中国共产党是什么样的党，怎么去建设这样的党，这是在新世纪新条件下推进中国特色社会主义现代化建设必须首先作出科学解答的时代之问。根据这一情况，江泽民一方面根据我们是工人阶级领导下的人民民主专政的社会主义国家这一性质，强调中国共产党是马克思主义指导下的"工人阶级的先锋队"①，要求在社会主义现代化建设中必须全心全意依靠工人阶级。他指出，党和国家的性质决定了"我们党必须始终坚持工人阶级先锋队的性质，始终全心全意依靠工人阶级"②。因此，不管国内外形势怎么变化，都要"努力保持我们党的工人阶级先锋队性质，不断增强党的凝聚力和战斗力，切实提高党的执政水平和领导水平，这是决定社会主义在中国巩固和发展的根本问题"③。另一方面根据改革开放以来在推进社会主义现代化建设事业中随着大量外资、合资、个体、私营企业涌现而导致我国社会阶层结构出现了许多新变化，出现了一些新的职业群体和社会阶层等现实状况，强调必须在坚持"来自工人、农民、知识分子、军人、干部的党员是党的队伍最基本的组成部分和骨干力量"的同时，努力把"承认党的纲领和章程、自觉为党的路线和纲领而奋斗、经过长期考验、符合党员条件的社会其他方面的优秀分子吸收到党内来"，以增强党在群众中的影响力和凝聚力。④ 这样，按照"两个先锋队"的定位，江泽民根据马克思主义无产阶级政党理论，总结我国革命和建设中的经验，创造性地提出了在阶级、阶层关系日趋复杂的条件下吸收党员的标准，即"能否自觉地为实现党的路线和纲领而奋斗，是否符合党员条件，是吸收新党员的主要标准"；并在此基础上进一步提出了判断一个政党先进与否的三条标准，也即这个党的理论和纲领先进与否的标准："是不是马克思主义的，是不是代表社会发展的正确方向，是不是代表最广大人民的根本利益。"⑤ 在此基

① 《江泽民文选》第 1 卷，人民出版社，2006，第 90 页。
② 《十五大以来重要文献选编》下卷，人民出版社，2003，第 1916 页。
③ 《十四大以来重要文献选编》中卷，人民出版社，1997，第 1684 页。
④ 《十五大以来重要文献选编》下卷，人民出版社，2003，第 1917 页。
⑤ 《十五大以来重要文献选编》下卷，人民出版社，2003，第 1917、1916 页。

础上，江泽民代表党中央提出了在中国特色社会主义现代化建设中党的建设的目标："我们党要始终成为中国工人阶级先锋队，同时成为中国人民和中华民族的先锋队，成为中国先进生产力的发展要求、中国先进文化的前进方向和中国最广大人民的根本利益的忠实代表，成为建设有中国特色社会主义事业的领导核心。"① 可见中国共产党是工人阶级、全国人民、中华民族等的先锋队这一性质，不仅解决了在新的阶级条件下进行社会主义现代化建设中党的性质和历史定位问题，还为加强和推进党的建设指明了方向。

其次，党的基本任务是以经济建设为中心，努力实现社会主义现代化。邓小平曾指出，由于我国尚处在生产力水平较低的社会主义初级阶段，努力发展经济，建设四个现代化既是"衡量一切工作的最根本的是非标准"②，也是衡量党的建设成效的根本标准。江泽民也指出，这些年来我们总结出的重要经验就是："坚持邓小平理论和党的基本路线、基本纲领、基本方针，坚定不移地集中精力把经济建设搞上去，坚定不移地为实现党在社会主义初级阶段的总目标、总任务而不懈奋斗"，并强调"这就是我们的主心骨"。③ 因而不管国内外形势如何变化，"对我们中国共产党人来说，最重要的责任，就是要进一步把自己的党建设好，把社会主义现代化建设好"④。这就是说，在新的历史时期，中国共产党作为"全心全意为人民服务的马克思主义政党"，作为"领导着十二亿多人民建设有中国特色社会主义的执政党"，⑤ 必须把建设社会主义现代化作为自己工作的中心并毫不动摇地坚持下去。

为此，江泽民多次强调经济建设对党的建设的重要性。他指出："实现社会主义现代化，是党和国家的中心任务，也是各个方面和各项工作必须服从的大局。"⑥ 因此，"党的建设状况如何，干部队伍状况如何，直接关系到国家、民族的盛衰，关系到社会主义现代化事业的命运"⑦。反过

---

① 《十五大以来重要文献选编》下卷，人民出版社，2003，第 1923 页。
② 《邓小平文选》第 2 卷，人民出版社，1994，第 209 页。
③ 《江泽民文选》第 3 卷，人民出版社，2006，第 45 页。
④ 《江泽民文选》第 1 卷，人民出版社，2006，第 88 页。
⑤ 《十五大以来重要文献选编》下卷，人民出版社，2003，第 2021 页。
⑥ 《江泽民文选》第 2 卷，人民出版社，2006，第 414 页。
⑦ 《十四大以来重要文献选编》下卷，人民出版社，1999，第 2491 页。

来，中国共产党能不能领导人民顺利推进社会主义现代化建设事业，也决定着民心向背和自身的前途与命运。有鉴于此，中国共产党把推进社会主义现代化建设作为党的建设的主要目标和重要内容，要求全党谋划发展举措时必须结合人民群众实践状况，坚持"把党建设成领导社会主义现代化建设的更加坚强的领导核心"①，同时要紧紧围绕社会主义现代化建设这一中心任务推进党的建设，坚持发展是"党执政兴国的第一要务，不断开创现代化建设的新局面"②。对此，江泽民指出："只要不发生世界大战，不发生大规模外敌入侵，不发生'台独'分裂祖国的重大事件，我们就要紧紧扭住经济建设这个中心，一心一意搞现代化建设。"③

再次，理论联系实际是党的根本工作方法，也是党的建设的根本方法。一方面，理论联系实际是中国共产党在长期革命和建设过程中总结出的解决各种问题的根本方法，在建设社会主义、实现中国现代化进程中，理论联系实际的基本含义就是把马克思主义基本原理应用到改革开放的历史环境中，使党的理论创新与推进中国现代化结合起来并互相促进。就此而言，"坚持理论联系实际是个重大的政治问题"④，对党的建设和社会主义现代化事业都有极其重大的影响。江泽民指出："从党的历史上看，什么时候理论和实际结合得好，党的事业就蓬勃发展；反之，党的事业就遭受挫折。"⑤ 因此，我们必须"把马克思主义的基本原理同社会主义现代化建设和改革开放的实际紧密结合起来"⑥，毫不动摇地"走自己的路，建设有中国特色的社会主义"⑦，以党的建设的伟大成就不断推进中国现代化进程。

另一方面，人民群众是历史的创造者，是社会主义建设的主体和依靠力量，马克思主义语境中的实践是指人民群众的现代化建设实践。按照这一立场，人民群众的实践是推动历史前进的真正动力，是推进我们事业发展的动力之源，只有"紧紧依靠人民，我们的党和国家才能够不断书写革

---

① 《十四大以来重要文献选编》上卷，中央文献出版社，1996，第329页。
② 《十六大以来重要文献选编》上卷，中央文献出版社，2005，第10页。
③ 《江泽民文选》第2卷，人民出版社，2006，第423页。
④ 《江泽民论有中国特色社会主义（专题摘编）》，中央文献出版社，2002，第16页。
⑤ 《江泽民论有中国特色社会主义（专题摘编）》，中央文献出版社，2002，第15~16页。
⑥ 《江泽民论有中国特色社会主义（专题摘编）》，中央文献出版社，2002，第21页。
⑦ 《江泽民文选》第1卷，人民出版社，2006，第69页。

命、建设、改革的伟大史诗"①。江泽民还说,"党的领导地位,只有赢得人民群众的信赖和拥护,才能巩固和加强"②,只有植根于人民群众的实践之中,才有立足之本。这就要求我们始终坚持党的全心全意为人民服务的宗旨,与人民群众同呼吸共命运,切实"坚信群众是真正英雄的历史唯物主义观点"③。只有这样我们才能真正把马克思主义与人民群众建设现代化的实践结合起来,真正做到理论联系实际。

最后,要以解决实际问题为中心不断推进党的理论和实践创新。江泽民认为,"以实际问题为中心研究马克思主义"是"我们党一贯倡导的科学方法论"。④ 他说,我们在现代化建设中遇到的问题很多在马克思主义的"本本"上是没有的,只能通过"运用马克思主义基本原理在分析和总结新的情况和新的实践中求得解答"⑤。这意味着,马克思主义只有被人民群众正确地运用于实践并在实践中不断得到发展,才能解决人民群众现代化建设实践中面临的问题。江泽民对此指出,中国共产党只有不断推进理论创新,不断形成新的马克思主义理论形态并用以指导实践,"党的思想理论才能引导和鼓舞全党和全国人民把中国特色社会主义事业不断推向前进"⑥。因此,从实际出发,根据实践情况变化进行理论创新,这是马克思主义本性和中国现代化建设实践对中国共产党提出的基本要求,也是推动党和人民事业不断前进的强大动力。为此,我们一定要用无产阶级世界观关注人民群众从事现代化建设的实践状况并对之进行理论思考,从中创造出新的理论形态,以推进实践的新发展。这就要求中国共产党及时把握客观实际,以马克思主义立场观点方法为科学认识工具,"不断从人民群众在实践中创造的新鲜经验中吸取营养,不断改进和完善我们的工作"⑦,以推进中国现代化建设。

总之,以江泽民同志为主要代表的中国共产党人,团结和带领全国各族人民,根据世纪之交社会主义现代化建设需要,坚持马克思列宁主义、

---

① 《江泽民文选》第 2 卷,人民出版社,2006,第 228 页。
② 《江泽民文选》第 1 卷,人民出版社,2006,第 407 页。
③ 江泽民:《论"三个代表"》,中央文献出版社,2001,第 152 页。
④ 《江泽民文选》第 3 卷,人民出版社,2006,第 339 页。
⑤ 《江泽民文选》第 3 卷,人民出版社,2006,第 26 页。
⑥ 《江泽民文选》第 3 卷,人民出版社,2006,第 537 页。
⑦ 《江泽民文选》第 3 卷,人民出版社,2006,第 37 页。

毛泽东思想和邓小平理论的指导，紧紧抓住党的建设这一根本问题，围绕实现社会主义四个现代化这一总任务和总目标探索建设符合和体现中国特点的社会主义现代化具体途径，"坚持贯彻我国现代化建设'三步走'的战略，开创了改革开放和现代化建设的新局面"①，形成了"三个代表"重要思想，推进了马克思主义中国化发展进程，为中国人民的现代化建设实践提供了科学理论的指导。

二 跨世纪中国特色社会主义现代化的新发展

党的十三届四中全会后，党的领导集体根据改革开放以来现代化建设的经验和教训，提出要在坚持社会主义制度的基础上努力推进我国经济的市场化改革，在继续总结、坚持改革开放中形成的好经验好做法的基础上，进一步推进理论和实践创新步伐，以加快我国现代化建设事业发展进程。

第一，坚持以经济建设为中心。江泽民认为，现代化建设"代表着人民的最大的利益、最根本的利益"，"是我们当前最大的政治"。② 而现代化建设最主要的就是发展经济。因为我们国家是一个经济文化比较落后的发展中国家，人民日益增长的物质文化需要是我国社会的主要矛盾，这一状况决定了我们改革开放以来制定的所有政策和采取的每一项措施都必须为发展经济服务。这就是说，在我国特定历史条件下形成的党的基本路线本质上是一条以经济建设为中心的路线。江泽民说，"我们当前最大的政治"就是建设社会主义现代化。"坚持以经济建设为中心，解放和发展生产力，是解决我国现阶段社会主要矛盾、巩固和发展社会主义制度的基本途径。"因此，"坚持党的基本路线"的关键是"坚持以经济建设为中心"。③ 他还说："经济是基础，解决中国的所有问题，归根到底要靠经济的发展。"根据这一判断，江泽民强调："无论形势发生怎样的变化，除了发生大规模的外敌入侵，坚持以经济建设为中心，这一条是绝对不能动摇的。"④ 基于

---

① 《十六大以来重要文献选编》上卷，中央文献出版社，2005，第217页。

② 《改革开放三十年重要文献选编》上卷，中央文献出版社，2008，第852页。

③ 《江泽民文选》第3卷，人民出版社，2006，第214页。

④ 《江泽民文选》第1卷，人民出版社，2006，第514页。

这一认识，中国共产党在领导推进社会主义现代化过程中始终把"以经济建设为中心，大力发展社会生产力"① 作为党和国家的根本任务。为了实现这一任务，全党和全国人民都必须"按照中央和小平同志确定的'三步走'发展战略，积极稳步地发展国民经济"，这是"我们现代化建设的中心任务"。② 只有国民经济发展起来了，人民富裕了，国家才能强盛起来，国家的稳定和民族的复兴才有坚实的物质基础。

第二，必须毫不动摇地坚持党的领导及社会主义道路。改革开放以来，我国现代化建设中出现的很多问题都与在这个问题上的不坚定和采取的措施不得力有关。鉴于这一教训，江泽民指出，我们改革开放的性质是社会主义制度的自我完善与发展，其之所以叫社会主义改革，原因在于它是中国共产党根据经济社会发展变化"自觉调整生产关系中与生产力不相适应的部分，调整上层建筑中与经济基础不相适应的部分，这就是我们所说的社会主义改革"③。他还说，我们的改革开放是坚持四项基本原则的改革开放，其目的是要通过实践探索进一步"回答在中国这样一个经济文化比较落后的国家里怎样建设和巩固社会主义"④。按照这些原则进行的改革开放才是我们需要的"坚持社会主义道路的改革开放，不是走向资本主义"⑤。与之相反的是另一条搞资产阶级自由化的人主张的改革开放，其目的是把我们国家引向资本主义，即搞资产阶级自由化的人主张的"是以实现西方资本主义为目的，放弃人民民主专政，取消共产党的领导，背弃马克思列宁主义、毛泽东思想的'改革开放'。他们的'改革开放'，中心就是资本主义化"⑥。这两条不同的改革开放路线的根本差别就在于要不要社会主义制度、要不要中国共产党的领导。因此，为了使改革开放沿着社会主义的方向前进，我们必须大力加强思想理论建设和社会主义精神文明建设，用先进理论武装全党和全国人民的头脑，筑牢走社会主义道路的思想基础。江泽民对此指出，必须"结合建设、改革的实际和当代世界发展的状况，在全党进行马克思列宁主义、毛泽东思想基本理论的教育，进行社

① 《江泽民文选》第 1 卷，人民出版社，2006，第 68 页。
② 《江泽民文选》第 1 卷，人民出版社，2006，第 59 页。
③ 《江泽民文选》第 1 卷，人民出版社，2006，第 68 页。
④ 《江泽民文选》第 2 卷，人民出版社，2006，第 192~193 页。
⑤ 《江泽民文选》第 1 卷，人民出版社，2006，第 70 页。
⑥ 《江泽民文选》第 1 卷，人民出版社，2006，第 60 页。

会主义、共产主义思想的教育，进行党纲党章和党的路线方针政策的教育"①。只有这样才能保证改革开放沿着建设有中国特色社会主义的道路前进，这样的改革开放才是符合广大人民和中华民族利益的改革开放。

第三，在社会主义现代化建设中必须重视科学和技术的作用。中华人民共和国成立以来，党的历届领导人都十分重视科学技术在现代化建设中的作用，把它作为四个现代化的重要内容和实现现代化的关键。20世纪八九十年代以来，科学技术对现代化建设的推动作用更加凸显。为此，以江泽民同志为主要代表的中国共产党人在继承前人的基础上进一步阐述了科学技术在促进经济社会发展中的重大作用。他说："我们要实现国民经济现代化，极大地提高劳动生产率，就必须实现科学技术现代化。"在他看来，当前国家之间的竞争，"说到底也是经济实力的竞争"。② 而经济的发展又依靠科学技术和生产力水平的提高，换句话说，国家间实力的差距主要表现在科学技术的发展水平上。"当今世界，科学技术飞速发展并向现实生产力迅速转化，愈益成为现代生产力中最活跃的因素和最主要的推动力量。"③ 因此，江泽民强调，"在发展经济中，要十分重视发挥教育和科学技术的作用"，并由此提出和实施了"科教兴国战略"。④ 党的十六大报告又重申了"必须发挥科学技术作为第一生产力的重要作用，注重依靠科技进步和提高劳动者素质，改善经济增长质量和效益"，把工业化和信息化在实践中结合起来，走出一条符合国情的新型工业化路子。⑤ 按照党中央的部署和要求，走以科技创新为主要内容的中国特色的工业化新路，能够促进对资源的合理、充分利用，减少环境污染，缓解我国能源短缺状况，实现国民经济的可持续快速健康发展。在这个意义上，科学技术可以更有效地发挥社会主义制度的优越性，使我们能够更高效地利用资源，以便能够在较短的时间内赶上西方发达资本主义国家，早日实现现代化目标。

第四，明确提出了建立社会主义市场经济体制这一目标。党的十一届

① 《江泽民文选》第 1 卷，人民出版社，2006，第 62 页。
② 《江泽民文选》第 1 卷，人民出版社，2006，第 161、59 页。
③ 江泽民：《论科学技术》，中央文献出版社，2001，第 20 页。
④ 《江泽民文选》第 1 卷，人民出版社，2006，第 59、426 页。
⑤ 《改革开放三十年重要文献选编》下卷，人民出版社，2008，第 1251 页。

三中全会以来，尽管我们的改革是以市场化为取向的，但无论是"计划经济为主，市场调节为辅"①，还是"公有制基础上的有计划的商品经济"②，本质上都是对传统计划经济体制进行量的增减，没有质的突破，这使改革很难在根本上克服传统经济体制的弊端，是经济发展中出现诸多问题的重要原因。有鉴于此，江泽民集中全党的智慧，打破传统思维和计划经济体制束缚，总结提出了"在我国建立社会主义市场经济体制"③ 这一目标，把社会主义社会属性与市场经济统一起来，并由此提出以改革国有大中型企业为核心、以不同所有制企业共同发展为基本原则对所有制结构、企业制度、市场体系、政府职能、社会管理等方面的传统经济体制进行改革，初步构建起社会主义条件下的市场经济体制框架。"选择社会主义市场经济体制并主动融入经济全球化以加速社会生产力的发展，是新中国在新的历史条件下进行社会主义现代化建设的新尝试。"④ 它为我国充分利用西方国家的先进技术和资本、实现我国经济社会的高速发展奠定了体制基础。其中根据经济发展要求和我国经济的现实状况，把公有制为主体这一原则阐释为"国有经济主导作用主要应该体现在控制力上"⑤ 这一论述，改变了人们对国有企业的传统观念、促进了人们的思想解放，对国有企业改革的深入展开和促进以公有制为主体的各种所有制共同发展都具有重要意义。这意味着，公有制的主体地位是通过其对国民经济命脉的控制来体现的，只要国有经济控制国民经济命脉，那么，"国有经济比重减少一些，不会影响我国的社会主义性质"⑥。这一论述不仅为国有企业的改革提供了思想理论基础，而且为非公有制企业的发展提供了广阔空间，对促进并加快我国社会主义条件下市场经济体制的形成与发展，对加快建设四个现代化都有重要的影响。

　　第五，提出了我国现代化建设"小三步走"战略部署。党的十四大以来，以江泽民同志为主要代表的中国共产党人根据国情变化和现代化建设

---

① 《改革开放三十年重要文献选编》下卷，人民出版社，2008，第659页。
② 《十二大以来重要文献选编》中卷，人民出版社，1986，第568页。
③ 《江泽民文选》第1卷，人民出版社，2006，第198页。
④ 华林、赵秀文：《关于中国特色社会主义现代化的若干分析》，《马克思主义研究》2003年第2期。
⑤ 《江泽民文选》第1卷，人民出版社，2006，第615页。
⑥ 《十五大以来重要文献选编》上卷，人民出版社，2000，第21页。

的具体情况，进一步把邓小平提出并规划的"三步走"的现代化战略部署具体化。一是在党的十四大上提出建党 100 周年时将"形成一整套更加成熟更加定型的制度"，新中国成立 100 周年时将"基本实现社会主义现代化"。① 二是在党的十五大上进一步提出，要在实现邓小平提出的"三步走"战略中的前两步的基础上，再分三个具体阶段和步骤实现"第三步"战略设想，这就是 21 世纪前 50 年"小三步走"的战略部署。江泽民指出，21 世纪的第一个 10 年要在经济发展的基础上使人民的小康生活更加宽裕，基本形成"比较完善的社会主义市场经济体制"；第二个 10 年要在已有基础上使"各项制度更加完善"；新中国成立 100 周年时要"基本实现现代化，建成富强民主文明的社会主义国家"。② 根据这一构想，21 世纪的前 20 年是"实现现代化建设第三步战略目标"的重要阶段，更是"完善社会主义市场经济体制和扩大对外开放的关键阶段"。③ 这样的部署及其实施，为 21 世纪推进中国特色社会主义现代化建设事业提供了指导思想和路线图，也为我们在 21 世纪中叶实现邓小平同志提出的社会主义现代化建设目标奠定了基础。

第六，形成了"三位一体"的社会主义现代化建设总体布局。在探索中国自己的社会主义现代化之路中，必须始终强调物质文明、精神文明两手抓，"两只手都要硬"④，这是邓小平同志始终强调的。东欧剧变、苏联解体等使中国共产党注意到，政治建设对确保现代化建设的社会主义方向具有重要作用和意义，是社会主义现代化建设的重要内容和组成部分。特别是在中国这样的发展中国家，没有中国共产党的政治领导，不坚持社会主义方向，要想取得现代化建设事业的成功是不可能的。因此，以江泽民同志为主要代表的中国共产党人把以党的建设为核心内容的政治建设作为社会主义现代化建设的基本内容，提出了经济、政治、文化"三位一体"的中国特色社会主义现代化建设总体布局。江泽民论述了中国特色社会主义"经济、政治、文化的基本特征和主要内容"⑤。在党的十五大上江泽民

---

① 《江泽民文选》第 1 卷，人民出版社，2006，第 284、285 页。
② 《全面建成小康社会重要文献选编》上卷，人民出版社、新华出版社，第 378 页。
③ 《全面建成小康社会重要文献选编》上卷，人民出版社、新华出版社，第 468 页。
④ 《江泽民文选》第 1 卷，人民出版社，2006，第 321 页。
⑤ 《江泽民文选》第 2 卷，人民出版社，2006，第 524 页。

又强调，要"进一步明确什么是社会主义初级阶段有中国特色社会主义的经济、政治和文化，怎样建设这样的经济、政治和文化"①，从而具体化了中国特色社会主义现代化的主要内容和方面。江泽民还说："经济、政治、文化协调发展，两个文明都搞好，才是有中国特色社会主义。"② 据此推断，中国要实现的现代化目标是宽领域的，"不仅要有物质的、制度的现代化，更重要的，·还要有人的观念的现代化和行为的现代化，使全民族的精神素质达到当代人类文明的最高水准"③。可见，这一总体布局的形成，深化了中国共产党对建设社会主义现代化的认识，为四个现代化的进一步发展提供了科学理论的指导。

总之，以江泽民同志为主要代表的中国共产党人在坚持马克思列宁主义、毛泽东思想和邓小平理论推进中国现代化建设的过程中，紧紧立足中国实际推进党的基本路线的实践，努力推进中国特色社会主义现代化建设事业，在人民群众实践中实现了"共产主义目标、自由市场经济和中国的传统价值观念"的结合，④ 在这一过程中总结提出的"三个代表"重要思想，创新了马克思主义的内容和形态，从理论和实践上进一步规划了中国特色社会主义现代化建设在新的历史条件下的发展战略和具体方略，取得了伟大成就，为实现中华民族的腾飞打下了坚实的基础。

第三节　科学发展观及其对中国特色社会主义现代化的推进

按照党的十六大作出的全面推进小康社会建设的战略部署，以胡锦涛同志为主要代表的中国共产党人以马克思主义为指导，缜密分析现代化实践中出现的新特点和时代发展潮流，根据世情国情党情的新特点，紧紧围绕"实现什么样的发展、怎样发展"这一关键问题，创造性地提出了以人

---

① 《全面建成小康社会重要文献选编》上卷，人民出版社、新华出版社，2022，第388页。
② 《江泽民文选》第2卷，人民出版社，2006，第258页。
③ 叶南客：《社会现代化的主旋律——对"人的现代化"理论与实践的再认识》，载北京大学世界现代化进程研究中心主编《现代化研究》第2辑，商务印书馆，2003，第159页。
④ 〔美〕罗伯特·劳伦斯·库恩：《他改变了中国：江泽民传》，谈峥、于海江等译，上海译文出版社，2005，第454页。

为本的科学发展观和构建社会主义和谐社会宏伟目标，把中国特色社会主义建设的总体布局由"三位一体"发展为"四位一体"，进一步深化和拓展了马克思主义中国化的内容，丰富了中国特色社会主义现代化道路的具体内涵，取得了现代化建设的伟大成就。

一 21世纪马克思主义中国化与科学发展观在历史中的生成

不断实现马克思主义与现代化建设实际的结合既是中国共产党建设社会主义的根本原则，也是中国共产党保持先进性、成为"两个先锋队"的法宝。党的十六大以来，随着人民生活总体上达到小康，"我国进入了全面建设小康社会、加快推进社会主义现代化新的发展阶段"①。在新世纪新阶段，胡锦涛多次使用"马克思主义中国化"概念，强调要科学认识和把握时代条件下人民群众实践内容和形式的新变化、新特点，"不断推进马克思主义中国化"②。因此，在变化了的条件下如何在马克思主义指导下分析、"清醒认识我国基本国情"③，准确判断中国社会的历史方位，把基本国情与马克思主义结合起来，以更好更快地建设中国特色社会主义、推进现代化进程，这是以胡锦涛同志为主要代表的中国共产党人必须解决的重大理论和实践课题。要正确解答这一问题，实现马克思主义在新世纪新境况中的中国化，"既需要理论维度的艰苦探索，也需要从实践维度加以研究"④。为此，党中央领导集体从对我国国情的分析入手，科学界定和把握中国社会发展阶段及人民群众在实践中遇到的各种问题，深入分析和总结党领导人民进行现代化探索的经验，推进马克思主义与新时期现代化实践的结合，给新时期中国特色社会主义实践和推进现代化快速发展提供了科学政策和理论指导。

要把马克思主义与新时期人民群众的具体实践结合起来，首先必须正确认识和把握新的历史条件下的基本国情。胡锦涛指出："能不能坚持一

---

① 《胡锦涛文选》第1卷，人民出版社，2016，第557页。
② 《十七大以来重要文献选编》中卷，中央文献出版社，2011，第261页。
③ 《胡锦涛文选》第2卷，人民出版社，2016，第8页。
④ 陈树林：《实现马克思主义哲学中国化的实践维度》，《教学与研究》2013年第8期。

切从实际出发，找到一条正确的发展路子，对一个国家发展具有决定性意义。"① 改革开放以来，一方面，中国现代化建设在实践探索中不断前进并取得伟大的成就，人民生产生活条件取得很大改善，经济社会发展实现了历史性巨变，这使中国国情具有了不同于以往的特点；但另一方面，"中国人口多、底子薄，发展很不平衡，人民生活远不富裕。中国仍然是一个发展中国家，正处于并将长期处于社会主义初级阶段"②。这就是说，经过几十年的现代化建设，我们虽然取得了巨大成就，但经济文化落后的状况没有得到根本改变，经济发展任务远没有完成，"人民日益增长的物质文化需要同落后的社会生产之间的矛盾"③ 仍是社会主要矛盾，实现经济发展仍是党和国家的主要任务。为了改变这一状况，一方面，我们要毫不动摇地走中国特色社会主义发展道路，确保中国现代化建设的正确方向。胡锦涛明确指出，要实现中国的发展进步、改变落后的面貌，就要"把马克思主义基本原理同中国具体实际相结合，走自己的路，建设中国特色社会主义"④，这是党领导现代化建设取得的最根本的经验。只有坚持这条道路，立足中国特点创新和发展社会主义，我们才能顺利实现近代以来无数志士仁人梦寐以求的现代化目标，为中华民族伟大复兴奠定基础。另一方面，要认识到发展是"党执政兴国的第一要务"，要"坚持以经济建设为中心"⑤ 不动摇，全力投入建设社会主义现代化的历史进程之中，千方百计把经济搞上去。

根据这一分析和判断，以胡锦涛同志为主要代表的中国共产党人在运用马克思主义分析、指导现代化建设的过程中总结、提出了科学发展观，并把它作为中国共产党在领导社会主义现代化建设的过程中必须长期坚持的重大战略思想。"树立和落实科学发展观，这是二十多年改革开放实践的经验总结，是战胜非典疫情给我们的重要启示，也是推进全面建设小康社会的迫切要求。"⑥

胡锦涛说，我们不能拘泥于已有的理论和个别结论或论断，更不能热

① 《胡锦涛文选》第 2 卷，人民出版社，2016，第 40 页。
② 《胡锦涛文选》第 2 卷，人民出版社，2016，第 48 页。
③ 《胡锦涛文选》第 2 卷，人民出版社，2016，第 8 页。
④ 《胡锦涛文选》第 3 卷，人民出版社，2016，第 170 页。
⑤ 《胡锦涛文选》第 2 卷，人民出版社，2016，第 39、111 页。
⑥ 《胡锦涛文选》第 2 卷，人民出版社，2016，第 104 页。

衷于固守已有的所谓成功经验，而是要根据国内外形势的变化及其发展趋势，"顺应人民新期待"，"不断完善适合我国国情的发展道路和发展模式"。① 胡锦涛明确指出，作为党执政兴国第一要务的发展"绝不只是指经济增长"，而是要"在经济发展的基础上实现社会全面发展"②，从而进一步拓展了"发展"的内涵和外延，即我们要求的"发展""是以经济建设为中心、经济政治文化相协调的发展，是立足于实现中国现代化又顺应世界发展潮流、具有时代特征的发展，是促进人与自然相和谐的可持续发展"③。胡锦涛还认为，我们在推进发展时有两条指导原则，"一是发展是硬道理，是解决中国所有问题的关键"，为此"首先要把经济建设进一步搞上去"；"二是发展要有新思路"，在提高经济发展的质量和效益的基础上，全面推进"经济发展和人口、资源、环境相协调，同时要促进中国特色社会主义经济、政治、文化全面发展"。④ 按照这一思路，党中央以马克思主义为指导分析、研究中国国情，认为只有加强社会建设，为人民的生产生活提供一个良好的秩序环境，发展中国特色社会主义和建设社会主义现代化的实践才能顺利进行。"忽视社会主义民主法制建设，忽视社会主义精神文明建设，忽视各项社会事业发展，忽视资源环境保护，经济建设是难以搞上去的，即使一时搞上去了最终也可能要付出沉重代价。"为此，胡锦涛明确提出"必须加强社会建设和管理"⑤，以促进经济、政治、社会、文化等领域协调发展，实现新时期社会主义建设目标和要求。

同时，按照马克思主义经典作家的理论，社会主义社会是人民当家作主的社会，人民是国家和社会的主人，无产阶级政党的全部理论和实践活动都是为了维护和发展人民利益，实现人的解放。这表明中国特色社会主义中的发展必定是也只能是以人为本的发展。早在党的十六大召开以前，江泽民就提出，我们建设的社会主义是为了"促进人的全面发展"，并强调这一论断是马克思主义经典作家提出的对无产阶级政党建构未来社会的本质要求。为此他认为，人的全面发展和人民物质文化生活水平的提高是

"互为前提和基础的"，中国共产党人在建设社会主义的实践中应该把这两个历史过程结合起来，使它们"相互促进地向前发展"。① 因此，胡锦涛根据党的十六大以来经济社会发展的阶段性特征和面临的挑战，反复强调人民群众在社会主义和现代化进程中的主体性与主体地位。他说，中国共产党人必须"坚持人民群众在建设中国特色社会主义事业中的主体地位，坚持把最广大人民根本利益作为一切工作的根本出发点和落脚点，把改善人民生活作为经济社会发展的目的和归宿"②。他强调，我们提出和贯彻落实以人为本的科学发展观，维护和发展人民群众的根本利益，调动全体人民积极性，实现共同富裕，最终都是为了"促进人的全面发展"③。

为此，胡锦涛根据马克思主义关于社会主义建设的基本原则，把满足人民的物质文化需求、促进人的全面发展在建设中国特色社会主义中统一起来，不断推进理论和实践创新，由此形成了以人为本是核心，经济发展是中心工作，以及政治、文化、社会等领域协调发展的科学发展观，并要求全党在推进社会主义现代化建设实践中切实加以贯彻和落实，以实现社会主义各领域建设的协调，在此基础上进一步"促进经济社会和人的全面发展"④。坚持以人为本就是谋划发展时"向人民群众问计"，查找问题时"听人民群众意见"，制定"改进发展措施"时"向人民群众请教"，落实发展任务时"靠人民群众努力"，检验和衡量发展效果时"由人民群众评判"。⑤ 只有在这样的发展观指导下的发展，才能真正为人民群众谋利益。在这个意义上，胡锦涛指出，坚持以人为本，实现科学发展，既是党中央"从新世纪新阶段党和国家事业发展全局出发提出的重大战略思想"⑥，也是在新世纪新阶段坚持和发展马克思主义的基本原则和要求。

因此，坚持以人为本的科学发展观，必须在推进马克思主义与中国实际相结合的过程中，始终把人民群众利益作为出发点和落脚点，以经济社会发展的成果"不断满足人们的多方面需求"，并在此基础上为实现人的

---

① 《江泽民文选》第 3 卷，人民出版社，2006，第 294、295 页。
② 《胡锦涛文选》第 2 卷，人民出版社，2016，第 366 页。
③ 《胡锦涛文选》第 3 卷，人民出版社，2016，第 4 页。
④ 《十六大以来重要文献选编》上卷，中央文献出版社，2005，第 465 页。
⑤ 《胡锦涛文选》第 3 卷，人民出版社，2016，第 99 页。
⑥ 《胡锦涛文选》第 2 卷，人民出版社，2016，第 166 页。

全面发展创造条件;① 必须正确处理、妥善协调好各种利益关系，处理好人民内部各种矛盾，开创人与人、人与自然等和谐共处的良好局面。为此，党的十六届四中全会在党的历史上第一次提出努力"构建社会主义和谐社会"这一命题和任务，并把它作为提高党的执政能力的重要内容和方法，进一步深化和拓展了马克思主义对社会建设、社会管理、社会发展等问题的认识和理论。该会议通过的《中共中央关于加强党的执政能力建设的决定》明确指出了在新的条件下推进"和谐社会建设"的内涵及其对社会主义现代化建设的作用和意义，以及建设的具体政策措施和要实现的目标。② 随后，胡锦涛在加强社会主义和谐社会建设问题的三次小型座谈会上的讲话中进一步深入阐释了社会和谐在中国特色社会主义中的地位和重要性，作出社会和谐是"中国特色社会主义的本质属性"③ 的论断，把实现社会和谐提高到了一个新的历史高度，丰富和加深了中国共产党对社会主义的认识和理解。

可见，社会主义和谐社会理论作为科学发展观的重要内容和解决、化解改革开放过程中日益突出的矛盾的一个战略方针，它的提出具有重大的理论和实践意义，是调动和团结广大人民群众投身社会主义现代化建设事业的重要举措。胡锦涛强调："我们党明确提出构建社会主义和谐社会的重大任务，就是要求全党同志在建设中国特色社会主义伟大实践中更加自觉地加强社会主义和谐社会建设，使社会主义物质文明、政治文明、精神文明建设与和谐社会建设全面发展。"④ 至此，马克思主义的理想社会终于获得了中国表现形式，即"和谐社会"或"和谐世界"。由此"人们不难看出，当和谐社会被理解为社会主义的本质规定时，它在很大程度上是马克思主义理想社会的中国化。这样一种马克思主义的中国化，同时便是中华民族家园的建设"⑤。

在这个意义上，以人为本的科学发展观作为中国共产党在理论上取得的创新性成果，是中国共产党把当前条件下深化认识和把握到的"共产党

---

① 《十六大以来重要文献选编》上卷，中央文献出版社，2005，第768页。
② 《十六大以来重要文献选编》中卷，中央文献出版社，2006，第286页。
③ 《胡锦涛文选》第2卷，人民出版社，2016，第425页。
④ 《胡锦涛文选》第2卷，人民出版社，2016，第274页。
⑤ 王南湜：《马克思主义中国化与民族精神家园》，《光明日报》2008年12月16日。

执政规律、社会主义建设规律、人类社会发展规律"①用于指导群众实践取得的规律性认识，是进一步发展中国自己的现代化建设事业的科学的理论指南，"同毛泽东、邓小平、江泽民同志关于发展的重要思想是一脉相承的"紧密结合时代特点和要求的马克思主义发展观②，它既是改革开放以来推进现代化建设的经验总结，也是中国社会发展内在逻辑和客观规律的表现和反映。因此，坚持和发展中国特色社会主义，必须把落实和贯彻科学发展观作为基本要求。

可见，在新的世情国情党情面前，中国共产党人正确运用马克思主义分析中国实践，及时总结人民群众的实践经验，形成了以以人为本、构建社会主义和谐社会为核心和目标的科学发展观，进一步深化了对马克思主义社会建设理论的认识并实现了其在新的历史土壤和语境中的中国化，为发展马克思主义作出了重要贡献，为推进中国现代化发展进程提供了科学理论指导。

二　中国特色社会主义"四位一体"总体布局及现代化发展战略

在新世纪新阶段，党的十六大吹响了迈向全面建设小康社会的战略号角。江泽民在党的十六大报告中指出，经过新中国成立以来尤其是改革开放以来的不懈努力，我国四个现代化建设已经取得伟大成就，中国在总体上迈进了小康社会，综合国力显著增强，"我国进入全面建设小康社会、加快推进社会主义现代化的新的发展阶段"。为此，党的十六大报告对实现我国现代化的第三步战略部署作出了具体规划，尤其提出在21世纪的头20年必须全力推进经济社会各领域协调发展，集中力量建设"惠及十几亿人口的更高水平的小康社会"③，为在21世纪完成第三步现代化发展目标打下坚实基础。

按照党的十六大全面建设小康社会的战略部署，党中央结合现代化建设的新情况新任务，以马克思主义基本立场观点方法为指导，进一步探索指导新时期建设现代化的具体政策和战略举措。首先，必须正确认识中国

---

① 《胡锦涛文选》第2卷，人民出版社，2016，第157页。
② 《十六大以来重要文献选编》上卷，中央文献出版社，2005，第685页。
③ 《十六大以来重要文献选编》上卷，中央文献出版社，2005，第1、14页。

社会发展的历史方位。立足国情走自己的路，这是中国现代化建设的根本经验。胡锦涛同志指出："各国国情不同，实现发展的道路也必然不同，不可能有一个适用于一切国家、一切时代的固定不变的模式。"① 他认为，新中国成立以来，尤其是改革开放以来，我国经济社会发展取得了巨大成就，中国社会发展到了全面建设小康社会的新的历史阶段，但社会生产力水平仍然较为低下，我国社会仍然处于"并将长期处于社会主义初级阶段"，社会主要矛盾仍是"人民日益增长的物质文化需要同落后的社会生产之间的矛盾"②，这决定了我们谋划新时期中国特色社会主义现代化建设必须"坚持从基本国情这个最大的实际出发"③，把推进并实现发展作为第一要义，坚持以经济建设为中心，"聚精会神搞建设，一心一意谋发展"，为人的全面发展和社会的全面进步打下坚实的物质基础；同时，要不断提高经济发展的质量和效益，"坚持走新型工业化道路，坚持以信息化带动工业化，以工业化促进信息化，在国际产业分工体系中找准位置，大力推进产业结构优化升级"④，"更多依靠科技创新驱动""推动我国经济发展"⑤，走节约型、创新型发展道路，实现社会全面进步和促进人的全面发展，不断发展中国特色社会主义，加快推进现代化进程。

为此，党中央提出将科学发展观作为新时期现代化建设的指导思想，要求把贯彻落实科学发展观"贯穿于全面建设小康社会和社会主义现代化建设的全过程"⑥，并以此为指导全面阐述了新时期新阶段推进中国特色社会主义现代化建设事业的具体规划和战略举措。

一是要全面理解党的十六大提出的现代化建设目标的内涵。党的十六大提出的现代化建设目标不只是国内生产总值的增加，更重要的是发展质量的提升，是从单纯追求经济发展到经济社会的全面协调发展。这就是要让"中国经济更加发展、民主更加健全、科教更加进步、文化更加繁荣、社会更加和谐、人民生活更加殷实"。这就把实现现代化的目标从单纯强调经济发展扩展到经济、政治、文化、社会等方面和人的全面发

① 《胡锦涛文选》第 2 卷，人民出版社，2016，第 141 页。
② 《胡锦涛文选》第 2 卷，人民出版社，2016，第 8 页。
③ 《胡锦涛文选》第 2 卷，人民出版社，2016，第 157 页。
④ 《胡锦涛文选》第 2 卷，人民出版社，2016，第 167、40 页。
⑤ 《胡锦涛文选》第 3 卷，人民出版社，2016，第 599 页。
⑥ 《十六大以来重要文献选编》下卷，中央文献出版社，2008，第 69 页。

展，表明科学发展观要实现的发展是"以人为本、全面协调可持续的发展"①，凸显了人在发展中的核心地位和作用，进一步从发展观的维度丰富了马克思主义关于人的解放的理论内涵，为推进中国现代化建设提供了科学指南。

二是坚持中国特色社会主义道路。现代化中"举什么旗、走什么路"是"关系党和国家事业发展的根本问题"。② 我们所说的科学发展，是在社会主义制度基础上实现的发展，是坚持以中国独特国情为基础实现的发展。胡锦涛强调，高举中国特色社会主义伟大旗帜，"就是在中国共产党领导下，立足基本国情，以经济建设为中心，坚持四项基本原则，坚持改革开放，解放和发展社会生产力，巩固和完善社会主义制度，建设社会主义市场经济、社会主义民主政治、社会主义先进文化、社会主义和谐社会，建设富强民主文明和谐的社会主义现代化国家"③。这一现代化之路从领导力量、工作重点、基本原则、前进方向、发展目标、主要内容等方面深刻总结了近代以来中国现代化探索的经验和教训，是中国共产党领导人民群众在探索符合中国国情的现代化道路的过程中开创出来的，是科学社会主义基本原则与中国具体国情和时代特点的统一，它反映了中国人民的根本利益，科学回答了中国要"建设什么样的社会主义、怎样建设社会主义这个根本问题"，指明了"当代中国发展进步的根本方向"。④ 由此胡锦涛强调，中国共产党领导人民开创的这条道路，是"实现社会主义现代化的必由之路"和"创造人民美好生活的必由之路"。⑤ 因此，我们整个现代化建设过程中都必须始终高高举起中国特色社会主义这一伟大旗帜，在任何情况下都不能有一丝一毫的动摇。

三是坚持以人民根本利益为中心。中国特色社会主义是人民群众开创的并属于他们自己的事业，是依靠人民群众推进并服务于人民群众的。因而科学发展观坚持的以人为本，一方面要强调人民群众是社会主义现代化建设主体，体现出我国社会主义现代化事业是全国各族人民的共同事业，

① 《胡锦涛文选》第2卷，人民出版社，2016，第48、166页。
② 《胡锦涛文选》第2卷，人民出版社，2016，第576页。
③ 《胡锦涛文选》第3卷，人民出版社，2016，第526页。
④ 胡锦涛：《坚定不移沿着中国特色社会主义道路前进 为全面建成小康社会而奋斗——在中国共产党第十八次全国代表大会上的报告》，人民出版社，2012，第13页。
⑤ 《胡锦涛文选》第3卷，人民出版社，2016，第526页。

人民是实现我国社会主义现代化的根本力量；另一方面则要强调实现人的现代化是我们追求的现代化的最高目标，强调"在当代中国，以人为出发点、以人为中心、以人为最高目的的现代化，才是我们所追求的现代化，也才是能够真正成功的现代化"①。其中蕴含的基本思想就是，作为科学发展观本质的以人为本中的"人"，绝不是抽象空洞的人，而是作为社会主义现代化建设主体的人民群众和作为他们的物质体现的根本利益，这也是胡锦涛为什么强调以人为本的理论和实践内涵是："始终把最广大人民的根本利益作为党和国家工作的根本出发点和落脚点，在经济发展的基础上不断满足人民群众日益增长的物质文化需要，促进人的全面发展。"②胡锦涛还说，我们搞中国特色社会主义，"推动科学发展，根本目的就是要做到发展为了人民、发展依靠人民、发展成果由人民共享"。因此，"实现好、维护好、发展好最广大人民根本利益是我们一切工作的出发点和落脚点"。③正是在这个意义上，有学者主张科学发展观所坚持的以人为本"只能是以人民群众和人民群众的利益为本"④。可见，以人为本及其所体现的科学发展观，抓住了中国现代化的根本问题和核心价值追求，彰显了马克思主义对人类社会发展的理论旨趣，成为指导中国现代化建设和人的全面发展的科学理论。

四是坚持"统筹兼顾"这一根本方法。科学发展观以统筹兼顾为推进社会主义现代化建设和中国特色社会主义伟大事业的根本方法，这既是中国共产党领导社会主义现代化建设取得的基本经验，也是中国共产党对新时期建设社会主义现代化的基本部署。胡锦涛指出，统筹兼顾是中国共产党在长期执政实践中总结出的"重要历史经验"、"重大战略方针"和"一贯坚持的科学有效的工作方法"⑤。一方面，经过几十年的改革开放，我国经济社会发展取得了很大进步，从总体上已经进入了小康社会，这在我国发展史上是一个历史性的跨越，充分证明了中国特色社会主义现代化道路的正确性；但另一方面，随着经济社会的发展，"经济体制深刻变革，

① 周为民：《中国特色社会主义事业是以人为本的现代化事业》，《理论视野》2011 年第 7 期。
② 《十六大以来重要文献选编》中卷，中央文献出版社，2006，第 707 页。
③ 《胡锦涛文选》第 3 卷，人民出版社，2016，第 198 页。
④ 赵美玉、周前程：《以人为本的政治哲学解读》，《理论界》2008 年第 8 期。
⑤ 《胡锦涛文选》第 3 卷，人民出版社，2016，第 7 页。

社会结构深刻变动，利益格局深刻调整，思想观念深刻变化"①，导致经济社会中出现了一些不可忽视并亟须解决的重大问题：贫富差距、城乡差距、地区差距不断加大，资源环境问题日趋严重，社会稳定面临挑战等。可预见和不可预见的风险明显增多，能不能解决这些问题，是对中国共产党长期执政的重大考验。为了应对这些挑战，解决利益分化带来的冲突，必须"坚持党总揽全局、协调各方"②，按照统筹城乡之间、区域之间、经济社会之间、人与自然之间、国内与国外等方面发展关系的要求，积极化解各种矛盾和风险，妥善处理改革、发展、稳定中的各种矛盾和问题，加快推进改革开放步伐，以更好更快地把中国特色社会主义现代化推向前进。

五是构建社会主义和谐社会目标的提出，把中国特色社会主义建设的总体布局由"三位一体"发展到"四位一体"。党的十六大以来，党中央在以马克思主义为指导推进社会主义经济、政治、文化建设的同时，根据改革开放以来现代化进程中出现的发展不平衡、不可持续、资源环境恶化等问题而提出要努力构建"社会主义和谐社会"，把建设现代中国的目标发展为"到我们党成立一百年时建成惠及十几亿人口的更高水平的小康社会，到新中国成立一百年时基本实现现代化，建成富强民主文明和谐的社会主义现代化国家"。③ 按照这一发展目标和战略部署，胡锦涛结合马克思主义基本要求和我国社会主义现代化建设经验，以及时代发展特点，明确社会主义和谐社会具体是指"民主法治、公平正义、诚信友爱、充满活力、安定有序、人与自然和谐相处的社会"④，指明了构建社会主义和谐社会的主要内涵和基本依据，并把它纳入我国社会主义现代化建设的总体布局之中，形成了"四位一体"现代化建设战略安排。他还说，构建"社会主义和谐社会"，就是要推动"中国特色社会主义事业总体布局更加明确地由社会主义经济建设、政治建设、文化建设三位一体发展为社会主义经济建设、政治建设、文化建设、社会

---

① 《胡锦涛文选》第 3 卷，人民出版社，2016，第 7 页。
② 《十六大以来重要文献选编》上卷，中央文献出版社，2005，第 637 页。
③ 《胡锦涛文选》第 3 卷，人民出版社，2016，第 171 页。
④ 《十六大以来重要文献选编》中卷，中央文献出版社，2006，第 880 页。

建设四位一体"①。根据这一战略安排，胡锦涛进一步阐述了新时期推进中国特色社会主义的基本方针和重要方略。那就是继续坚定不移地以发展为"党执政兴国的第一要务，紧紧抓住重要战略机遇期"，努力推进社会全面进步，促进"人的全面发展"及"人与自然相和谐"。② 可见，把社会主义和谐社会作为中国特色社会主义的重要内容，既是新的历史条件下发展中国特色社会主义的内在要求，也是应对经济社会发展中面临的各种问题的客观需要，是时代境遇下马克思主义理论逻辑与中国社会发展逻辑的统一。

总之，党的十六大以来，以胡锦涛同志为主要代表的中国共产党人围绕如何迅速改变中国贫穷落后的状况、建成一个社会主义现代化强国这一主题，根据我国经济社会发展的阶段性特点创造性地将马克思主义社会发展理论运用于中国人民的实践之中，深入探索和把握"共产党执政规律、社会主义建设规律、人类社会发展规律"在中国改革开放具体环境中的结合形式和存在样态，取得了科学发展观这个马克思主义中国化的重大理论创新成果；同时，根据国情的发展变化不断深化对社会主义的认识，使中国特色社会主义总体布局进一步发展并具体化为"四位一体"，指导人民取得了现代化建设的历史性成就，推进了全面建设小康社会历史进程，为完成中国现代化的"三步走"战略打下了坚实基础。

第四节　改革开放和社会主义现代化建设新时期
马克思主义中国化与中国特色
社会主义现代化的创新发展

中国特色社会主义现代化是在中国共产党领导下，以马克思主义为指导不断解决人民群众现代化建设实践中面临的各种问题的"中国特色范式的现代化道路"③。不断推进中国特色社会主义现代化历史进程是新中国成

---

① 《胡锦涛文选》第 2 卷，人民出版社，2016，第 274 页。

② 《胡锦涛文选》第 2 卷，人民出版社，2016，第 500 页。

③ 钟学敏、段治文：《中国特色社会主义现代化道路的意义探寻》，《重庆文理学院学报》（社会科学版）2009 年第 4 期。

立以来，尤其是改革开放以来中国共产党全部理论和实践探索的主题。"中国的事情必须按照中国的特点、中国的实际来办，这是解决中国所有问题的正确之道。"① 在探索现代化建设道路的艰难历程中，中国共产党人不断总结实践经验并把它升华为科学理论用于指导人民群众的新实践，探索出"中国特色社会主义"这一创新成果，不断推动马克思主义中国化的发展和中国特色社会主义现代化的飞跃，使中国社会发生翻天覆地的变化，开创了中华民族伟大复兴的新阶段。

一　以现代化建设实践为中心不断推进马克思主义中国化

改革开放以来对马克思主义中国化的认识和探索是在毛泽东时期奠定的基础上起步的。毛泽东时期的社会主义现代化建设至少从四个方面奠定了改革开放的基础。一是建立起社会主义制度，这是改革开放的制度基础，我们的改革开放就是在这一制度基础上进行的。习近平指出，社会主义制度的建立是"当代中国一切发展进步"的"根本政治前提和制度基础"。② 由于这个原因，我们搞的四个现代化才有"社会主义的四个现代化"这一名字，③ 党的十一届三中全会以来的改革才是"我国社会主义制度自我完善和发展"④，而不是对社会主义制度的革命。二是打下了工业基础和物质基础。以毛泽东同志为主要代表的中国共产党人领导人民群众在极其艰难的条件下，通过不懈奋斗初步建立了完整的工业体系，提出了实现社会主义四个现代化的目标，取得了工业化发展的伟大成就，奠定了改革开放的物质基础。新中国成立以来的30年，"我国国民经济各部门取得的巨大成就，已经为实现四个现代化的伟大事业奠定了比较雄厚的物质基础，创立了可以依靠的前进阵地"⑤。《中国共产党中央委员会关于建国以来党的若干历史问题的决议》更明确强调：改革开放"赖以进行现代化建设的物质技术基础，很大一部分是这个期间建设起来的；全国经济文化建

① 《习近平谈治国理政》第 2 卷，外文出版社，2017，第 13 页。
② 习近平：《在庆祝中国共产党成立 95 周年大会上的讲话》，人民出版社，2016，第 3 页。
③ 《改革开放三十年重要文献选编》上卷，中央文献出版社，2008，第 369 页。
④ 《习近平谈治国理政》，外文出版社，2014，第 13 页。
⑤ 《改革开放三十年重要文献选编》上卷，中央文献出版社，2008，第 58 页。

设等方面的骨干力量和他们的工作经验，大部分也是在这个期间培养和积累起来的"①。为此，习近平指出，在新中国成立以来建设社会主义的历史进程中，改革开放前和改革开放后尽管在实施的具体政策上有重大区别，但"本质上都是我们党领导人民进行社会主义建设的实践探索"②，是这一探索过程的不同阶段。三是积累了经验。毛泽东时代的社会主义现代化探索虽然有失误、有错误，但为我们探索走自己的现代化建设道路积累了宝贵的经验。邓小平指出，"从许多方面来说，现在我们还是把毛泽东同志已经提出、但是没有做的事情做起来，把他反对错了的改正过来，把他没有做好的事情做好"③。四是确立了思想路线和奠定了理论基础。在改革开放中要始终坚持以马克思主义为指导，坚持实事求是思想路线，实现马克思主义与改革开放和社会主义现代化建设新时期具体实际相结合，进行社会主义四个现代化建设。这些原则和经验都是毛泽东时期探索取得并留给后人的宝贵思想和理论财富。因此叶剑英把四个现代化建设称为"毛泽东同志和周恩来同志给我们留下的政治遗嘱"④。而以毛泽东同志为主要代表的中国共产党人通过民主革命和社会主义革命确立的马克思主义的指导思想、社会主义道路、中国共产党的领导核心地位等，也是中国特色社会主义现代化道路的主要原则、制度保证和重要组成部分。对于毛泽东在探索现代化道路上作出的伟大贡献，邓小平反复强调并指出："我们能在今天的国际环境中着手进行四个现代化建设，不能不铭记毛泽东同志的功绩。"⑤

因此，从性质和主题上说，改革开放以来的马克思主义中国化探索仍然是毛泽东提出的把马克思主义基本原理与中国具体实际"进行第二次结合，找出在中国怎样建设社会主义的道路"⑥。按照这一主题和理论结构，以邓小平同志为主要代表的中国共产党人把"什么是马克思主义、怎样对待马克思主义"作为思考问题的切入点，并以批判的态度分析、研究中国的具体实际，以实现二者的结合。一方面从社会主义现代化实际来阐述马

---

① 《改革开放三十年重要文献选编》上卷，中央文献出版社，2008，第192页。
② 《习近平谈治国理政》，外文出版社，2014，第22页。
③ 《邓小平文选》第2卷，人民出版社，1994，第300页。
④ 《改革开放三十年重要文献选编》上卷，中央文献出版社，2008，第62页。
⑤ 《改革开放三十年重要文献选编》上卷，中央文献出版社，2008，第38页。
⑥ 《毛泽东年谱（一九四九——一九七六）》第2卷，中央文献出版社，2013，第557页。

克思主义，强调"实践是检验真理的唯一标准"，恢复了毛泽东倡导的实事求是的思想路线和以实践为标准的马克思主义观，为改革开放和国家的现代化建设奠定了思想基础。对此，陆定一曾给予高度评价。他说："1978 年党中央召开的第十一届第三次全会，其伟大功绩就在于恢复了这个思想方法。从此，中国共产党就在社会主义建设中，由幼年时期进到成熟时期。"① 邓小平也强调"实事求是是马克思主义的精髓"，"我们改革开放的成功"是"靠实践，靠实事求是"。他还说："坚持马克思主义对中国十分重要，坚持社会主义对中国也十分重要。"② 坚持马克思主义是立足于人民群众的现代化建设实践去阐释和发展马克思主义，学会"用马克思主义的立场、观点、方法来分析问题，解决问题"③。正因为马克思主义与人民群众的实践具有紧密的联系，是体现在人民群众实践之中的，邓小平才说"马克思主义是很朴实的东西，很朴实的道理"，其本质就是在解放生产力和发展生产力的基础上"消灭剥削，消除两极分化，最终达到共同富裕"。④ 在马克思主义的指导下，邓小平得出了中国社会在发展水平上仅仅相当于"社会主义初级阶段"的结论，要求在制定政策和做决策时都必须"从社会主义初级阶段的实际出发"，⑤ 并以此为依据去总结人民群众的实践经验，形成了以"一个中心、两个基本点"为主要内容的党在社会主义初级阶段的基本路线和"把马克思主义的普遍真理同我国的具体实际结合起来，走自己的道路，建设有中国特色的社会主义"这一"基本结论"。⑥ 正是从实践出发而不是从特定的马克思主义"本本"出发，邓小平在领导改革开放的过程中能够打破不适合中国国情的各种条条框框，充分吸收和利用古今中外一切有益的东西来发展自己。邓小平曾引用的"黄猫、黑猫，只要捉住老鼠就是好猫"⑦ 这一俗语就从一个侧面反映了他立足实践评价各种理论的态度，以及吸收各种社会制度条件下创造的有益经验丰富和发展中国的宽广理论视野和博大胸襟。

---

① 《陆定一文集·自序》，《人民日报》1991 年 3 月 13 日。
② 《邓小平文选》第 3 卷，人民出版社，1993，第 382、62 页。
③ 《邓小平文选》第 2 卷，人民出版社，1994，第 118 页。
④ 《邓小平文选》第 3 卷，人民出版社，1993，第 382、373 页。
⑤ 《邓小平文选》第 3 卷，人民出版社，1993，第 251 页。
⑥ 《邓小平文选》第 3 卷，人民出版社，1993，第 3 页。
⑦ 《邓小平文选》第 1 卷，人民出版社，1994，第 323 页。

之后，以江泽民同志为主要代表的中国共产党人接过继续推进马克思主义中国化、把有中国特色的社会主义推进到 21 世纪这一艰巨任务。在这个重大历史关头，中共中央在坚持马克思主义基本原理和党的基本路线的基础上不断结合人民群众新的实践推进理论创新，不断完善和发展中国特色社会主义的制度体系和实践框架。江泽民指出，要在中国这样一个发展中的大国实现现代化，必须牢固树立从实际出发的思想，"坚定不移地走自己的路"①，"走出一条有中国特色的社会主义建设道路"②。这些论断向全世界表明以江泽民同志为主要代表的中国共产党人继续推进改革开放、不断实现马克思主义在新的实践条件下的中国化、高举中国特色社会主义伟大旗帜的决心和信心。

在人民群众建设现代化实践过程中坚持马克思主义实事求是的原则，坚持依靠人民群众推进党的基本路线的实践，"努力推进理论创新、制度创新、科技创新"③，以江泽民同志为主要代表的中国共产党人总结群众实践经验并升华出"三个代表"重要思想，即"代表着中国先进生产力的发展要求，代表着中国先进文化的前进方向，代表着中国最广大人民的根本利益，并通过制定正确的路线方针政策，为实现国家和人民的根本利益而不懈奋斗"④，解决了在新世纪新条件下"建设什么样的党、怎样建设党"这一根本问题，凸显出中国特色社会主义是以人民群众利益为根本出发点和落脚点，紧紧依靠人民而又不断造福人民的社会主义本性，创新了马克思主义政党理论和现代化建设理论。首先，中国共产党是马克思主义指导下的先锋队组织，是全心全意为人民服务的无产阶级政党。一方面，"马克思列宁主义、毛泽东思想"这一根本"一定不能丢"。⑤另一方面，必须根据人民群众新的实践不断推进理论创新，"用发展着的马克思主义指导新的实践"⑥。其次，中国共产党是代表人民群众根本利益的党。江泽民指出，"三个代表"重要思想的"本质在坚持执政为

---

① 《江泽民文选》第 1 卷，人民出版社，2006，第 109 页。
② 《十四大以来重要文献选编》上卷，人民出版社，1996，第 616 页。
③ 《江泽民论有中国特色社会主义（专题摘编）》，中央文献出版社，2002，第 633 页。
④ 《十五大以来重要文献选编》中卷，人民出版社，2001，第 1139 页。
⑤ 《十五大以来重要文献选编》上卷，人民出版社，2000，第 9、13 页。
⑥ 《江泽民文选》第 3 卷，人民出版社，2006，第 538 页。

民"①，强调"党的一切工作和方针政策，都要以是否符合最广大人民群众的利益为最高衡量标准。这是我们观察和处理问题的一个根本原则"。② 他明确指出，"实现人民的富裕幸福，是我们建设社会主义的根本目的"③。最后，坚持党的阶级性和人民性必须始终以经济建设为中心。"经济是基础。一切政治归根到底都是为经济服务的。一个国家不搞好经济，不致力于改善人民生活，是难以稳定的。"④ 因此，中国共产党要得到人民群众的支持和拥护，马克思主义要在人民群众的实践中得到坚持和发展，就必须以经济建设为中心，大力推进经济社会发展，让人民群众过上富足的生活。正是因为江泽民始终遵循"走自己的路"这一建设有中国特色的社会主义基本立场，并在立足基本国情的基础上进行理论和实践创新，使中国共产党在极其复杂的国际国内环境中成功地捍卫和发展了中国特色社会主义，把马克思主义中国化顺利推进到 21 世纪。

党的十六大的召开吹响了中国社会开始进入全面建设小康社会新征程的号角，以胡锦涛同志为主要代表的中国共产党人围绕"实现什么样的发展、怎样发展"接续推动马克思主义在新条件下的中国化，加快建设社会主义现代化。因此在全面建设小康社会、加快建设社会主义现代化的历史阶段，必须"把坚持马克思主义基本原理同推进马克思主义中国化结合起来"，"以实践基础上的理论创新为改革开放提供理论指导"。⑤ 基于这一认识，以胡锦涛同志为主要代表的中国共产党人在领导人民建设现代化的过程中，根据我国社会主义初级阶段的现实国情和社会主要矛盾基本状况，以及经济社会飞速发展带来的急剧变化，即"随着我国经济成分、组织形式、就业方式、分配方式多样化，发展不平衡的矛盾日益凸显，社会利益关系日趋多样化，当前和今后相当长一段时间内我国经济社会发展面临的矛盾和问题可能更复杂、更突出"⑥ 这一阶段性特征，提出了"以人为本，全面、协调、可持续的发展观"⑦ 和建设"人与人、人与社

① 《江泽民文选》第 3 卷，人民出版社，2006，第 537 页。
② 《江泽民文选》第 2 卷，人民出版社，2006，第 262 页。
③ 《江泽民文选》第 3 卷，人民出版社，2006，第 287 页。
④ 《江泽民文选》第 1 卷，人民出版社，2006，第 332 页。
⑤ 《十七大以来重要文献选编》上卷，中央文献出版社，2009，第 796 页。
⑥ 《胡锦涛文选》第 2 卷，人民出版社，2016，第 362 页。
⑦ 《十六大以来重要文献选编》上卷，中央文献出版社，2005，第 849 页。

会、人与自然整体和谐"① 的社会主义和谐社会战略构想，把中国共产党建设的"现代中国"的内涵进一步具体化为"富强民主文明和谐的社会主义现代化国家"②。

从这可以看出，科学发展观一方面把人的发展置于经济社会发展的基础和核心地位，体现了马克思恩格斯提出的无产阶级的运动是"绝大多数人的，为绝大多数人谋利益的独立的运动"③ 这一社会主义的价值内涵，强调"发展为了人民、发展依靠人民、发展成果由人民共享，关注人的价值、权益、自由，关注人的生活质量、发展潜能、幸福指数，最终是为了实现人的全面发展"；另一方面，科学发展观所要求的发展是经济、政治、文化、社会等各领域各层面的"全面发展、协调发展、可持续发展"。④ 因此，科学发展观体现了我国经济社会发展的客观规律，是中国共产党对马克思主义发展观的发展和创新，是指导全面建设小康社会的科学理论。在科学发展观的指导下，我们克服并解决了国际金融危机带来的冲击和国内经济社会发展中遇到的各种困难及问题，实现了经济的高速发展和社会的全面进步，使社会主义中国以更加瞩目的姿态展现在世人面前。

总之，"如何使马克思列宁主义与各个时期的具体情况相结合，这是一个需要不断解决的问题"⑤。改革开放以来的历史，在一定意义上就是推进并不断实现马克思主义基本原理与我国人民的现代化建设实践不断结合的历史。在这一艰辛而又波澜壮阔的历史进程中，中国共产党立足于社会主义初级阶段这一基本国情和实现社会主义现代化这一历史任务，不断把握社会发展的阶段性特征，紧紧依靠人民探索社会主义现代化建设道路，在不断推进马克思主义中国化中总结出中国特色社会主义理论体系这一理论成果，为中国特色社会主义现代化建设提供了科学方法和理论及实践遵循。

---

① 《胡锦涛文选》第 2 卷，人民出版社，2016，第 523 页。
② 《胡锦涛文选》第 2 卷，人民出版社，2016，第 520 页。
③ 《马克思恩格斯选集》第 1 卷，人民出版社，2012，第 411 页。
④ 《胡锦涛文选》第 2 卷，人民出版社，2016，第 438、67 页。
⑤ 《邓小平文选》第 1 卷，人民出版社，1994，第 258 页。

二　以科学理论为指导不断深化中国特色社会主义现代化的内涵和实践方略

　　社会主义改造完成以后，中国特色社会主义现代化的理论框架基本建立，中国进入探索中国特色社会主义现代化具体道路的新的历史时期。由于现代化实践主题的转换，毛泽东在 1956 年提出实现马克思主义与中国现代化建设实际"第二次结合"的任务，以寻找在中国建设社会主义现代化的具体道路。他当时提出的"以苏为鉴""走自己的路"就是开启这一探索过程的最初表达。毛泽东后来总结说，"从一九五六年提出十大关系起，开始找到自己的一条适合中国的路线"，"开始反映中国客观经济规律"。①尽管这一探索没能取得成功，但为后来寻找中国自己的社会主义现代化建设道路积累了经验，指明了前进的方向。自此以后，"走自己的路，建设有中国特色的社会主义"始终是中国共产党推进现代化探索的主题。基于此种认识，党的十一届三中全会以来，党的历届中央领导集体为了找到这条道路，不断探索马克思主义与不同时期实践的具体结合形式，不断分析和解决人民群众在不同阶段现代化建设实践中出现的时代课题，开启了改革开放的伟大征程，"实现了中国特色社会主义现代化不断演进的逻辑进程"②。

　　改革开放以来，以邓小平同志为主要代表的中国共产党人批判反思中国共产党领导社会主义建设的经验教训，认识到要实现马克思主义与社会主义现代化建设实践的具体实际情况相结合，找到一条体现中国国情和民族特点的现代化之路，首先必须搞清楚什么是马克思主义、什么是社会主义。他说："我们总结了几十年搞社会主义的经验。社会主义是什么，马克思主义是什么，过去我们并没有完全搞清楚。"③ 所谓"没有完全搞清楚"，就是把社会主义和搞社会主义的具体做法混为一谈，把社会主义的抽象原则当作具体政策用于指导人民群众的实践，用原则剪裁实际，导致

①　《建国以来重要文献选编》第 13 册，中央文献出版社，1996，第 418 页。
②　钟学敏、段治文：《党的十八大与中国特色社会主义的逻辑演进》，《浙江社会科学》2012年第 12 期。
③　《邓小平文选》第 3 卷，人民出版社，1993，第 137 页。

超越实际国情的空想主义和教条主义。正是这种对马克思主义和社会主义的认识不清，导致我们的现代化建设出现了失误和遭受了挫折。为此，邓小平从弄清马克思主义和社会主义的本质入手去分析中国的现实国情、探索中国的现代化建设道路。一是中国已经是社会主义社会，这是中国国情的本质特征。这一特征决定了中国的现代化是社会主义现代化，也意味着改革开放前的现代化探索是社会主义现代化探索。邓小平反复强调，"我们搞的四个现代化，是社会主义的四个现代化"，不能忘记"在四个现代化前面有'社会主义'四个字"。① 正是中国国情的社会主义特征，决定了我们在现代化建设中必须坚持四项基本原则。一句话，立足中国国情搞现代化，只能走社会主义道路，"绝不能走西方资本主义道路"②。这些论述表明，一方面，人们对社会主义是什么在原则上是有清醒的认识和共识的，否则就不会建立起社会主义社会，也不会有资本主义社会与社会主义社会在本质上的分野；另一方面，对社会主义的具体做法需要具体情况具体分析，需要根据实践进行探索，但有一点是肯定的，即不能搞资本主义那一套。在这个意义上，邓小平在改革开放过程中强调现代化建设"走自己的路"，最大限度地减少对西方的依赖，实际上也是为了保证中国的现代化始终沿着社会主义的方向前进。二是中国社会主义的发展水平低。与马克思主义经典作家所设想的建立在高度发达生产力基础上的社会主义相比，我们因生产力水平低、人民生活不富裕而"事实上不够格"③，因而只能根据自己的条件在一定程度上体现社会主义的基本原则和精神，而不能直接把这些原则和精神用来指导社会主义建设的具体实践。因此邓小平说建设"中国式的现代化，就是把标准放低一点。特别是国民生产总值，按人口平均来说不会很高"④。邓小平把这种较低基础和发展水平的社会主义称为"初级阶段的社会主义"，并指出这是中国最大的实际，"一切都要从这个实际出发，根据这个实际来制订规划"⑤。由此才有他提出的经济建设是一切工作的中心、大力发展社会主义生产力是实现经济发展的关键、总

---

① 《邓小平文选》第 3 卷，人民出版社，1993，第 357、138 页。
② 《邓小平文选》第 3 卷，人民出版社，1993，第 123 页。
③ 《邓小平文选》第 3 卷，人民出版社，1993，第 225 页。
④ 《邓小平文选》第 2 卷，人民出版社，1994，第 194 页。
⑤ 《邓小平文选》第 3 卷，人民出版社，1993，第 252 页。

任务是集中力量实现四个现代化等思想。邓小平还说："经济工作是当前最大的政治，经济问题是压倒一切的政治问题。"① 按照这一思路，我们举全党全国之力积极探索社会主义现代化建设的具体政策和实现路径，在实践中逐步提炼出以"一个中心、两个基本点"为基本内容的党的基本路线、基本纲领、基本政策，初步构建出中国式社会主义的理论范式、政策体系和实践框架，规划了现代化建设"三步走"的路线图和行动纲领，走出了一条符合中国国情的社会主义现代化建设道路，"正确回答了实现什么样的现代化和怎样实现现代化的问题"②，成为指导中国人民进行社会主义现代化建设的科学的行动纲领。

党的十三届四中全会以后，以江泽民同志为主要代表的中国共产党人继续坚持和发展党的十一届三中全会以来形成的党的基本路线，继续以建设"中国特色社会主义"为目标探索中国自己的现代化道路。江泽民指出，根据中国现代化建设实际来理解和运用马克思主义，"创造性地走自己的路"，这是社会主义现代化建设取得胜利的"最根本的思想基础"。③他强调："在社会主义的发展道路问题上，我们强调以马克思主义为指导，根据中国国情走自己的路。"④ 而东欧剧变、苏联解体的悲剧表明，没有一个坚强的无产阶级政党的领导，要坚持社会主义道路是不可能的。为此，以江泽民同志为主要代表的中国共产党人围绕"建设什么样的党、怎样建设党"探索中国现代化道路，不断推进党的基本路线的实践，进一步深化中国特色社会主义的具体内涵和发展路径，创造性地提出建立社会主义市场经济体制、大力实施科教兴国战略和建设社会主义民主政治等目标，提出了建设中国特色社会主义在经济、政治、文化等领域的基本目标和基本政策，构成了 21 世纪"党在社会主义初级阶段的基本纲领"⑤，勾勒出"三位一体"的中国特色社会主义总体布局，擘画了 21 世纪头 20 年的现代化发展蓝图，即到 2020 年"基本实现工业化，建成完善的社会主义市场经济体制和更具活力、更加开放的经济体系"⑥。以此为指导，中国的现

①　《邓小平文选》第 2 卷，人民出版社，1994，第 194 页。
②　周为民：《中国特色社会主义事业是以人为本的现代化事业》，《理论视野》2011 年第 7 期。
③　《江泽民文选》第 1 卷，人民出版社，2006，第 589 页。
④　《江泽民文选》第 2 卷，人民出版社，2006，第 193 页。
⑤　《江泽民论有中国特色社会主义（专题摘编）》，中央文献出版社，2002，第 42 页。
⑥　《十六大以来重要文献选编》上卷，中央文献出版社，2005，第 15 页。

代化建设克服了 1998 年中国特大洪灾、1998 年亚洲金融危机等国内外各种冲击带来的影响，党的建设、经济社会发展都取得了历史性成就，到 2001 年我国"经济总量已居世界第六位"①，人民生活总体上达到了小康水平，中国共产党以举世瞩目的成就把中国特色社会主义成功地推进到 21 世纪，进一步诠释、丰富和发展了走自己的路、建设有中国特色的社会主义现代化的内涵和实践路径。

党的十六大以来，中国进入全面建设小康社会的新的历史时期。在这一新的历史时期，以胡锦涛同志为主要代表的中国共产党人沿着中国特色社会主义道路继续推进中国的现代化，继续探索在新形势下如何走好自己的路。党的十六大通过的党章要求全党在新的时代条件下继续完善和发展社会主义制度，"坚持马克思列宁主义的基本原理同中国的实践相结合，满怀信心地走自己的路，建设中国特色社会主义"②。要实现这一目标，就必须紧密结合人民群众的实践，"不断探索适合中国国情的发展道路，确定党带领人民推进事业发展的正确的路线方针和战略策略，为党和人民事业的发展提供科学指导"③。为此，以胡锦涛同志为主要代表的中国共产党人要求运用马克思主义这一科学工具，切实解决我国全面建设小康社会中出现的新问题，尤其是经济社会发展中存在的党的建设有待加强、"生产力和科技、教育的整体水平还不高，人口、资源、环境的压力还很大，农村贫困人口、城镇下岗失业人员和贫困居民还为数不少"④ 等导致我国经济社会发展出现的"不平衡、不协调、不可持续"⑤ 等矛盾的问题，以适应新形势下现代化建设的需要。为此，以胡锦涛同志为主要代表的中国共产党人围绕"实现什么样的发展、怎样发展"这一时代课题，集中全党智慧提出了以人为本的科学发展观和构建社会主义和谐社会的宏伟目标，使中国特色社会主义总体布局"由社会主义经济建设、政治建设、文化建设三位一体发展为社会主义经济建设、政治建设、文化建设、社会建设四位一体"⑥，拓展了中国特色社会主义的内涵，深化了中国共产党对现代化建

① 《十六大以来重要文献选编》上卷，中央文献出版社，2005，第 5 页。
② 《十六大以来重要文献选编》上卷，中央文献出版社，2005，第 45 页。
③ 《十六大以来重要文献选编》上卷，中央文献出版社，2005，第 645 页。
④ 《十六大以来重要文献选编》中卷，中央文献出版社，2006，第 378 页。
⑤ 《十七大以来重要文献选编》中卷，中央文献出版社，2011，第 471 页。
⑥ 《十六大以来重要文献选编》中卷，中央文献出版社，2006，第 696 页。

设客观规律的认识和把握。一是要坚持解放思想、实事求是、与时俱进，着力探索和把握我国社会主义现代化建设的规律；二是要坚持以经济建设为中心，着力推进全面协调可持续的科学发展；三是要加强制度建设，着力构建有利于科学发展的体制机制；四是要坚持正确处理改革发展稳定关系，着力保持社会大局稳定。①

同时，党中央在领导现代化建设过程中提出了以人为本的科学发展观，要求在推进经济发展和社会全面进步的基础上，不断"促进人的全面发展"，并把它作为"社会主义现代化建设的本质"② 来加以强调。这样，以胡锦涛同志为主要代表的中国共产党人在总结前人探索经验的基础上，围绕如何建设一个强大的社会主义现代化国家这一主题，把"现代中国"的内涵具体化为建设"富强民主文明和谐的社会主义现代化国家"③，从实现四个现代化拓展为实现富强民主文明和谐等全方位进步，"表明了我们党对什么是中国特色社会主义的认识越来越全面深入，越来越符合当代中国的具体实际"④。在科学发展观的指引下，我国经济社会各领域事业加速推进，中国特色社会主义现代化取得可喜成绩。"我国经济总量从世界第六位跃升到第二位"，国家的综合国力和经济社会文化等方面的发展都"迈上一个大台阶，国家面貌发生新的历史性变化"，⑤ 我国现代化建设取得的这些历史性成就最集中、最直观地表现在两个方面："一是建立了独立的比较完整的工业体系和国民经济体系，二是使中国从一个贫穷落后的国家变成世界经济大国。"⑥ 这些伟大成就极大地改善了人民群众的生活，为全面建设小康社会，基本实现社会主义现代化开辟了广阔前景。

总之，改革开放以来的马克思主义中国化推动着中国现代化内涵的不断拓展和实践的不断深入，而现代化建设取得的成就和奋斗目标的不断提出及完成反过来又进一步推动着马克思主义中国化向前发展。在这一过程

① 参见《继续探索把握社会主义现代化规律　更好把社会主义现代化推向前进》，《人民日报》2009 年 9 月 10 日。
② 《十六大以来重要文献选编》上卷，中央文献出版社，2005，第 11 页。
③ 《胡锦涛文选》第 2 卷，人民出版社，2016，第 518 页。
④ 唐洲雁：《新中国现代化战略目标的提出及其发展演变》，《现代哲学》2010 年第 1 期。
⑤ 《十八大以来重要文献选编》上卷，中央文献出版社，2014，第 5 页。
⑥ 李久林：《党领导现代化建设取得的成就及意义》，《高校理论战线》2012 年第 1 期。

中，马克思主义中国化不断取得的成果不仅是中国特色社会主义现代化的指导思想，还是其重要组成部分；中国特色社会主义现代化取得的阶段性成果不断成为中国新的具体国情的一部分，由此产生的新的需要也是推进马克思主义中国化发展的动力。在二者的这种互动与生成中，马克思主义理论逻辑成为中国现代化逻辑的抽象表达形式，实现了中国现代化逻辑与人的价值追求的统一。遵循这一逻辑，中国共产党立足于中国社会主义初级阶段的基本国情，以马克思主义为指导，紧紧抓住"实现什么样的现代化、怎样实现现代化"坚定不移地探索自己的现代化建设道路，形成了中国特色社会主义这一具有中国特色的现代化道路，并在建设社会主义现代化实践中创新了马克思主义现代化理论，为中国乃至世界社会主义现代化建设开辟了广阔的前景。

第五章　中国特色社会主义新时代的马克思主义中国化与中国式现代化

　　进一步推进马克思主义中国化既是中国特色社会主义取得胜利的法宝，也是中国共产党在新时代的历史担当和使命。马克思主义之所以能够在中国成为指导思想，关键是中国共产党不断推进其中国化，紧密结合中国实际加以运用，在解决人民群众面临实践问题的过程中"不断推进马克思主义中国化时代化并用以指导实践"①。党的十八大以来，随着现代化建设取得的伟大成就带来的中国的快速发展，我国进行社会主义现代化建设的内外环境发生了很大变化，"当今世界正处于百年未有之大变局，国际力量对比发生新的变化，我国在日益走近世界舞台中心的同时也面临更多严峻挑战"②。在这种情况下，如何带领人民群众应对国内外环境的变化，赢得发展的主动权，继续把中国特色社会主义现代化推向前进，是中国共产党人面临并需要予以正确解答的重大理论和实践课题。为此，以习近平同志为核心的党中央以超凡的政治智慧和勇气，围绕新时代"坚持和发展什么样的中国特色社会主义、怎样坚持和发展中国特色社会主义"这一历史课题，创造性地把马克思主义运用于新时代现代化建设实践，总结、提炼出了习近平新时代中国特色社会主义思想，中国特色社会主义现代化的发展蓝图被进一步具体化，并把马克思主义中国化推进到一个新的阶段，以现代化建设的伟大成就为早日实现中华民族伟大复兴奠定了坚实基础。

---

① 《习近平谈治国理政》第 4 卷，外文出版社，2022，第 29 页。

② 人民日报社评论部、新华社总编室评论部：《论学习贯彻习近平总书记"7·26"重要讲话精神》，人民出版社，2017，第 42 页。

第一节　中国特色社会主义新时代马克思主义中国化的创新发展

党的二十大报告指出："必须坚持问题导向。问题是时代的声音，回答并指导解决问题是理论的根本任务。"① 这一论断深刻揭示了发现问题、分析问题、解决问题是推进马克思主义中国化的切入点和着力点，表明中国共产党推进马克思主义中国化时代化主要是通过解决时代问题来实现的。换句话说，"以鲜明的问题意识把握时代矛盾、坚持问题导向，推动认识革命和理论创新正是马克思主义中国化时代化的本质内涵"②。因此，在中国特色社会主义新时代，只有坚持用马克思主义之"矢"去射新时代中国之"的"，及时、科学回答中国之问、世界之问、人民之问、时代之问，推进马克思主义创新发展，才能让马克思主义展现出更强大、更有说服力的真理力量，指引党和国家事业再创新的奇迹、取得更大胜利。

一　实践问题的逻辑演进与习近平新时代中国特色社会主义思想的形成与发展

以问题为中心既是我们党创新理论和实践的基本方法，也是党的十八大以来以习近平同志为核心的党中央推进全面建成小康社会和全面建设社会主义现代化国家的基本方法。习近平指出："党的十八大以来，党和国家事业取得历史性成就、发生历史性变革，其中一条很重要的经验就是坚持问题导向，把解决实际问题作为打开工作局面的突破口。"③ 他还强调："实现四个现代化是一场深刻的伟大的革命。在这场伟大的革命中，我们

---

① 习近平：《高举中国特色社会主义伟大旗帜 为全面建设社会主义现代化国家而团结奋斗——在中国共产党第二十次全国代表大会上的报告》，人民出版社，2022，第 20 页。

② 魏波、李夏洁：《坚持问题导向——深刻把握理论创新的世界观和方法论》，《中国特色社会主义研究》2023 年第 1 期。

③ 《习近平在中央党校（国家行政学院）中青年干部培训班开班式上发表重要讲话强调 年轻干部要提高解决实际问题能力 想干事能干事干成事》，《人民日报》2020 年 10 月 11 日。

是在不断地解决新的矛盾中前进的。"① 党的十八大以来，国际国内形势发生重大变化，中国社会进入新的发展阶段，对推进中国特色社会主义事业提出了新任务、新挑战，要求中国共产党依据马克思主义基本原理和立场、观点、方法对此作出新的回答，实现马克思主义的进一步中国化，形成新的理论以适应人民群众的实践需要。在这种情况下，以习近平同志为核心的党中央对新的历史条件下"坚持和发展什么样的中国特色社会主义、怎样坚持和发展中国特色社会主义"这一时代课题从理论和实践相结合上给予了系统解答，在统筹推进"五位一体"总体布局中不断丰富和深化我们党对在中国进行社会主义现代化建设的认识，把对共产党执政规律、社会主义建设规律、人类社会发展规律的深刻把握和体认运用于中国新的历史环境之中，提出了一系列新理念、新思想、新战略，总结提出了全面建设社会主义现代化国家、全面深化改革、全面依法治国、全面从严治党"四个全面"战略布局，实现了马克思主义基本原理与新时代国情、当代中国实践、中华优秀传统文化和全球化的紧密结合，使马克思主义中国化由"马克思主义基本原理同中国具体实际相结合"发展到"马克思主义基本原理同中国具体实际相结合、同中华优秀传统文化相结合"②，创立了习近平新时代中国特色社会主义思想，"实现了马克思主义中国化新的飞跃"③。

第一，作出了我国社会主要矛盾发生转变的重大战略判断。党的十九大报告指出，经过全党和全国人民的长期努力，"中国特色社会主义进入了新时代，这是我国发展新的历史方位"④。党中央作出这一重大判断的主要依据就是我们的国家已经发展起来了，"我国长期所处的短缺经济和供给不足的状况已经发生根本性改变，人民对美好生活的向往总体上已经从'有没有'转向'好不好'"⑤。这一变化使我国社会主义初级阶段的基本国情呈现出新的阶段性特征：一方面，我国经济社会发展水平与西方发达国家相比仍然存在较大差距，"仍然是世界上最大的发展中国家"，"仍处

① 《习近平谈治国理政》，外文出版社，2014，第401页。
② 《习近平谈治国理政》第4卷，外文出版社，2022，第10页。
③ 《中共中央关于党的百年奋斗重大成就和历史经验的决议》，人民出版社，2021，第18页。
④ 《习近平谈治国理政》第3卷，外文出版社，2020，第8页。
⑤ 《习近平谈治国理政》第4卷，外文出版社，2022，第120页。

于并将长期处于社会主义初级阶段",① 建设的仍然是初级阶段的社会主义;另一方面,新时代我国社会主要矛盾已经转变为"人民日益增长的美好生活需要和不平衡不充分的发展之间的矛盾","发展中的矛盾和问题集中体现在发展质量上"。② 为此,以习近平同志为核心的党中央根据我国现阶段国情的变化,以及由此带来的人民群众进行社会主义现代化建设实践的内容、形式、特点等的重大变化,"紧密联系党和国家事业发生的历史性变革,紧密联系中国特色社会主义进入新时代的新实际,紧密联系我国社会主要矛盾的重大变化,紧密联系'两个一百年'奋斗目标和各项任务"③,立足于"我国历史上最为广泛而深刻的社会变革"和"人类历史上最为宏大而独特的实践创新"④ 推进马克思主义基本原理与人民群众新实践的不断结合,总结形成了一系列新思想新观点新论断,创立了习近平新时代中国特色社会主义思想这一重大理论成果,不仅指导中国的社会主义现代化建设取得历史性新成就,还以马克思主义中国化时代化的创新成果为开辟二十一世纪马克思主义发展新境界作出了新贡献。

第二,提出了"创新、协调、绿色、开放、共享"的新发展理念。习近平总书记指出,党的十八大以来,随着中国特色社会主义进入新时代,我国发展站到了新的历史起点上,传统上重数量轻质量的粗放型经济发展方式在新发展阶段面临"劳动力成本上升、资源环境约束增大、粗放的发展方式难以为继,经济循环不畅"⑤ 等"一系列长期积累及新出现的突出矛盾和问题"⑥,高质量发展成了"新时代的硬道理"⑦,这些变化倒逼我国必须实现生产方式向集约化转型。为此,以习近平同志为核心的党中央根据经济社会发展中矛盾关系的重大变化,坚持"把问题作为研究和

---

① 《习近平谈治国理政》第 4 卷,外文出版社,2022,第 113 页。
② 《习近平谈治国理政》第 4 卷,外文出版社,2022,第 114 页。
③ 《习近平谈治国理政》第 3 卷,外文出版社,2020,第 63 页。
④ 人民日报社评论部、新华社总编室评论部:《论学习贯彻习近平总书记"7·26"重要讲话精神》,人民出版社,2017,第 29 页。
⑤ 《习近平谈治国理政》第 3 卷,外文出版社,2020,第 237 页。
⑥ 《习近平著作选读》第 1 卷,人民出版社,2023,第 4 页。
⑦ 《习近平在中共中央政治局第十一次集体学习时强调 加快发展新质生产力 扎实推进高质量发展》,中国政府网,2024 年 2 月 1 日,https://www.gov.cn/yaowen/liebiao/202402/content_6929446.htm。

制定政策的起点，把工作的着力点放在解决最突出的矛盾和问题上"①，紧紧抓住发展社会生产力这一根本要求和社会主义初级阶段这个根本国情，不断推进马克思主义基本原理同中国具体实际相结合、同中华优秀传统文化相结合，提出了创新、协调、绿色、开放、共享的新发展理念，解决了实现经济高质量发展面临的动力支撑不足、发展不平衡、人与自然和谐不足、社会公平正义问题突出、发展内外联动不畅等问题。习近平指出，新发展理念"集中反映了我们党对经济社会发展规律认识的深化，也是针对我国发展中的突出矛盾和问题提出来的"②，是马克思主义发展观在我国新时代国情中的具体化和重要发展，是坚持问题导向推进马克思主义中国化取得的重要成果，必将对我国经济社会发展产生重要影响。

第三，提出以人民为中心的发展思想。按照马克思主义基本原理，社会主义社会是人民群众当家作主的社会，中国特色社会主义是党领导人民在实践中开创出来的、为人民谋幸福的唯一正确道路。中国特色社会主义的这一性质决定了"中国共产党的一切奋斗都是为人民谋幸福"③、为人民谋利益的。为此，习近平根据人民群众是历史的创造者这一唯物史观的原理和党的全心全意为人民服务的根本宗旨，把发挥人民群众的积极性、主动性、创造性作为推进党和国家事业发展的决定性力量，创造性地提出了"以人民为中心的发展思想"并把它"贯穿到'五位一体'总体布局和'四个全面'战略布局之中"，④ 体现在经济社会发展的各方面各领域各环节。习近平强调："人民对美好生活的向往是我们党的奋斗目标，解决人民最关心最直接最现实的利益问题是执政党使命所在。"⑤ 他明确指出，在推进中国特色社会主义事业发展过程中贯彻落实以人民为中心的发展思想，就必须"着力解决好人民最关心最直接最现实的利益问题"，始终"做到发展为了人民、发展依靠人民、发展成果由人民共享"。⑥ 这些重要

① 周佳松：《坚持问题导向：习近平新时代中国特色社会主义思想鲜明的实践品质》，《观察与思考》2023 年第 6 期。
② 《习近平谈治国理政》第 2 卷，外文出版社，2017，第 197 页。
③ 《习近平在辽宁考察时强调 在新时代东北振兴上展现更大担当和作为 奋力开创辽宁振兴发展新局面》，中国政府网，2022 年 8 月 18 日，https://www.gov.cn/xinwen/2022-08/18/content_5705929.htm。
④ 《习近平谈治国理政》第 3 卷，外文出版社，2020，第 234 页。
⑤ 《习近平谈治国理政》第 3 卷，外文出版社，2020，第 359 页。
⑥ 《习近平谈治国理政》第 2 卷，外文出版社，2017，第 144、214 页。

论述科学地回答了推进中国特色社会主义伟大事业和实现中华民族伟大复兴依靠谁、为了谁等根本问题，为全面建设社会主义现代化国家提供了科学的价值指引和实践遵循，是对唯物史观的重大发展。

第四，提出"四个全面"战略布局。习近平指出："'四个全面'是当前党和国家事业发展中必须解决好的主要矛盾。"① 历史地看，"四个全面"战略布局是在解决社会主义现代化建设实际问题中逐渐提出来的，经历了一个不断发展、丰富的探索过程。在按照党的十八大制定的战略部署统筹推进"五位一体"总体布局的过程中，为顺利实现全面建成小康社会的目标，为扫除"进一步解放和发展社会生产力"② 在思想上、体制上的障碍，习近平在党的十八届三中全会上提出了全面深化改革的战略部署，确立了"完善和发展中国特色社会主义制度、推进国家治理体系和治理能力现代化"③ 的全面深化改革总目标。在推进全面建成小康社会和全面深化改革的过程中，为啃下"硬骨头"，打好攻坚战，需要系统集成改革举措，形成全国"一盘棋"的改革合力，为此提出了全面依法治国的党治国理政基本方略。在推进"三个全面"的过程中，如何坚持党的领导、怎样加强党的全面领导的问题逐渐凸显，由此提出必须全面从严治党战略举措，确保党"始终成为中国特色社会主义事业的坚强领导核心"④，"三个全面"战略布局由此发展到"四个全面"战略布局。而在全面建成小康社会目标实现后，全面建设社会主义现代化国家取代全面建成小康社会成为"四个全面"战略布局的重要内容。可见，"四个全面"战略布局是针对中国特色社会主义实践面临的现实问题而提出来的，是"新形势下党和国家各项工作的战略目标和战略举措"⑤，是党在新时代历史条件下"坚持和发展什么样的中国特色社会主义、怎样坚持和发展中国特色社会主义"的基本方略和对这一问题的科学解答，是中国共产党对发展二十一世纪马克思主义的重大创新和贡献。

第五，提出了"两个结合"。党的十八大以来，针对社会上"有的人

---

① 《习近平谈治国理政》第2卷，外文出版社，2017，第22页。
② 《习近平谈治国理政》，外文出版社，2014，第92页。
③ 《习近平谈治国理政》，外文出版社，2014，第104页。
④ 人民日报社评论部、新华社总编室评论部：《论学习贯彻习近平总书记"7·26"重要讲话精神》，人民出版社，2017，第41页。
⑤ 《十八大以来重要文献选编》中卷，中央文献出版社，2016，第250页。

奉西方理论、西方话语为金科玉律"①、鼓吹历史虚无主义和文化虚无主义的错误观点，以习近平同志为核心的党中央强调中国共产党人"不是历史虚无主义者，也不是文化虚无主义者，不能数典忘祖、妄自菲薄"②；强调中华优秀传统文化是"中华民族的根和魂，是我们在世界文化激荡中站稳脚跟的根基"③；强调中国特色社会主义建立在中华五千余年文明之上，"中国共产党人始终是中国优秀传统文化的忠实继承者和弘扬者"④，以此强调马克思主义与中华优秀传统文化的相互契合关系，以及中国特色社会主义的中华文化根基。基于这一立场，习近平在推进中国特色社会主义伟大事业的过程中，始终把对中华优秀传统文化的创造性转化和创新性发展作为增强文化自信、发展社会主义先进文化的重要内容，并把它作为推进马克思主义中国化时代化的根本途径。他说："坚持把马克思主义基本原理同中国具体实际相结合、同中华优秀传统文化相结合，不断推进马克思主义中国化时代化，推动了中华优秀传统文化创造性转化、创新性发展。"⑤ 他还说："中华优秀传统文化是我们党创新理论的'根'，我们推进马克思主义中国化时代化的根本途径是'两个结合'。"⑥ 由此可见，"两个结合"理论的提出，不仅为传承和创新中华优秀传统文化、发展社会主义先进文化提供了宝贵的思想资源和科学的实践路径，还以对马克思主义中国化内容的创新性发展丰富了马克思主义，为新时代推进中国特色社会主义及发展社会主义先进文化提供了新的科学理论指导。

总之，党的十八大以来，以习近平同志为核心的党中央以崇高的历史使命感，立足中国特色社会主义鲜活实践不断推进马克思主义理论创新和实践创新，统筹推进经济、政治、文化、社会、生态文明建设，把"发展21 世纪马克思主义、当代中国马克思主义"作为"当代中国共产党人责无旁贷的历史责任"，⑦ 矢志不渝地推进、丰富和发展马克思主义中国化时代

①　习近平：《在全国党校工作会议上的讲话》，人民出版社，2016，第 8 页。

②　《习近平关于总体国家安全观论述摘编》，中央文献出版社，2018，第 112 页。

③　《习近平关于社会主义精神文明建设论述摘编》，中央文献出版社，2022，第 236 页。

④　《习近平著作选读》第 1 卷，人民出版社，2023，第 282 页。

⑤　《习近平关于社会主义精神文明建设论述摘编》，中央文献出版社，2022，第 236 页。

⑥　《习近平在陕西延安和河南安阳考察时强调 全面推进乡村振兴 为实现农业农村现代化而不懈奋斗》，中国政府网，2022 年 10 月 28 日，https://www.gov.cn/xinwen/2022-10/28/content_5722425.htm。

⑦　《习近平谈治国理政》第 3 卷，外文出版社，2020，第 183 页。

化理论成果，以马克思主义创新性成果彰显了马克思主义的蓬勃生命力，开辟了马克思主义发展的新境界。

二 中国特色社会主义新时代推进马克思主义中国化时代化的重要经验和基本遵循

党的十八大以来，以习近平同志为核心的党中央在分析、解决人民群众实践中面临的新问题的过程中不断推进马克思主义基本原理同中国具体实际相结合、同中华优秀传统文化相结合，把对马克思主义理论的实践和运用贯穿于对具体问题的分析和思考的全过程，由此形成"对复杂形势清醒准确的判断，对大局大势科学的驾驭和把握，对治国理政方略科学的谋划和制定，对内政外交国防纵横捭阖的运筹"，"不仅有鲜明的理论观点、深刻的思想内涵，而且蕴含着丰富的思想方法和工作方法"，① 为新时代新征程立足社会主义初级阶段现实国情不断实现马克思主义中国化时代化提供了重要经验和基本遵循。

第一，把马克思主义与新时代国情相结合。马克思主义中国化的本质内涵和基本结构是把马克思主义基本原理同中国具体实际相结合，这是它被命名为"马克思主义中国化"的依据和理由。它在新时代的基本含义是从国情出发，从经济社会发展实际出发，立足于当前国情的具体实际，在马克思主义科学理论指导下去分析、研究中国特色社会主义事业发展中面临的各种问题并予以科学回答。这一过程的实质就是运用马克思主义基本原理和立场、观点、方法，分析、研究当前人民群众的现代化建设实践，解决他们遇到的各种问题，总结新经验，揭示和把握其中的规律，在此基础上形成中国化的马克思主义，并用以指导人民的新实践。为此，党的十八大以来，习近平反复强调运用马克思主义立场、观点、方法对中国当代具体国情进行理论分析，并在实践中把二者很好地结合起来，使之成为新时代实现马克思主义中国化的重要内容。他指出："马克思主义的中国化，就是把马克思主义基本原理同中国具体实际和时代特征结合起来，运用马克思主义的立场、观点、方法研究和解决中国革命、建设、改革中的实际

---

① 《十八大以来重要文献选编》下卷，中央文献出版社，2018，第743、754页。

问题，坚持和发展马克思主义。"①　这一立场实质上是强调从中国社会所处的历史方位和时代特点出发，推进马克思主义中国化。历史方位和时代特点是中国国情的具体存在状态：历史方位是国家在一定历史阶段所处的时空节点，它不仅体现以往的发展过程，还昭示未来的发展趋向，而时代特点是国家在一定历史阶段所体现出来的、反映该阶段时代精神的本质特征，是其在一定时期的现实表征。

习近平指出，"科学认识当前形势，准确研判未来走势，是做好经济工作的基本前提"②，基于此才能正确认识我国发展阶段性特征，为马克思主义中国化奠定坚实的基础。而要科学认识和把握现实，就必须掌握科学的认识工具——马克思主义。为此，习近平一方面推动马克思主义在中国的普及，强调马克思主义"是人们观察世界、分析问题的有力思想武器"③，让人民群众掌握这一认识世界和改造世界的科学工具，"把系统掌握马克思主义基本理论作为看家本领……学会运用马克思主义立场、观点、方法观察和解决问题"④；另一方面他又花很大的精力对中国现实进行理论分析和政策考量，根据社会主义现代化建设取得的伟大成就带来的经济社会出现的新的历史特点，得出中国社会主要矛盾发生变化的结论，由此作出了"中国特色社会主义进入新时代"⑤　的战略判断，进而提出了"更加深入地推动马克思主义同当代中国发展的具体实际相结合，不断开辟 21 世纪马克思主义发展新境界"⑥　的历史任务，并在这一过程中总结形成了"五位一体"总体布局和"四个全面"战略布局，为人民群众解决在生产生活实践中面临的各种具体问题和思想困惑提供马克思主义的指导，立足人们在生活中的切身感受诠释马克思主义中国化的具体内容及实践路径，实现了科学社会主义原则与新时代中国国情的新结合。

第二，把马克思主义与新时代人民群众的现代化建设实践相结合。根据实践创造新理论，实现马克思主义基本原理同当代中国具体实际的结合

①　《十七大以来重要文献选编》上卷，中央文献出版社，2009，第 241 页。
②　《习近平谈治国理政》第 2 卷，外文出版社，2017，第 229 页。
③　习近平：《在哲学社会科学工作座谈会上的讲话》，人民出版社，2016，第 9 页。
④　《习近平谈治国理政》，外文出版社，2014，第 154 页。
⑤　习近平：《决胜全面建成小康社会 夺取新时代中国特色社会主义伟大胜利——在中国共产党第十九次全国代表大会上的报告》，人民出版社，2017，第 12 页。
⑥　《习近平谈治国理政》第 2 卷，外文出版社，2017，第 34 页。

是时代提出的新要求和创新马克思主义中国化科学内容的正确途径。党的十八大以来出现的中国具体国情的重大变化和"国际形势正发生前所未有之大变局"①，尤其是"我国社会主要矛盾已经转化为人民日益增长的美好生活需要和不平衡不充分的发展之间的矛盾"② 这一事实，必然导致当代社会实践的内容、形式随之发生变化。马克思主义作为来源于实践、服务于实践的科学理论，也必然随着实践的改变而改变。因此，如何把握变化了的实践及其内容和特点并把它们与马克思主义结合起来，就成了新时代创新马克思主义中国化内容的主要任务和实现其发展的主要途径。习近平指出，"结合新的实践不断作出新的理论创造，这是马克思主义永葆生机活力的奥妙所在"③，也是推进马克思主义中国化的法宝。他还说："当代中国的伟大社会变革，不是简单延续我国历史文化的母版，不是简单套用马克思主义经典作家设想的模板，不是其他国家社会主义实践的再版，也不是国外现代化发展的翻版，不可能找到现成的教科书。"④ 要做到马克思主义与当代中国具体实际相结合，就要用马克思主义基本原理和立场、观点、方法，分析、研究中国特色社会主义现代化建设实践中面临的问题，找出解决方案，揭示其发展规律，为加快推进民族复兴进程提供思想和方法指南。

为此，习近平强调要在马克思主义指导下正确把握新时代实践的特点和要求，紧紧围绕"全面建成小康社会，加快推进社会主义现代化，实现中华民族伟大复兴"这一总任务，"抓住关键问题进一步研究思考，着力推动解决我国发展面临的一系列突出矛盾和问题"⑤，以深刻理解和准确把握党中央提出的系列治国理政的新理念新思想新战略，"提炼出有学理性的新理论，概括出有规律性的新实践"⑥，不断推进中国特色社会主义向前发展。必须明确当代中国具体实际的基本内容、表现形式及其与以往实践的区别，进而弄清楚马克思主义基本原理同当代中国具体实际

---

① 《习近平谈治国理政》第 2 卷，外文出版社，2017，第 415 页。
② 习近平：《决胜全面建成小康社会 夺取新时代中国特色社会主义伟大胜利——在中国共产党第十九次全国代表大会上的报告》，人民出版社，2017，第 11 页。
③ 习近平：《在哲学社会科学工作座谈会上的讲话》，人民出版社，2016，第 13 页。
④ 《习近平谈治国理政》第 2 卷，外文出版社，2017，第 344 页。
⑤ 《十八大以来重要文献选编》上卷，中央文献出版社，2014，第 8、497 页。
⑥ 习近平：《在哲学社会科学工作座谈会上的讲话》，人民出版社，2016，第 22 页。

如何结合的问题。按照这一路径，以习近平同志为核心的党中央运用辩证唯物主义和历史唯物主义基本原理和方法，缜密分析新时代人民群众实践的内容及特点并给予科学解答，正确回答了中国共产党人在新时代条件下如何认识、把握共产党执政规律，如何理解、贯彻社会主义建设规律，如何遵从、体现人类社会发展规律等根本性问题，准确把握其在当代的主要内容、基本任务、表现形式及主体状况，及时总结人民群众的实践经验，"以全新的视野深化对共产党执政规律、社会主义建设规律、人类社会发展规律的认识，进行艰辛理论探索，取得重大理论创新成果，形成了新时代中国特色社会主义思想"①，进一步推进了马克思主义中国化伟大进程。因此，以习近平同志为核心的党中央提出的系列治国理政新理念新思想新战略及由此升华而成的习近平新时代中国特色社会主义思想"是中国革命、建设、改革的历史逻辑、理论逻辑和实践逻辑的贯通结合，开辟了马克思主义发展新境界，续写了中国特色社会主义事业新篇章"，"是指导具有许多新的历史特点的伟大斗争的鲜活的马克思主义"。②

　　第三，实现马克思主义基本原理同中华优秀传统文化在新时代的结合。结合中华优秀传统文化是马克思主义实现中国化的必然要求和题中应有之义。习近平对此指出，我们在"强调把马克思主义基本原理同中国具体实际相结合"的基础上明确提出了以"把马克思主义基本原理同中华优秀传统文化相结合"为内容的"第二个结合"，强调"'两个结合'是我们取得成功的最大法宝"，③把马克思主义中国化推进到了一个新的发展阶段。由此出发，习近平从历史、理论、实践等维度阐释了"第二个结合"的内涵、路径、意义。一是"第二个结合"让马克思主义基本原理与中华优秀传统文化"互相成就"：马克思主义"以真理之光激活了中华文明的基因"，让"中华优秀传统文化成为现代的"，同时，"中华优秀传统文化充实了马克思主义的文化生命"，"让马克思主义成为中国的"；④二是

①　习近平：《决胜全面建成小康社会 夺取新时代中国特色社会主义伟大胜利——在中国共产党第十九次全国代表大会上的报告》，人民出版社，2017，第18~19页。
②　冷溶：《实现中华民族伟大复兴的科学理论指导和行动指南》，《人民日报》2016年5月6日。
③　习近平：《在文化传承发展座谈会上的讲话》，人民出版社，2023，第5页。
④　习近平：《在文化传承发展座谈会上的讲话》，人民出版社，2023，第6页。

"'第二个结合'让中国特色社会主义道路有了更加宏阔深远的历史纵深，拓展了中国特色社会主义道路的文化根基"；三是"'第二个结合'让我们掌握了思想和文化主动"，进一步解放了人们的思想，"让我们能够在更广阔的文化空间中，充分运用中华优秀传统文化的宝贵资源，探索面向未来的理论和制度创新"；四是第二个"'结合'巩固了文化主体性"，造就了"文化意义上坚定的自我"，为文化自信提供了根本依托。① 这些关于"第二个结合"的论述深刻揭示和系统回答了马克思主义基本原理同中华优秀传统文化为何结合、结合什么、如何结合，结合的意义和作用等问题，创造性地把马克思主义中国化推进到了"两个结合"的新阶段。因此，习近平强调："第二个结合""是我们党对马克思主义中国化时代化历史经验的深刻总结，是对中华文明发展规律的深刻把握，表明我们党对中国道路、理论、制度的认识达到了新高度，表明我们党的历史自信、文化自信达到了新高度，表明我们党在传承中华优秀传统文化中推进文化创新的自觉性达到了新高度"②。

由于马克思主义中国化时代化既是马克思主义转化成"中国的"的过程，也是中华优秀传统文化转化成"现代的"的过程，这决定了推进马克思主义中国化时代化，实现"第二个结合"要做到以下两个方面。一方面必须立足"源自于中华民族五千多年文明历史所孕育的中华优秀传统文化"③，"坚持中国人的世界观、方法论"④，在此基础上结合马克思主义基本原理，创造出"根植于中国大地、反映中国人民意愿、适应中国和时代发展进步要求的科学社会主义"⑤；另一方面必须坚持马克思主义"是我们党和人民事业不断发展的参天大树之根本"这一立场，坚定不移地"坚持以马克思主义为指导"⑥ 去批判吸收中华优秀传统文化，在中国特色社会主义伟大实践中把马克思主义基本原理这个"根本"同中华优秀传统文化

---

① 习近平：《在文化传承发展座谈会上的讲话》，人民出版社，2023，第7、8、9页。
② 习近平：《在文化传承发展座谈会上的讲话》，人民出版社，2023，第9页。
③ 习近平：《决胜全面建成小康社会 夺取新时代中国特色社会主义伟大胜利——在中国共产党第十九次全国代表大会上的报告》，人民出版社，2017，第41页。
④ 习近平：《在哲学社会科学工作座谈会上的讲话》，人民出版社，2016，第19页。
⑤ 《习近平谈治国理政》，外文出版社，2014，第21页。
⑥ 《习近平谈治国理政》第2卷，外文出版社，2017，第66页。

这个"中华民族的文化根脉"①　结合起来，以不断丰富和发展"适合自己特点的发展道路"②，即中国特色社会主义发展道路。可见，习近平强调马克思主义基本原理同中华优秀传统文化的结合，就是强调立足中国国情，以中华优秀传统文化为根基，以马克思主义基本原理为方法，建构适合时代发展要求的中国现代文化。这就明确指出了中国特色社会主义具有双重属性或双重本质：马克思主义基本原理的当代中国存在形态和中华优秀传统文化在当代中国的自然延续。因此，我们不仅要在当代条件下用新观点、新方法、新内容接着讲马克思主义基本原理及其立场、观点、方法，还要继承和弘扬中华优秀传统文化，接着阐释中国精神、中国文化、中国价值，以实现马克思主义的中国化和中华民族伟大复兴。

第四，实现马克思主义与新时代人民群众的结合。按照马克思的观点，生产力如果不是掌握在人民群众的手中的话，那么生产力的发展不仅不会给人民群众带来解放，反而会增加他们受剥削和受奴役的手段。因为人民群众的解放和他们生活状况的改善，"不仅仅决定于生产力的发展，而且还决定于生产力是否归人民所有"③。由于改革开放以来一段时期，我们以效率为先，更多地强调以生产力的发展改变中国经济社会发展的落后状态，在一定程度上忽略了生产力归人民所有这一价值维度，即共同富裕的本质追求。为此，党的十八大以来，习近平强调马克思主义中国化的一个重要内容是"马克思主义的人民性和实践性在中国得到充分贯彻"④。这就是说，马克思主义作为人民群众求得最终解放的学说这一性质和立场，决定了推进马克思主义及其中国化必须以人民群众为主体并围绕人民群众的利益而展开，把维护和实现人民利益作为"我们党一切工作的根本出发点和落脚点"⑤。马克思主义与新时代人民群众相结合，就是把马克思主义立场、观点、方法普及到人民群众中去，使之成为"人们观察世界、分析问题的有力思想武器"⑥。同时，马克思主义作为人民的理论，最终必然

① 《习近平谈治国理政》第3卷，外文出版社，2020，第314页。

② 《习近平谈治国理政》，外文出版社，2014，第156页。

③ 《马克思恩格斯选集》第1卷，人民出版社，2012，第861页。

④ 《中共中央关于党的百年奋斗重大成就和历史经验的决议》，人民出版社，2021，第63页。

⑤ 《习近平谈治国理政》第2卷，外文出版社，2017，第189页。

⑥ 习近平：《在哲学社会科学工作座谈会上的讲话》，人民出版社，2016，第9页。

"具体地、现实地体现到人民对自身利益的实现和发展上来"①。这既是马克思主义作为人民群众认识世界和改造世界的方法论的基本含义和要求，也是马克思主义人民性的题中应有之义。

基于这种理解，习近平依据马克思主义的方法论原则和人民群众的思想认识水平，提出了新时代条件下推进马克思主义中国化向前发展的新要求："把新时代中国特色社会主义思想的世界观、方法论和贯穿其中的立场观点方法转化为自己的科学思想方法，作为研究问题、解决问题的'总钥匙'。"② 为此，一方面要坚持不懈"用习近平新时代中国特色社会主义思想武装全党、教育人民、指导工作，夯实党执政的思想基础"；另一方面要"使一切工作顺应时代潮流、符合发展规律、体现人民愿望"。③ 只有当人民群众掌握马克思主义的认识论、辩证法和唯物史观，并学会把它们正确地运用到自己认识世界和改造世界的生产生活实践中去、成为他们解决实践中遇到的实际问题的能力的时候，马克思主义才算是真正与人民群众结合起来了，马克思主义中国化才能真正"形成为人民所喜爱、所认同、所拥有的理论，使之成为指导人民认识世界和改造世界的强大思想武器"④。通过这些系统、深入的阐述，习近平为实现马克思主义与人民群众的结合、把马克思主义及其中国化成果转化为广大干部与群众认识世界和改造世界的思想方法找到了现实的途径，推动马克思主义中国化的进一步发展。

第五，实现马克思主义与全球化的结合。当今世界是开放的世界，全球化是世界经济发展的基本趋势和潮流。当前，"中国与世界的关系在发生深刻变化，我国同国际社会的互联互动也已变得空前紧密，我国对世界的依靠、对国际事务的参与在不断加深，世界对我国的依靠、对我国的影响也在不断加深"⑤。这决定了以马克思主义为主体内容和本质特征的马克

① 《习近平谈治国理政》第 2 卷，外文出版社，2017，第 292 页。
② 《习近平在听取陕西省委和省政府工作汇报时强调 着眼全国大局发挥自身优势明确主攻方向 奋力谱写中国式现代化建设的陕西篇章》，中国政府网，2023 年 5 月 17 日，https://www.gov.cn/yaowen/liebiao/202305/content_6874465.htm。
③ 《中共中央关于坚持和完善中国特色社会主义制度 推进国家治理体系和治理能力现代化若干重大问题的决定》，人民出版社，2019，第 6、7 页。
④ 《习近平著作选读》第 1 卷，人民出版社，2023，第 16 页。
⑤ 《习近平谈治国理政》第 2 卷，外文出版社，2017，第 442 页。

思主义中国化也只有置于全球化的时代背景中才能得到科学阐释和正确理解，并给予世界发展进程以重大影响。因此，在当代推进马克思主义中国化，必须处理好世界发展潮流与立足中国国情的关系，具有世界眼光和全球视野，主动融入并引领全球化的发展。为此，习近平从三个方面阐述了马克思主义与全球化的结合的重要性和实现路径。

一是准确把握世界经济全球化这一时代发展潮流和特点，坚持对外开放的基本国策。习近平指出："经济全球化是我们谋划发展所要面对的时代潮流。"[1] 这一时代潮流决定了各国只有在相互交流交往中才能实现自己利益最大化，加快自身发展进程。因此，中国谋求自己的发展必须进一步开放，"要放宽视野，吸收人类文明一切有益成果，不断创新和发展马克思主义"[2]，使马克思主义中国化融入世界经济社会发展的全球化进程。在这个意义上，习近平指出："改革开放是决定当代中国命运的关键抉择，是党和人民事业大踏步赶上时代的重要法宝。"[3] 他还说："中国人民的面貌、社会主义中国的面貌、中国共产党的面貌能发生如此深刻的变化，我国能在国际社会赢得举足轻重的地位，靠的就是坚持不懈推进改革开放。"[4]

二是必须正确把握和处理好中国与世界的关系，把中国立场与世界眼光结合起来，实现共同发展。党的十八大以来，中国与世界进入深度融合的新的历史时期，成为推动世界发展的重要力量。中国积极主动应对国际经济体系、治理体系及其规则的深刻变动带来的风险与挑战，以负责任的态度参与其中，与其他国家一道为建立一个更加公平公正的国际制度体系而努力，在维护自身发展权益的同时努力推进世界发展进程。习近平指出，随着我国经济的发展和综合国力的增强及更深更广地参与国际事务，"我国国际影响力、感召力、塑造力进一步提高"[5]，成为全球化的重要参与者、引领者，这不仅为马克思主义中国化提供了新的素材和资源，还加速了中国化马克思主义与世界历史进程的融合。

① 《习近平谈治国理政》第 2 卷，外文出版社，2017，第 210 页。
② 《习近平谈治国理政》第 2 卷，外文出版社，2017，第 66 页。
③ 习近平：《在庆祝中国共产党成立 95 周年大会上的讲话》，人民出版社，2016，第 16 页。
④ 《十八大以来重要文献选编》上卷，中央文献出版社，2014，第 494 页。
⑤ 习近平：《决胜全面建成小康社会 夺取新时代中国特色社会主义伟大胜利——在中国共产党第十九次全国代表大会上的报告》，人民出版社，2017，第 7 页。

三是倡导建立共商共建共享的全球治理观，构建人类命运共同体。马克思主义揭示了人类社会发展规律，指出人类社会未来必然发展到"自由人联合体"的共产主义社会。按照这一方向和当今世界发展的现实状况，习近平发出了"构建人类命运共同体"倡议，倡导"世界命运应该由各国共同掌握，国际规则应该由各国共同书写，全球事务应该由各国共同治理，发展成果应该由各国共同分享"①。这一主张彰显了当代中国马克思主义的时代性和世界性，强调了马克思主义中国化的全球视野，凸显了中国特色社会主义在与世界潮流、同其他文明的相互激荡中实现自己发展的特征。这也是中国共产党人把马克思主义中国化与全球化相结合，为解决人类社会面临的全球性、普遍性问题提供的中国智慧和中国方案。它不仅意味着要在马克思主义中国化的内容中添加世界元素，还意味着用中国化马克思主义的科学内容去影响世界的发展进程，彰显中国对世界发展的责任、贡献和历史担当。

可见，党的十八大以来，以习近平同志为核心的党中央立足中国特色社会主义进入新时代的特点，紧紧抓住"坚持和发展什么样的中国特色社会主义、怎样坚持和发展中国特色社会主义"这一主题去实现马克思主义与新时代国情条件下人民群众实践的结合，通过总结现代化建设实践经验创立了习近平新时代中国特色社会主义思想，创新了马克思主义中国化理论新样态，科学回答了新时代中国实践能不能出马克思主义、出什么样的马克思主义、怎样出马克思主义等问题，"为发展马克思主义作出中国的原创性贡献"②，为推动马克思主义中国化的新发展提供了重要经验和基本遵循，为加快实现中国现代化和民族复兴打下了坚实的理论基础。

第二节　新时代中国特色社会主义现代化
发展蓝图与实践推进

中国特色社会主义现代化道路的本质内涵是中国共产党以马克思主义

---

① 《习近平谈治国理政》第 2 卷，外文出版社，2017，第 540 页。
② 《习近平谈治国理政》第 2 卷，外文出版社，2017，第 66 页。

为指导，立足中国基本国情经由社会主义实现中国的现代化。中国国情的特殊性决定了这条道路的独特性。"一个十三亿多人口的大国实现现代化，在人类历史上没有先例可循。中国的发展注定要走一条属于自己的道路。"① 这使中国的现代化探索从一开始就不能不带有自己的特色。在这个意义上，习近平指出，"现代化不是单选题。历史条件的多样性，决定了各国选择发展道路的多样性"，"一个国家的发展道路，只能由这个国家的人民，依据自己的历史传承、文化传统、经济社会发展水平来决定"。② 而中国特色社会主义正是在中国历史与现实各种因素的交汇中生长起来的，"是实现我国社会主义现代化的必由之路"③。因此，党的十八大报告提出要坚定不移沿着中国特色社会主义道路前进，"全面落实经济建设、政治建设、文化建设、社会建设、生态文明建设五位一体总体布局"④，并以此为目标全面规划了新时期为实现中国现代化应遵循的具体行动方略，为全面建成小康社会提供了科学的行动指南，使中国特色社会主义现代化进入了全面发展和全面建设的时代。习近平对此指出，党的十八大为我们谋划的新时代建设中国特色社会主义的美好蓝图和实践路径，"是我们党团结带领全国各族人民沿着中国特色社会主义道路继续前进、为全面建成小康社会而奋斗的政治宣言和行动纲领"⑤。有学者也给予党的十八大谋划的现代化发展蓝图很高的评价，认为"改革开放 30 多年来尤其是最近 10 年来，面对中国最核心的两个问题——建设什么样的现代化和怎样建设现代化——实现了不断的逻辑演进和跨越，从三位一体到四位一体、五位一体的不断演进，在现代化布局方面大大丰富了'现代化'的理论体系"⑥。正因为"五位一体"总体布局是新时代推进中国特色社会主义现代化的路线方针政策的总纲领，为了把它真正贯彻落实到人民群众的新实践中去，以习近平同志为核心的党中央要求全党准确把握全面建成小康社会的深刻内容，找准问题的着力点，制定有针对性的政策措施，把党的十八大的战略

①　《习近平外交演讲集》第 1 卷，中央文献出版社，2022，第 420 页。
②　《习近平外交演讲集》第 1 卷，中央文献出版社，2022，第 372、373 页。
③　《习近平谈治国理政》，外文出版社，2014，第 9 页。
④　《十八大以来重要文献选编》上卷，中央文献出版社，2014，第 7 页。
⑤　《习近平谈治国理政》，外文出版社，2014，第 6 页。
⑥　钟学敏、段治文：《党的十八大与中国特色社会主义的逻辑演进》，《浙江社会科学》2012年第 12 期。

部署具体化，不断推进中国特色社会主义现代化向前发展。

在贯彻党的十八大对社会主义现代化建设战略部署的过程中，以习近平同志为核心的党中央坚持问题导向，从我国经济社会中存在的突出问题入手，着眼于社会全面进步和人的全面发展来谋划全面建成小康社会的实施方案。针对当时经济社会发展中存在的"科技创新能力不强，产业结构不合理，农业基础依然薄弱，资源环境约束加剧，制约科学发展的体制机制障碍较多"，"城乡区域发展差距和居民收入分配差距依然较大"，①社会领域存在诸多问题和矛盾，精神文明建设与经济发展不协调，部分党员干部理想信念缺失、消极腐败严重等问题，提出要正确把握全面建成小康社会的基本纲领，努力"建立富强民主文明和谐的社会主义现代化国家"②。这就是说，全面建成小康社会后的中国是一个继续推进全面建成社会主义现代化的中国。其一，坚持中国特色社会主义。这是中国人民在中国共产党领导下立足中国国情走出的以实现社会主义现代化和中华民族伟大复兴为目的的发展道路，是中国社会自身发展逻辑和世界发展潮流的集中体现，是实现中国社会长期稳定发展的必由之路。要完成党的十八大的战略任务，就必须毫不动摇地坚持社会主义方向，"以新的精神状态和奋斗姿态把中国特色社会主义推向前进"③。其二，全面小康社会是各方面协调发展的社会。一方面，从内容上说中国特色社会主义是经济、政治、文化、社会、生态文明等协调发展的社会；另一方面，中国特色社会主义又是以人的自由全面发展为目的，让全体人民共建、共享改革和发展成果的社会。"我们必须坚持发展为了人民、发展依靠人民、发展成果由人民共享，作出更有效的制度安排，使全体人民朝着共同富裕方向稳步前进。"④由于这一特性，将来"中国实现了现代化，意味着比现在所有发达国家人口总和还要多的中国人民将进入现代化行列"，这无论是在规模上还是影响范围上都是"人类历史上前所未有的大变革"。⑤ 因此，为了完成这一艰

① 《十八大以来重要文献选编》上卷，中央文献出版社，2014，第 4 页。
② 《十八大以来重要文献选编》上卷，中央文献出版社，2014，第 116 页。
③ 《习近平谈治国理政》第 2 卷，外文出版社，2017，第 62 页。
④ 《习近平谈治国理政》第 2 卷，外文出版社，2017，第 200 页。
⑤ 习近平：《为建设世界科技强国而奋斗：在全国科技创新大会、两院院士大会、中国科协第九次全国代表大会上的讲话》，人民出版社，2016，第 19 页。

巨任务，全党"必须准备进行具有许多新的历史特点的伟大斗争"①，只有这样才能向着全面建成小康社会、实现中国现代化的目标奋勇前进。

按照"五位一体"总体布局和全面建成小康社会的要求，根据新时代新阶段我国经济社会发展实际情况和世界历史发展趋势，系统总结党的十八大以来党中央从理论与实践相结合的角度探索和提出的中国特色社会主义现代化建设新思想新战略新举措，把"完善和发展中国特色社会主义制度、推进国家治理体系和治理能力现代化"②作为新时代推进全面深化改革的总目标，并围绕这一总目标深入阐明当前的改革为什么要改、改什么、怎么改等根本问题，党的十八届三中全会"合理布局了全面深化改革的战略重点、优先顺序、主攻方向、工作机制、推进方式和时间表、路线图"③，以及具体的行动纲领。在推进全面小康社会建设新的征程中，为了更好地协调各种矛盾，统筹和调节各种经济社会关系，确保社会平稳有序发展，"实现经济发展、政治清明、文化昌盛、社会公正、生态良好，实现我国和平发展的战略目标，必须更好发挥法治的引领和规范作用"，为了回应经济社会建设实践中提出的对法治建设的要求，党的十八届四中全会提出"全面推进依法治国"，"建设中国特色社会主义法治体系，建设社会主义法治国家"④的战略构想，以从制度上更好地保障党的领导核心地位和人民民主管理国家的实现及统一。

随着全面建成小康社会、全面深化改革、全面依法治国"三个全面"战略的深入推进和展开，党的建设的重要性日益凸显，因为如果没有党的执政能力和执政水平的提高，党就不能发挥领导核心作用，"三个全面"战略的实施就会受到影响，中国特色社会主义现代化建设事业就可能遭受挫折甚至失败。为此，习近平强调：中国共产党领导"就是中国特色。中国共产党领导的制度是我们自己的"⑤。因此在推进现代化建设的过程中，要坚持和完善党的领导、坚持社会主义方向，以此为原则协调推进"四个全面"战略布局，"推动改革开放和社会主义现代化建设

① 《十八大以来重要文献选编》上卷，中央文献出版社，2014，第11页。
② 《习近平谈治国理政》，外文出版社，2014，第105页。
③ 《十八大以来重要文献选编》上卷，中央文献出版社，2014，第496页。
④ 《十八大以来重要文献选编》中卷，中央文献出版社，2016，第156、157页。
⑤ 《习近平关于社会主义政治建设论述摘编》，中央文献出版社，2017，第28页。

迈上新台阶"。对此，习近平强调，"这'四个全面'是当前党和国家事业发展中必须解决好的主要矛盾"和"在新的历史条件下治国理政方略"。①由这一判断和部署出发，以习近平同志为核心的党中央坚持从理论与实践相结合的角度探索全面推进中国特色社会主义伟大事业，"确立了新形势下党和国家各项工作的战略目标和战略举措，为实现'两个一百年'奋斗目标、实现中华民族伟大复兴的中国梦提供了理论指导和实践指南"②，为在错综复杂的国际国内形势下推进中国特色社会主义向前发展提供了理论和政策指导。

在统筹推进"五位一体"总体布局和协调推进"四个全面"战略布局的过程中，以习近平同志为核心的党中央根据"我国发展正面临着动力转换、方式转变、结构调整的繁重任务"③这一现实，提出了一系列新理念新思想新战略。这些新理念新思想新战略立足于"中国国情的具体实际及其在中国特色社会主义道路实践中遇到的各种实际问题"，"集中反映了当前我国改革发展进程中面临的主要问题和工作重点"④，为在新的时代条件下推进中国现代化、实现中华民族伟大复兴提供了基本遵循，极大地推动了中国特色社会主义发展进程。一是提出了供给侧结构性改革的战略举措。习近平指出，"我国经济已由高速增长阶段转向高质量发展阶段，正处在转变发展方式、优化经济结构、转换增长动力的攻关期，建设现代化经济体系是跨越关口的迫切要求和我国发展的战略目标"，为此需要进行"供给侧结构性改革"⑤，以增强我国经济的创新能力和在国际上的竞争力。二是根据我国经济进入新常态的战略判断，提出了"创新、协调、绿色、开放、共享的发展理念"，并要求以此为主线对新时代如何推进中国特色社会主义建设"进行谋篇布局"。⑥按照这一思想，习近平要求在推进现代化发展的整个实践过程中，按照"统筹推进'五位一体'总体布局、协调

---

① 《十八大以来重要文献选编》中卷，中央文献出版社，2016，第247、249~250页。
② 《十八大以来重要文献选编》中卷，中央文献出版社，2016，第250页。
③ 《习近平谈治国理政》第2卷，外文出版社，2017，第271页。
④ 田克勤、李婧、张泽强：《马克思主义中国化研究学科基本理论与方法》，中国人民大学出版社，2017，第300页。
⑤ 习近平：《决胜全面建成小康社会 夺取新时代中国特色社会主义伟大胜利——在中国共产党第十九次全国代表大会上的报告》，人民出版社，2017，第30页。
⑥ 《十八大以来重要文献选编》中卷，中央文献出版社，2016，第774页。

推进'四个全面'战略布局"总要求，"坚持以经济建设为中心，坚持以新发展理念引领经济发展新常态，破解发展难题，厚植发展优势，不断为坚持和发展中国特色社会主义奠定强大物质基础"，① 为中华民族伟大复兴创造条件。三是在建设中国特色社会主义的空间布局上提出了"'一带一路'建设、京津冀协同发展、长江经济带建设三大战略"，并强调这是"今后一个时期要重点拓展的发展新空间，要有力有序推进"。② 通过这些安排，极大地拓展了经济社会发展空间，也为发展中国特色社会主义提供了不竭动力。

通过统筹推进"五位一体"总体布局、协调推进"四个全面"战略布局，并根据新时代实际情况提出一系列战略思想和战略举措，中国共产党擘画的中国特色社会主义现代化建设蓝图愈加清晰。在此基础上，党的十九大深刻总结党领导社会主义现代化建设的经验，"明确宣示举什么旗、走什么路、以什么样的精神状态、担负什么样的历史使命、实现什么样的奋斗目标"③，进一步具体化了新时代中国特色社会主义现代化行动纲领，即"从二〇三五年到本世纪中叶，在基本实现现代化的基础上，再奋斗十五年，把我国建成富强民主文明和谐美丽的社会主义现代化强国。到那时，我国物质文明、政治文明、精神文明、社会文明、生态文明将全面提升，实现国家治理体系和治理能力现代化，成为综合国力和国际影响力领先的国家，全体人民共同富裕基本实现，我国人民将享有更加幸福安康的生活，中华民族将以更加昂扬的姿态屹立于世界民族之林"④。这一设想比邓小平在改革开放之初定的目标明显提高了。按照原来的设想，中国现代化的发展路径是先温饱后小康，在建党100年的时候建成惠及十几亿人口的更高水平的小康社会，"到新中国成立一百年时，基本实现现代化，把我国建成社会主义现代化国家"⑤。而党的十八大结合新时代中国社会发展的实际状况，提出的目标则是，"到2020年国内生产总值和城乡居民人均

---

① 《习近平谈治国理政》第2卷，外文出版社，2017，第54页。
② 《习近平谈治国理政》第2卷，外文出版社，2017，第76页。
③ 《习近平谈治国理政》第2卷，外文出版社，2017，第60页。
④ 习近平：《决胜全面建成小康社会 夺取新时代中国特色社会主义伟大胜利——在中国共产党第十九次全国代表大会上的报告》，人民出版社，2017，第29页。
⑤ 习近平：《决胜全面建成小康社会 夺取新时代中国特色社会主义伟大胜利——在中国共产党第十九次全国代表大会上的报告》，人民出版社，2017，第27页。

收入将在 2010 年的基础上翻一番，在中国共产党建党 100 年时全面建成小康社会，在新中国成立 100 年时建成富强民主文明和谐的社会主义现代化国家"①。按照这一部署，习近平明确指出："建设富强民主文明和谐的社会主义现代化国家，是我们党和国家在整个社会主义初级阶段的奋斗目标。""我们要紧紧扭住这个总任务，一代一代锲而不舍干下去。"② 后来习近平还用形象而又通俗的大众语言"把这个目标概括为实现中华民族伟大复兴的中国梦"③，作为指引新时代我国现代化建设的行动纲领。

为了更好地实现"两个一百年"目标，以习近平同志为核心的党中央根据党的十八大以来我国经济社会快速发展使原定的发展目标有可能提前实现这一新情况，审时度势地对原来规划"三步走"的现代化发展战略的第三步在时间上进行了调整并进一步具体化。党的十九大报告指出："综合分析国际国内形势和我国发展条件，从二〇二〇年到本世纪中叶可以分两个阶段来安排。第一个阶段，从二〇二〇年到二〇三五年，在全面建成小康社会的基础上，再奋斗十五年，基本实现社会主义现代化"；"第二个阶段，从二〇三五年到本世纪中叶，在基本实现现代化的基础上，再奋斗十五年，把我国建成富强民主文明和谐美丽的社会主义现代化强国"。④ 这就是中国共产党在新时代领导全国各族人民建设社会主义现代化的时间表和路线图。习近平强调："从全面建成小康社会到基本实现现代化，再到全面建成社会主义现代化强国，是新时代中国特色社会主义发展的战略安排。"⑤

由此我们可以看出党的十九大提出的社会主义现代化目标有三个方面的突出特点。一是新时代"两步走"战略安排，把原定的第二个百年奋斗目标基本实现社会主义现代化的时间提前了 15 年。在根据历史和现实作出的科学判断的基础上，我们把原定在本世纪中叶基本实现现代化目标的时间提前了。因为改革开放以来，随着现代化建设的不断快速发展，我国取

①　《习近平谈治国理政》，外文出版社，2014，第 274 页。
②　《十八大以来重要文献选编》上卷，中央文献出版社，2014，第 77 页。
③　《习近平谈治国理政》，外文出版社，2014，第 265 页。
④　习近平：《决胜全面建成小康社会 夺取新时代中国特色社会主义伟大胜利——在中国共产党第十九次全国代表大会上的报告》，人民出版社，2017，第 28、29 页。
⑤　习近平：《决胜全面建成小康社会 夺取新时代中国特色社会主义伟大胜利——在中国共产党第十九次全国代表大会上的报告》，人民出版社，2017，第 29 页。

得的成就超出了预期，原来规定的几个发展节点都提前了，因此原定第三步发展目标提前 15 年实现是完全有可能的。二是我们实现现代化的目标无论是从质上说还是从量上说，都比以前设定的有所提高。到本世纪中叶，中国共产党原来提出的社会主义现代化建设目标是"到二十一世纪中叶基本实现现代化，达到中等发达国家水平"，而党的十九大提出的则是"把我国建成富强民主文明和谐美丽的社会主义现代化强国。到那时，我国物质文明、政治文明、精神文明、社会文明、生态文明将全面提升，实现国家治理体系和治理能力现代化，成为综合国力和国际影响力领先的国家，全体人民共同富裕基本实现，我国人民将享有更加幸福安康的生活，中华民族将以更加昂扬的姿态屹立于世界民族之林"[1]。三是新"两步走"战略对我国实现社会主义现代化的要求提升了。这种提升既体现在社会主义现代化内涵上也体现在其外延上。因为按照党的十九大描述的社会主义现代化图景来看，我们实现的不是单纯哪一方面的现代化，而是包含物质文明、政治文明、精神文明、社会文明、生态文明等领域在内的全面现代化。不仅如此，"在全面建设社会主义现代化国家的第一步目标中，突出强调到 2035 年要使我国各方面制度更加完善、国家治理体系和治理能力现代化基本实现；在第二步目标中强调，到本世纪中叶，要实现国家治理体系和治理能力现代化"[2]。正因为如此，我们说习近平新时代中国特色社会主义思想为我们擘画的社会主义现代化蓝图，进一步"开辟了人类实现现代化的新道路，拓展了发展中国家走向现代化的新途径"[3]，"迎来了实现中华民族伟大复兴的光明前景"[4]。

　　按照党的十九大的战略部署，以习近平同志为核心的党中央"统筹中华民族伟大复兴战略全局和世界百年未有之大变局"，采取一系列强有力

---

①　习近平：《决胜全面建成小康社会 夺取新时代中国特色社会主义伟大胜利——在中国共产党第十九次全国代表大会上的报告》，人民出版社，2017，第 29 页。

②　中共中央宣传部：《习近平新时代中国特色社会主义思想三十讲》，学习出版社，2018，第 131 页。

③　中共中央宣传部：《习近平新时代中国特色社会主义思想三十讲》，学习出版社，2018，第 347 页。

④　习近平：《决胜全面建成小康社会 夺取新时代中国特色社会主义伟大胜利——在中国共产党第十九次全国代表大会上的报告》，人民出版社，2017，第 10 页。

的政策举措"有效应对严峻复杂的国际形势和接踵而至的巨大风险挑战",① 顺利地把新时代中国特色社会主义不断推向前进。在党的十九届六中全会成功总结党的百年奋斗重大成就和历史经验,以及全面建成小康社会的基础上,党的二十大明确提出并系统阐述了中国式现代化的主要内涵、基本特征和本质要求,强调中国式现代化"是中国共产党领导的社会主义现代化,既有各国现代化的共同特征,更有基于自己国情的中国特色",强调全党全国各族人民的中心任务是"全面建成社会主义现代化强国、实现第二个百年奋斗目标,以中国式现代化全面推进中华民族伟大复兴"。②

按照全面建成社会主义现代化强国、以中国式现代化实现中华民族伟大复兴的目标要求,党的二十大进一步发展了党的十九大对社会主义现代化建设的战略部署。第一步是"从二○二○年到二○三五年基本实现社会主义现代化";第二步是"从二○三五年到本世纪中叶把我国建成富强民主文明和谐美丽的社会主义现代化强国"。③ 由此出发,党的二十大把第一步基本实现社会主义现代化的战略部署进一步明确为八个方面的具体要求,并提出未来五年的主要目标任务,强调要"在基本实现现代化的基础上"继续奋斗,"到本世纪中叶,把我国建设成为综合国力和国际影响力领先的社会主义现代化强国"。④ 这既是对党的十九大以来社会主义现代化建设经验的总结,也体现了中国共产党人对中国式现代化发展道路和发展目标的自信,表征着"中华民族伟大复兴进入了不可逆转的历史进程"⑤具有科学的理论支撑和坚实的实践基础,为中国人民继续走好中国式现代化之路提供了科学指引。

① 习近平:《高举中国特色社会主义伟大旗帜 为全面建设社会主义现代化国家而团结奋斗——在中国共产党第二十次全国代表大会上的报告》,人民出版社,2022,第2页。
② 习近平:《高举中国特色社会主义伟大旗帜 为全面建设社会主义现代化国家而团结奋斗——在中国共产党第二十次全国代表大会上的报告》,人民出版社,2022,第22、21页。
③ 习近平:《高举中国特色社会主义伟大旗帜 为全面建设社会主义现代化国家而团结奋斗——在中国共产党第二十次全国代表大会上的报告》,人民出版社,2022,第24页。
④ 习近平:《高举中国特色社会主义伟大旗帜 为全面建设社会主义现代化国家而团结奋斗——在中国共产党第二十次全国代表大会上的报告》,人民出版社,2022,第25页。
⑤ 习近平:《高举中国特色社会主义伟大旗帜 为全面建设社会主义现代化国家而团结奋斗——在中国共产党第二十次全国代表大会上的报告》,人民出版社,2022,第16页。

总之，党的十八大以来，随着我国社会主义建设进入新时代，以习近平同志为核心的党中央根据世情国情党情的新变化新特点，紧紧围绕坚持和发展中国特色社会主义、实现社会主义现代化这一主题，坚定不移地走自己的路，进一步深化了对中国特色社会主义现代化内涵的认识，并以马克思主义为指导去分析人民群众实践中面临的各种问题，在以新思想、新观念指导新实践的过程中，不断创新中国条件下马克思主义的内容和形式，总结和提炼出了习近平新时代中国特色社会主义思想，有力推进了中国现代化进程，为加快实现民族复兴奠定了坚实基础、提供了科学的实践遵循。

第三节　在全面建设社会主义现代化国家新征程中推进马克思主义中国化时代化与中国式现代化互动发展

　　习近平在党的二十大报告中指出，"不断谱写马克思主义中国化时代化新篇章，是当代中国共产党人的庄严历史责任"，强调在新时代新征程上"以中国式现代化全面推进中华民族伟大复兴"。① 这一宣示表明：经过中国共产党在马克思主义指导下百余年的探索，中国特色社会主义现代化理论和实践的基本范式已基本确立起来，中国特色社会主义现代化的具体道路和目标体系及政策体系也基本建立，中华民族伟大复兴已有了科学的理论指导、完备的制度保障、坚强的领导核心、坚实的经济基础，为新时代以马克思主义为指导，推进马克思主义与当代中国国情相结合，不断创造出中国化马克思主义提供了基础和前提。中国特色社会主义进入新时代，立足实践需要从理论上对马克思主义中国化与中国特色社会主义现代化的关系的形成和演化历程及其在中国社会发展中的作用进行反思，更好地实现二者在人民群众实践中的互动与发展，以加快民族复兴进程，是当

　　① 习近平：《高举中国特色社会主义伟大旗帜 为全面建设社会主义现代化国家而团结奋斗——在中国共产党第二十次全国代表大会上的报告》，人民出版社，2022，第18、21页。

前学界必须思考的重大课题。因此，新时代马克思主义中国化与中国特色社会主义现代化的主题仍然是在接续历史探索的基础上，继续推进马克思主义中国化进程，建设更高水平的现代化，"实现民族伟大复兴和最终走向更高的社会发展形态"①。从现实来说，马克思主义中国化与中国特色社会主义现代化总体上是相互促进的，二者经过长期发展已经形成了一种稳定、统一的逻辑结构和实践路径。但是，我们也要看到，无论是在理论中还是在实践中，人们对马克思主义和中国特色社会主义的认识都存在一定的问题，还存在理论落后于实践的情况，需要不断予以完善和发展。一是要正确理解和把握马克思主义中国化、中国特色社会主义的内涵及关系本质。这主要是把二者的关系看成一个随各自内涵的丰富而不断产生、变化的发展过程，因而马克思主义中国化和中国特色社会主义现代化在实践中取得的每一成果，都是另一方继续发展的前提条件和重要内容及组成部分。二是要建立一种规范性的制度体系以实现马克思主义中国化时代化与中国式现代化之间的良性互动。一方面，在理论上要建立一种框架以马克思主义的范式解释中国式现代化建设取得的成就；另一方面，在实践上要完善和发展中国特色社会主义的体制机制，进一步促进马克思主义中国化与中国特色社会主义现代化在实践中的良性互动并不断向前发展。

历史地看，马克思主义中国化与中国特色社会主义现代化之间的相互生成过程就是实现中华民族伟大复兴的过程，但是学界对此没有深入的研究和阐发。从现状来看，当前我们已经建立了一套用马克思主义来指导现代化建设和实现中华民族伟大复兴的思想体系和制度体系，即党的十九届四中全会概括的"十三个坚持"，这是我们进一步坚持和完善中国特色社会主义制度、推进国家治理体系和治理能力现代化必须遵循的基本原则。因而总体上说，马克思主义中国化与中国特色社会主义现代化的关系是相互促进、紧密相连的。一方面，通过马克思主义中国化实现的理论创新促进中国特色社会主义现代化建设的发展并为中国特色社会主义现代化道路增添新的内容；通过中国特色社会主义现代化建设取得的伟大成就改变中

---

① 程刚：《新时代中国特色社会主义现代化三维探析》，《中共山西省委党校学报》2019年第5期。

国实际，产生新的需要，从而为马克思主义中国化提供新的素材并不断推进其在实践中的不断生成。另一方面，必须根据实践发展的需要进一步完善马克思主义、中国式现代化、人民群众实践相统一的理论体系、制度体系和实践框架，真正做到以马克思主义为指导去分析、研究、解决中华民族伟大复兴中遇到的各种问题，以中国特色社会主义现代化建设取得的成就及产生的新的需要为基础和前提推进马克思主义及其中国化的发展。当前尤其要以此为理论范式对全面建成小康社会后如何推进马克思主义中国化与中国特色社会主义现代化在实践中的生成作出前瞻性的思考和研究，以对全面建设社会主义现代化的基本方略和路径作出科学解答。

从理论上说，中国特色社会主义现代化是在马克思主义及其中国化成果的指导下产生和发展起来的，中国共产党提出和建构的关于推进中国特色社会主义现代化建设的政策举措、制度体系等都是马克思主义关于社会主义现代化建设理论在当代中国语境下的具体化、制度化。就此而言，是马克思主义"指引中国成功走上了全面建设社会主义现代化强国的康庄大道"①。同样，中国特色社会主义现代化建设的伟大成就也深刻改变了中国国情的实际状况，从而为马克思主义中国化提供了新的立足点和发展动力。从宏观历史角度看，中国特色社会主义是在中国经济社会条件下实现现代化的必然结果和产物，它实质上表征了在一个发展中的东方大国实现现代化的特定社会形式，换句话说，中国特色社会主义现代化的本质是在马克思主义指导下塑造和确立一种既适合中国国情又适应世界历史发展趋势的、合理的"中国现代性"。因此，只有马克思主义才能为中国特色社会主义现代化建设提供正确的理论指导，中国特色社会主义现代化建设必须遵循马克思主义基本原则和基本价值的要求。在建设中国特色社会主义现代化、实现中华民族伟大复兴的整个历史过程中必须"坚持马克思主义基本原理同中国具体实际相结合、不断推进马克思主义中国化时代化"②。

由于马克思主义及其中国化对中国特色社会主义现代化建设和中华民族伟大复兴具有决定性的作用和影响，这意味着中国特色社会主义现代化

---

①　习近平：《在纪念马克思诞辰 200 周年大会上的讲话》，人民出版社，2018，第 15 页。

②　习近平：《在纪念马克思诞辰 200 周年大会上的讲话》，人民出版社，2018，第 15 页。

要取得胜利，就必须在马克思主义指导下不断根据中国实际进行理论创新，使"马克思主义基本原理同当代中国实际和时代特点紧密结合起来"，"不断把马克思主义中国化推向前进"。① 基于这一认识和判断，习近平强调："中国特色社会主义道路是实现社会主义现代化的必由之路，是创造人民美好生活的必由之路"，"中国特色社会主义理论体系是指导党和人民沿着中国特色社会主义道路实现中华民族伟大复兴的正确理论"，"中国特色社会主义制度是当代中国发展进步的根本制度保障"。② 这些论述实际上揭示了马克思主义中国化、中国特色社会主义现代化、中华民族伟大复兴之间的内在联系和逻辑关系，指出了新时代在促进马克思主义中国化与中国特色社会主义现代化互动生成中实现中华民族伟大复兴所面临的挑战和解决这些问题的现实途径。

一 新征程中推进马克思主义中国化时代化与中国式现代化互动发展面临的挑战

坚持马克思主义指导，不断实现马克思主义与中国实际的结合，这既是中国语境中建设社会主义现代化必须坚持的根本原则，也是我们党在总结以往社会主义建设经验的基础上构建的中国特色社会主义的基本框架，更是中国共产党人根据世界发展大势、我国社会发展的阶段特征、人民群众对美好生活的向往等对当前情况下怎样全面建设社会主义现代化国家、实现中华民族伟大复兴作出的科学解答。正是因为有了中国特色社会主义，中国共产党领导中国人民推进马克思主义中国化和建设中国特色社会主义现代化都取得了很大的成就，使现在的中国"比历史上任何时期都更接近实现中华民族伟大复兴的目标，比历史上任何时期都更有信心、更有能力实现这个目标"③。

但是，正如毛泽东曾指出的，社会主义制度的建立为我们"开辟了一条到达理想境界的道路"，但是如果有人"以为到了社会主义社会就应当什么都好了，就可以不费气力享受现成的幸福生活了，这是一种不实际的

---

① 《习近平谈治国理政》第 2 卷，外文出版社，2017，第 33 页。
② 《习近平谈治国理政》第 2 卷，外文出版社，2017，第 36 页。
③ 《习近平谈治国理政》，外文出版社，2014，第 167 页。

想法"。① 基于这种清醒的认识，习近平指出，"我们的事业越前进、越发展，新情况新问题就会越多，面临的风险和挑战就会越多，面对的不可预料的事情就会越多"②。尤其是在中国这样一个发展中的人口大国实现现代化、全面建设社会主义现代化国家，"是人类历史上前所未有的大变革。中国实现了现代化，意味着比现在所有发达国家人口总和还要多的中国人民将进入现代化行列"③。在这样的时代条件和艰巨任务下推进马克思主义中国化、加快中国特色社会主义现代化建设、实现中华民族伟大复兴，其面临问题的艰巨性和复杂性是人类历史上从来没有过的。这决定了中华民族伟大复兴这一艰巨而光荣的任务，"绝不是轻轻松松就能实现的"④，"需要一代又一代中国人共同为之努力"⑤，因此，要使中国特色社会主义伟大事业顺利发展，必须正确认识和分析我国经济社会发展中面临的风险和挑战，增强危机意识，"要时刻准备应对重大挑战、抵御重大风险、克服重大阻力、解决重大矛盾"，积极稳妥地予以处置和应对，防止"发生系统性风险、犯颠覆性错误"，⑥ 确保现代化建设始终沿着正确的轨道前进。从历史发展来看，当前要实现马克思主义中国化与中国特色社会主义现代化的互动发展，主要面临五个方面的挑战。

一是巩固和坚持社会主义制度还面临不少挑战。社会主义制度是我们国家的根本制度，是我们进行现代化建设、实现民族复兴的根本制度保证。"我们最大的优势是我国社会主义制度能够集中力量办大事。这是我们成就事业的重要法宝。"⑦ 我国现代化建设在短短 40 年时间内能取得这么伟大的成就，都是与坚持社会主义制度分不开的。一方面，基于此种立场，江泽民明确指出："社会主义制度的确立、巩固和发展，体现了中国现代社会运动的客观规律，是中国历史上最伟大、最深刻的变革。"⑧ 但另

---

① 《毛泽东文集》第 7 卷，人民出版社，1999，第 226 页。
② 《习近平谈治国理政》，外文出版社，2014，第 23 页。
③ 习近平：《为建设世界科技强国而奋斗：在全国科技创新大会、两院院士大会、中国科协第九次全国代表大会上的讲话》，人民出版社，2016，第 19 页。
④ 习近平：《为建设世界科技强国而奋斗：在全国科技创新大会、两院院士大会、中国科协第九次全国代表大会上的讲话》，人民出版社，2016，第 5 页。
⑤ 《习近平谈治国理政》，外文出版社，2014，第 36 页。
⑥ 《习近平谈治国理政》第 2 卷，外文出版社，2017，第 32、72 页。
⑦ 《习近平谈治国理政》第 2 卷，外文出版社，2017，第 273 页。
⑧ 《江泽民文选》第 1 卷，人民出版社，2006，第 67 页。

一方面，中国是在极为落后的基础上开始进行社会主义现代化建设、走向民族复兴道路的。经过党和全国人民 100 余年的努力和新中国成立 70 余年的发展，中国现代化虽然取得了巨大成就，但社会生产力与西方发达国家相比还有较大的差距；在国际力量对比中，西强我弱的情况并没有得到根本改变，加之国际共产主义运动处于低潮，"各种敌对势力绝不会让我们顺顺利利实现中华民族伟大复兴"①，总会千方百计加以阻挠和破坏，我国面临的来自外部的风险挑战始终存在并日益凸显。因此，如何在推进中国特色社会主义现代化建设中防范和打击"各种敌对势力的渗透、破坏、颠覆活动"②，妥善处理好各种矛盾和利益冲突，坚持和完善中国特色社会主义制度，确保现代化建设和国家社会发展的社会主义方向，是我们党在领导人民推进民族复兴的历史伟业时必须解决的重大课题。

二是坚持马克思主义的指导地位还面临不少挑战。应该说，马克思主义是我们党和国家的指导思想，是建设中国特色社会主义现代化、实现中华民族伟大复兴的科学理论指南，这既是近代以来中国人民经过长期奋斗牺牲才总结出的真理，也是《中华人民共和国宪法》明确规定了的，因而从理论上，在中国特色社会主义现代化建设中坚持马克思主义是天经地义和理所当然的。但实际上，由于社会上仍然存在的一些对马克思主义的错误认识没有得到及时纠正和批判，导致"在有的领域中马克思主义被边缘化、空泛化、标签化，在一些学科中'失语'、教材中'失踪'、论坛上'失声'"③。这些问题的出现，一方面是由于改革开放以来我国经济社会发展所导致的社会结构变动、阶级关系变化、利益关系分化、价值观念日趋多元化，使我国"进入发展关键期、改革攻坚期、矛盾凸显期"④，加大了凝聚社会共识的难度，客观上对马克思主义指导地位造成了冲击；另一方面，国内外各种敌对势力利用他们在国际话语中的意识形态霸权加大对中国共产党和政府的攻击、歪曲、污蔑，否定毛泽东思想和中国特色社会主义理论体系与马克思主义间的继承和发展关系，进而否定中国特色社会主义的社会主义性质，"企图让我们丢掉对马克思主义的信仰，丢掉对社

---

① 《习近平谈治国理政》第 4 卷，外文出版社，2022，第 82 页。
② 《习近平谈治国理政》第 2 卷，外文出版社，2017，第 367 页。
③ 《习近平谈治国理政》第 2 卷，外文出版社，2017，第 329 页。
④ 习近平：《辩证唯物主义是中国共产党人的世界观和方法论》，《求是》2019 年第 1 期。

会主义、共产主义的信念"① 这一全国人民团结奋进的共同的思想基础，在一定程度上造成了人民思想上的混乱和纷争，对马克思主义在意识形态领域的指导地位造成了不小的冲击；另外，国内有的人以思想自由和学术自由为名，提倡所谓学术中立和价值中立，远离当前中国的现实政治，其实质是不遗余力地宣传西方那些带有意识形态色彩的所谓"科学理论"，"奉西方理论、西方话语为金科玉律，不知不觉成了西方资本主义意识形态的吹鼓手"②。因此，如何排除各种对马克思主义指导地位和马克思主义中国化的干扰也是建设中国特色社会主义现代化和实现中华民族伟大复兴必须认真对待的重要课题。

三是对外开放政策面临的挑战。中国实行的对外开放政策是马克思关于利用资本主义为社会主义建设提供的"大规模地进行共同劳动的现成的物质条件"，以"占有资本主义制度所创造的一切积极的成果"③ 思想在中国的具体化，这一政策设计的初衷是"吸收和借鉴当今世界各国包括资本主义发达国家的一切反映现代社会化生产规律的先进经营方式、管理方法"④，以加快中国现代化建设进程，实现中华民族伟大复兴。经过 40 多年的改革开放，我国经济深深融入世界经济体系之中。"我国同世界的联系空前紧密，我国经济对世界经济的影响、世界经济对我国经济的影响都是前所未有的"⑤。但是，西方敌对势力千方百计破坏中国的发展壮大和中国道路的影响力，"对中国在战略上围堵，安全上威胁，发展上牵制，统一上阻挠，主权上干扰，责任上施压，形象上丑化，思想文化上渗透"⑥，企图通过各种手段阻挠我国利用国际市场来发展自己，加之西方民粹主义和逆全球化思潮沉渣泛起，导致我国与西方的经贸摩擦明显增多，"近 9年来连续成为世界上受到反倾销反补贴调查最多的国家"⑦。因此，妥善解决好这些问题对推进中国式现代化的顺利发展，以高水平对外开放助推高质量发展，实现中华民族伟大复兴十分重要。

---

① 《习近平谈治国理政》第 2 卷，外文出版社，2017，第 327 页。
② 《习近平谈治国理政》第 2 卷，外文出版社，2017，第 327 页。
③ 《马克思恩格斯选集》第 3 卷，人民出版社，2012，第 830、837 页。
④ 《邓小平文选》第 3 卷，人民出版社，1993，第 373 页。
⑤ 《十八大以来重要文献选编》下卷，中央文献出版社，2018，第 6 页。
⑥ 《十七大以来重要文献选编》中卷，中央文献出版社，2011，第 376 页。
⑦ 《习近平谈治国理政》第 2 卷，外文出版社，2017，第 248 页。

四是如何正确认识新时代中国发展的阶段性特征仍然是一个需要深入研究的基本问题。对新时代中国国情的认识，必须以马克思主义为指导科学分析中国实际才能得到正确的结论。一方面，经过新中国成立以来70余年的社会主义现代化建设，我国经济社会发展取得了很大成就，尤其是党的十八大以来的5年，"经济保持中高速增长，在世界主要国家中名列前茅，国内生产总值从五十四万亿元增长到八十万亿元，稳居世界第二，对世界经济增长贡献率超过百分之三十"①。从这些方面来看，中国已经成为强大的社会主义国家。但另一方面，中国仍然是一个经济社会发展不平衡的发展中的社会主义大国。即使不考虑地区差距和部门、群体、个人之间的差距，仅从总体上来看，中国经济总量虽大，但"人均国内生产总值仅相当于全球平均水平的三分之二、美国的七分之一，排在世界八十位左右。按照我们自己的标准，中国还有七千多万贫困人口。如果按照世界银行的标准，中国则还有两亿多人生活在贫困线以下"②。按照这一标准，中国毫无疑问属于发展中国家，这也是党的十九大认为我国仍然处于社会主义初级阶段的基本依据。即使是在全面建成小康社会之后，这种状况也没有得到根本改变。这就是说，由于中国国情的复杂性、多样性及不同地区、不同行业、不同群体之间存在的巨大差距，很容易让人们对当前中国国情性质作出误判，要么只看到好的一面而忽视经济社会发展中存在的困难和问题，要么只看到不好的一面而否定社会主义现代化建设的成就，丧失对中华民族伟大复兴前景的信心。因此，习近平要求全党和全国人民既要避免"任何超越现实、超越阶段而急于求成的倾向"，也要防止和纠正"任何落后于实际、无视深刻变化着的客观事实而因循守旧、固步自封的观念和做法"，③必须全面、辩证、科学地评判和把握我国国情的基本状况和阶段性特征，避免"在根本性问题上出现颠覆性错误"④。这对我们驳斥种种关于中国特色社会主义的错误认识和论调，顺利推进中国特色社会主义现代化建设和中华民族伟大复兴无疑是十分重要的。

---

① 习近平：《决胜全面建成小康社会 夺取新时代中国特色社会主义伟大胜利——在中国共产党第十九次全国代表大会上的报告》，人民出版社，2017，第3页。
② 《十八大以来重要文献选编》中卷，中央文献出版社，2016，第684页。
③ 《习近平谈治国理政》，外文出版社，2014，第26页。
④ 习近平：《在庆祝改革开放40周年大会上的讲话》，人民出版社，2018，第36页。

五是在制定符合中国实际的现代化发展战略方面也面临不少挑战。现代化本身就是个复杂的发展过程，具有多方面内涵。其本质含义"是指经济上落后于现时代的国家，要赶上和超过当时先进发达的国家"①。作为一个现代化的后来者和被帝国主义侵略过的国家，危机意识决定了中国的现代化战略必然是赶超型的。这种危机意识实际上是中华民族的集体意识，也是中国人民选择社会主义作为自己现代化指导思想并以自我牺牲的精神投身于现代化建设事业的重要原因。然而，社会主义道路的确立和人民群众的现代化建设热情并不能保证我们始终能制定适合中国情况的现代化发展战略。原因有三。其一，在规模巨大而又落后的中国如何搞社会主义、如何实现现代化，马克思、恩格斯、列宁都没有讲过，其他国家也没有做过，历史上也没有成功的先例，只能在实践中不断探索；其二，要认识和掌握中国建设的规律不是一件容易的事，不仅需要做深入细致的调查研究和深刻的理论思考，还需要深厚的理论素养和丰富的实践经验；其三，作出符合客观实际和中国社会发展趋势的现代化发展战略具有很大难度和困难。因为这需要很高的马克思主义理论水平，而我们一些同志"对马克思主义理解不深、理解不透，在运用马克思主义立场、观点、方法上功力不足"②，自然无法制定出符合中国国情的现代化发展战略和实施方案。这就意味着中国共产党要想在世界百年未有之大变局中正确把马克思主义应用于中国实际，揭示和运用现代化建设规律，就必须解决这些问题，制定出符合具体情况的社会主义现代化发展战略，只有这样才能保证中国特色社会主义顺利向前发展。

总体来看，马克思主义中国化与中国特色社会主义现代化在人民群众实践中形成了一种互相促进、共同发展的良性互动关系。但由于当前人们对马克思主义、我国发展的阶段性特征、马克思主义与中国具体实际的结合方式和途径、现代化及其发展战略的认识和把握仍然存在不少问题，使二者之间的这种良性互动关系面临不少挑战，需要我们在人民群众建设中国特色社会主义现代化的实践中不断予以完善，以更好地推进中华民族伟大复兴这一伟业。

---

① 张文儒主编《毛泽东与中国现代化》，当代中国出版社，1993，第1页。
② 《习近平谈治国理政》第2卷，外文出版社，2017，第328页。

二 新时代推进马克思主义中国化与中国特色社会主义现代化相互促进的基本原则

习近平指出，"实现中华民族伟大复兴，必须建立符合我国实际的先进社会制度"，"必须合乎时代潮流、顺应人民意愿，勇于改革开放"。① 这些论断实际上昭示了新时代推进马克思主义中国化与中国特色社会主义现代化的相互促进、不断生成关系向前发展并不断完善，克服中华民族伟大复兴道路上面临的各种挑战和问题，推动中国社会的全面进步和人的全面发展，需要遵循的基本原则。

第一，必须坚持从中国的实际出发建设中国特色社会主义。马克思主义中国化就是"坚持把马克思主义基本原理同当代中国实际和时代特点紧密结合起来，推进理论创新、实践创新"②，中国特色社会主义现代化则是以中国国情为基础，以马克思主义为指导原则的，具有中国特色的社会主义现代化。中国现实国情既是马克思主义中国化和中国特色社会主义现代化的现实生长点和实践基础，也是二者理论和实践的结合点。只有立足于中国现实国情，我们推进马克思主义中国化、建设中国特色社会主义现代化才有可靠的前提和基础。这既是中国共产党在长期实践中总结出的基本经验，也是进一步促进马克思主义中国化和中国特色社会主义现代化在实践中不断相互生成必须坚持的基本原则。中国实际的不断发展变化为马克思主义中国化和中国特色社会主义现代化的实践生成提供了源泉、动力和素材。中国共产党领导人民进行现代化探索的历史已经证明：只有找到符合中国实际的发展道路，马克思主义才有在中国存在的根基，中国特色社会主义现代化建设才能顺利推进，中华民族伟大复兴才有可能。因此毛泽东强调，解决中国的问题"首先就要了解中国是个什么东西（中国的过去、现在及将来）"③。当前，马克思主义中国化和中国特色社会主义现代化进入了新时代，面对复杂多变的时代条件，只有准确把握中国实际状

---

① 习近平：《决胜全面建成小康社会 夺取新时代中国特色社会主义伟大胜利——在中国共产党第十九次全国代表大会上的报告》，人民出版社，2017，第14页。
② 《习近平谈治国理政》第2卷，外文出版社，2017，第33页。
③ 《毛泽东文集》第2卷，人民出版社，1993，第378页。

况，才能制定出符合实际的政策，创新马克思主义理论形态，制定中国特色社会主义现代化的具体方针、战略策略，才能推进经济社会发展进程。习近平对此指出："改造中国必须从中国实际出发，走适合中国国情的道路。"他还说："一切成功发展振兴的民族，都是找到了适合自己实际的道路的民族。"① 马克思主义中国化和中国特色社会主义现代化只有立足于中国不断变化的实际和人民群众的实践推进理论创新和实践创新，"及时回答时代之问、人民之问，廓清困扰和束缚实践发展的思想迷雾，不断推进马克思主义中国化时代化大众化，不断开辟马克思主义发展新境界"②，才能推进中国社会向前发展。因此，坚持从实际出发对推进中国特色社会主义现代化和实现中华民族伟大复兴具有重要意义，是马克思主义能够不断探索和回应时代新课题、新挑战，永葆其青春和活力的奥秘所在。

第二，必须坚持中国共产党领导。我们党是以实现我国社会主义现代化和中华民族伟大复兴为历史使命的党。马克思主义中国化和中国特色社会主义现代化都是中国共产党领导人民探索社会主义现代化道路的过程中，经过革命、建设、改革的长期奋斗取得的伟大成果；中国共产党的领导也是马克思主义中国化和中国特色社会主义现代化的本质特征和构成要素。就实质来说，在中国搞马克思主义中国化、搞社会主义现代化，"就是在党的领导下，动员全国各族人民，调动各方面积极性，共同为实现中华民族伟大复兴的中国梦而奋斗"③。因此，在当代中国，马克思主义中国化、中国特色社会主义现代化和中华民族伟大复兴三者统一的直接体现就是中国共产党的领导，中国共产党已经成了马克思主义、社会主义、民族复兴的代名词；能不能坚持党的领导，是马克思主义中国化、中国特色社会主义现代化、中华民族伟大复兴能否顺利推进并在实践中统一起来的关键。因此邓小平指出，坚持马克思主义、推进中国的现代化建设，"关键是我们共产党内部要搞好"④。习近平指出，"中国共产党领导是中国特色社会主义最本质的特征"，"坚持中国共产党这一坚强领导核心，是中华民族的命运所

① 习近平：《在纪念孙中山先生诞辰 150 周年大会上的讲话》，人民出版社，2016，第 5 页。
② 习近平：《在庆祝改革开放 40 周年大会上的讲话》，人民出版社，2018，第 26 页。
③ 《习近平谈治国理政》第 2 卷，外文出版社，2017，第 335 页。
④ 《邓小平文选》第 3 卷，人民出版社，1993，第 381 页。

系"。① 因此，新时代在推动马克思主义中国化与中国特色社会主义现代化的互动发展中实现中华民族伟大复兴，必须毫不动摇地坚持党的领导。

第三，以发展生产力为中心带动社会全面进步和促进人的全面发展。按照唯物史观的观点和立场，中国的社会主义制度能否战胜资本主义并得到巩固，中国的现代化、民族复兴及人的全面发展能否实现，最终都取决于生产力的发展。由于这些原因，中国共产党人从接受马克思主义进行民主革命时起就把发展生产力作为自己的目标，马克思主义中国化和中国特色社会主义现代化都是围绕发展中国的生产力而展开的。毛泽东指出："我们搞政治、军事仅仅是为着解放生产力。……最根本的问题是生产力向上发展的问题。我们搞了多少年政治和军事就是为了这件事。"② 这就决定了我们在革命、建设、改革过程中不断推进马克思主义理论创新和中国特色社会主义现代化建设都是为发展生产力服务的，是为人的全面发展服务的。习近平强调："全面建成小康社会，实现社会主义现代化，实现中华民族伟大复兴，最根本最紧迫的任务还是进一步解放和发展社会生产力。"③ 因此，在新时代坚持中国特色社会主义现代化、促进中华民族伟大复兴，必须始终把发展生产力放在首位，不断夯实人的全面发展的物质基础。

第四，始终以人民为中心。这是马克思主义的基本要求和社会主义的本质特征。马克思明确指出社会主义是"绝大多数人的，为绝大多数人谋利益的独立的运动"④，列宁也认为无产阶级政党建设社会主义的根本要求就是"为千千万万劳动人民"⑤ 服务。这意味着马克思主义中国化和中国特色社会主义现代化都是人民的事业，都以人民为自己的主体，都在人民的实践中不断生长，都把为人民谋幸福作为自己的重要内容，这也是中国共产党从成立之日起就把它作为自己奋斗目标的原因。"近代以来中国对现代化的追求，经历着由思想到实践、由改良到革命、由星散个体发端到社会大众广泛参与的发展过程。"⑥ 毛泽东指出："要全心全意为人民服务，

① 《习近平谈治国理政》第 2 卷，外文出版社，2017，第 18 页。
② 《毛泽东文集》第 3 卷，人民出版社，1996，第 109 页。
③ 《习近平谈治国理政》，外文出版社，2014，第 92 页。
④ 《马克思恩格斯选集》第 1 卷，人民出版社，2012，第 411 页。
⑤ 《列宁选集》第 1 卷，人民出版社，2012，第 666 页。
⑥ 纪亚光：《中国特色社会主义现代化与"中国梦"》，《理论学刊》2014 年第 1 期。

不要半心半意或者三分之二的心三分之二的意为人民服务。"① 习近平指出，新时代推进中国特色社会主义，实现中华民族伟大复兴，就要"始终把人民立场作为根本立场，把为人民谋幸福作为根本使命，坚持全心全意为人民服务的根本宗旨"，把"人民对美好生活的向往"② 作为党的奋斗目标，始终依靠人民、服务人民、为了人民创建历史伟业。这既是马克思主义基本价值原则在中国特色社会主义现代化中的体现和要求，也是我们党在当代的担当和使命。因此，只有直面人民群众的所需所思所求进行理论和实践创新，推进马克思主义中国化和中国特色社会主义现代化方略，解决人民群众生产生活中的实际问题，才能为创新马克思主义、推进其中国化，不断制定符合实际和人民需要的中国特色社会主义现代化具体方略。从这个方面来看，"毛泽东、邓小平、江泽民、胡锦涛、习近平，都在推进马克思主义中国化的不同时期形成了自己相对独立的理论"③，并以这些理论为指导推动了马克思主义及其中国化的发展和中国现代化进程。

第五，坚持社会主义方向。应该说，在建设现代化中坚持以马克思主义为指导的社会主义方向，这是中国共产党始终坚持的基本原则。中国共产党领导人民进行民主革命和社会主义革命，搞四个现代化建设，推进改革开放伟大进程，就是为了建立和发展社会主义，最终进入人的自由全面发展的共产主义。因为只有在马克思主义指导下走社会主义道路才能解决中国的问题。在这个意义上，马克思主义中国化和中国特色社会主义现代化都是为人民谋幸福这一中国共产党的初心和使命的表现和体现。毛泽东早就明确指出，在发展经济、建设现代化过程中，"一切离开社会主义的言论行动是完全错误的"④，指明了走社会主义道路对中国前途和命运的决定性影响。习近平指出，马克思主义是在其他理论无法解决中国人民在近代以来"争取民族独立、人民解放和实现国家富强、人民幸福"⑤ 这一历史任务的条件下才进入中国社会并为人民所接受的。事实上，中国共产党正是在马克思主义指导下根据革命、建设、改革不同时期推进现代化建设

① 《毛泽东文集》第 7 卷，人民出版社，1999，第 285 页。

② 习近平：《在纪念马克思诞辰 200 周年大会上的讲话》，人民出版社，2018，第 17、20 页。

③ 李远、李荣海：《马克思主义中国化的历史意义和规律性特征——兼及马克思主义中国化研究中的理论自省》，《求实》2016 年第 8 期。

④ 《毛泽东文集》第 7 卷，人民出版社，1999，第 303 页。

⑤ 习近平：《在纪念马克思诞辰 200 周年大会上的讲话》，人民出版社，2018，第 12 页。

面临的不同问题而采取与之相适应的政策和策略，立足国情坚定不移地走自己的社会主义道路，才顺利推进了中国现代化，以举世瞩目的成就使"中华民族伟大复兴展现出前所未有的光明前景"①。因此，坚持社会主义道路对保证中国发展方向极为重要。我们党在改革开放中建设社会主义精神文明，打击破坏社会主义事业的犯罪分子，反对资产阶级自由化，反对精神污染，反对资本主义国家的"和平演变"，坚持四项基本原则，其目的就是"保证改革开放的社会主义方向"②。从这个意义上来说，毛泽东思想和中国特色社会主义理论体系，都是在中国社会主义现代化不同阶段的实践中生长出来的，其内容是"互补的，我们既不可以前者非难后者，又不应以后者否定前者，只应当把它们作为一个有机的、连贯的、不断发展的系列来考察"③，贯穿于其中的一个基本原则就是始终坚持社会主义方向不动摇。

第六，坚持对外开放的基本国策。中国是在经济文化较落后的基础上开启社会主义现代化建设进程的，经典形态的马克思主义则是在西方社会土壤中产生的，这一历史事实说明：借鉴西方优秀文化及西方资本主义现代化建设经验对中国的马克思主义创新和中国特色社会主义现代化的发展来说始终是有益和必要的。况且中国特色社会主义现代化和马克思主义中国化本身就是中西文化相互交融的产物。作为实现中国特色社会主义现代化必由之路的中国特色社会主义就是"中国立足自身国情和实践，从中华文明中汲取智慧，博采东西方各家之长，坚守但不僵化，借鉴但不照搬，在不断探索中形成了自己的发展道路"④。因此，把改革开放作为实现中华民族伟大复兴的关键举措和根本方法，既是马克思主义中国化和中国特色社会主义现代化在新时代的基本特征，也是二者在实践中不断发展的内在需要。随着中国特色社会主义在新时代的不断发展进步，以及世界经济全球化的进一步发展，我国经济更深地融入世界产业大循环之中，与世界各国经济水乳交融，形成你中有我、我中有你的发展格局。在这种情况下，

---

① 《胡锦涛文选》第 3 卷，人民出版社，2016，第 559 页。
② 当代中国研究所：《中华人民共和国史稿》第 4 卷，人民出版社、当代中国出版社，2012，第 2 页。
③ 张文儒主编《毛泽东与中国现代化》，当代中国出版社，1993，第 315～316 页。
④ 《习近平谈治国理政》第 2 卷，外文出版社，2017，第 482 页。

只有更深、更好地融入世界，才能有效地利用两种资源和两种市场促进自己的发展。对此，习近平明确指出，"我们统筹国内国际两个大局，坚持对外开放的基本国策，实行积极主动的开放政策，形成全方位、多层次、宽领域的全面开放新格局"①，为经济社会发展创造更为广阔的空间，只有这样才能加快实现中国特色社会主义现代化和中华民族伟大复兴的发展进程。

---

① 习近平：《在庆祝改革开放 40 周年大会上的讲话》，人民出版社，2018，第 33 页。

第六章　在马克思主义中国化与中国特色社会主义现代化的历史生成与逻辑统一中推进民族复兴

在西方用坚船利炮打开中国的国门之后，以现代化实现中华民族伟大复兴就成为近代以来中国社会发展的核心逻辑和"中国社会各个阶级的先进分子都在致力于解决的重大课题"①，"实现什么样的现代化，怎样实现现代化"由此成了近代以来中国社会发展的主旋律和根本任务。现代化与民族复兴因此紧密联系在一起，实现现代化就是民族复兴，要实现民族复兴就必须实现现代化，"二者时常被当成同一概念而联结在一起使用"②。为了完成现代化这一重大任务，实现国家独立和民族复兴，中华民族的先进分子如饥似渴地学习西方的各种现代知识，在反复比较和实践中最终找到了马克思主义这一科学理论，并创造性地把它运用于中国具体环境之中，最后形成了"马克思主义中国化"的概念和思想，并以此为指导，找到了符合中国国情的、具有自己特点的社会主义现代化发展道路。"马克思主义中国化的目的就是能够在现代化目标的指引下，坚持马克思主义的基本原则，结合具体国情，走出具有中国特色的社会主义现代化之路。"③反过来，中国特色社会主义现代化取得的每一进展和成就，也为马克思主义的发展提供了源源不断的动力和素材。因此，从生成论的意义上说，马

---

① 田克勤、李婧、张泽强：《马克思主义中国化研究学科基本理论与方法》，中国人民大学出版社，2017，第262页。

② 纪亚光：《中国特色社会主义现代化与"中国梦"》，《理论学刊》2014年第1期。

③ 姜晶花：《现代化与马克思主义的中国实践》，《学习与探索》2012年第7期。

克思主义中国化取得的每一个理论成果，都是中国特色社会主义现代化进一步发展的重要组成部分和思想指南，同样，中国特色社会主义现代化的每一阶段性成就构成中国具体实际的现实内容，成为马克思主义进一步中国化的依据和构成要素。就此来说，中国共产党领导的新民主主义革命、社会主义革命以及由此而产生的毛泽东思想，"并不是与现代化问题无关的，它恰恰创造了中国特色社会主义现代化必须具备的社会基础和政治基础"①。历史地看，马克思主义中国化和中国特色社会主义现代化既是促进或引领对方发展的动力，又构成对方进一步发展的重要因素或内容，二者在人民群众实践中的这种相互生成绘就了彼此在中国社会发展的历史图景，共同推进了中国近代以来的历史进程，编织了中华民族走向伟大复兴的历史经纬。

第一节　马克思主义中国化在中国现代化
进程中的生成

"中国化"在当代中国是一个具有很强学术性和政治性，且被广泛使用的词，其本来意义是"去西方化"或"去俄国化"而成为中国的，即去除外来事物的异域性而成为体现中国特点的东西。在当前中国社会的语境中，"中国化"在一定意义上就是指"马克思主义中国化"，即去除马克思主义的西方属性，使之成为体现中国特点的马克思主义理论。这种认知方式从结果去推断来源，虽有助于人们理解和认同马克思主义中国化，却把复杂的历史过程简单化了，不利于看清近代以来中国化运动的整体面貌及不同历史阶段上内涵的转变，也不能达到对马克思主义中国化丰富内涵的立体和动态理解，以及作为近代以来人们探索中国由传统社会向现代社会转变这一漫长历史过程的产物和逻辑演化的结果这一事实。因为从内容上来说，"中国化"是早已存在的一个概念。"引用国外的学说、自然科学、宗教、饮食、习俗等，并不是近代以后的事，古代就有。不仅引进，而且把它变成适合中国人需要的东西。"② 这就是说，把外国的东西融合到中国

---

① 杨魁森：《走中国特色社会主义现代化道路》，《新长征》2009 年第 3 期。
② 师吉金：《马克思主义中国化科学体系研究》，中共中央党校出版社，2009，序第Ⅲ页。

文化之中使之适合中国情况，这种"中国化"的基本内涵无论是在思想上还是在行动上都是早已存在的。尤其是近代以来在向西方学习的过程中，中国先进知识分子在引入西方学说并付诸实践中早就产生了把外国的理论"在引进之后与中国的实际情况结合起来"的自觉意识，"中国化"一词也"在 20 世纪二三十年代成为流行语"[1]，并在中国大地上相继出现了所谓基督教"中国化"、"新教育中国化"、"中国化"的社会学、"西洋哲学中国化"等种种说法。[2]

所以"中国化"的基本含义是在学习任何东西的时候都必须"以我为主，不能盲从"，即使之带有中国特色、中国基因、中国风格等。这是因为在马克思主义传入中国社会之前，"中国的先进知识分子已经开始逐渐认识到各种西方学说包括马克思主义可能不完全适应中国社会的需要，因而产生使之'中国化'的一些想法"。[3] 可见，"马克思主义中国化"虽然是在这一历史语境中产生出来的最耀眼、影响最为深远的理论成果，却不是唯一成果。从本质上而言，"马克思主义中国化的历程，实际上就是近代以来中国社会变革与发展的实践主题的转换与解答"[4]。也就是说，我们如果要把马克思主义中国化何以产生及为什么成功的历史源流弄清楚，不仅要从马克思主义的发展谱系来看待马克思主义的中国化，而且要以现代化为核心从中国化的历史演变过程来审视马克思主义，只有这样才能有更充分的理由说马克思主义及其中国化是历史的选择、人民的选择，才能看清马克思主义中国化何以可能及其与中国现代化的本质联系和历史必然性。

一　近代以来西学东渐中的中国化进程及其影响

从第一次鸦片战争开始，中国社会被迫卷入资本主义的现代世界体系。这种被迫体现在两个方面：其一，中国只有跟上西方的现代化运动，才能避免亡国灭种的危险，解决存续中华文明的问题；其二，中国不具备

---

① 师吉金：《马克思主义中国化科学体系研究》，中共中央党校出版社，2009，序第Ⅲ、Ⅳ页。
② 张静如：《关于"中国化"》，《党史研究与教学》2006 年第 5 期。
③ 田克勤、李婧、张泽强：《马克思主义中国化研究学科基本理论与方法》，中国人民大学出版社，2017，第 56 页。
④ 王乐、王嘉：《论马克思主义中国化的实践基础》，《中共山西省委党校学报》2009 年第 3 期。

建立现代社会及其生产方式的基本条件，甚至没有产生变传统中国为现代中国的意识，建立现代生产方式的需要是由西方侵略者强加的。这意味着，当时的中国先进知识分子只能凭自己对西方的有限认知去想象和建构中国的现代化。由此，现代化必然就是西方化，要现代化就必须学习西方；但中国文化中根深蒂固的"防夷变夏"自觉意识则使中国人从学习西方之始，就蕴含着立足于自己的历史文化视野来审视和选择西方文化的价值和模式，是以中国文化统摄、融合西方文化的过程，带有明显的"去西方化"色彩，"并非一个简单地向欧美国家的认同过程"①，即后来称之为中国化的立场。因此，中国化是为满足实现现代化的需要而产生的。

最早明确把西方现代文明融入中国固有文化、实现其中国化的是当时地主阶级改革派的代表人物魏源。他提出的"师夷长技以制夷"②的思路尽管沿袭了"以其人之道还治其人之身"的传统思维模式，本质上是把代表西方资本主义文化的先进技艺封建化，但其提出的化"西洋长技"为"中国长技"的思路——西方文化与中国传统文化相结合——已触及了"中国化"的逻辑结构和发展趋向，成为近代历史上把西方现代化理论中国化的肇始者。其后洋务派提出的"中学为体、西学为用"，是第一个较系统的融"西"于"中"的构建中国现代社会的理论，是中国化运动发展的重要阶梯。其基本主张是"器则取诸西国，道则备当自躬"③，即在不触动中国"道统"的前提下学习、引进西方的军事技术和现代生产力，完善和拓展中国传统文化（洋务派）；或者通过把中国社会文化中的"器用"部分西方化，实现"中体"与"西用"的融合，以建立"一种'不中不西，即中即西'的新学派"④（维新派），以之指导现代中国的建设。

这些见解反映时人对中国化运动有了一定程度的自觉意识。但就其实质来看，除了对"西用"的理解和借用不同外，都是立足中国传统吸纳西方的资本主义政治经济制度，以达到去除中国社会的殖民性、恢复中国的封建性的目的。从这个意义上说，洋务运动和维新运动是"中体西用"论的不同版本，都是不触动现实社会秩序的改革运动。这一立场使他们对中

---

① 许纪霖、陈达凯主编《中国现代化史》第1卷，上海三联书店，1995，第2页。
② 《魏源集》下册，中华书局，1976，第869页。
③ （清）王韬：《杞忧生易言跋》，载《弢园文录外编》，中华书局，1959，第321页。
④ 《饮冰室专集》第5册，北京日报出版社，2022，第405页。

学和西学缺乏应有的批判和反思，对二者的矛盾和冲突也估计不足，因而找不到二者结合的正确途径，在实践中只能归于失败。八国联军侵华后，统治阶级中有组织地反对学习西方、反对现代化的政治势力基本被消除，中国社会的核心问题自此由"要不要现代化"转变为"实现什么样的现代化"和"由谁来领导现代化"等问题。在这个意义上，清末新政和辛亥革命既是"中体西用"论的另类实践，也是不同阶级对中国现代化主导权的争夺。清末新政的失败预示着封建统治阶级主导的中国化路向的失败和建立封建资本主义现代化国家方案的破产。其后的辛亥革命是以三民主义为指导的资产阶级民主革命。而三民主义实际上是把西方近代资产阶级的社会政治、经济、思想学说统摄于中国传统文化之中，即三民主义是中国"自己的社会情形"与"世界潮流"①相结合，即在一定程度上是把西方资本主义思想与中国传统相结合、实现其中国化的产物，建立中国特色的资本主义现代化。这一方案因没有去除中国社会的封建势力和殖民势力这两种阻碍现代中国建设的落后力量，最后只得到一块民国的"空招牌"，中国的现代化进程也没有获得实质性的进展。它的失败促使中国先进知识分子反思近代以来向西方学习的历程，由此提出了中国化的不同路径，进而提出了不同的现代化解决方案。

一些激进的知识分子认为近代以来中国现代化运动屡遭失败，主要原因在于没有根除封建传统的阻碍，不能全心全意学习西方，为此提出了彻底抛弃"中体"以实现"全盘西化"的解决方案。"全盘西化"论的提出实际上否定了封建中国存在的合理性，以及近代以来西方资本主义与中国封建传统相结合这一中国化逻辑的可能性。在胡适等人看来，西方现代文明要成功地实现中国化，就必须以完全西方化为目的，"全盘接受了，旧文化的'惰性'自然会使他成为一个折衷调和的中国本位新文化"②。这种把传统完全悬置起来，幻想中西文化能自发地实现结合的中国化思路，显然不可能成功。

而另一些固守传统的知识分子则认为，效仿西方的现代化方案之所以失败，原因在于忽视西方现代文明的弊端和方案中包含的传统文化太

---

① 《孙中山选集》下卷，人民出版社，2011，第793页。

② 适之：《编辑后记：在陈序经先生的长文里……》，《独立评论》第142期，1935年3月，第23页。

少。由此，他们针对"全盘西化"论的主张及其中国化路径，提出以传统儒家文化统合西方文化，即"援西学入儒""以中国的态度走西方的路"①，用儒家文化的"旧瓶"装西方文化的"新酒"，最终从儒家"旧的传统观念里，去发现最新的近代精神"②，认为只有这样才能在实现现代化的同时保存中国的民族性，建立的现代社会才是中国的现代社会。王新命等 10 位教授在《中国本位文化建设宣言》中提出新文化的建设需"对旧文化去其渣滓存其精英，对西方文化取长舍短择善而从，根据中国本位，采取批评态度，应用科学方法来检讨过去，把握现在，创造将来"③ 的主张遵循的也是这一理路。这实际上肯定了西方资本主义与中国传统文化相结合这一中国化的逻辑结构，并进一步强化了中国传统文化在中国现代化理论与实践建构中的基础和主导地位。这一主张因契合当时社会大众追求民族独立的普遍心态而引起人们的共鸣并成为社会的主流话语。

这样，在五四运动前后，中国社会在经历了数十年向西方学习的思潮之后形成了这样的共识：任何一种西方理论都必须与中华优秀传统文化有机结合起来，实现其中国化，才能影响并指导中国人民实现国家独立和民族复兴。即是说，把西方先进文化与中华优秀传统文化相结合以实现西方文化的中国化，已经成为中国先进知识分子解决中国现代化问题的基本理论框架、逻辑结构和自觉追求。"中国化"概念由此被提了出来并很快成为思想界的主流。其基本含义是"将外来理论应用于中国环境、解决中国问题、获得中国特色、形成中国化的理论"④，成为不同阶级和主体都能接受的普遍意识形态，并在实践中形成了"三民主义儒学化、新儒学、马克思主义中国化三个不同的发展路向"⑤。按照这种语义结构，中国的现代化无论是走资本主义道路还是走社会主义道路，都必然是带有中国特色的，必然是中国特色的资本主义现代化或中国特色的社会主义现代化。

---

① 方克立：《现代新儒学的发展历程》，《南开学报》（哲学社会科学版）1990 年第 6 期。
② 贺麟：《文化与人生》，商务印书馆，1988，第 81 页。
③ 转引自罗荣渠主编《从"西化"到现代化》，北京大学出版社，1990，第 402 页。
④ 参见赵铁锁、解庆宾《20 世纪上半叶"中国化"思潮与"马克思主义中国化"起源研究述评》，《理论学刊》2013 年第 1 期。
⑤ 冯崇义：《中国抗日战争时期的中国化思潮》，《开放时代》1998 年第 2 期。

二 以社会主义的中国为目标的马克思主义中国化

中国现代化进程是在马克思主义传入中国后才真正开启的，因而我们对马克思主义的理解和运用直接影响了中国现代化发展进程。就内容而言，马克思主义以对普通大众现实命运的关怀和对人类未来美好社会的追求，化解了与中国传统的紧张关系，并与中国民众形成了一种文化和心灵上的契合，从而为其改造和提升中国传统社会提供了可能，这也是其能得到民众普遍认同的重要原因。因此，马克思主义传入中国最初是源于近代以来国人效法西方现代化探索的失败，"这近几十年来，尚无切实有效方法"①，而"俄国式的革命，是无可如何的山穷水尽诸路皆走不通了的一个变计"② 以及俄国十月革命的影响和示范效应——"十月革命一声炮响，给我们送来了马克思列宁主义。……走俄国人的路——这就是结论"③，但它在中国的迅速流行和被接受则是由于其人民性的基本立场和情怀带来的与中国文化精神和民众心理的契合。

"马克思主义中国化"命题及其内涵和逻辑结构最早是毛泽东在1938年党的六届六中全会上提出的。毛泽东说："使马克思主义在中国具体化，使之在其每一表现中带着必须有的中国的特性，即是说，按照中国的特点去应用它，成为全党亟待了解并亟须解决的问题。"④ 这也说明毛泽东对"中国化"的理解和运用是与中国特点、中国特色联系在一起的，也意味着中国共产党追求的马克思主义指导下的中国现代化必然是具有中国特色的社会主义现代化。

马克思主义中国化强调中国特点和人民实践的这种独特逻辑结构，必然要求马克思主义包括任何一种具体文化样态都必须不断接受群众实践的检验以保持自己的活力，获得存在的合法性。这是毛泽东总结近代以来中国人民学习西方的漫长历程后得出的结论："马克思主义的普遍真理"只

---

① 参见《中国现代化问题特辑》，《申报月刊》1933年第7期。
② 《毛泽东年谱（一八九三——一九四九）》（修订本）上卷，中央文献出版社，2013，第73页。
③ 《毛泽东选集》第4卷，人民出版社，1991，第1471页。
④ 《毛泽东选集》第2卷，人民出版社，1991，第534页。

有同"中国革命的具体实践完全地恰当地统一起来，就是说，和民族的特点相结合，经过一定的民族形式，才有用处"。①通过这一结合，马克思主义融入中国革命实践之中并成为其重要组成部分，中国革命才成为体现其思想、价值和精神的实践。由于这种关系，我们才能坚信："我国的革命和建设的胜利，都是马克思列宁主义的胜利。"也正是由于马克思主义在逻辑上与中国革命实践有天然联系，"把马克思列宁主义的理论和中国革命的实践密切地联系起来"，才被确立为"我们党的一贯的思想原则"。②这一思想原则决定了我们在学习任何外来理论的时候都必须"吸收外国的东西，要把它改变，变成中国的。……应该学习外国的长处，来整理中国的，创造出中国自己的、有独特的民族风格的东西"③。遵照毛泽东的理解逻辑，我们提倡马克思主义中国化的一个基本思想，就是确立中国自己在解释和运用马克思主义上的主导权，尤其是在学习国外的经验时要掌握学习的主动权，要根据中国自己的情况独立自主地决定学什么、怎样学。为此，他站在辩证法的基本立场反复指出依靠自己的力量进行革命和建设的重要性："自力更生为主，争取外援为辅，破除迷信，独立自主地干工业、干农业、干技术革命和文化革命，打倒奴隶思想，埋葬教条主义，认真学习外国的好经验，也一定研究外国的坏经验——引以为戒，这就是我们的路线。"④以这个原则为指引，毛泽东强调不要迷信任何人，包括不要迷信马克思，因为"马克思活着的时候，不能将后来出现的所有的问题都看到，也就不能在那时把所有的这些问题都加以解决。俄国的问题只能由列宁解决，中国的问题只能由中国人解决"⑤。从这个意义上来说，我们"做的许多东西超过了马克思"，"马克思没有做过中国这样大的革命，我们的实践超过了马克思，实践当中是要出道理的"。⑥因此，在中国环境中运用马克思主义，必须实现其中国化，这是必然的。

这就是说，马克思主义中国化内涵和所负使命不只是将马克思主义运用于中国具体环境，生产具有中国特色的马克思主义和社会主义，还要

---

① 《毛泽东选集》第2卷，人民出版社，1991，第707页。
② 《毛泽东文集》第7卷，人民出版社，1999，第116页。
③ 《毛泽东文集》第7卷，人民出版社，1999，第83页。
④ 《毛泽东文集》第7卷，人民出版社，1999，第380页。
⑤ 《毛泽东文集》第8卷，人民出版社，1999，第5页。
⑥ 《毛泽东年谱（一九四九——一九七六）》第3卷，中央文献出版社，2013，第345页。

"以马化中"，使"中国革命丰富的实际马克思主义化"①，实现"国家的社会主义化"②，变半殖民地半封建的中国为社会主义的中国，进而实现中国现代化。

总之，这一阶段的中国化以在马克思主义指导下建立社会主义为核心。这一任务决定了毛泽东倡导学习马克思主义以解决中国实际问题为目的，强调"'每一个'国家都'具有自己特别的具体的社会主义建设的形式和方法'"③，因而必须结合自己国家的情况进行理论创新，即一方面要遵守"马克思这些老祖宗"的"基本原理"，另一方面要"创造新的理论，写出新的著作，产生自己的理论家，来为当前的政治服务"。④ 由此毛泽东根据近代以来现代化探索的经验、时代要求和中国革命的实际把中国化具体化为马克思主义中国化，把其内容和逻辑结构具体化为立足中国实践的特殊性，注重马克思主义基本原理的理解和运用，而非将其具体形态作为建立社会主义中国的指导思想并使之与中国国情相结合，因而尽管毛泽东以建设社会主义的中国为理论与实践的目标指向，但由于中国化本身的逻辑结构和中国独特的现实国情，使中国建立的社会主义成为一种名副其实的中国特色的社会主义。

三 以中国的社会主义为目标的马克思主义中国化

从中国化的内在逻辑和社会自身的发展来说，中国共产党领导中国人民建立社会主义，从理论和实践上对"社会主义中国是什么"作出了回答。但这仅仅是在马克思主义中国化过程中走出的第一步：因为按照中国化的发展逻辑，不仅要在中国建立社会主义，还要进一步解决中国的社会主义是什么，即中国建设社会主义的具体道路问题。如果说，民主革命时期马克思主义中国化的侧重点是以马克思主义化中国的话，那么在中国基本建成社会主义社会后，最关键的问题则是以中国特殊的国情为标准来检验、评判马克思主义，并对之作出符合中国国情的转换，找到建设社会主义的具体道

① 《毛泽东文集》第2卷，人民出版社，1993，第374页。
② 逄先知、金冲及主编《毛泽东传》第3卷，中央文献出版社，2014，第1285页。
③ 《毛泽东文集》第8卷，人民出版社，1999，第116页。
④ 《毛泽东文集》第8卷，人民出版社，1999，第109页。

路，彰显社会主义的中国特色。唯有如此，中国才算真正建成了社会主义。正因如此，毛泽东在社会主义制度确立后紧接着提出探索中国社会主义建设的具体道路问题："我们要进行第二次结合……自己根据中国的国情……努力找到中国建设社会主义的具体道路。"① 他在 1961 年更明确地提出："必须把马克思列宁主义的普遍真理同中国社会主义建设的具体实际，并且同今后世界革命的具体实际，尽可能好一些地结合起来。"② 从这里可以看出，此时的毛泽东对实现社会主义的中国化已经有了理论和实践的自觉。

其后中国共产党人对社会主义现代化建设道路的探索，就是在毛泽东时代奠定的基础上展开的，其主要目的是找到建设社会主义的具体道路，"确定实现四个现代化的具体道路、方针、方法和措施"③。因此必然要在理论上坚持毛泽东概括和阐述的马克思主义中国化内涵及逻辑结构。但由于国情的变化，此时马克思主义中国化的前提已经发生重大改变：中国已经建立了社会主义社会，但社会主义的具体制度需要在实践中予以完善。这就从逻辑和实践上提出了如何建构基于中华民族特性和实践特点的中国化社会主义的问题，即解决"怎样搞社会主义的问题"④。进而以中国实践为中心去重构马克思主义中国化的理论和实践，确立中国自己对马克思主义的话语权和解释范式，以实现其与中国国情的结合。按照这种逻辑，中国共产党人从追问"什么是马克思主义、怎样对待马克思主义"出发，立足群众实践去探索建设中国社会主义的具体道路，以破除传统上对社会主义的僵化理解模式。邓小平指出："社会主义究竟是个什么样子，苏联搞了很多年，也并没有完全搞清楚。可能列宁的思路比较好，搞了个新经济政策，但是后来苏联的模式僵化了。"⑤ 因此，中国必须打破以苏联为代表的社会主义传统模式，才能探索到中国的社会主义现代化道路。沿着这一思路和逻辑，邓小平在凝聚全党共识的基础上批判总结马克思主义经典作家的论述及中外建设现代化的经验和教训提出了生产力标准，并以此重新阐释了社会主义本质的内涵："讲社会主义，首先就要使生产力发展，这

---

① 《毛泽东年谱（一九四九——一九七六）》第 2 卷，中央文献出版社，2013，第 557 页。
② 《毛泽东文集》第 8 卷，人民出版社，1999，第 302 页。
③ 《改革开放三十年重要文献选编》上卷，中央文献出版社，2008，第 2 页。
④ 《邓小平年谱（一九七五——一九九七）》下卷，中央文献出版社，2004，第 1317 页。
⑤ 《邓小平文选》第 3 卷，人民出版社，1993，第 139 页。

是主要的。"①

按照这一思路，邓小平在理论上和实践中区分了现代化、现代化的不同道路、现代化的具体做法及三者的关系。计划或市场"不是社会主义与资本主义的本质区别。计划经济不等于社会主义，资本主义也有计划；市场经济不等于资本主义，社会主义也有市场。计划和市场都是经济手段"②。剥离出资本主义现代化道路中反映现代化共性的东西，摒弃其意识形态内容，为学习西方先进经验提供了理论支持。循此思路，他进一步区分了社会主义现代化与社会主义现代化的具体做法——以苏联为代表的社会主义传统模式，"社会主义制度并不等于建设社会主义的具体做法"③，为批判以苏联为代表的社会主义传统模式、立足自己国情吸收其他社会主义国家经验、探索中国的社会主义现代化道路开辟了广阔空间。中国共产党人把现代化的共性与各民族国家现代化道路的特殊性相结合的逻辑理路，既否定了照搬任何具体的现代化道路的可能性，也为在实践中把学习西方乃至其他国家现代化建设经验作了理论上的论证。按照这种理解，中国的社会主义就要把现代化的一般规律、社会主义的本质、中国的特殊国情在实践中统一起来。为此，一要以现代化为目标，"大胆吸收和借鉴人类社会创造的一切文明成果，吸收和借鉴当今世界各国包括资本主义发达国家的一切反映现代社会化生产规律的先进经营方式、管理方法"④。二要坚持社会主义道路，沿着共同富裕的方向前进。"社会主义最大的优越性就是共同富裕，这是体现社会主义本质的一个东西"⑤，也是现代化建设必须始终坚持的原则。三要坚持"从社会主义初级阶段的实际出发"⑥，不断探索创新中国现代化理论新形态、实践新样式。这些论述既为在现代化建设中突破传统社会主义模式、充分吸收资本主义所积累的现代化经验提供了基本遵循，也拒斥了欧美现代化模式的所谓普适性，"走自己的路，建设有中国特色的社会主义"⑦，就是中国共产党探索"什么是社会主义、怎

---

① 《邓小平文选》第 2 卷，人民出版社，1994，第 314 页。
② 《邓小平文选》第 3 卷，人民出版社，1993，第 373 页。
③ 《邓小平文选》第 2 卷，人民出版社，1994，第 250 页。
④ 《邓小平文选》第 3 卷，人民出版社，1993，第 373 页。
⑤ 《邓小平文选》第 3 卷，人民出版社，1993，第 364 页。
⑥ 《邓小平文选》第 3 卷，人民出版社，1993，第 251 页。
⑦ 《邓小平文选》第 3 卷，人民出版社，1993，第 197 页。

样建设社会主义"取得的重大成果。

以现代化进程中的问题为导向推进马克思主义中国化，使中国共产党在继承马克思主义基本原理的同时突破了社会主义的既有经验和模式，既继承了中国传统又突破了传统的束缚，依据时代要求和国情特点开创出独具中国特色的现代化之路，即中国特色社会主义道路。这条道路"不是其他国家社会主义实践的再版，也不是国外现代化发展的翻版"①，而是中国人民在实践中独创的"实现社会主义现代化的必由之路"②。这既回答了在中国要"实现什么样的现代化、怎样实现现代化"的问题，也为新时期坚持和发展马克思主义及其中国化提供了行动纲领和实践指南。以中国特色社会主义为旗帜，中国共产党把中国国情、现代化规律、社会主义本质在人民群众实践中统一起来，规划了实现中国现代化的总体方案和具体路径，并以举世瞩目的历史伟绩使中国"社会主义现代化蓝图正在一步步变成美好现实，我们伟大的祖国正在一天天走向繁荣富强，中华民族正在一步步走向伟大复兴"③。因此，在中国的社会主义制度建立以后，必须立足中国国情特点、解决人民群众实践中的问题、不断推进马克思主义中国化，只有这样才能促进中国的发展进步。

总之，从现代化视野来看，近代以来的中国社会在学习西方、探索现代化道路过程中形成的中国化运动，从内容上大体分为以封建中国为目标的资本主义中国化、以社会主义的中国为目标的马克思主义中国化、以中国的社会主义为目标的马克思主义中国化三个阶段。其间逻辑与内容的转换表明选择什么样的理论为指导和科学认识中国国情对中国化运动内容及路径的实现有决定性影响。这一运动最终统一于"马克思主义中国化"，但人民对马克思主义中国化的认识也不是一蹴而就的，"理论的方案需要通过实际经验的大量积累才臻于完善"④。只有明了这一艰辛的探索历程，才能真正理解马克思主义中国化在中国现代化中的地位和作用，珍惜并坚定维护中国特色社会主义这一来之不易的伟大成果。

①　《习近平谈治国理政》第 2 卷，外文出版社，2017，第 344 页。
②　《习近平谈治国理政》第 2 卷，外文出版社，2017，第 36 页。
③　《习近平谈治国理政》第 2 卷，外文出版社，2017，第 13 页。
④　《马克思恩格斯全集》第 44 卷，人民出版社，2001，第 437 页。

第二节 中国特色社会主义现代化在马克思主义
发展中的变迁

现代化是近代以来中国面临的最大实践课题，"现代化是中国人民的长期追求，又是中国近现代生活发展的主旋律"①。探索具有中国特色的社会主义现代化道路对中国共产党和马克思主义在各个历史时期的政策、方略具有统摄和引领作用。"建设什么样的现代化、怎样建设现代化"是贯穿于中国共产党领导的革命、建设、改革过程的主题和主线。为了能够找到一条实现中国现代化的正确道路，中国人民前仆后继地奋斗了近百年的时间，直到马克思主义传入中国并在其指导下成立中国共产党，才为找到这一道路奠定了坚实基础。这意味着中国现代化的最初探索必须追溯到近现代历史的开端处，而中国特色社会主义现代化道路的开启，则必须从马克思主义传入中国时开始算起。一方面，从本质上说，中国特色社会主义现代化是中国立足自己基本国情经由社会主义实现从传统社会向现代社会转变的过程，它的根本指导思想、领导核心、政治制度和社会制度等重要内容和基本原则是从马克思主义传入中国和中国共产党成立时起就已经注定了的。另一方面，探索和建设"中国特色社会主义现代化，需要解决两大问题或两个任务：首先要解决现代化的社会基础和政治前提，然后是解决现代化的具体目标和发展道路。大体上说，20世纪前半期主要解决前一个问题，后半期主要解决后一个问题"②。在这个意义上，中国共产党的历史既是不断推进马克思主义中国化的历史，也是不断探索和推进中国特色社会主义现代化的历史。

但由于现代化本身具有复杂性，学界在考察中国现代化的历史时，很少关注现代化本身在中国历史发展中的逻辑转向等问题。这样的研究很容易把近代以来的历史分解成不同的片段，割裂历史本身的整体性及其发展的连续性。由此造成的后果是：或者忽略中国现代化不同发展阶段上的联系，并在追求科学性的名义下把一个完整的现代化发展过程切割为互不相

---

① 张文儒主编《毛泽东与中国现代化》，当代中国出版社，1993，第1页。

② 杨魁森：《走中国特色社会主义现代化道路》，《新长征》2009年第3期。

干的几个部分，进而相互否定；或者忽视不同历史阶段现代化的本质区别，笼统地冠以现代化之名，把复杂的历史过程简单化。这样一来，中国共产党领导中国进行中国特色社会主义现代化探索的完整历程就被人为地分割开来，中国民主革命和社会主义革命为中国特色社会主义现代化确立的马克思主义这一指导思想和中国共产党这一领导核心就成了对中国特色社会主义现代化道路无关紧要的东西，中国共产党以马克思主义为指导建立的人民民主专政的国家制度和以公有制为基础的社会制度就成了可有可无的东西；如此一来，中国特色社会主义现代化就会因失去了其最稳固的根基和根本保障而走向"改旗易帜"的邪路。改革开放以来关于现代化的种种争论、误解甚至歪曲都与这种历史研究方法有关。因此，把革命、建设和改革看成中国共产党领导的中国社会主义现代化道路探索的完整历史过程的组成部分，按照中国现代化逻辑的演化进程全面考察近代以来的中国历史，对科学看待现代化探索中的历史人物和实践，总结其中的经验与教训，坚定走中国特色社会主义现代化之路的决心和信心都是有益的和必要的。

一　近代以来中国现代化探索历程与马克思主义中国化奠基

众所周知，中国的现代化进程是在西方的炮舰压力下开启的，西方的坚船利炮及其威力是中国人对现代社会的第一印象。鸦片战争带来的"千年未有之大变局"及其带给中国的亡国灭种危机，使中国社会在没有任何准备的情况下被迫卷入世界现代化进程，能否迎合这一潮流将决定中华民族的前途和命运。但人们不能由此推断出中国人民在鸦片战争后很快就知道什么是现代化及怎样实现现代化。事实上，中国现代化是在外来侵略和内部传统势力阻挠的双重压力下逐步深入与展开的，在这一过程中，中国人民经历了艰巨和复杂的探索过程，付出了惨重的代价，却长期没有找到通向现代化道路的大门。而鸦片战争仅仅是这一艰辛探索历程的起点。

最早对西方现代文明进行阐释的人是魏源。他根据自己的见识和了解把现代化等同于坚船利炮，因而明确提出学习西方先进的军事技术，使中国军队"可以战洋夷于海中"①，以实现维护国家主权这一目标。这一对现代化的理解虽然很肤浅，也因种种原因而未能付诸实施，对当时社会产生的影响也极为有限，但毕竟在封建传统文化中打开了一个缺口，为国人进行了现代化的思想启蒙，促使先进知识分子去思考中国的现代化问题。正是在这个意义上，鸦片战争成为近代中国历史的开端，魏源则成为中国现代化之路的最初探索者。承继魏源进行现代化探索的是洋务派，以"中学为体、西学为用"为理论指导的洋务运动是近代中国第一次系统探索现代化的实践。在洋务派那里，尽管"西用"的内涵是随现代化实践的展开而不断拓展的，但总体来说是从器物层面理解西方现代文明，把它仅归结为军事及相关工业的发展；更重要的是，洋务派学习西方的目的是保持中国的"体"，引进西方"长技"是为弥补"中学"的些许不足，而不是以现代化为目标，更没有有意识地追问什么是现代化及如何实现现代化这一决定中国命运的根本问题。这决定了洋务运动对"西学"学习的目的是在中国传统文化与制度的地基上建构现代社会，是注定要失败的。

甲午战争的惨败促使中国的先进知识分子认识到洋务派主张的片面军事现代化不可能取得成功，为此他们在中国历史上第一次明确提出建立西方式的现代社会的目标及实现的途径，即"商定政体"②，把向西方学习的内容拓展到制度层面，并提出了效仿日本进行变法的主张："臣以为日本变法之学，确有成效，中华欲游学易成，必自日本始。"③ 这些主张表明维新派对现代化的认识比洋务派大为深化和具体。尽管维新变法最终失败，但它对"西学"的理解及实现途径促进了中国人民对什么是现代化及如何实现现代化的认识，构成了中国现代化探索链条上不可缺少的一环。

1900 年后，中国的现代化探索进入以何种方式实现西方的现代化道路及由谁来领导现代化的新的历史时期。清末新政是清廷统治者试图争取中国现代化领导权、实现自己主导的现代化的最后尝试，它的失败证明：在旧的封建统治阶级领导下或由他们来主导中国的现代化进程是行不通的，中国的现代化必须有新的领导力量才有可能开启。中国资产阶级革命派就是在这种历史背景下走向领导现代化的舞台的。为此，孙中山为首的资产

---

① 《魏源集》下册，中华书局，1976，第 870 页。
② 汤志钧编《康有为政论集》上册，中华书局，1981，第 276 页。
③ 汤志钧编《康有为政论集》上册，中华书局，1981，第 250 页。

阶级革命派明确提出了以革命手段建立资产阶级共和国、实现资本主义工业化的目标。"革命之目的……政治方面，由专制制度过渡于民权制度；经济方面，由手工业的生产过渡于资本制度的生产。"① 辛亥革命的失败则证明资本主义现代化道路在中国行不通，要实现中国的现代化，必须寻找新的理论、新的工具、新的道路，孙中山在俄国十月革命后转向社会主义，整个社会急剧向左转就反映了这一历史潮流。

为此，1915 年李大钊、陈独秀等人发起的五四运动实际上是从精神文化层面对近代以来中国现代化探索的历史反思：中国对西方现代化的理解有没有错？还是中国学习的这条西方资本主义道路本身就是错的？基于前者，五四运动的倡导者认为西方现代化的基本精神是"于学术则黜伪而崇真，于刑政则屈私以为公"②，认为学习、理解西方现代化必须以"科学"与"民主"为核心，在此基础上再以不妥协的精神向传统宣战并扫除之，只有这样才能使中国走向现代化。陈独秀认为，过去学习西方失败的原因在于没有看到中西文化是本质上不同的两种文化，是不可能有选择地学习而成功的。"欧洲输入之文化，与吾华固有之文化，其根本性质极端相反。数百年来，吾国扰攘不安之象，皆由此两种文化相触接相冲突者，盖十居八九。"③ 由此他从六个方面阐释了"何为现代青年"，鼓吹"科学与人权并重"。④ 在他们看来，只有把"德先生"和"赛先生"请来，用新人格、新观念、新思想、新价值来彻底"改造国民性"，中国才能建立起现代化的制度和社会，实现民族独立和国家富强。基于后者，中国部分先进知识分子迅速反思西式资本主义现代化本身存在的问题，马克思主义作为消除资本主义现代化弊端的思想和方法而被引入中国，这为中国社会在"全盘西化"论者的主张失败后迅速转向社会主义奠定了思想前提和社会基础。

总体而言，从鸦片战争到五四运动，是中国传统社会向现代社会转型的一个重要历史时期。其间经历了要不要现代化、何为现代化、怎样实现现代化等不同的发展阶段。现代化并非中国社会内部孕育而成，这一历史

①　《中国国民党第一次全国代表大会宣言》，载荣孟源主编《中国国民党历次代表大会及中央全会资料》，光明日报出版社，1985，第 586 页。
②　王栻主编《严复集》，中华书局，1986，第 2 页。
③　陈独秀：《吾人最后之觉悟》，载《独秀文存》，安徽人民出版社，1987，第 37 页。
④　陈独秀：《敬告青年》，载《独秀文存》，安徽人民出版社，1987，第 9 页。

境遇决定了中国早期的现代化历程本质上是对西方现代化的认识与模仿，要不要学习西方、学习西方的什么、怎样移植西方现代化于中国社会以建构"资本主义的中国"等问题长期困扰中国人。这既有西方资本主义现代化本身的复杂性和中国人的认知问题，也有文化的差异、传统的束缚等原因。这些因素决定了这一时期的中国现代化探索必然是一个失败与抗争相伴随的曲折的、逐步深入的过程。

二　马克思主义指导下中国特色社会主义现代化目标模式的确立

以西方资本主义现代化模式为目标的中国现代化探索屡遭失败、第一次世界大战的消极影响，以及俄国十月革命的胜利使中国人民认识到：现代化除了资本主义模式外还有社会主义模式，除了欧美道路外还有俄国道路，从而把现代化与资本主义区分开来，为中国人突破西方现代化模式提供了实践基础和思想理论前提。这是中国现代化史上一次十分重要的思想解放运动。毛泽东曾十分形象地指出了俄国十月革命对中国现代化的意义和影响，"十月革命一声炮响，给我们送来了马克思列宁主义"，"走俄国人的路——这就是结论"。[1] 俄国十月革命由此成为中国现代化探索道路上的历史转折点。而第一次世界大战的爆发及其可怕后果使中国人以一种批判的眼光来审视近代以来学习西方现代化的历程，进一步破除了对西方现代化的迷信，促使中国人转向社会主义。李大钊曾说："此次战争，使欧洲文明之权威大生疑念。欧人自己亦对于其文明之真价不得不加以反省。"[2] 可见，中国的现代化目标由资本主义转向社会主义，这是中国人民根据中国自身的情况和世界现代化潮流作出理性选择的产物。

在救亡图存的背景下，中国现代化探索更注重实践效果，而非理论推演。这既是俄国十月革命的成功实践能使中国人把民族的前途与社会主义联系起来的关键性因素，也是影响后来现代化探索的重要因素。因为社会主义作为一种思潮最早从日本传入中国并喧嚣一时，但由于没有实践的支撑，影响极其有限。"从 1899 年中国人第一次提及马克思到 1910 年代晚

---

① 《毛泽东选集》第 4 卷，人民出版社，1991，第 1471 页。
② 《李大钊全集》第 2 卷，人民出版社，2013，第 316 页。

期，中国人对于马克思主义的兴趣是非常有限的，马克思主义对于中国政治与思想也没有什么重大影响。"① 正是由于俄国十月革命的胜利，"社会主义之说近于新闻杂志、集会演说，无不喋喋蜂起……于是经济事情、社会思想皆一变，而社会主义亦传播各地"②。这说明正是由于有了俄国十月革命的示范效应，社会主义才能迅速为中国人民所接受并成为中国社会思想的主流。就连资产阶级革命派的领导者孙中山也推崇社会主义，认为这是克服西方现代化弊端，适合中国社会的现代化方案。他说："法美共和国皆旧式的，今日惟俄国为新式的。吾人今日当造成一最新式的共和国。"③ 可见，中国的现代化探索由资本主义转向社会主义，既是反思西方现代化弊端的结果，也是为俄国现代化展现的新气象所吸引的结果，更是对近代以来中国现代化探索历程的总结。

但是，举起了社会主义现代化的新旗帜，并不意味着中国现代化探索的必然成功。在社会主义现代化建设目标确立以后，如何找到实现途径并使之成为全社会的共同目标对中国而言既是一个更严峻的挑战，也是中国共产党成立后的根本任务。中国共产党通过对中国国情的科学分析和近代现代化探索历史的总结，把中国社会主义现代化主体定位为包括农民阶级在内的广大人民群众，并通过中国共产党的先锋模范作用和坚持不懈的教育与引导在广大劳动人民中培育社会主义思想，最大限度地扩大社会主义的群众基础，使社会主义现代化成为中国社会发展的必然模式，最终在与国民党的竞争中赢得了中国现代化的领导权。毛泽东对此曾指出，谁有资格做中国的领导者要看两条：一是能不能解决中国的现代化发展面临的问题，二是能不能赢得群众的支持。他说："中国一切政党的政策及其实践在中国人民中所表现的作用的好坏、大小，归根到底，看它对于中国人民的生产力的发展是否有帮助及其帮助之大小，看它是束缚生产力的，还是解放生产力的。"④ 他还说，没有新式工业既是中国落后的主要原因，也是中国受列强欺负的主要原因。"消灭这种落后，是我们全民族的任务。老

---

①　〔美〕德里克：《革命与历史：中国马克思主义历史学的起源，1919—1937》，翁贺凯译，江苏人民出版社，2008，第18页。

②　《社会主义思想在中国的传播》上册，中共中央党校科研办公室，1985，第25~26页。

③　《孙中山选集》下卷，人民出版社，2011，第526页。

④　《毛泽东选集》第3卷，人民出版社，1991，第1079页。

百姓拥护共产党，是因为我们代表了民族与人民的要求。"① 在这个意义上，毛泽东指出，中国共产党领导的革命"是为建设扫清道路。革命把生产关系和上层建筑加以改变，把经济制度加以改变，把政府、意识形态、法律、政治、文化、艺术这些上层建筑加以改变，但目的不在于建立一个新的政府、一个新的生产关系，而在于发展生产"②。这就是说，新民主主义革命和后来的社会主义革命一样是为现代化建立社会主义的生产关系和上层建筑的，而这些社会主义的生产关系和上层建筑不仅是中国社会主义现代化道路的基础和保障，其本身就是中国社会主义现代化道路的重要组成部分。就此而言，国共之争本质上是在中国"实现什么样的现代化、怎样实现现代化"问题上的竞争，是中国特色社会主义现代化与中国特色资本主义现代化两种道路之间的抉择。

在这个意义上，中华人民共和国的成立不只是一个政治事件，更是一个包含经济、政治、文化等意义与内容的重大社会事件。"只有社会主义能够救中国"③ 则表明中国的现代化通过社会主义道路来实现已经成为中国人民的共同理想和选择，而社会主义改造的完成则为中国特色社会主义现代化道路奠定了经济制度和社会制度基础。至此，中国特色社会主义现代化道路理论和实践的基础框架及原则已经确立——马克思主义的指导、中国共产党的领导、人民民主专政的国家制度、以公有制为基础的社会主义商品经济等，剩下的是如何找到中国特色社会主义现代化建设的"具体道路、方针、方法和措施"④。在中国这样经济文化落后的国家进行社会主义现代化建设是世界历史上从没有过的事情，没有现成的经验可以借鉴，只能从自己的现代化建设实践中学习。这一方法蕴含的理论预设是：没有机会走进西方社会考察现代化建设的人仍然可以学会现代化建设，就是从中国自己的现代化建设实践中学习。再者说，现代化本来就是人民自己的事业，它与中国革命的境遇一样，"常常不是先学好了再干，而是干起来再学习，干就是学习"⑤。基于这一建设理念，在新中国成立初期，党和国

① 《毛泽东文集》第3卷，人民出版社，1996，第147页。
② 《毛泽东文集》第7卷，人民出版社，1999，第182页。
③ 《毛泽东文集》第7卷，人民出版社，1999，第214页。
④ 《改革开放三十年重要文献选编》上卷，中央文献出版社，2008，第2页。
⑤ 《毛泽东选集》第1卷，人民出版社，1991，第181页。

家领导人在社会主义改造完成以后，借鉴苏联经验，吸取自己建设现代化的经验和教训，根据中国经济文化较为落后、农民占全国人口绝大多数的现实状况，对以苏联为代表的传统社会主义模式进行改革，由此逐步形成了建设四个现代化的基本目标，取得了探索中国特色社会主义现代化具体道路的初步成功。那就是："建设社会主义，原来要求是工业现代化，农业现代化，科学文化现代化，现在要加上国防现代化。"①

自此，建设并实现社会主义四个现代化这一目标就成为全国人民的共同追求。正是由于这一选择包含了深厚历史底蕴、人文价值，使它不仅改变了中国历史发展的进程和方向，而且影响和改变了世界现代化发展的整体图景。因此，尽管毛泽东时代中国社会主义现代化建设存在失误，但这一探索从诸多方面"为1978年以后以邓小平同志为核心的党的第二代中央领导集体提供了方向和经验教训，使我们能够在短期之内实现工业化发展战略的转变、带动国民经济向着更合理的结构与更高效的方向发展"②。美国学者莫里斯·梅斯纳对此深刻指出："中国共产党人在10月1日所庆祝的革命，其意义不亚于1789年法国大革命和1917年俄国十月革命。其政治摧毁的范围不小于那两场革命，在为社会发展的空前新进程而开辟道路方面，其重要性不亚于那两场革命，其世界范围的影响也不小于那两场革命。"③ 因为正是中华人民共和国的成立把马克思主义的指导、中国共产党的领导、社会主义道路以国家制度的形式确立下来，使社会主义因素在中国社会不断生长、中国特色社会主义道路在实践中不断走向成熟和具体化，这不仅奠定了中国社会发展和繁荣的基础，而且为世界上其他被压迫民族实现现代化提供了一条光辉道路。

三　中国特色社会主义现代化具体道路的实践生成和发展历程

模仿欧美模式的失败和模仿苏联模式的挫折使中国人认识到，仅将现

---

① 《毛泽东文集》第8卷，人民出版社，1999，第116页。

② 郭根山：《毛泽东与中国现代化道路——以世界现代化进程为视角》，中央文献出版社，2005，第267页。

③ 〔美〕莫里斯·梅斯纳：《毛泽东的中国及其发展——中华人民共和国史》，张瑛等译，丘成等校，社会科学文献出版社，1992，第3页。

代化的普遍性特征和原则作为中国现代化的目标是不能成功的；中国革命的成功则提醒人们，立足中国的特殊国情，探索现代化与社会主义在中国的具体内容及其实现形式是唯一可行的途径。走中国自己的社会主义现代化发展道路，这是从中国人民的社会主义建设实践中得出的正确结论。这条道路就是毛泽东提出的"把马克思列宁主义的普遍真理同中国社会主义建设的具体实际……尽可能好一些地结合起来"①，找到建设中国特色社会主义现代化的具体道路。在这个意义上，邓小平说，改革开放以来的现代化探索与毛泽东时代的现代化探索没有什么不同，"基本点还是那些"②，实质上仍是接续毛泽东等中国共产党人从 1956 年开启的对中国特色社会主义现代化建设具体道路的探索。邓小平对比举例说，中国农村改革的成功根据的就是"走自己的路"这一原则。现在进行以城市为重点的改革，也要"把马克思列宁主义的基本原理同中国实际相结合，走自己的路。这是我们吃了苦头总结出来的经验"③。所谓走自己的路，就是建设社会主义现代化"主要是根据自己的实际情况和自己的条件，以自力更生为主"④。由此强调把现代化和社会主义在中国具体化，探索中国特色社会主义现代化建设的具体道路自然成为中国现代化探索第三阶段的基本逻辑。因为在中国独特的国情中进行现代化建设，其所面临的问题是具体而独特的，解决问题的方案也必然有自己的特点，这决定了中国的社会主义现代化无论是从理论上还是从实践上都必然是中国特色社会主义现代化。而立足中国国情来探索现代化，就不仅要讲按照现代化的一般规律中国应该怎么做，还要弄清楚在中国的具体条件下中国能够建设什么样的现代化，只有这样才能在实践中找到符合中国国情的现代化道路。基于这一认识，改革开放以来中国人民的现代化探索即是围绕现代化如何符合中国特殊国情、体现社会主义的中国特色这一问题而展开的。

就内容而言，以邓小平同志为主要代表的中国共产党人对"什么是社会主义、怎样建设社会主义"这一根本问题进行系统理论思考的本质和核心就是弄清楚在中国境况中"什么是社会主义现代化、怎样建设社会

---

① 《毛泽东文集》第 8 卷，人民出版社，1999，第 302 页。
② 《邓小平文选》第 2 卷，人民出版社，1994，第 300 页。
③ 《邓小平文选》第 3 卷，人民出版社，1993，第 95 页。
④ 《邓小平文选》第 3 卷，人民出版社，1993，第 29 页。

主义现代化"。通过这一反思和历史经验的系统总结，中国人民区分了社会主义与以苏联为代表的传统社会主义模式、现代化和资本主义现代化，并通过对具体国情的分析将现代化与社会主义在中国语境中统一起来，确立了建设中国特色社会主义现代化的奋斗目标及实现这一目标的基本路线，解决了在中国语境中应该建设什么样的社会主义现代化及怎样建设这一现代化的问题。邓小平说："我们搞的现代化，是中国式的现代化。我们建设的社会主义，是有中国特色的社会主义。"①

照此理解，中国特色社会主义实际上包含三个方面的具体内容。一是立足并体现中国特色。即根据中国特点和现实国情来探讨中国现代化道路，其核心意义就在于确立社会主义现代化的中国标准，这样既可以摒弃以苏联为代表的传统社会主义模式的影响，也为吸收西方国家现代化的经验提供了条件和可能，进而找到实现中国现代化的发展道路和途径。邓小平说："搞社会主义必须根据本国的实际。"② 没有自身特点的社会主义和现代化，不是中国的社会主义和中国的现代化。二是坚持社会主义。以邓小平同志为主要代表的中国共产党人在领导中国人民进行现代化探索时肯定了社会主义是实现中国现代化的唯一道路，明确排除了走资本主义现代化道路的可能性。邓小平指出："中国搞现代化，只能靠社会主义，不能靠资本主义。历史上有人想在中国搞资本主义，总是行不通。"③ 他还说："在改革中坚持社会主义方向，这是一个很重要的问题。"④ 同时，他指出，对马克思主义理解和坚持、对社会主义认识和探索都必须立足中国国情。"马克思主义必须是同中国实际相结合的马克思主义，社会主义必须是切合中国实际的有中国特色的社会主义。"⑤ 可见，坚持走社会主义道路，既是近代以来长期历史探索得出的结论，也是改革开放以来探索中国现代化发展道路的基本原则。三是以实现现代化为目标。这是鸦片战争以来中国社会的核心追求和全部活动所追求的目标。因为只有实现现代化，中国才能富强，民族才能振兴，才能免于列强的侵略和欺凌。

---

① 《邓小平文选》第 3 卷，人民出版社，1993，第 29 页。
② 《邓小平文选》第 3 卷，人民出版社，1993，第 223 页。
③ 《邓小平文选》第 3 卷，人民出版社，1993，第 229 页。
④ 《邓小平文选》第 3 卷，人民出版社，1993，第 138 页。
⑤ 《邓小平文选》第 3 卷，人民出版社，1993，第 63 页。

邓小平指出："能否实现四个现代化，决定着我们国家的命运、民族的命运。"[①] 他还说，我们在现代化建设过程中提出的一些新概念，都是为实现四个现代化服务的，是对四个现代化目标的具体化。他在谈到我国的现代化战略时说："翻两番，国民生产总值人均达到八百美元，就是到本世纪末在中国建立一个小康社会。这个小康社会，叫做中国式的现代化。翻两番、小康社会、中国式的现代化，这些都是我们的新概念。"[②] 这一论述意味着：只有促进中国现代化发展的理论和实践才符合中国人民的根本利益，才有存在的价值。因此，现代化是中国特色社会主义的核心逻辑与目标，是衡量当代中国一切价值及价值大小的标准；社会主义则是本质属性，离开了这一本质，中国的现代化探索必然与以前的探索一样一事无成；中国特色既是出发点与落脚点也是现代化的核心内容，现代化与社会主义必须符合中国国情、体现中国特点，即必须是中国自己的现代化和社会主义。这是中国共产党领导人民群众围绕"什么是现代化、怎样建设中国的现代化"这一根本问题找到的建设中国现代化的正确道路和规律。

确立了中国特色社会主义现代化的奋斗目标后，中国共产党根据中国人口多、生产力水平低、经济发展落后的现实国情，提出了社会主义初级阶段的理论，解决了"怎样建设中国的现代化"这一问题。邓小平指出，中国目前所处的阶段是"初级阶段，是初级阶段的社会主义。社会主义本身是共产主义的初级阶段，而我们中国又处在社会主义的初级阶段，就是不发达的阶段。一切都要从这个实际出发，根据这个实际来制订规划"[③]。在这种情况下，要坚持社会主义、实现现代化，就必须尽快发展中国的经济，改变落后面貌，实现国家富强和人民富裕。由此，发展生产力自然就成了中国现代化建设的核心。邓小平指出："十一届三中全会以后，我们探索了中国怎么搞社会主义。归根结底，就是要发展生产力，逐步发展中国的经济。"[④] 按照这一思路与逻辑，邓小平立足于不发达的现实国情，遵从社会主义的基本精神、基本原则、基本价值，结合现代化的一般规律，提出了以发展生产力为中心的"一个中心、两个基本点"的基本路线，构

---

① 《邓小平文选》第 2 卷，人民出版社，1994，第 162 页。
② 《邓小平文选》第 3 卷，人民出版社，1993，第 54 页。
③ 《邓小平文选》第 3 卷，人民出版社，1993，第 252 页。
④ 《邓小平文选》第 3 卷，人民出版社，1993，第 117 页。

建和擘画了中国式社会主义现代化的总体框架和蓝图，为中国现代化的飞速发展设计了切实可行的路径。

　　沿着建设中国特色社会主义现代化这一目标和社会主义初级阶段的基本路线，邓小平的继任者们在探索"实现什么样的现代化、怎样实现现代化"的过程中，根据中国现代化建设所要解决的主要问题的改变不断进行理论创新，并在实践中不断拓展现代化的内涵，全面推进中国现代化建设，概括出了中国特色社会主义理论体系，制定了从"三位一体"到"四位一体"再到"五位一体"的目标模式和实践路径，越来越接近实现中国的现代化目标。正因为中国特色社会主义现代化不仅回答了什么是现代化、什么是社会主义现代化等一般问题，而且回答了什么是中国的社会主义现代化、中国要建设什么样的社会主义现代化、怎样建设中国的社会主义现代化等根本问题，中国的现代化建设才取得了伟大成就。习近平总书记在总结改革开放以来的现代化建设时指出："邓小平同志为我们擘画的社会主义现代化蓝图正在一步步变成美好现实，我们伟大的祖国正在一天天走向繁荣富强，中华民族正在一步步走向伟大复兴。"①

　　因此，立足于中国特色来探索现代化和社会主义在中国的具体内容与形式，使中国国情、现代化、社会主义在中国语境与实践中统一起来，这是中国现代化探索的逻辑必然和历史结论，中国特色社会主义就是在这一过程中形成和发展起来的。在这个意义上，有学者指出："中国特色社会主义是关于中国现代化目标与条件的科学理论。中国社会的现代化转型与发展，是中国的根本问题、中心问题、笼罩一切问题的最大问题，正可谓悠悠万事唯此为大。中国特色社会主义就是当代中国共产党人对这个问题的解决方案。坚持和发展马克思主义的中国化，破除苏联代表的传统社会主义模式而赋予社会主义以中国特色，都是为解决这个问题服务的。离开这个问题而谈论的马克思主义、社会主义，都不是中国特色社会主义。"② 在这个意义上，田克勤等人认为，邓小平等中国共产党人探索形成的"以'一个中心、两个基本点'为主要内容的党在社会主义初级

---

① 《习近平谈治国理政》第 2 卷，外文出版社，2017，第 13 页。
② 周为民：《中国特色社会主义事业是以人为本的现代化事业》，《理论视野》2011 年第 7 期。

阶段的基本路线，本身就体现了中国共产党对当代中国社会发展的整体规划"，"建设中国特色社会主义总布局是党的基本路线的集中体现"，① 而党的基本路线则是马克思主义基本原理与中国社会主义初级阶段具体国情相结合的产物，是马克思主义中国化的具体成果，是中国现代化建设的基本指针。通过党的基本路线的实践，中国共产党领导中国人民不但推动了马克思主义及其中国化的不断发展，也丰富和发展了中国社会主义现代化的具体内容。由此而论，中国共产党总结和确立的建设中国特色社会主义现代化的基本路线，不仅是新时代现代化建设的基本遵循，还是新时代马克思主义中国化的基本遵循，是"我们党最可宝贵的经验，是我们事业胜利前进最可靠的保证"②。

总之，现代化既是近代以来中国社会历史演变的主轴，也是各种复杂表象下潜藏的历史底蕴。自马克思主义传入中国以来，中国共产党必须在理论和实践上，回答在中国这样落后的经济文化基础上能不能建设社会主义、实现现代化这一基本问题。新中国成立以来，尤其是改革开放以来中国共产党的理论和实践回答了这个问题，党的十八届三中全会又进一步回答了这一问题，即"要实现社会主义现代化，就必须坚持中国共产党的领导，坚持马克思主义，坚持社会主义，从中国自己的国情出发，走中国特色社会主义现代化建设道路"③。这就是说，"中国共产党人在90多年的实践中科学解答了这一重大问题。中国现代化首先是社会主义性质的现代化，同时又是中国特色的现代化，即中国特色社会主义现代化发展道路"④。在其形成过程中，马克思主义中国化理论成果是"引领中国社会不断发展进步的强大思想先导"⑤。这条道路的基本之点就是：中国共产党领导核心地位、马克思主义指导地位、社会主义性质、中国国情为基础，以革命或改革为根本方法，这就是中国共产党历经艰难困苦而探索到的中

① 田克勤、李婧、张泽强：《马克思主义中国化研究学科基本理论与方法》，中国人民大学出版社，2017，第 275 页。

② 《江泽民文选》第 2 卷，人民出版社，2006，第 17 页。

③ 宋国恺：《中国特色社会主义现代化重大理论研究迫在眉睫——研究意义、关系、主题及展望》，《北京工业大学学报》（社会科学版）2018 年第 2 期。

④ 田克勤、李婧、张泽强：《马克思主义中国化研究学科基本理论与方法》，中国人民大学出版社，2017，第 278 页。

⑤ 《胡锦涛文选》第 2 卷，人民出版社，2016，第 500 页。

国特色社会主义现代化道路。中国特色社会主义现代化道路的开创表明：立足本国国情，紧跟世界潮流，不断实现理论和实践创新是一个国家、民族发展强盛的最重要因素。正是执着于此，中国人民不仅走出了一条不同于西方资本主义的现代化道路，还避免了苏联、东欧国家所犯的颠覆性错误，并通过中国特色社会主义取得的成就和实践，不断创新和发展自己的现代化道路，开辟了中国特色社会主义现代化和中华民族伟大复兴的光辉前景。

第三节　中国特色社会主义现代化与马克思主义中国化的历史生成与逻辑统一

近代以来中国社会发展有自己独特的历史进程，其结构变化和演化趋向，尽管有外来压力的触发，但主要是由中国自身逻辑决定的。鸦片战争所开启的中国近代历史是以实现现代化为目标追求的。这是一种超出中国社会发展水平和人们认知能力的危机解决方案。因而当时中国先进知识分子总体上对现代化采取一种拒斥的态度，没有把它作为社会发展的目标。直到甲午战争的失败和八国联军侵华后，主动学习西方以实现现代化才真正成为社会思潮的主流。辛亥革命后建立中华民国的失败则预示着资本主义现代化方案在中国的破产，加之随后西方文明在第一次世界大战中暴露出的弊端，促使中国先进知识分子开始以批判的眼光重新审视、反思近代以来学习西方现代化的历程，导致中国传统思想的复活和马克思主义在中国的传播。

这是迥异于西方资本主义现代化发展之路的俄国革命一出现就能迅速为中国先进知识分子群体所接受、"中国化"这一概念能广泛流行的社会背景，由此最终在中国社会历史土壤中生成了马克思主义中国化—中国特色社会主义现代化这一推进社会发展的、稳定的逻辑结构及其实践。从中不难发现，把马克思主义中国化视为中国特色社会主义现代化的实现途径，本质上是近代以来中国先进知识分子对现代化进行诸多探索的结果和产物。因此，马克思主义中国化—中国特色社会主义现代化这一结构的形成，既是中国现代化建设进程的开始，也是透视近代以来中国社会发展基本格局的主要逻辑。这一逻辑在历经以资本主义为内核的现代化——西方资本主义中国化和以社会主义的中国为核心的现代化——俄式社会主义中国化后，最终形成了以中国的社会主义为核心的现代化——马克思主义中国化这一稳定结构。这三个阶段既有依次转换的关系，又有逐步具体化和实践化的关系。透视现代化、中国化在不同阶段的演变过程，有助于人们更为切实和更为深入地把握近代以来中国社会发展的历史与逻辑。

一 资本主义侵略下的中国现代化探索与现代化、中国化的实践生成

中国在鸦片战争的炮声中开启了现代化的历史进程，"引出中国与近世西方资本主义势力的全面冲突。这些冲突打开了中国长期封闭性发展的格局，是中国通向现代世界的纪元。此后一个半世纪中国的沧桑巨变，也就是中国走向现代化的举世罕见的漫长而崎岖的历程"[①]。之所以如此，是因为这次战争改变了中国传统的以王朝更替化解社会政治危机的方式，现代化逐渐被认为是解决这些危机的唯一正确且有效的方式。这一背景决定了中国的现代化进程从一开始就有两个基本特点：一是现代化中国社会历史发展的自然延续，这意味着中国的现代化探索缺乏内在动力，只是对外来压力的一种回应，现代化动力的大小取决于这种压力的强弱程度，即压力—回应构成了现代化进程的基本动力结构；二是中国原有社会发展进程虽然被打破，但中国现代化进程仍主要是由社会内部矛盾所决定的，只不过依靠传统手段已不能化解社会危机，只有实现向现代社会转型，建立现代国家才能重建社会政治秩序，实现自主发展。

这意味着中国现代化的成功取决于中国社会能否自觉以现代化为自己的追求和目标。为此，一是中国的传统理论只有实现现代转换，以与现代化进程相融，才能继续成为促进社会发展的积极因素；二是外来的理论要在中国社会真正发挥作用和影响，就必须是一种契合中国实际的现代化理论，即能否实现传统理论的现代化和西方理论的民族化或本土化是中国现

---

① 罗荣渠：《现代化新论——世界与中国的现代化进程》（增订版），商务印书馆，2004，第249页。

代化能否成功的关键。这就是当代中国人熟知的"中国化"的基本含义。因此，现代化是鸦片战争后中国社会发展的主旋律，中国化则是实现现代化的必然选择；中国社会追求现代化的过程同时也是实现西方现代化理论中国化的过程，即现代化、中国化是近代以来中国社会发展的基本逻辑与主体结构。这意味着：中国的现代化理论是一种从外国输入的、契合中国实际带有中国特点的现代化理论，以此为指导确立的现代化道路也必然是一条具有中国特色的现代化道路，无论这条道路是社会主义的还是资本主义的。

从中国现代化的发端来看，林则徐、魏源是中国社会较早提出通过"向西方学习"以实现现代化的人。他们把现代化理解为西方的坚船利炮，认为只要学到西方的这些军事技术就可以建立与西方一样强大的国家，避免西方的侵略，为此提出了"尽得西洋之长技为中国之长技"① 的主张，试图通过"搞一点'防卫性现代化'，以应付内外的挑战"②，达到御敌于国门之外的目的。这一关于现代化的主张尽管失之偏颇，但他们提出的实践路径却内含了"现代化—中国化"这一逻辑结构的萌芽，对后来的中国现代化探索具有重要的启迪作用，成为这一艰难探索的前奏。

一般认为，中国最早的现代化理论是洋务运动中提出的"中体西用"论。这一理论吸收、发展了魏源的"师夷长技以制夷"的主张并付诸实践，试图通过引进西方的先进技术，建立一批现代工业，以达到富国强兵的目的。这一思维模式的核心是"把代表传统文化的'中学'和代表西洋文化的'西学'在价值和功用上加以区分"③，把二者的优势结合起来。这在张之洞的《劝学篇》一书中被明确表述为："中学为体，西学为用"，"中学为内学，西学为外学；中学治身心，西学应世事"。④ 其立论的基本点是在坚持中国基本政治制度和价值观念的基础上引进西方先进的科学技术，通过二者的结合实现中国的富强和社会的稳定，最终达到巩固清王朝的封建统治的目的。从现代化的视角来看，洋务派的"中体西用"论已在

---

① 《魏源集》下册，中华书局，1976，第 870 页。

② 罗荣渠：《现代化新论——世界与中国的现代化进程》（增订版），商务印书馆，2004，第282 页。

③ 许纪霖、陈达凯主编《中国现代化史》第 1 卷，学林出版社，2006，第 52 页。

④ （清）张之洞：《劝学篇》，李凤仙评注，华夏出版社，2002，第 94、147 页。

无意中触及了融中西文明于中国现代化建设实践的基本路径和方向，但由于缺乏对"中学"和"西学"的批判性审视、认识不到封建制度的腐朽性，加之洋务派并没有把推进现代化作为自己的目标，最终也以失败告终。这说明想在不触动封建统治者利益的基础上实现现代化只能是不切实际的空想。

维新变法是洋务运动失败后资产阶级维新派提出的现代化方案。他们认为现代西方社会是一个系统，不仅仅指现代化的军事技术，因此，要在中国实现西式现代化，只引进西方的技术是远远不够的，还需要在政治、经济、教育等制度层面实行最广泛的变革。康有为指出："今天下言变法者，曰铁路，曰矿务，曰学堂，曰商务，非不然也。然若是者，变事而已，非变法也。"① 在实现路径上，梁启超提出了中西文明互补的主张，即"拿西洋的文明来扩充我的文明，又拿我的文明去补助西洋的文明，叫他化合起来成一种新文明"②。这说明维新派的理论旨趣已经触及了现代化和中国化的重要内容——中西文明的融合，他们的失败则说明维新派在如何把握两种文明的本性和实现二者的结合上仍没有找到有效的办法。

1900 年后学习西方、实现现代化成为朝野的共识和中国社会的普遍诉求。至此，中国社会要不要现代化、要不要学习西方等问题已经基本解决，随之而来的是谁来领导现代化、实现什么样的现代化、怎样实现现代化等更深层次的问题。清末新政则是在这一背景下由清朝统治者为应对空前高涨的反清民主革命、维护自己的统治而按照资产阶级国家的制度模式推出的一系列改革。它以"中体西用"论为指导，以引进现代化生产方式、政治制度和社会制度为核心内容，即在巩固王权的前提下引进西方的各种制度和先进技术，恢复中国的秩序。然"中学有中学之体用，西学有西学之体用。分之则并立，合之则两亡"③，想在现实生活中简单地把二者的优点加在一起是不可能实现的；加之这些变革是由封建集团把持的，其主要目的也不是实现中国现代化，而是应用西方技术和方法来弥补自己统治的不足，其失败是必然的。这说明在封建统治阶级领导下不可能实现中国的现代化建设目标。

① 中国史学会主编《戊戌变法》（二），上海人民出版社，1957，第 216 页。
② 《饮冰室专集》第 3 册，北京日报出版社，2022，第 296 页。
③ 王栻主编《严复集》，中华书局，1986，第 559 页。

随后辛亥革命虽然推翻了清廷的统治，摧毁了封建的政治制度，建立了西方式的民主政体，但并没有推动现代社会的产生。这迫使中国的先进知识分子去反思西方现代化。由此中国部分先进知识分子提出了"全盘西化"的主张。在他们看来，中国现代化失败的原因在于学习西方不彻底，要实现现代化，必须对中国的文化和社会心理进行根本改造，"道""器"都要取自西方。梁启超说："社会文化是整套的，要拿旧心理运用新制度，决计不可能。"① 陈独秀也认为："若是决计革新，一切都应该采用西洋的新法子，不必拿什么国粹，什么国情的鬼话来捣乱。"② 但这种"全盘西化"的主张并非完全排斥传统，只是希望让传统文化凭自身的"惰性"能自然地与西方文化结合，形成一个调和中西方文明的中国本位新文化，其中仍含有把西方现代化理论中国化的内涵。如陈寅恪所言："即使能忠实输入北美或东欧的思想，其结局当亦等于玄奘唯识之学，在吾国思想史上，既不能居最高的地位，且亦终归于竭绝者。且真能于思想上自成系统，有所创获者，必须一方面吸收输入外来的学说，一方面不忘本来民族的地位。"③ 另一部分先进知识分子提出以中国传统文化或马克思主义来克服西式现代化的弊端。如贺麟提出的"化西原则"，其理论旨趣就是借西方的哲学、宗教和艺术等资源来"发挥""充实"中国之"理学"、"礼教"和"诗教"，进而创造中国的"新哲学"以指导中国的现代化；④ 而部分激进的知识分子则提出以马克思主义来克服西方现代化的弊端，这一主张在俄国十月革命影响下被广泛传播并逐渐成为中国社会思想的主流。这意味着辛亥革命建立中华民国后，中国社会的内忧外患仍在日益加剧的现实，在事实上宣告了资本主义现代化道路的破产，中国即将进入一个新的以社会主义为目标的现代化探索的新时期。

　　总之，鸦片战争到五四运动是中国现代化发展的第一阶段。此时中国社会的主题是围绕要不要现代化、需要什么样的现代化和怎样实现现代化等问题不断深化对资本主义现代化的认识，并以不同方式尝试把西方现代化思想中国化以实现中国的现代化。在这个意义上，中国现代化的进程就

---

①　转引自陈旭麓《近代中国社会的新陈代谢》，上海人民出版社，1992，第 376 页。
②　陈独秀：《今日中国之政治问题》，《新青年》第 5 卷第 1 号，1918 年第 7 期。
③　《陈寅恪史学论文选集》，上海古籍出版社，1992，第 512 页。
④　贺麟：《文化与人生》，商务印书馆，1988，第 512 页。

是趋于西方、实现资本主义现代化的过程，即资本主义现代化—资本主义理论中国化是这一时期中国社会发展的基本逻辑。这一探索的屡遭挫折使中国最终把自己的现代化目标转向社会主义。

二 新民主主义革命时期马克思主义中国化—中国特色社会主义现代化的历史生成

近代以来中国的探索，主要是解决中国"向何处去"或走什么道路的问题。"近百年来的马克思主义哲学中国化，从根本上说就是为了求解这一问题。"① 历史而论，社会主义成为中国现代化的实现途径，是中国人民在长期探索资本主义现代化道路屡遭挫折后作出的选择。1933 年 7 月《申报月刊》关于中国现代化问题的大讨论反映了中国社会对近代以来现代化探索的反思和道路选择的重要性："须知今后中国……再不赶快顺着'现代化'的方向进展，不特无以'足兵'，抑且无以'足食'。我们整个的民族，将难逃渐归淘汰，万劫不复的厄运。现在我们特地提出这近几十年来，尚无切实有效方法去应付的问题，作一回公开的讨论。"有鉴于此，《申报月刊》要求着重讨论两个问题：一是促进中国现代化面临的困难和先决条件是什么；二是中国现代化应选择的方式是个人主义的还是社会主义的，是外国资本所促成的现代化还是国民资本所自发促成的现代化，以及实现这种方式的现代化当采取的步骤又是什么。② 这一讨论的热烈说明"实现什么样的现代化、怎样实现现代化"这一近代以来中国社会发展的主题与核心逻辑已得到社会各界的广泛认同，指明了几十年来模仿西方现代化道路导致的困境，说明社会主义和马克思主义一开始就是作为与资本主义现代化道路相对立的一种新的现代化道路的代称或指导思想引入中国的，并在中国社会具有了广泛的影响和吸引力。

众所周知，社会主义很早就在中国传播，但真正产生重大影响则是在俄国十月革命之后。资本主义现代化模式在中国实践中遇到的困境及第一次世界大战中西方社会暴露出的问题，促使中国的先进知识分子反思西方

---

① 汪信砚：《马克思主义哲学中国化与中国道路的哲学表达》，《哲学研究》2018 年第 1 期。
② 《中国现代化问题特辑》，《申报月刊》1933 年第 7 期。

文明的弊端和寻找消除这些弊端的方法，而俄国十月革命的成功则提供了一条不同于西方资本主义的现代化道路，这是社会主义能迅速为中国先进知识分子所接受并逐步成为中国社会思想主流的历史背景。中国共产党及其领导的中国革命就是在这一影响下产生的。毛泽东指出，十月革命给我们送来了马克思列宁主义，"从此以后，中国改换了方向"，"走俄国人的路——这就是结论"。[①] 这说明，中国共产党通过俄国十月革命"发现"了马克思主义，所说的"马克思主义中国化"自然是被俄国人加工后再传入中国的俄式马克思主义的中国化，走社会主义道路则意味着根据中国的情况运用苏联经验，建设苏联式的社会主义。这一理解逻辑显然是把俄式马克思主义等同于马克思主义，把苏联式的社会主义等同于社会主义。一方面，这是由于俄国十月革命的成功及共同的意识形态因素使中国人对苏共的领导有种天然的亲近感；另一方面，由于刚刚成立的中国共产党"是对于马克思列宁主义的理论和中国革命的实践还没有完整的、统一的了解的党"[②]，也缺乏用马克思主义分析、研究中国实际并实现二者结合的自觉意识和能力，只能模仿甚至照搬苏联的做法和经验，即通过俄国化或布尔什维克化实现社会主义。

依此而论，中国共产党提出马克思主义中国化的核心意蕴是按照中国实际来运用苏联的经验和马克思主义理论，即把苏联送来的马克思主义和俄国十月革命的经验中国化，走中国自己的路，探索具有中国特色的社会主义现代化道路。这一主张是毛泽东 1938 年在党的六届六中全会上首次提出的。他说："马克思主义的中国化，使之在其每一表现中带着中国的特性，即是说，按照中国的特点去应用它。"[③] 后来，毛泽东还从理论与实践相结合的角度解释马克思主义中国化的必然性：中国共产党人应用马克思主义于中国环境之中的时候，"必须将马克思主义的普遍真理和中国革命的具体实践完全地恰当地统一起来，就是说，和民族的特点相结合，经过一定的民族形式，才有用处，决不能主观地公式地应用它。……中国文化应有自己的形式，这就是民族形式。民族的形式，新民主主义的内容——

① 《毛泽东选集》第 4 卷，人民出版社，1991，第 1514、1471 页。
② 《毛泽东选集》第 2 卷，人民出版社，1991，第 610 页。
③ 《建党以来重要文献选编（一九二一——一九四九）》第 15 册，中央文献出版社，2011，第 651 页。

这就是我们今天的新文化"①。由于这一思想的提出及其实践，中国共产党逐渐取代了国民党赢得了中国现代化的领导权，走中国自己的社会主义现代化道路逐步成了中国社会的共同追求。因此，正如美籍学者孙隆基在谈到马克思主义中国化对中国共产党及中国现代化的意义时指出："在五四运动以后，马列主义逐渐在中国思想界占上风。"他还说，从五四运动到20世纪30年代，是中国社会的深刻革命化阶段，"这个阶段亦成就了'马列主义的中国化'。没有这一道程序，马列主义就不能在中国社会中发生作用，自然更谈不上使社会经历深刻的革命化过程"②。

中国共产党在领导中国革命过程中形成和发展了马克思主义中国化，其谋划的社会主义现代化道路和目标逐步赢得了民众的支持和拥护，因此毛泽东在1937年6月24日和尼姆·韦尔斯的谈话中明确提出实现社会主义是革命的直接目标。他指出："中国可以避免资本主义而直接实现社会主义。"③ 后来，毛泽东在《新民主主义论》中具体规划了实现这一目标的路线图，并在《论联合政府》中擘画了新中国的蓝图。以此为指导，中国人民在中国共产党的领导下推翻了国民党的反动统治，摆脱了帝国主义、封建主义的压迫，建立了中华人民共和国和社会主义制度，以社会主义现代化道路开辟了中国现代化发展的广阔前景。"中国特色社会主义现代化的快速发展起始于新中国成立以后。"④ 中国近代以来的现代化探索证明了列宁指出的真理："沿着马克思的理论的道路前进，我们将愈来愈接近客观真理（但决不会穷尽它）；而沿着任何其他的道路前进，除了混乱和谬误之外，我们什么也得不到。"⑤ 正是基于这一科学认识，毛泽东指出，"只有社会主义能够救中国"⑥，这是中国人民在历经长期艰辛探索后得出的基本结论。

当然，确立具有中国特色的社会主义现代化道路，并不意味着中国的

① 《建党以来重要文献选编（一九二一——一九四九）》第17册，中央文献出版社，2011，第52~53页。
② 〔美〕孙隆基：《中国文化的深层结构》，广西师范大学出版社，2004，第444页。
③ 〔美〕孙隆基：《毛泽东和尼姆·韦尔斯的谈话》，《毛泽东思想研究》1985年第1期。
④ 任保平、付雅梅：《新时代中国特色社会主义现代化理论与实践的创新》，《经济问题》2018年第9期。
⑤ 《列宁选集》第2卷，人民出版社，2012，第103~104页。
⑥ 《毛泽东文集》第7卷，人民出版社，1999，第214页。

现代化道路从此就一帆风顺了，要使这条道路取得成功，还必须制定出符合实际的路线、方针、政策。因为"只有原理原则，没有具体政策，是不能解决问题的"①。鉴于中国共产党是在推进马克思主义中国化过程中领导革命取得成功的，那么搞建设同样要推进马克思主义的中国化。正如《再论无产阶级专政的历史经验》所指出的："只有善于根据自己的民族特点运用马克思列宁主义的普遍真理，各国无产阶级的事业才能得到成功。"②

为此，以毛泽东同志为主要代表的中国共产党人在总结、反思苏联和中国现代化建设中出现的问题的基础上，立足于中国的具体国情，提出了要坚持统筹兼顾、适当安排的方针；要正确处理现代化过程中的基本关系；要走有中国自己特点的现代化之路，提出了中国的目标是实现四个现代化而非简单的工业化等主张，并把它作为中国现代化建设必须遵循的基本原则和方针。由此确立了中国特色社会主义现代化道路的基本原则和基本框架，奠定了中国现代化进一步发展的基础，指明了努力的方向。这一基本框架除了确立中国共产党的领导核心地位外，还有四个方面的意义：一是"选择了马克思主义，并经由革命斗争完成了国家主权的恢复与独立的历史使命，重新确立起中国现代性建构的主体资格与身份；二是确定了社会主义的基本制度，经济基础上明确公有制和计划经济，政治体制上确立人民民主专政的社会主义人民当家作主的政治制度，这是第一阶段现代化模式的最重要特征；三是初步建立了一个完整的工业体系和强大的国防；四是毛泽东明确提出必须摆脱现代化之'西化'与'苏化'的窠臼，独立探索中国式现代化道路"③。这些贡献成为后来中国特色社会主义现代化建设的基本遵循，既是以毛泽东同志为主要代表的中国共产党人留给后人最宝贵的财富，也是改革开放后的中国社会主义现代化探索称为"改革"而不是"革命"的主要原因。

总之，通过把马克思主义的原则性与中国人民社会主义现代化建设实践的独创性结合起来，中国共产党把中国现代化具体发展为社会主义现代化，把中国化具体化为马克思主义中国化。尽管这一时期的社会主义现代

---

① 《毛泽东文集》第8卷，人民出版社，1999，第262页。
② 《再论无产阶级专政的历史经验》，《人民日报》1956年12月29日。
③ 孔凡芳、郭学军：《中国特色现代化模式建构原则的几点思考》，《社会科学家》2012年第4期。

化也具有明显的中国特点和中国特色，也是一种中国特色社会主义现代化，但这一阶段上的中国现代化在实践中更多地侧重于俄国化这一具体路径以赢得中国革命胜利，实现社会主义目标；社会主义化本质上就是追求中国社会的俄国化，没有找到实现中国特色社会主义现代化的具体道路，因而"实现什么样的现代化、怎样实现现代化"在这一阶段形成的逻辑结构"俄国马克思主义的中国化—中国社会主义现代化"虽然也可以被称为"马克思主义中国化—中国特色社会主义现代化"，但其理论和实践的重心始终没能实现从建设"社会主义的中国"到建设"中国的社会主义"的转变。不少学者也正是在这个意义上认为"我党探索有中国特色的社会主义现代化建设道路，开始于 1956 年"①。因此，通过以俄为师，虽然实现了中国特色社会主义现代化与马克思主义中国化在实践中的相互促进与生成，但理论上的偏颇也成为后来中国现代化建设遭受挫折的重要原因。

三 改革开放以来马克思主义中国化—中国特色社会主义现代化具体道路的实践生成

改革开放以来，中国共产党立足于中国的实际情况、社会主义的本质及现代化的一般规律，完全依据自身条件和特点来建设社会主义，开辟了中国特色社会主义现代化的广阔前景。邓小平总结这一探索过程时说："把马克思主义的普遍真理同我国的具体实际结合起来，走自己的道路，建设有中国特色的社会主义，这就是我们总结长期历史经验得出的基本结论。"② 即是说，中国特色社会主义是以中国国情为立足点、以现代化为目标、以社会主义为方向的中国式现代化道路。坚持这一道路的内在要求是，在中国现代化建设中既要大胆利用资本主义现代化进程中取得的优秀成果，又要使之服从和服务于社会主义价值追求，并使之在自己国家的现代化实践中有机结合起来，这种宽广的理论视野和实事求是的探索精神正是中国特色社会主义现代化道路能够形成和发展的根本原因。"中国特色社会主义是关于中国现代化目标与条件的科学理论。中国社会的现代化转

---

① 徐学庆、王林焕：《走出苏联模式的误区——有中国特色社会主义现代化发展道路的科学发现历程》，《郑州轻工业学院学报》（社会科学版）2000 年第 2 期。

② 《邓小平文选》第 3 卷，人民出版社，1993，第 3 页。

型与发展，是中国的根本问题、中心问题、笼罩一切问题的最大问题，正可谓悠悠万事唯此为大。中国特色社会主义就是当代中国共产党人对这个问题的解决方案。坚持和发展马克思主义的中国化，破除苏联代表的传统社会主义模式而赋予社会主义以中国特色，都是为解决这个问题服务的。离开这个问题而谈论的马克思主义、社会主义，都不是中国特色社会主义。"①

也就是说，从现代化的视角来看，中国特色社会主义正确回答了"实现什么样的现代化、怎样实现现代化"这一问题，而马克思主义中国化则是对中国现代化的性质和实现路径的规定，二者的结合共同铸就了中国特色社会主义现代化的正确道路，也为马克思主义中国化开创了成功的典范。对此，习近平指出："邓小平同志为我们擘画的社会主义现代化蓝图正在一步步变成美好现实，我们伟大的祖国正在一天天走向繁荣富强，中华民族正在一步步走向伟大复兴。"② 马克思主义中国化与中国特色社会主义现代化具体道路的历史生成及其发展，标志着中国人民在历经长期历史探索后，终于在中国共产党的领导下找到了实现民族复兴的现代化道路。"中国共产党成立后，对于要实行社会主义是没有疑问的，出现的困惑发生在何时搞社会主义，怎么搞社会主义，对于资本主义采取什么政策，怎样处理社会主义和资本主义，以及由此派生的无产阶级和资产阶级的关系。"③ 直到中国共产党找到了解决这些问题的正确方法，社会主义现代化建设才得以顺利进行。

从改革开放以来中国社会的发展来看，中国共产党立足中国国情和人民群众实践、借鉴其他国家经验，探索符合中国特点的社会主义现代化建设道路，"逐渐走出了一条有别于西方的现代化道路，形成一个具有完整性、科学性、与时俱进的现代化理论体系，丰富了中国特色社会主义现代化的内涵"④。历史证明：只有把马克思主义运用到解决现代化实践问题之中并充分显示其科学性、时代性、实践性和有效性，才能使马克思主义在

---

① 周为民：《中国特色社会主义事业是以人为本的现代化事业》，《理论视野》2011 年第 7 期。
② 《习近平谈治国理政》第 2 卷，外文出版社，2017，第 13 页。
③ 石仲泉：《中国现代化与社会主义和资本主义关系》，《上海党史与党建》2011 年第 7 期。
④ 范从来、杨继军：《中国特色社会主义现代化：学术源起、实践探索与理论反思》，《经济学家》2013 年第 2 期。

众多的现代化理论中脱颖而出，获得优势地位，实现和发挥其在中国社会发展中的主导地位和指导作用。中国特色社会主义现代化道路的生成及其顺利推进为马克思主义中国化介入实践并获得发展提供了内在动力，而马克思主义中国化的坚持及其发展则是中国特色社会主义现代化不断前进的理论先导和内在要求。"马克思主义中国化的目的就是能够在现代化目标的指引下，坚持马克思主义的基本原则，结合具体国情，走出具有中国特色的社会主义现代化之路"①，即中国特色社会主义现代化理论旨趣和实践指向都是马克思主义、现代化与中国国情的相互融合，因而成为在中国唯一可行的现代化之路。

四　现代化与中国化在近代以来中国社会历史中的相互生成及其演变

鸦片战争后中国现代化发展的历史表明：一是中国的传统因素要继续成为促进社会发展的积极因素，就必须实现现代转换，使之能与现代化进程相融；二是外来的理论要在中国社会真正发挥作用和影响，必须是一种现代化理论才有可能，所谓的中国化，也必定是现代化理论的中国化。这种状况使中国的现代化进程从一开始就有两个基本特点：一是这种现代化是在落后于西方并在西方的压力下开始和进行的，只要这种落后状况没有改变，西方的压力就不会消失，这种外来强制对中国现代化建设目标与道路选择产生重大影响，使中国的现代化不断地在模仿、学习、创新中艰难前行；二是中国社会内部不具有向现代社会转型的动力，加之中国社会本身的超稳定性，因而任何一种外来理论和运动都必须随中国的自身要求而转换，即实现中国化才能为中国社会所接受。这些特点决定了中国社会对现代化的追求与实现西方现代化理论的中国化是同时进行并互动发展的。这一结构的相互关联及其变迁，构成了观察中国社会发展的关键视角和主要逻辑。

近代以来中国社会中现代化与中国化的互动发展与演变过程大致可以分为三个阶段：鸦片战争到五四运动，是现代化认识不断深入和中国化开

---

① 姜晶花：《现代化与马克思主义的中国实践》，《学习与探索》2012 年第 7 期。

始形成的过程，这一时期的现代化探索主要是学习、模仿西方资本主义现代化，中国化的内容主要是西方现代化理论和道路的中国化；五四运动以来，在俄国社会主义革命的影响下，中国共产党领导中国人民经由新民主主义革命和社会主义革命建构起具有中国特色的社会主义现代化的基本原则及理论与实践的基本框架，伴随着这一变化，中国化的主题变成马克思主义中国化，现代化与中国化的互动结构演变为中国社会主义现代化与马克思主义中国化的互动结构；改革开放以来，中国共产党和中国人民通过对马克思主义和苏联模式的反思，提出了按照自己的实际情况建设社会主义现代化的构想，把现代化的一般规律、社会主义现代化的基本原则和中国国情在实践中有机统一起来，开创了中国特色社会主义现代化的具体道路。在这一历史过程中，马克思主义中国化及其取得的成果不仅是现代化建设的指导思想，还是现代化建设的重要内容和组成部分；同样，中国现代化建设取得的成果及其产生的新的需要，构成了中国新的实际或国情的重要组成部分，因而它们既是马克思主义中国化的重要内容和组成部分，也是推动其不断发展的动力。因此，在推进马克思主义中国化过程中强调马克思主义要不断与变化的中国实际相结合，就是要求把现代化建设取得的成就及其带来的中国国情的新变化作为马克思主义中国化的内容、依据及推动力；马克思主义中国化取得的新成果，本质上都是现代化建设过程中进行新的实践取得的成果的理论形态或理论表达。在推进中国特色社会主义现代化过程中强调马克思主义及其中国化成果的指导地位，就是要求把在中国实践中创新的马克思主义新理论纳入中国特色社会主义现代化建设的总体战略和布局，把它作为社会主义现代化建设的重要内容和组成部分。在这个意义上，马克思主义中国化和中国特色社会主义现代化的内容并不是一成不变的，而是在人民群众实践中不断融合、不断生成的。

从二者在历史中的生成过程来看，把握现实、继承传统和学习西方一直是中国现代化探索与发展中必须处理好的核心问题，其实质是把"古为今用"（实现传统的现代转型）与"洋为中用"（实现西方先进理论的中国化）在现代化建设的实践中统一起来。这既涉及对传统的区分，也涉及对西方先进理论的甄别和对中国国情的认识，对这些问题的正确认识是中国共产党能够成功找到中国现代化建设目标及其实现路径的关键。由此而论，近代以来中国社会的历史可以看成"现代化—中国化"这一逻辑结构形成、展开与发展的历史。马克思主义正是在中国人民不断选择和实践诸多现代化理论的过程中介入并主导中国现代化进程的。从中国化与现代化相互生成的历史进程中可以看到，西方现代化理论包括马克思主义的中国化归根结底是源于中国社会现代化追求这一现实需要。

这就是说，在近代以来的现代化追求中，中国人民最终在中国共产党的领导下找到了实现现代化的具体内容和道路——中国特色社会主义，也找到了向西方学什么、怎么学的内容和方法——马克思主义及其中国化。随着"现代化—中国化"的逻辑生成及其内容从空泛到具体，以现代化与中国化为主轴的近代以来中国社会发展的两条基本线索也渐次经历了资本主义现代化与资本主义中国化、中国社会主义现代化与马克思主义中国化、中国特色社会主义现代化与马克思主义中国化三个具体的发展阶段，主体的思想也经历了从被动接受西方现代化到主动推进中国现代化的转变过程。

同时，由"现代化—中国化"发展而来的"中国特色社会主义现代化—马克思主义中国化"也在中国现代化进程中不断相互生成和演变，近代以来中国历史发展的主体也因此不断得以形塑；同时，随着中国特色社会主义现代化不断生成及不断取得的伟大成就，中国共产党和中国人民对中国特色社会主义的"四个自信"也日渐增长，以马克思主义为指导思想的社会主义先进文化不断得到发展，中国人民的精神面貌也极大地得到塑造和发扬，现代中国的"精神自我"不断得以实现，展现了中华民族强大的精神力量。"从19世纪末20世纪初的中国思想启蒙到新民主主义革命经济纲领，再到中国特色社会主义发展中现代化的全面展开，现代化追求与社会主义选择始终是一个相共生的历史命题。"① 这一生成和演化过程不仅勾勒了近代以来中国社会发展的基本逻辑和历史图景，还规定了中国社会发展的根本趋势和方向，构成了理解和阐释中国近代以来社会历史发展的基本线索。今天的中国特色社会主义现代化和马克思主义中国化就是这两条线索发展的必然结果。可见，深刻认识近代以来中国社会发展中的现代化与

---

① 董四代：《中国现代化与社会主义理论超越的历史分析》，《山西大同大学学报》（社会科学版）2011年第3期。

中国化及其关系的演变过程，对认清和把握马克思主义中国化与中国特色社会主义现代化的相互关系及其对中华民族伟大复兴的意义是极为重要的。

第四节　马克思主义中国化与中国特色社会主义现代化的互动发展对民族复兴的推进

"在近现代中国，现代化的追求与民族复兴的梦想一直同向而行。因此，二者时常被当成同一概念而联结在一起使用。"① 这就是说，民族复兴在本质上就是实现中国现代化。因此，为了实现民族复兴，中华民族的先进分子纷纷学习西方国家的经验和各种现代化理论，但都没有成功，直到找到了马克思主义并在其指导下成立了中国共产党，中国的现代化才有了光明的前景。以马克思主义为指导，中国共产党领导人民把马克思主义与不同历史时期国情相结合，不断创造出中国化马克思主义，总结和提出了中国特色社会主义，使现代化建设实践不断取得胜利，回答了"什么是中华民族伟大复兴、怎样实现中华民族伟大复兴"这一根本问题，谱写了社会主义事业和民族复兴的伟大历史篇章。

一　民族复兴的内涵及其历史演变

中国社会在鸦片战争以后被迫进入"一个三千年未有之大变局"②。在帝国主义不断地侵略和奴役下，中国这个曾经的"天朝上国"逐渐"堕之于九渊之中"③，逐步演变为半殖民地半封建社会，面临亡国灭种的危机。于是，如何救亡图存、实现中华民族伟大复兴就成了近代以来中国社会发展的主线和人民群众实践活动的主题。为此，不同阶级的先进分子纷纷提出自己的民族复兴方案并为此前仆后继地进行浴血抗争，上演了中华民族近代历史上一幕幕悲壮的历史活剧。

---

① 纪亚光：《中国特色社会主义现代化与"中国梦"》，《理论学刊》2014 年第 1 期。
② 许纪霖：《启蒙如何起死回生：现代中国知识分子的思想困境》，北京大学出版社，2011，第 168 页。
③ 《李大钊全集》第 1 卷，人民出版社，2013，第 234 页。

近代历史上最早明确提出民族复兴这一内容的是封建地主阶级的代表人物魏源，他提出"师夷长技以制夷"① 这一以学习西方现代军事技术为主要内容的现代化方案，希望通过这一方案的实施达到"使中国水师可以驱楼船于海外，可以战洋夷于海中"②，最终达到驱逐西方列强的侵略、恢复清朝尊严和民族独立地位的目的。这一思想尽管与后人所言的民族复兴有很大的差距，但它构成了近代民族复兴思想的源头。后来的洋务运动、维新运动、清丰新政都是这一思路的进一步发展和拓展。它们的失败表明，在西方资本主义飞速发展的世界大势下，封建地主阶级试图通过借助帝国主义列强的力量稳固自己的统治、以传统中国即封建君主专制的中国为民族复兴目标是违背历史潮流的，也是不可能实现的。"晚清政府政治上腐败，对外昏庸、懦弱，无力担负抵抗外敌侵略、恢复民族地位和尊严的历史重任；对内不愿意进行触动统治阶级利益的改革，无法动员、凝聚和整合日渐分离的各种社会资源与力量，无力领导和掌控中国社会发展的历史方向。"③ 这意味着封建地主阶级不能提出和找到民族复兴的正确目标和道路，更不可能承担领导中国走向民族复兴的历史重任。

在中国近代最早明确提出"民族复兴"这一概念的是资产阶级革命派代表人物孙中山。他在《兴中会章程》中说，兴中会"专为振兴中华、维持国体起见"④。为此，孙中山从政治、经济、文化等方面阐释了振兴中华的具体内容，那就是在政治上恢复中华民族的主权，即"驱除鞑虏之后，光复我民族的国家"⑤，并在此基础上融合汉、满、蒙、回、藏"合为一炉而治之，以成一中华民族之新主义"⑥；在经济上通过发展实业，实现国家富强，恢复中国作为世界强国的地位，即"在世界中是头一个强国"⑦；在文化上则是恢复中国传统文化的基本精神和固有道德。孙中山指出，要恢复民族的地位，首先"要把固有的旧道德先恢复起来。有了固有的道德，

① 《魏源集》上册，中华书局，1976，第 207 页。
② 《魏源集》下册，中华书局，1976，第 870 页。
③ 翁有为：《中共近代革命的历史使命：民族复兴》，《史学月刊》2018 年第 7 期。
④ 《孙中山选集》上卷，人民出版社，2011，第 14 页。
⑤ 《孙中山选集》上卷，人民出版社，2011，第 82 页。
⑥ 《孙中山全集》第 5 卷，中华书局，1982，第 188 页。
⑦ 《孙中山全集》第 9 卷，中华书局，1986，第 242 页。

然后固有的民族地位才可以图恢复"①。在孙中山看来，通过政治、经济、文化上的改造，中华民族将获得新生，"不但在我们的美丽的国家将会出现新纪元的曙光，整个人类也将得以共享更为光明的前景"②。

自此以后，复兴中华民族就成了中国社会的最强音，孙中山也因为在中国近代历史上首次喊出"振兴中华"这一口号，并对此进行了较为系统的论述而被国人称为"'民族复兴'理念的倡导者和民族复兴大业的开拓者"③。但是，由于阶级和历史的局限，更由于对中国社会性质和帝国主义本性认识不清而没能提出民族复兴的正确目标和切实可行的行动纲领，孙中山领导的资产阶级革命虽然推翻了中国存在了两千多年的封建专制制度，但没有改变中国积贫积弱的状况及帝国主义对中国的剥削和统治。这表明，资产阶级同样不能承担并实现民族复兴这一历史使命。中国无产阶级就是在这种情况下登上历史舞台并承担起领导民族复兴的历史重任的。

中国共产党作为中国无产阶级的先锋队，自成立时起就把实现民族复兴作为自己的使命。在党的一大通过的纲领中就提出中国共产党是马克思主义指导下的无产阶级政党，以在中国实现社会主义和共产主义为自己的历史使命。④ 中国共产党倡导马克思主义并坚持把这一科学理论作为探索民族复兴的指导思想，使中国人民在近代以来首次取得了精神上的主动，由此中国的面貌就焕然一新了。这表明中国共产党确立马克思主义的指导地位就"已经复兴了并正在复兴着伟大的中国人民的文化"，"就其精神方面来说，已经超过了整个资本主义的世界"。⑤ 正是有了这一最先进理论的指导，中国共产党领导人民不断创造现代化发展史上的奇迹，谱写出民族复兴的历史篇章。在这一过程中，中国共产党首先把马克思主义与中国革命实践相结合，总结人民实践经验并提炼出毛泽东思想，指导中国人民取得反帝反封建的民主革命的伟大胜利，成立了中华人民共和国，开启了以工业化为目标的社会主义现代化建设，确立了在社会主义道路上探索民族

① 《孙中山选集》下卷，人民出版社，2011，第 706 页。

② 《孙中山选集》上卷，人民出版社，2011，第 72 页。

③ 张可荣：《近代"中华民族复兴"观念形成的历史考察》，《长沙理工大学学报》（社会科学版）2010 年第 5 期。

④ 参见张士义、王祖强主编《决策：中国共产党全国代表大会纵览》，浙江教育出版社，2012，第 15 页。

⑤ 《毛泽东选集》第 4 卷，人民出版社，1991，第 1516 页。

复兴道路的伟大征程。这些理论探索成就、实践经验及取得的现代化成果，"为新的历史时期开创中国特色社会主义提供了宝贵经验、理论准备、物质基础"①。

党的十一届三中全会以后，以邓小平、江泽民、胡锦涛、习近平同志为主要代表的数代中国共产党人接续探索实现民族复兴的基本内涵、具体道路和政策举措，指出其具体内容就是"国家富强、民族复兴、人民幸福"，因此，民族复兴目标的实现，"最终要体现在千千万万个家庭都幸福美满上，体现在亿万人民生活不断改善上"②。按照这一要求，中国共产党领导全国人民不懈探索符合中国国情的社会主义现代化道路，总结出中国特色社会主义这一创新性成果，并在实践中不断推进中华民族伟大复兴这一历史伟业，不断深化和拓展中国特色社会主义的内涵和领域，使其总体布局由改革开放初期的物质文明和精神文明一起抓，发展到党的十四大以来的经济、政治、文化"三位一体"，再到党的十六大以来的经济、政治、文化、社会"四位一体"，再到党的十八大以来的经济、政治、文化、社会、生态文明建设"五位一体"，并提出协调推进"四个全面"战略布局的阶段性目标，不断丰富和深化民族复兴的理论与实践，"走出了一条适合中国国情的发展道路"，现在，中国"已经成为世界第二大经济体"，③在中华民族伟大复兴的道路上迈出了决定性的一步。对此，习近平指出："我们比历史上任何时期都更接近中华民族伟大复兴的目标，比历史上任何时期都更有信心、有能力实现这个目标。"④

可见，在中国共产党成立以前，没有任何一个阶级和政党能够带领人民实现中华民族伟大复兴。中国共产党成立以后，经过长期的艰辛探索和不懈奋斗，找到了实现中国现代化的正确道路，提出了"以中国式现代化推进中华民族伟大复兴"⑤的具体内容和行动纲领，科学回答了中华民族伟大复兴是什么及应该怎么做等问题，即"复兴中华民族的内涵主要包括三个方面：一是实现民族独立；二是实现现代化即国家富强；三是在中国

① 《胡锦涛文选》第 3 卷，人民出版社，2016，第 620 页。
② 《习近平谈治国理政》第 2 卷，外文出版社，2017，第 354 页。
③ 《习近平谈治国理政》第 2 卷，外文出版社，2017，第 482 页。
④ 习近平：《在庆祝中国共产党成立 95 周年大会上的讲话》，人民出版社，2016，第 27 页。
⑤ 《习近平谈治国理政》第 4 卷，外文出版社，2022，第 124 页。

共产党的领导下，走中国特色社会主义道路才能实现中华民族的伟大复兴"①。中国共产党对民族复兴这一内容的揭示和对其在实践中的不断具体化，为新时代继续谱写民族复兴的伟大篇章奠定了基础、指明了方向。

二 中华民族伟大复兴与马克思主义中国化、中国特色社会主义现代化的内在统一逻辑

中华民族的复兴之路，实质上就是中国人民实现现代化、创造自己美好生活的幸福之路。这条道路的实践生成，既是马克思主义不断结合中国不同条件下的具体实际日益实现其中国化的过程，也是中国现代化实践不断推进的过程。在这个意义上，"我们党领导的革命、建设、改革伟大实践，是一个接续奋斗的历史过程，是一项救国、兴国、强国，进而实现中华民族伟大复兴的完整事业"②。马克思主义中国化和中国特色社会主义现代化是从不同方面对人民群众实践内容的解答和反映，二者在人民群众的实践中获得统一并被人民群众实践不断推向前进，因此我们说无论是马克思主义中国化还是中国特色社会主义现代化都是以人民为中心的，都是对中华民族伟大复兴之路的不同阐释。即是说，中华民族伟大复兴、中国特色社会主义现代化、马克思主义中国化在逻辑上是统一的，是中国人民改造社会实践的不同表现形式或侧面。

首先，从逻辑上来看，中国特色社会主义现代化道路的形成和发展都是在与马克思主义中国化的互动中形成的。这并不是说在马克思主义传入中国之前，中国人民没有进行现代化的尝试和探索，而是说这些探索和尝试从来没有取得过成功，中国的现代化并没有真正起步。因为在中国进行现代化建设，实现民族复兴，"必须推翻压在中国人民头上的帝国主义、封建主义、官僚资本主义三座大山，实现民族独立、人民解放、国家统一、社会稳定"③，这些任务在中国人民接受马克思主义以前从来就没有取得过成功。直到马克思主义传入中国，随着马克思主义中国化的推进，反帝反封建任务的顺利完成，社会主义现代化建设目标得以在全国确立，中

---

① 张卫东：《论中国共产党人的中华民族复兴思想》，《湖北社会科学》2005 年第 10 期。
② 《十八大以来重要文献选编》上卷，中央文献出版社，2014，第 694 页。
③ 《习近平谈治国理政》第 3 卷，外文出版社，2020，第 11 页。

国的现代化进程才真正开启并迅速取得伟大成就。在这个意义上说，中国现代化的起点就是中国特色社会主义现代化道路探索的起点，其领导力量、基本制度、经济基础、历史起点和道路、理论、制度的形成和发展都是马克思主义中国化过程中不断生成的；通过指导和推动现代化的不断发展，马克思主义也不断获得在中国存在、发展的基础和动力，不断实现自己的中国化。对中国共产党而言，我们遵循马克思指引的社会主义方向实现中国的现代化，但不一定要按照马克思依据西欧资本主义现代化经验而得出的那些具体结论去实践，因为我们是在与西欧完全不同的经济社会条件下建设社会主义现代化的。因此，我们要根据中国的实际来运用马克思的方法。毛泽东指出："对于马克思主义经典著作要尊重，但不要迷信，马克思主义本身就是创造出来的，不能抄书照搬。"① 在这个意义上毛泽东说，"我们的实践超过了马克思，实践当中是要出道理的"②。这就是说，在中国人民运用马克思主义于中国现代化实践过程中创造了马克思主义中国化，也推进了中国特色的现代化事业、促进了民族复兴的历史伟业，也丰富和发展了马克思主义。

其次，就内容和实质而言，实现民族复兴的过程就是马克思主义中国化与中国特色社会主义现代化在人民群众变革中国实践中实现统一的过程。实际上，与马克思主义相结合的中国实际是中国现代化建设实际。因为当代中国人民群众的所有活动都是围绕现代化这一目标而展开的，所有人的行为及其价值的大小都要由对现代化的贡献来评判和决定，因此，当前的中国实际与现代化建设实际本质上是同一个东西。人民群众进行现代化建设所要解决的问题就是马克思主义中国化的主题。党和国家领导人强调要以人民群众实践中的问题为中心进行理论思考和理论创新，实质上就是要以现代化建设中需要解决的问题为中心发展马克思主义，不断创造中国化马克思主义理论新形态。在这个意义上，在实现民族复兴的整个历史阶段，现代化始终是马克思主义中国化理论和实践的核心。这就是说，马克思主义中国化是围绕"中国应该建设什么样的现代化、怎样建设中国现代化"而展开的。脱离现代化这一主题，马克思主义中国化就成了无源之

---

① 《毛泽东年谱（一九四九——一九七六）》第3卷，中央文献出版社，2013，第321页。
② 《毛泽东年谱（一九四九——一九七六）》第3卷，中央文献出版社，2013，第345页。

水、无本之木。中国特色社会主义现代化就是在马克思主义指导下认清中国的国情，解决前进中的问题，形成中国式现代化新道路并以此实现民族复兴。即是说，马克思主义是中国特色社会主义现代化构成要素之一，甚至是主要构成要素，是决定其本质的东西。那些以为可以离开马克思主义来建构中国特色社会主义现代化的说法显然是荒谬的。只有把以现代化建设为核心的中国实际与马克思主义结合起来，不断实现二者在实践中的相互生成才能理解中国近代以来风云变化的历史图景及其发展的历史底蕴。或者说，马克思主义中国化与中国特色社会主义现代化的相互生成构成了中国近代以来尤其是马克思主义传入中国以来中国历史发展的主线或核心逻辑。

再次，马克思主义中国化与中国特色社会主义现代化具有共同的问题域，是从不同角度对同一问题的不同解答。近代以来马克思主义中国化产生、发展的历史，同时是中国特色社会主义现代化形成和发展，并推动民族复兴不断走向现实的辉煌历史，二者是中国人民谋求民族复兴的同一历史过程的两个不同侧面。这就是说，马克思主义中国化和中国特色社会主义现代化都是马克思主义、现代化、中国具体国情相互融合的产物：马克思主义因不断解决中国现代化建设中面临的具体问题，生成中国自己的现代化道路而成其为中国化；中国的现代化因始终遵循马克思主义的基本原则、基本价值和基本精神才成其为中国特色社会主义现代化。从马克思主义的视角来看，马克思主义中国化的发展过程就是马克思主义不断解决中国现代化建设中面临的具体问题的过程，并不断实现其中国化，指导中国人民不断走向民族复兴；从现代化的角度来看，中国特色社会主义现代化的产生和发展过程，就是在马克思主义指导下不断改造中国实际，把中国建成富强民主文明和谐美丽的社会主义现代化强国的过程。在这个意义上，中国特色社会主义现代化改变了马克思主义的面貌，创造出中国化马克思主义，让马克思主义在中国语境中迸发出勃勃生机；同样，马克思主义中国化也改变了中国，使古老的中国以繁荣昌盛的社会主义大国面貌屹立在世界的东方，展现出中华民族无比灿烂的未来。

最后，马克思主义与中国现代化建设实际的结合体现了人类社会发展规律、社会主义建设规律和中国社会独特发展规律的统一。其一，马克思主义揭示的人类社会发展规律在中国的现实表现就是中国传统社会只有向现代社会转型并赶上和超过西方已经实现现代化的资本主义国家才能获得自己的存在资格，因此中国必须实现现代化，这是历史发展的大趋势。其二，实现中国现代化只能走社会主义道路。因为资本主义现代化道路是以牺牲绝大多数人的利益为代价而实现的现代化，这样的现代化无法得到以"天下大同"为己任的大多数中国人的认同，更不能抓住机遇发展自己、缩小与发达国家的发展差距。唯有走社会主义现代化道路，发挥社会主义制度能够集中力量办大事的优势，依靠广大中国人民的积极性和创造性，积极吸收其他国家现代化建设的经验，中国才能迅速赶上和超过西方发达国家，实现中华民族伟大复兴。这是近代以来中国社会发展的历史所证明了的。其三，中国社会有其独特的情况和发展规律。"中国的东西有它自己的规律"①，而马克思主义和社会主义制度在实现中国化后已经融入中国社会并成为中国国情的一个基本组成部分，社会主义逻辑与中国社会发展逻辑实现了融合。即是说，在中国人民建设现代化的实践中，马克思主义、社会主义、中国实际是融为一体的，中国现代化因马克思主义的介入和指引并充分吸收资本主义现代化的优秀成果而产生和发展出"中国式现代化新道路"②，并在实践中不断创新出中国化马克思主义而成就并推动了马克思主义中国化。由此可以得出结论说，"中国特色社会主义现代化本质上是以马克思主义的现代性为指导，立足中国国情，体现社会主义现代化的一般规律和特点的中国式现代化道路"③，或者说，中国特色社会主义现代化是现代化规律、社会主义建设规律与中国社会独特发展规律的有机统一，是中国走向民族复兴唯一正确的道路。

总之，实现中华民族伟大复兴，就是在马克思主义指导下建成富强民主文明和谐美丽的社会主义现代化强国。为此，必须把马克思主义基本原理与新时代我国现代化建设实际在人民群众的实践中统一起来，不断推进理论创新和实践创新，以创新性的马克思主义中国化理论成果分析、指导、解决人民群众实践中遇到的各种问题。因此，在当代中国，根据现代化实际境遇推进马克思主义不断实现中国化，加快推进中国特色社会主义现代化进程，就是不断走向中华民族伟大复兴。

---

① 《毛泽东文集》第 7 卷，人民出版社，1999，第 76 页。
② 习近平：《在庆祝中国共产党成立 100 周年大会上的讲话》，人民出版社，2021，第 14 页。
③ 周前程：《中国特色社会主义的三个基本问题研究》，《攀登》2014 年第 2 期。

三　在马克思主义中国化与中国特色社会主义现代化的互动生成中推进民族复兴

鸦片战争以后，中华民族面临的亡国灭种危机使实现民族复兴逐渐成了中国社会的主题。而要摆脱民族危机就必须建构一种领先于西方的文化体系，重建中华民族的"精神自我"，并以此为指导建设起强大的现代化国家，只有这样才能达到国富民强、实现民族复兴。为此，中国先进分子从学习西方现代化理论入手，从"西方资产阶级革命时代的武器库中学来了进化论、天赋人权论和资产阶级共和国等项思想武器和政治方案……也和封建主义的思想武器一样，软弱得很，又是抵不住，败下阵来，宣告破产了"①。这就是说，以资本主义的现代化理论为指导不能实现中国的现代化，不能改变中国人民受帝国主义侵略和欺凌的悲惨命运，自然也无法实现中华民族的伟大复兴。这种状况直到马克思主义传入中国，"中国人从思想到生活，才出现了一个崭新的时期。中国人找到了马克思列宁主义这个放之四海而皆准的普遍真理，中国的面目就起了变化了"②，这时，中华民族伟大复兴才开始显露希望的曙光。

毛泽东对此指出，马克思主义来到中国并发挥作用是因为"中国的社会条件有了这种需要"③。这一需要的客观性表现在：中国社会需要先进理论的指导以摆脱亡国灭种的危机，而传统的封建主义和西方的资本主义都不能解决中国的这一危机，只能选择马克思主义。正是在这个意义上，毛泽东说，"因俄式系诸路皆走不通了新发明的一条路，只此方法较之别的改造方法所含可能的性质为多"④。而以马克思主义取代资本主义为中华民族伟大复兴的指导思想，同时也意味着中国现代化道路由资本主义转向社会主义，中华民族伟大复兴自此与社会主义现代化紧紧联系在一起，成为真正的"命运共同体"。因此，以马克思主义为指导思想的中国共产党自成立之日起就以通过社会主义现代化建设实现民族复兴为自己的历史使

① 《毛泽东选集》第 4 卷，人民出版社，1991，第 1514 页。
② 《毛泽东选集》第 4 卷，人民出版社，1991，第 1470 页。
③ 《毛泽东选集》第 4 卷，人民出版社，1991，第 1515 页。
④ 《毛泽东文集》第 1 卷，人民出版社，1993，第 1 页。

命。"中国共产党人所进行的新民主主义革命、社会主义革命和社会主义建设的伟大实践，其根本目的就是解放生产力和发展生产力，使中华民族彻底摆脱贫穷落后的面貌，重新屹立于世界民族之林。"①

中国人民找到了马克思主义这一认识和改造中国的科学工具，并以此为指导建立了中国共产党，但这并不意味着中华民族伟大复兴就能自动实现。要在马克思主义指导下实现"国家富强、民族复兴、人民幸福"，使中华民族伟大复兴由可能变为现实，还需要有正确的实践方法和道路，为此必须使马克思主义能与中国具体实际相结合，并实现其中国化，形成马克思主义的理论新形态，找到中国现代化建设的正确道路。

一是马克思主义在中国历史境遇中实现中国化是其理论逻辑使然。马克思主义来源于人民实践又服务于他们的实践，这决定了马克思主义必须与当时当地人民群众的实践相符合才能达到自己改造世界的目的。马克思恩格斯在谈到他们所创立的马克思主义在实践中的应用时曾反复强调，应该"把这一理论应用于本国的经济条件和政治条件"②，因为"这些原理的实际运用""随时随地都要以当时的历史条件为转移"。③ 列宁也指出，在迈向社会主义的过程中，"一切民族的走法却不会完全一样"④。这决定了根据中国国情来运用马克思主义，制定适合中国情况的战略策略，即实现其中国化，这是其自身的内在要求和发展需要。

二是马克思主义实现中国化是为了解决中国人民建设现代化面临的问题。"各国的发展必然要遵循各自的历史轨迹。"⑤ 不同国家、民族因国情不同，建设现代化面临的问题不同，运用马克思主义解决实践问题时提出的方案也必然不同，由此提出了马克思主义中国化要求。毛泽东指出："马克思这些老祖宗的书，必须读，他们的基本原理必须遵守，这是第一。但是，任何国家的共产党，任何国家的思想界，都要创造新的理论，写出新的著作，产生自己的理论家，来为当前的政治服务，单靠老祖宗是不行

---

① 田克勤、李婧、张泽强：《马克思主义中国化研究学科基本理论与方法》，中国人民大学出版社，2017，第265页。
② 《马克思恩格斯选集》第4卷，人民出版社，2012，第574页。
③ 《马克思恩格斯选集》第1卷，人民出版社，2012，第376页。
④ 《列宁专题文集 论社会主义》，人民出版社，2009，第398页。
⑤ 《江泽民论有中国特色社会主义（专题摘编）》，中央文献出版社，2002，第526页。

的。"① 他还说，中国确实需要吸收其他国家一切有益于我们发展的先进文化，但"决不能生吞活剥地毫无批判地吸收。所谓'全盘西化'的主张，乃是一种错误的观点"②。按照这一逻辑，我们一方面要学习、掌握马克思主义，另一方面必须根据中国国情对马克思主义进行重释和改造，使之既遵循马克思主义基本原理又符合中国实际，这是马克思主义中国化的基础与根据。而中国对马克思主义中国化内容与形式的选择，也是由中国具体时期的历史任务决定的。有鉴于此，把马克思主义中国化就成了致力于实现中国现代化和民族复兴的中国共产党的必然选择。

三是实践的不断发展需要马克思主义不断中国化才能做到理论与实践相符，才能正确地改造世界，达到自己的目的。马克思认为，能不能认识、把握、解决"一个时代的迫切问题"③，是这种理论能否取得成功的关键。马克思主义中国化就是在解决中国近代不同阶段面临的问题的过程中形成和发展起来的。时代是发展的，建设社会主义现代化的任务也是不断变化的，马克思主义也必须不断发展才能适合时代的需要，才能指导人民的实践。"我们在第二次国内战争末期和抗战初期写了《实践论》、《矛盾论》，这些都是适应于当时的需要而不能不写的。现在，我们已经进入社会主义时代，出现了一系列的新问题，如果单有《实践论》、《矛盾论》，不适应新的需要，写出新的著作，形成新的理论，也是不行的。"④ 邓小平也说，我们的革命、建设、改革能够取得胜利的一个重要原因就是我们以发展的态度对待马克思主义，从不把它作为教条，"而是把马克思主义同中国的具体实践相结合，提出自己的方针，所以才能取得胜利"⑤。他由此强调："不以新的思想、观点去继承、发展马克思主义，不是真正的马克思主义者。"⑥

为此，为早日实现民族复兴，中国共产党在实践马克思主义过程中，以中国面临的现代化问题为中心，不懈探索马克思主义结合中国实际的方法和途径。毛泽东指出："我们研究中国就要拿中国做中心，要坐在中国

---

① 《毛泽东文集》第 8 卷，人民出版社，1999，第 109 页。
② 《毛泽东选集》第 2 卷，人民出版社，1991，第 707 页。
③ 《马克思恩格斯全集》第 1 卷，人民出版社，1995，第 203 页。
④ 《毛泽东文集》第 8 卷，人民出版社，1999，第 109 页。
⑤ 《邓小平文选》第 3 卷，人民出版社，1993，第 191 页。
⑥ 《邓小平文选》第 3 卷，人民出版社，1993，第 292 页。

的身上研究世界的东西。我们有些同志有一个毛病，就是一切以外国为中心，作留声机，机械地生吞活剥地把外国的东西搬到中国来，不研究中国的特点。"① 正是在用马克思主义研究、分析、指导中国人民革命和建设中遇到的问题的过程中，中国共产党人在近代以来先进分子不断探索民族复兴道路的基础上，在总结近代以来"走西方的路"和"走俄国人的路"的经验和教训的基础上提出和丰富了毛泽东思想，取得了现代化建设的伟大成就，在中华民族伟大复兴道路上树起了一座坚实的丰碑。"实现中华民族复兴是毛泽东思想产生的一个直接动因，也是其发展过程中一直关注的重大问题。"②

党的十一届三中全会以来，邓小平等党的领导人从反思"什么是社会主义、怎样建设社会主义"出发，以马克思主义为工具去分析、研究改革开放中的实际问题，摸索出建设中国特色的社会主义的一整套的战略、策略，形成了党在初级阶段的基本理论、基本路线、基本纲领，擘画了中国现代化发展蓝图，总结出一条独具中国特色的社会主义现代化建设道路。邓小平在回顾这一探索历程时说："把马克思主义的普遍真理同我国的具体实际结合起来，走自己的道路，建设有中国特色的社会主义，这就是我们总结长期历史经验得出的基本结论。"③ 他在对这一结论作进一步阐释时说，我们基本路线的主旨是搞社会主义现代化，"要搞现代化建设使中国兴旺发达起来，第一，必须实行改革开放政策；第二，必须坚持四项基本原则"，"这两个基本点是相互依存的"。④ 只有在这个框架中，中国的现代化才是社会主义的现代化，才能为马克思主义中国化提供基础、前提和保障。反过来，只有在坚持马克思主义指导并不断实现其中国化的过程中，四项基本原则才能坚持住，中国现代化才能沿着社会主义方向前进。只有在这个意义上中国特色社会主义才始终是马克思主义的，才是我们走向高级阶段的社会主义的一个必经的阶段。

20 世纪八九十年代以来，以江泽民同志为主要代表的中国共产党人沉

---

① 《毛泽东文集》第 2 卷，人民出版社，1993，第 407 页。
② 田克勤、李婧、张泽强：《马克思主义中国化研究学科基本理论与方法》，中国人民大学出版社，2017，第 265 页。
③ 《邓小平文选》第 3 卷，人民出版社，1993，第 3 页。
④ 《邓小平文选》第 3 卷，人民出版社，1993，第 248 页。

着应对国内外环境对中国特色社会主义现代化带来的严重冲击，围绕新时期党的建设这一课题继续推进改革开放和中国特色社会主义，实现马克思主义与新时期国情的结合，形成了"三个代表"重要思想，把中国社会主义事业成功地推进到21世纪。党的十六大以来，以胡锦涛同志为主要代表的中国共产党人根据世情国情党情的变化和我国经济社会快速发展过程中出现的新的阶段性特点继续推进马克思主义中国化，总结提出科学发展观，指导中国特色社会主义取得了伟大成就，进一步推进了民族复兴。党的十八大以来，以习近平同志为核心的党中央根据"国际形势正发生前所未有之大变局"①、中国特色社会主义进入新时代、社会主要矛盾发生转换这一重大阶段性特征，围绕"坚持和发展什么样的中国特色社会主义、怎样坚持和发展中国特色社会主义"这一主题，从理论与实践相结合的角度对现代化建设中面临的问题进行理论分析和政策指导，一系列新理念新思想新论断创新了马克思主义的内容和存在形态，创立了习近平新时代中国特色社会主义思想，使马克思主义中国化发展到一个新阶段，进一步推进了中华民族伟大复兴的光辉进程。中国共产党实现马克思主义中国化过程中取得的这些成就，不仅改变了中国，而且改变了马克思主义自身，使其以更加鲜活的理论形态呈现在世人面前。

与此同时，随着马克思主义中国化不断发展和在实践中的推进，中国特色的现代化建设道路逐渐形成并日渐丰富和具体化，中华民族越来越接近伟大复兴的目标。中国共产党人在把马克思主义运用到中国具体实际中取得的第一个理论成果是毛泽东思想，以此为指导取得了革命的胜利，建立了中华人民共和国，为中国进行大规模的现代化建设奠定了基础；新中国成立后，毛泽东等党的领导人把马克思主义、毛泽东思想运用到现代化建设环境中，迅速恢复和发展了国民经济，完成了社会主义改造，建立了社会主义制度。在社会主义现代化建设过程中，毛泽东发现苏联经验不完全适合中国情况，由此提出了"以苏为鉴"，把马克思主义与中国建设现代化实际进行"第二次结合"的命题，探索形成并确立了社会主义四个现代化这一目标和路径。

1978年，十一届三中全会把党的工作重心转移到经济建设上来，开启

---

① 《习近平谈治国理政》第2卷，外文出版社，2017，第415页。

了改革开放和社会主义现代化建设的新征程。邓小平指出："我们从八十年代的第一年开始，就必须一天也不耽误，专心致志地、聚精会神地搞四个现代化建设。"① 他反复强调，"我们党在现阶段的政治路线，概括地说，就是一心一意地搞四个现代化"②。自此，建设社会主义现代化成了中国共产党每一次全国代表大会的主题。党的十二大强调要为全面推进社会主义现代化建设开创新局面。党的十三大确立了建设社会主义现代化的基本路线、基本纲领、基本政策，并把它作为社会主义初级阶段理论的主要内容。党的十四大明确提出了以加快推进现代化建设为目标，并为此提出了将建立社会主义市场经济体制作为经济改革的目标任务。党的十五大强调改革开放是场新的伟大革命，要不断推进改革开放，完善社会主义制度，为现代化建设跨入新世纪创造良好的体制条件。党的十六大指出我国已进入全面建设小康社会，加快推进现代化的新的历史时期，提出中国共产党在新阶段的一个重大历史使命就是推进现代化建设，早日实现中华民族伟大复兴。党的十七大以科学发展为主题主线，重申了要沿着社会主义道路加快推进现代化建设。

党的十八大是我国现代化进程的一个重要转折点，即中国进入全面建成小康社会，加快建设中国特色社会主义现代化的新时代。党的十八大报告概括新时期新阶段的历史任务时，指出了在新阶段加快推进中国特色社会主义的基本方略"总依据是社会主义初级阶段，总布局是五位一体，总任务是实现社会主义现代化和中华民族伟大复兴"③，并重申了党在不断推进社会主义现代化、实现中华民族伟大复兴的奋斗过程中提出的"两个一百年"奋斗目标。党的十九大报告和党的二十大报告则根据新时代经济社会发展的新情况，进一步具体规划了实现中国特色社会主义现代化和中华民族伟大复兴的新"三步走"战略，即第一阶段到 2035 年"基本实现社会主义现代化"；第二步到 21 世纪中叶"把我国建成富强民主文明和谐美丽的社会主义现代化强国"。④ 这一战略部署和安排实际上指明了马克思主义中国化与中国特色社会主义现代化和民族复兴的内在统一关系。

① 《邓小平文选》第 2 卷，人民出版社，1994，第 241 页。
② 《邓小平文选》第 2 卷，人民出版社，1994，第 276 页。
③ 《十八大以来重要文献选编》上卷，中央文献出版社，2014，第 10 页。
④ 《习近平谈治国理政》第 3 卷，外文出版社，2020，第 22、23 页。

按照党的二十大作出的战略部署，中国式现代化全面推进和深入展开，我国进入"以中国式现代化全面推进强国建设、民族复兴伟业的关键时期"①。在这一关键时间节点上，要更好地落实党的二十大提出的各项任务，"把中国式现代化蓝图变为现实"②，迫切需要进一步推进全面深化改革，完善各方面的体制机制，理顺各种关系，"为中国式现代化提供强大动力和制度保障"③，以加快经济社会高质量发展和满足人民群众对美好生活的向往。为此，党的二十届三中全会就进一步全面深化改革、推进中国式现代化进行战略部署。一是强调进一步全面深化改革的总目标是"继续完善和发展中国特色社会主义制度，推进国家治理体系和治理能力现代化。到二〇三五年，全面建成高水平社会主义市场经济体制，中国特色社会主义制度更加完善，基本实现国家治理体系和治理能力现代化，基本实现社会主义现代化，为到本世纪中叶全面建成社会主义现代化强国奠定坚实基础"④。二是从七个方面提出了进一步全面深化改革的着力点，即"构建高水平社会主义市场经济体制""发展全过程人民民主""建设社会主义文化强国""提高人民生活品质""建设美丽中国""建设更高水平平安中国""提高党的领导水平和长期执政能力"。⑤ 三是提出了进一步全面深化改革必须坚持的六大原则，即"坚持党的全面领导""坚持以人民为中心""坚持守正创新""坚持以制度建设为主线""坚持全面依法治国""坚持系统观念"。⑥ 四是明确提出完成改革任务的时间表，即"到二〇三五年，全面建成高水平社会主义市场经济体制，中国特色社会主义制度更加完善，基本实现国家治理体系和治理能力现代化，基本实现社会主义现代化，为到本世纪中叶全面建成社会主义现代化强国奠定坚实基础"，在

①　《中共中央关于进一步全面深化改革 推进中国式现代化的决定》，人民出版社，2024，第2页。

②　《中共中央关于进一步全面深化改革 推进中国式现代化的决定》，人民出版社，2024，第49页。

③　《中共中央关于进一步全面深化改革 推进中国式现代化的决定》，人民出版社，2024，第4页。

④　《中共中央关于进一步全面深化改革 推进中国式现代化的决定》，人民出版社，2024，第4页。

⑤　《中共中央关于进一步全面深化改革 推进中国式现代化的决定》，人民出版社，2024，第4~5页。

⑥　《中共中央关于进一步全面深化改革 推进中国式现代化的决定》，人民出版社，2024，第5~6页。

"到二〇二九年中华人民共和国成立八十周年时，完成本决定提出的改革任务"。① 这些对中国式现代化的系统谋划和战略部署，对在新征程上全面实现党中央提出的社会主义现代化建设目标，走好中国式现代化之路、全面推进社会主义现代化强国建设、加快实现民族复兴伟业具有重大而深远的意义。

可见，从马克思主义的角度来说，中华民族伟大复兴就是创造出中国自己的现代化指导思想和理论体系，那就是中国化的马克思主义；从现代化的角度来说，中华民族伟大复兴就是找到一条建设社会主义现代化的具体道路，实现现代化，建成富强民主文明和谐美丽的社会主义现代化强国。在这一过程中马克思主义与现代化的统一与结合，我们称之为中国特色社会主义。"中国特色社会主义的基本纲领，概言之，就是建立富强民主文明和谐的社会主义现代化国家。"② 按照这一逻辑，中国特色社会主义既是推进马克思主义中国化取得的成果，也是探索现代化的经验结晶和实现中国特色社会主义现代化的具体道路，是中国历史逻辑、现实逻辑、马克思主义理论逻辑在中国人民实践中的统一，中国特色社会主义是实现中华民族伟大复兴的必由之路。

---

① 《中共中央关于进一步全面深化改革 推进中国式现代化的决定》，人民出版社，2024，第4、5页。
② 《十八大以来重要文献选编》上卷，中央文献出版社，2014，第116页。

参考文献

一 马克思主义经典著作与文献

《马克思恩格斯选集》第 1~4 卷，人民出版社，2012。

《列宁选集》第 1~4 卷，人民出版社，2012。

《毛泽东选集》第 1~4 卷，人民出版社，1991。

《毛泽东文集》第 1~8 卷，人民出版社，1993、1996、1999。

《建国以来毛泽东文稿》第 1~13 册，中央文献出版社，1987、1988、
　　1989、1990、1991、1992、1993、1996、1998。

《毛泽东早期文稿》，湖南人民出版社，1990。

《毛泽东著作选读》上册、下册，人民出版社，1986。

《毛泽东年谱（一九四九——一九七六）》第 1~6 卷，中央文献出版
　　社，2013。

《邓小平文选》第 1~3 卷，人民出版社，1994、1993。

《江泽民文选》第 1~3 卷，人民出版社，2006。

《胡锦涛文选》第 1~3 卷，人民出版社，2016。

《习近平谈治国理政》，外文出版社，2014。

《习近平谈治国理政》第 2 卷，外文出版社，2017。

《习近平谈治国理政》第 3 卷，外文出版社，2020。

《习近平谈治国理政》第 4 卷，外文出版社，2022。

习近平:《在庆祝中国共产党成立 95 周年大会上的讲话》,人民出版社,2016。

中共中央书记处编《六大以前——党的历史材料》,人民出版社,1980。

《十八大以来重要文献选编》上卷,中央文献出版社,2014。

《十八大以来重要文献选编》中卷,中央文献出版社,2016。

《陈云文选》第 2 卷,人民出版社,1995。

《刘少奇选集》上卷、下卷,人民出版社,1981、1985。

《毛泽东年谱(一八九三——一九四九)》(修订本)上卷、中卷、下卷,中央文献出版社,2013。

《十四大以来重要文献选编》上卷,人民出版社,1996。

《陈云年谱(一九〇五——一九九五)》中卷,中央文献出版社,2000。

《中国共产党中央委员会关于建国以来党的若干历史问题的决议》,人民出版社,1981。

《三中全会以来重要文献选编》上、下卷,中央文献出版社,1982。

《邓小平年谱(一九七五——一九九七)》下卷,中央文献出版社,2004。

《邓小平思想年谱(一九七五——一九九七)》,中央文献出版社,1998。

《十二大以来重要文献选编》上、下卷,中央文献出版社,1986、1988。

《十三大以来重要文献选编》上、中、下卷,人民出版社,1991、1993。

《江泽民论有中国特色社会主义(专题摘编)》,中央文献出版社,2002。

《改革开放三十年重要文献选编》,中央文献出版社,2008。

《习近平总书记系列重要讲话读本》,学习出版社、人民出版社,2014。

习近平:《决胜全面建成小康社会 夺取新时代中国特色社会主义伟大胜利——在中国共产党第十九次全国代表大会上的报告》,人民出版社,2017。

《论学习贯彻习近平总书记"7·26"重要讲话精神》,人民出版社,2017。

习近平:《在纪念马克思诞辰 200 周年大会上的讲话》,人民出版社,2018。

二 国内著作

刘海涛:《时代之声:十八大以来中国特色社会主义的新发展》,红旗出版社,2018。

张晓明：《论中国特色社会主义现代化理论的形成与发展》，中国社会科学出版社，2016。

金冲及：《生死关头——中国共产党的道路抉择》，三联书店，2016。

尹保云主编《走出困境——马克思主义与中国现代化》，中国人民公安大学出版社，2001。

严立贤：《现代化模式与近代以来中国历史进程》，九州出版社，2010。

吴冷西：《忆毛主席》，新华出版社，1995。

徐光春主编《马克思主义大辞典》，崇文书局，2017。

薄一波：《若干重大决策与事件的回顾》上卷，中共中央党校出版社，1991。

胡绳主编《中国共产党的七十年》，中共党史出版社，1991。

孟醒：《毛泽东在 50 年代》，辽宁人民出版社，2017。

郑有贵主编《中华人民共和国经济史（1949—2012）》，当代中国出版社，2016。

张素华、边彦军、吴晓梅：《说不尽的毛泽东》下卷，中央文献出版社，1995。

张静等：《现代化新路——马克思主义中国化与中国特色社会主义现代化》，南开大学出版社，2009。

张枏、王忍之编《辛亥革命前十年间时论选集》第 2 卷上册，生活·读书·新知三联书店，1963。

罗志田：《激变时代的文化与政治——从新文化运动到北伐》，北京大学出版社，2006。

〔联邦德国〕郭恒钰：《共产国际与中国革命》，李逵六译，生活·读书·新知三联书店，1985。

靳辉明、罗文东：《人道主义与现代化》，安徽人民出版社，1997。

董志凯主编《1949—1952 年中国经济分析》，中国社会科学出版社，1996。

李延明、吴敏、王宜秋：《近代中国社会形态的演变》，安徽大学出版社，2010。

胡乔木：《胡乔木回忆毛泽东》，人民出版社，1994。

田克勤、李婧、张泽强：《马克思主义中国化研究学科基本理论与方法》，中国人民大学出版社，2017。

林毓生：《中国意识的危机："五四"时期激烈的反传统主义》，贵州人民出版社，1986。

中山大学西学东渐文献馆主编《西学东渐研究》第4辑，商务印书馆，2013。

许纪霖、陈达凯主编《中国现代化史》第1卷，上海三联书店，1995。

当代中国研究所：《中华人民共和国史稿》序卷，人民出版社、当代中国出版社，2012。

张灏：《危机中的中国知识分子：寻求秩序与意义》，新星出版社，2006。

程美东主编《中国现代化思想史（1840—1949）》，高等教育出版社，2006。

中国科学院近代史研究所史料编辑室等：《洋务运动》第2册、第5册，上海人民出版社，1961。

陈旭麓：《近代中国社会的新陈代谢》，上海人民出版社，1992。

中共中央党史研究室科研局编译处：《国外中共党史中国革命史研究译文集》第2集，中共党史出版社，1999。

虞和平主编《中国现代化历程》第1卷，江苏人民出版社，2001。

罗荣渠主编《从"西化"到现代化》，黄山书社，2008。

马占稳：《毛泽东与中国现代化》，红旗出版社，2011。

周子东、傅绍昌：《民主革命时期马克思主义在上海的传播（1898—1949）》，上海社会科学院出版社，1994。

李新、陈铁健主编《中国新民主革命通史：1919—1923，伟大的开端》，上海人民出版社，2001。

胡思勇：《世界现代化陷阱与中国理性选择》，中国社会科学出版社，2013。

郭根山：《毛泽东与中国现代化——以世界现代化进程为视角》，中央文献出版社，2005。

孙业礼、熊亮华：《共和国经济风云中的陈云》，中央文献出版社，1996。

王树荫主编《马克思主义中国化史》第2卷，中国人民大学出版社，2015。

当代中国研究所编《中华人民共和国史编年》1949年卷，当代中国出版社，2004。

顾龙生编著《毛泽东经济年谱》，中共中央党校出版社，1999。

杨耕：《东方的崛起：关于中国式现代化的哲学反思》，北京师范大学出版社，2009。

许纪霖：《启蒙如何起死回生：现代中国知识分子的思想困境》，北京大学出版社，2011。

吴冷西：《十年论战》上卷，中央文献出版社，1999。

张文儒主编《毛泽东与中国现代化》，当代中国出版社，1993。

董辅礽主编《中华人民共和国经济史》，经济科学出版社，1999。

胡键：《理解中国的改革——当代中国社会主义现代化理论与实践研究》，学林出版社，2015。

当代中国研究所：《中华人民共和国史稿》第1、2、3、4卷，人民出版社、当代中国出版社，2012。

覃火杨主编《海外人士谈中国社会主义》，北京大学出版社，1990。

《五四时期期刊介绍》第2集上册、下册，三联书店，1959。

张士义、王祖强主编《决策：中国共产党全国代表大会纵览》，浙江教育出版社，2012。

三 译著和外文著作

〔美〕吉尔伯特·罗兹曼主编《中国的现代化》，国家社会科学基金"比较现代化"课题组译，江苏人民出版社，2010。

〔美〕费正清编《剑桥中华民国史（1912—1949年）》上卷，杨品泉等译，中国社会科学出版社，1994。

〔美〕莫里斯·迈斯纳：《毛泽东的中国及后毛泽东的中国——人民共和国史》，杜蒲、李玉玲译，四川人民出版社，1992。

〔德〕李博：《汉语中的马克思主义术语的起源和作用》，赵倩等译，中国社会科学出版社，2003。

〔英〕艾瑞克·霍布斯鲍姆：《极端的年代》，郑明宣译，江苏人民出版社，1998。

〔英〕罗素：《中国问题》，秦悦译，学林出版社，1996。

〔英〕根舍·斯坦因：《红色中国的挑战》，李凤鸣译，新华出版社，1987。

〔美〕约瑟夫·W.埃谢里克编著《在中国失掉的机会》，罗清、赵仲强译，国际文化出版公司，1989。

〔美〕罗伯特·海尔布罗纳等：《现代化理论研究》，俞新天等译，华夏出版社，1989。

〔美〕孙隆基：《中国文化的深层结构》，广西师范大学出版社，2004。

〔美〕J. S. 谢伟思：《美国对华政策》，王益、王昭明译，中国社会科学出版社，1989。

〔美〕莫里斯·梅斯纳：《毛泽东的中国及其发展——中华人民共和国史》，张瑛等译，丘成等校，社会科学文献出版社，1992。

〔英〕汤姆·肯普：《现代工业化模式——苏日及发展中国家》，许邦兴、王恩光译，中国展望出版社，1985。

〔美〕斯蒂芬·F. 科恩：《苏联经验重探》，陈玮译，东方出版社，1987。

〔美〕费正清、罗德里克·麦克法夸尔主编《剑桥中华人民共和国史（1949-1965）》，王建朗译，上海人民出版社，1990。

〔美〕斯图亚特·施拉姆：《施拉姆集》，燕青山、易飞先译，天津人民出版社，1993。

〔美〕彼得·J. 卡赞斯坦：《中国化与中国崛起：超越东西方的文明进程》，魏玲、韩立志、吴晓萍译，上海人民出版社，2018。

〔苏〕罗·亚·麦德维杰夫：《让历史来审判》，赵洵、林英译，人民出版社，1981。

〔美〕斯图尔特·R. 施拉姆：《毛泽东的思想》，田松年、杨德等译，中国人民大学出版社，2005。

〔美〕罗伯特·劳伦斯·库恩：《他改变了中国：江泽民传》，谈峥、于海江等译，上海译文出版社，2005。

John King Fairbank, Merle Goldman, *China: A New History*, Second Enlarged Edition, Belknap Press of Harvard University Press, 2006.

John King Fairbank, Edwin O. Reischauer, *China, Tradition & Transformation*, Boston: Houghton Mifflin, 1978.

John King Fairbank, Albert Feuerwerker, *The Cambrige History of China, Vol. 13: Republican China, 1912-1949*, part 2, Cambridge: Cambridge University Press, 2008.

Roderick MacFarquhar, Michael Schoenhals, *Mao's Last Revolution*, Cambridge and London: Harvard University Press, 2006.

Roderich MacFarquhar, *The Origins of the Cultural Revolution (Vol. 1): Contra-*

dictions Among the People, *1956 – 1957*, New York：Columbia Uiversity Press, 1974.

Roderich MacFarquhar, *The Origins of the Cultural Revolution* (*Vol. 2*)：*The Great Leap Forward*, *1958 – 1960*, New York：Columbia Uiversity Press, 1983.

Merle Goldman and Roderick MacFarquhar (eds.), *The Paradox of China's Post-Mao Reforms*, Cambridge：Harvard University Press, 1999.

Ezra Vogel, *Deng Xiaoping and the Transformation of China*, Cambridge：Harvard University Press, 2011.

Philip A. Kuhn, *Origins of the Modern Chinese State*, Stanford：Stanford University Press, 2002.

William C. Kirby, *The People's Republic of China at 60*：*An International Assessment*, Cambridge, Mass：Harvard University Asian Center, 2011.

Kenneth Lieberthal et al., *Perspectives on Mordern China*：*Four Anniversaries*, Armonk, N. Y.：M. E. Sharpe, 1991.

Roderick MacFarquhar (ed.), *The Politics of China*：*The Eras of Mao and Deng*, 2nd Edition, New York：Cambridge University Press, 1997.

David L. Shambaugh, *China's Communist Party*：*Atrophy and Adaptation*, Berleley：University of California Press, 2008.

I. Gill, H. Khras, *An East Asian Renaissance*：*Ideas for Economic*, World Bank Publication, 2007.

Stephen Andors, *China's Industrial Revolution*：*Politics*, *Planning*, *and Management*, 1949 *to the Present*, Asia Library Series. New York：Pantheon Books, 1977.

Chao Kang, *The Rate and Pattern of Industrial Growth in Communist China*, Ann Arbor：University of Michigan Press, 1965.

M. Gardner Clark, *The Development of China's Steel Industry and Sovier Technical Aid*, Ithaca, N. Y.：Committee on the Economy of China of the Social Council, 1973.

Robert F. Dernberger (ed.), *China's Development Experience in Comparative Perspective*, Cambridge, Mass.：Harvard University Press, 1980.

Audery Donnithorne, *China's Economic System*, New York: Praeger, 1967.

Alexander Eckstein（ed.）, *Quantitative Measures of China's Economic Output*, Ann Arbor: University of Micigan Press, 1980.

Roger Garside, *Coming Alive: China after Mao*, New York: McGraw-Hill, 1981.

James Pinckney Harrison, *The Long March to Power: A History of the Chinese Communist Party, 1921-1972*, New York: Praeger, 1972.

Thomas Fingar et al.（eds.）, *China's Quest for Independence: Policy Evolution in The 1970s*, Boulder, Colo.: Westview Press, 1980.

Harry Harding, *China's Second Revolution: Reform after Mao*, Washington, D. C.: The Brookings Institution, 1987.

Maurice Meisner, *Marxicsm, Maoism, and Utopianism: Eight Essays*, Madison: University of Wisconisn Press, 1982.

四　学术论文

涂庆皓、王辉：《中国现代化与马克思主义中国化理论发展的思维模式》，《吉林化工学院学报》2017 年第 7 期。

颜杰峰、祖金玉：《马克思主义中国化与中国政治现代化——中国改革开放以来的理论轨迹》，《北京行政学院学报》2015 年第 6 期。

程立：《马克思主义中国化与社会主义现代化建设互动关系述论》，《思想理论教育导刊》2016 年第 10 期。

肖光文、赵铁锁：《互动·融合·共进：马克思主义中国化与中国社会现代化关系研究》，《理论学刊》2016 年第 6 期。

宋芮莹：《马克思主义中国化与中国现代化的互动发展》，《赤峰学院学报》（汉文哲学社会科学版）2017 年第 1 期。

刘剑松：《马克思主义中国化与中国现代性的建构》，《人民论坛》2017 年第 16 期。

王玉鹏：《中国道路与 21 世纪中国马克思主义的双向互动和创新发展》，《马克思主义研究》2017 年第 9 期。

汪信砚：《马克思主义哲学中国化与中国道路的哲学表达》，《哲学研究》

2018 年第 1 期。

孔凡芳、郭学军：《中国特色现代化模式建构原则的几点思考》，《社会科学家》2012 年第 4 期。

罗志田：《西方的分裂：国际风云与五四前后中国思想的演变》，《中国社会科学》1999 年第 3 期。

王兰、赵菅菅：《马克思主义中国化与中国现代化的关系》，《改革与开放》2010 年第 6 期。

谢永宽、范铁中：《论中国现代化理论与实践模式的变迁——马克思主义中国化视角》，《重庆大学学报》（社会科学版）2011 年第 4 期。

李安增：《中国共产党现代化理论形成之历史考察》，《当代中国史研究》2004 年第 5 期。

俞思念、李彦辉：《马克思主义现代化理论在中国的发展》，《马克思主义研究》2006 年第 4 期。

平飞：《现代化与全球化视野中的马克思主义中国化》，《湖北社会科学》2007 年第 6 期。

罗燕明：《中国马克思主义与中国现代化问题》，《马克思主义与现实》1997 年第 4 期。

田克勤：《马克思主义中国化与中国社会的现代化——兼论党的三代领导核心对马克思主义的理论贡献》，《理论学刊》2003 年第 1 期。

纪亚光、张静：《马克思主义中国化与中国现代化的互动发展》，《河北大学学报》（哲学社会科学版）2010 年第 3 期。

庞元正：《论社会主义现代化与马克思主义中国化》，《中国特色社会主义研究》2009 年第 6 期。

徐成芳、高燕宁：《论马克思主义中国化与中国现代化的关系》，《马克思主义与现实》2010 年第 2 期。

李强、张国镛：《马克思主义现代化理论与中国现代化建设》，《马克思主义与现实》2007 年第 2 期。

王浩斌：《中国现代化与马克思主义当代发展的逻辑理路》，《陕西行政学院学报》2009 年第 4 期。

赵士发：《中国问题与时代精神——马克思主义中国化的历史与逻辑反思》，《江汉论坛》2008 年第 12 期。

刘永佶:《中国现代化与马克思主义中国化》,《河北大学学报》(哲学社会科学版)1994年第3期。

郭根山:《马克思恩格斯的现代化理论及其对中国现代化运动的启示》,《河南师范大学学报》(哲学社会科学版)2003年第6期。

王增智:《中国现代化语境中的马克思主义中国化——兼与常绍舜、王锐生二位教授商榷》,《湖南师范大学社会科学学报》2008年第5期。

江茂森、张国镛:《论中国现代化与马克思主义中国化的良性互动》,《思想理论教育》2009年第15期。

刘春丽:《论马克思主义中国化与中国现代化的互动关系》,《西南科技大学学报》(哲学社会科学版)2008年第4期。

解莉:《20世纪前叶现代化视阈下的马克思主义中国化》,《马克思主义与现实》2011年第6期。

方世南:《马克思主义社会发展辩证逻辑与中国整体现代化建设》,《社会科学战线》2002年第2期。

石仲泉:《中国现代化必须正确认识和处理社会主义与资本主义的关系》,《中国延安干部学院学报》2011年第4期。

徐岑琛、王跃:《20世纪二三十年代"中国化"的话语变迁——再论"马克思主义中国化"概念的历史成因》,《南京社会科学》2017年第11期。

李远、李荣海:《马克思主义中国化的历史意义和规律性特征——兼及马克思主义中国化研究中的理论自省》,《求实》2016年第8期。

张可荣:《近代"中华民族复兴"观念形成的历史考察》,《长沙理工大学学报》(社会科学版)2010年第5期。

闫伟宁:《试析中国社会主义现代化的特殊规律》,《社会主义研究》2012年第2期。

〔美〕吉尔伯特·罗兹曼著,尚健译:《中华人民共和国头30年的现代化进程》,《国外党史研究动态》1991年第3期。

赵铁锁、解庆宾:《20世纪上半叶"中国化"思潮与"马克思主义中国化"起源研究述评》,《理论学刊》2013年第1期。

张卫东:《论中国共产党人的中华民族复兴思想》,《湖北社会科学》2005年第10期。

唐洲雁：《新中国现代化战略目标的提出及其发展演变》，《现代哲学》
　　2010 年第 1 期。

李久林：《党领导现代化建设取得的成就及意义》，《高校理论战线》2012
　　年第 1 期。

石仲泉：《中国现代化与社会主义和资本主义关系》，《上海党史与党建》
　　2011 年第 7 期。

图书在版编目（CIP）数据

马克思主义中国化与中国特色社会主义现代化／周
前程著. -- 北京：社会科学文献出版社，2025.4
（哲学与社会发展文丛）
ISBN 978-7-5228-3041-4

Ⅰ.①马… Ⅱ.①周… Ⅲ.①马克思主义-发展-研
究-中国 ②中国特色社会主义-现代化建设-研究 Ⅳ.
①D61

中国国家版本馆 CIP 数据核字（2024）第 019333 号

哲学与社会发展文丛
马克思主义中国化与中国特色社会主义现代化

著　　者／周前程

出 版 人／冀祥德
责任编辑／吕霞云
文稿编辑／胡金鑫
责任印制／岳　阳

出　　版／社会科学文献出版社
　　　　　地址：北京市北三环中路甲 29 号院华龙大厦　邮编：100029
　　　　　网址：www.ssap.com.cn
发　　行／社会科学文献出版社（010）59367028
印　　装／三河市东方印刷有限公司

规　　格／开本：787mm×1092mm　1/16
　　　　　印张：21　字数：346 千字
版　　次／2025 年 4 月第 1 版　2025 年 4 月第 1 次印刷
书　　号／ISBN 978-7-5228-3041-4
定　　价／138.00 元

读者服务电话：4008918866